建设工程领域刑事案件报告
——典型案例、辩护要点及合规

王春军　主编

中国建筑工业出版社

图书在版编目（CIP）数据

建设工程领域刑事案件报告：典型案例、辩护要点
及合规 / 王春军主编 . —北京：中国建筑工业出版社，
2023.9
ISBN 978-7-112-29127-4

Ⅰ. ①建…　Ⅱ. ①王…　Ⅲ. ①建筑工程—刑事犯罪—
案例—中国　Ⅳ. ① D924.335

中国国家版本馆 CIP 数据核字（2023）第 172210 号

责任编辑：张礼庆
责任校对：芦欣甜
校对整理：孙　莹

建设工程领域刑事案件报告——典型案例、辩护要点及合规
王春军　主编

*

中国建筑工业出版社出版、发行（北京海淀三里河路 9 号）
各地新华书店、建筑书店经销
北京建筑工业印刷有限公司制版
天津安泰印刷有限公司印刷

*

开本：787 毫米×1092 毫米　1/16　印张：18½　字数：414 千字
2024 年 3 月第一版　　2024 年 3 月第一次印刷
定价：**78.00** 元
ISBN 978-7-112-29127-4
（41691）

本书编委会

主　编：王春军

副主编（排名不分先后）：

　　　　姜超峰　况　意　吕　岩　张　睿

　　　　章德君　朱莉莉　万学伟

顾　问：印　波　唐世亮

序　一

为春军律师的"七步法"专著作序之后，再次收到他的新书，我非常高兴和欣慰于他能够继续深耕建设工程法律服务领域。同时也许是受到北京市京都律师事务所刑事辩护氛围的影响，这本书结合了建设工程领域与刑事辩护、企业合规的相关内容，是一次很好的尝试。

我注意到，自2019年起，春军律师及其团队就已经将目光拓展到建设工程领域的刑事案件方向，并连续四年发布《建设工程领域刑事案件研究报告》。这本书的特点之一就是在典型案例的基础上，针对建设工程领域的高发罪名，提出了刑事辩护要点，从实践的角度来看我认为很有必要。我在办案过程中也常常遇见与建设工程领域的企业、从业人员相关的刑事案件，特别是贪污罪、受贿罪、合同诈骗罪、虚开增值税罪等罪名尤为突出，此类案件在事实梳理、辩护角度方面都有独到之处，在本书当中也有很好的总结与归纳。

企业合规建设是当下的热门话题，也是个重要课题。在我看来，律师在这一业务中大有可为，应该广泛关注和积极参与，这正是本书的另一关注点。律师业务常常要面对学科交叉的案件，如果知识结构单一就会无所适从，甚至发生误判。这本书也为建设工程领域的重点问题提供了刑民交叉视角的分析。

总的来看，这本著作研究了建设工程领域的典型刑事案件、辩护要点及合规管理，既能够帮助律师提高自身职业技能专业化水平，也与北京市京都律师事务所一直坚持的综合化、专业化、团队化、国际化发展方向契合。但也要看到，面对复杂的实践情况，本书不能解决和覆盖所有问题，我们还需要在实务中不断打磨。

建设工程领域的刑事犯罪是一个非常值得研究与关注的方向，其中刑民交叉问题和罪与非罪界限问题都很突出，且颇有争议。实践中，民事纠纷刑事化的倾向尤其值得关注，也是一个难度较大的课题。希望春军律师的著作能够让读者有所收获，为建设行业的高质量发展提供助力，在个案研究中、在专业化发展中，实现推动行业与社会的法治进步！

是为序。

田文昌

2023年5月16日

序 二

刑事风险，是建设工程领域各参与主体需要关注的首要风险。建设工程领域刑事风险首先表现为参与建筑业活动的企业或个人实施的行为最终被认定为犯罪并被追诉的风险，其次表现为企业或个人的合法权益遭受犯罪行为不当侵害的风险。刑事风险划定了建设工程领域经营活动中最重要的红线，与每一个参与主体的利益息息相关。

一段时间以来，建设行业已经成为刑事案件的高发领域，刑事风险影响了整个行业的健康稳定运行，受到各方广泛关注。建设工程领域各参与主体行为的规范化已经刻不容缓。这一规范化过程，需要对既有建设工程领域的刑事司法观点进行详细研究，对常见犯罪行为类型及入罪标准进行精确归纳，明确"罪"与"非罪"之间的法律适用界限，进而指导司法机关及律师准确用法，指导建设工程领域各参与主体明确守法，并进一步推动建设行业的科学立法。

另一方面，随着企业刑事合规这一概念的逐步引入，建筑业企业自主建立一套有效的合规措施，以实现企业自身刑事风险的识别与自我监督，被视为是塑造企业在竞争中的法律优势的一项重要手段。在犯罪行为发生后，有效的合规管理体系也可以作为企业执行有效的风险管理或履行适当注意义务的证明，用于主张减免对企业及企业主管人员的刑事处罚。可以说，刑事合规能够为企业经营带来充分的好处。建立这样一套有效的刑事合规措施，必须依靠实务专家对于当前刑事司法实践的深刻理解，并在此基础上，形成对企业刑事合规风险的最佳治理方案。

本书兼顾理论与实务，对近年来建设工程领域刑事司法实践进行了回顾梳理，详细研究了建设工程领域刑事案件各个高发罪名，总结辩护要点及合规管理方法，为建设工程专业律师在办理工程案件过程中提供方向指引，也为企业建立有效刑事合规制度提供了全面参照。

一本好的实务书籍离不开长年累月的积累。相信本书编写组在建设工程领域辛勤耕耘所形成的丰富成果，能够成为各位读者研究与办案的有益参照，能够为建设工程法律服务的规范化发展作出突出贡献。

袁华之

2023 年 5 月 12 日

前　言

我们对建设工程领域刑事案件的研究，源于北京市京都律师事务所一位刑事律师咨询的一个案件。案情大概：一名实际施工人借用资质收到工程预付款后，在施工到某个节点就撤场了，建设单位遂以合同诈骗罪报案，公安机关立案后进行侦查并移送检察院审查起诉，法院认定了合同诈骗罪成立，并处以无期徒刑的刑罚。现实中，实际施工人借用施工企业资质（俗称挂靠）的现象很普遍，也是建设行业的顽疾，关于已完工程量的核对是个技术问题，已完工程量相对应的工程价款更是算法多样。我分析案情后，感觉办案机关生搬硬套了刑法的关于合同诈骗罪的规定，应该不构成犯罪。当然，无罪辩护在当前还很难，几经波折，犯罪嫌疑人得以无罪释放，其中既有所有参与案件律师的努力，也有案件承办的公检法人员对建设工程领域行业特点的逐步了解和认识。基于此案，我觉得研究建设工程领域刑事案件非常有必要。

2019 年我和团队就 2018 年建设工程领域刑事案件做了第一份研究报告，现在已历时五年。每年发布会的主题都不同。2018 年在分析样本的基础上，对建设工程高发犯罪做了罪名分析和辩护要点总结，2019 年建设工程领域刑事案件研究报告对建设工程领域的贪污贿赂罪做了研究并作为主题发布，又对建设工程领域合规管理做了简要的论述。2020 年建设工程领域刑事案件研究报告的主题为建设工程领域涉黑涉恶案件总结及施工企业行权，所谓行权就是行使自己合法的权利，维护自身合法利益。2021 年在研究和分析 2018—2021 年建设工程招标投标领域犯罪样本的基础上，对建设工程招标投标领域合规管理进行了研究，重点在合规依据和风险识别，以及刑事调查和行权。

北京市京都律师事务所对于我们的研究给予很大的帮助，第一次发布会田文昌老师和哈尔滨工业大学王要武教授亲自参加并做了精彩点评，公检法界专业人士也给予了很大的帮助和关注。自 2019 年起，我们每年的发布会都坚持举办，形式上既有符合政策的线下研讨，也增加了线上讨论。社会各界的关注，是我们做建设工程领域刑事案件研究的动力，在此感谢各位朋友和老师的支持。

2021 年起，在北京的几个志同道合的律师一起组织了有关建设工程领域刑事案例研学小组，每个月一次的共学使得大家对于出版一本专门写建设工程领域刑事案件的书达成了共识并予以实施，这才有了后面一系列安排，也才有了本书的面世。当时讨论的很多案例值得大家了解，但是由于案例本身的特殊性，不便于在纸书中表述清楚，以后有机会可用其他方式提供给大家，请大家持续关注。

2022 年在总结之前经验的基础上，本书进一步结合现行法律法规、司法解释以及学术观点，总结出建设工程领域二十个高发罪名（以 2019 年统计数据排序）的辩护要点与合规管理方法，并从反舞弊调查、搜集固定证据等角度为施工企业行权提供办案要点的梳理提示，旨在助力建筑业与房地产业企业合规、刑事风险防控的规范化发展。

由于我们的能力所限，书中仍然可能存在不当之处，欢迎批评指正，我们将在实践中持续关注并不断完善。

各位老师的助理和团队实习人员对数据的研究作出很大贡献，在此点名——感谢：陈子容、张男、张兆田、刘星萌、杜中华、邓莉泓、吴鸿斌、刘臻、陈芳芳、付静怡、闫雨菲、张钰涵等。

感谢刑法学教授和博士生导师印波老师的指导，感谢华宇元典唐世亮老师的技术协助。

特别感谢田文昌老师的指导和支持，感谢袁华之老师的鼓励和帮助。

建设工程领域刑事案件以及合规的研究有赖于建设工程领域的每个分子的参与，我们行业法律服务人员要让法律服务事业更好地服务于企业、服务于建设行业、服务于社会。

王春军

2023 年 8 月 24 日于北京

目　录

序一

序二

前言

凡例

绪论　建设工程领域刑事案件研究的必要性 ···························· 1

　　0.1　建设工程数量众多，行业牵涉利益广 ···························· 1

　　0.2　建设行业具有行业独特性 ·· 1

　　0.3　部分建设行业从业人员法治观念淡薄 ·························· 3

　　0.4　执法、司法人员对行业特性了解较少，办案难度大 ········ 4

　　0.5　相关研究缺乏 ·· 4

第1章　2019 年建设工程领域刑事案件研究报告 ···················· 5

　　1.1　样本收集与遴选 ·· 5

　　1.2　总体数据分析 ·· 6

第2章　2020 年建设工程领域刑事案件研究报告 ·················· 12

　　2.1　样本收集与遴选 ··· 12

　　2.2　十大高发犯罪分析 ·· 13

　　2.3　对比分析 ·· 16

　　2.4　按地区统计分析 ··· 16

　　2.5　按职位统计分析 ··· 17

第3章　2018—2021年建设工程招标投标领域刑事案件研究报告 ················ 19

　3.1　建设工程招标投标领域刑事犯罪的有关法律规定和研究成果

　　　（2018.01—2021.12） ··· 19

　3.2　样本收集与遴选 ·· 23

　3.3　建设工程招标投标领域犯罪数据分析 ································· 24

第4章　受贿罪 ··· 27

　4.1　受贿罪罪名分析 ·· 27

　4.2　典型案例 ·· 33

　4.3　辩护要点 ·· 37

　4.4　合规管理 ·· 43

第5章　合同诈骗罪 ·· 45

　5.1　合同诈骗罪罪名分析 ··· 45

　5.2　典型案例 ·· 54

　5.3　辩护要点 ·· 62

　5.4　合规管理 ·· 68

第6章　诈骗罪 ··· 70

　6.1　诈骗罪罪名分析 ·· 70

　6.2　典型案例 ·· 77

　6.3　辩护要点 ·· 80

　6.4　合规管理 ·· 82

第7章　串通投标罪 ·· 84

　7.1　串通投标罪罪名分析 ··· 84

　7.2　典型案例 ·· 86

　7.3　辩护要点 ·· 91

　7.4　合规管理 ·· 92

第8章　贪污罪 ··· 94

　8.1　贪污罪罪名分析 ·· 95

　8.2　典型案例 ·· 100

　8.3　辩护要点 ·· 110

　8.4 合规管理 ··· 114

第 9 章　拒不支付劳动报酬罪 ································· 116

　9.1 拒不支付劳动报酬罪罪名分析 ······························ 117

　9.2 典型案例 ·· 120

　9.3 辩护要点 ·· 123

　9.4 合规管理 ·· 124

第 10 章　寻衅滋事罪 ··· 127

　10.1 寻衅滋事罪罪名分析 ·· 127

　10.2 典型案例 ··· 135

　10.3 辩护要点 ··· 138

　10.4 合规管理 ··· 140

第 11 章　伪造公司、企业、事业单位、人民团体印章罪 ···· 142

　11.1 伪造印章罪罪名分析 ·· 142

　11.2 典型案例 ··· 144

　11.3 辩护要点 ··· 147

　11.4 合规管理 ··· 148

第 12 章　行贿罪 ·· 150

　12.1 行贿罪罪名分析 ··· 150

　12.2 典型案例 ··· 158

　12.3 辩护要点 ··· 160

　12.4 合规管理 ··· 163

第 13 章　重大责任事故罪 ···································· 164

　13.1 重大责任事故罪罪名分析 ······································ 164

　13.2 典型案例 ··· 167

　13.3 辩护要点 ··· 172

　13.4 合规管理 ··· 174

第 14 章　敲诈勒索罪 ··· 175

　14.1 相关法律法规 ·· 176

　14.2 具体表现 ··· 179

14.3 辩护要点 ……………………………………………………………… 180

14.4 合规管理 ……………………………………………………………… 181

第15章 强迫交易罪 …………………………………………………… 183

15.1 强迫交易罪罪名分析 …………………………………………………… 183

15.2 具体表现 ……………………………………………………………… 186

15.3 辩护要点 ……………………………………………………………… 187

15.4 合规管理 ……………………………………………………………… 188

第16章 虚开发票罪 …………………………………………………… 189

16.1 虚开发票罪罪名分析 …………………………………………………… 190

16.2 具体表现及典型案例 …………………………………………………… 193

16.3 辩护要点 ……………………………………………………………… 195

16.4 合规管理 ……………………………………………………………… 197

第17章 职务侵占罪 …………………………………………………… 199

17.1 职务侵占罪罪名分析 …………………………………………………… 201

17.2 典型案例 ……………………………………………………………… 204

17.3 辩护要点 ……………………………………………………………… 205

17.4 合规管理 ……………………………………………………………… 207

第18章 单位行贿罪 …………………………………………………… 208

18.1 单位行贿罪罪名分析 …………………………………………………… 209

18.2 典型案例 ……………………………………………………………… 212

18.3 辩护要点 ……………………………………………………………… 213

18.4 合规管理 ……………………………………………………………… 214

第19章 非国家工作人员受贿罪 …………………………………… 215

19.1 非国家工作人员受贿罪罪名分析 ……………………………………… 215

19.2 典型案例 ……………………………………………………………… 219

19.3 辩护要点 ……………………………………………………………… 226

19.4 合规管理 ……………………………………………………………… 229

第20章 挪用资金罪 …………………………………………………… 231

20.1 挪用资金罪罪名分析 …………………………………………………… 231

20.2 典型案例 ·· 234

20.3 辩护要点 ·· 237

20.4 合规管理 ·· 240

第 21 章 伪造、变造、买卖国家机关公文、证件、印章罪 ·············· 243

21.1 伪造、变造、买卖国家机关公文、证件、印章罪罪名分析 ············ 243

21.2 典型案例 ·· 249

21.3 辩护要点 ·· 250

21.4 合规管理 ·· 257

第 22 章 非法占用农用地罪 ·· 259

22.1 非法占用农用地罪罪名分析 ··· 259

22.2 典型案例 ·· 260

22.3 辩护要点 ·· 264

22.4 合规管理 ·· 267

第 23 章 挪用公款罪 ··· 268

23.1 挪用公款罪罪名分析 ·· 268

23.2 典型案例 ·· 271

23.3 辩护要点 ·· 274

23.4 合规管理 ·· 275

第 24 章 施工企业行权 ··· 276

24.1 施工企业内部行权 ·· 276

24.2 控告 ··· 280

凡　例

全称	简称
《中华人民共和国宪法（2018 修正）》	《宪法》
《中华人民共和国刑法（2020 修正）》	《刑法》
《中华人民共和国刑法（1997 修订）》	原《刑法（1997 修订）》
《中华人民共和国刑法修正案（六）》	《刑法修正案（六）》
《中华人民共和国刑法修正案（八）》	《刑法修正案（八）》
《中华人民共和国刑法修正案（十一）》	《刑法修正案（十一）》
《中华人民共和国民法典》	《民法典》
《中华人民共和国刑事诉讼法（2018 修正）》	《刑事诉讼法》
《中华人民共和国治安管理处罚法（2012 修正）》	《治安管理处罚法》
《中华人民共和国建筑法（2019 修正）》	《建筑法》
《中华人民共和国招标投标法（2017 修正）》	《招标投标法》
《中华人民共和国土地管理法（2019 修正）》	《土地管理法》
《最高人民法院关于审理建设工程施工合同纠纷案件适用法律问题的解释（一）》	《建工司法解释（一）》
《中华人民共和国招标投标法实施条例（2019 修订）》	《招标投标法实施条例》

绪论   建设工程领域刑事案件研究的必要性

　　建筑业和房地产业是我国国民经济支柱产业。市政、房建、铁路、公路、机场、港口、通信、电力、矿山、冶金、石油、有色金属、化工、核工业等领域的基础及配套设施建设均为建设工程。各级政府部门、司法机关、军事机关以及各个单位均不同程度地需要建设工程。建设工程往往需要消耗大量的生产资料，尤其是土地和资金；建设工程涉及的部门也不仅仅是项目法人单位，还往往涉及规划、设计、勘察、施工、监理、环保、卫生等多重职能管理部门及中介性机构。建设行业除了自身处于支柱产业之外，还与诸多重要的产业关联，诸如钢筋、水泥、混凝土、国土资源等。

　　建设行业关乎人民的生命安全和社会的重大利益，对其刑事案件的研究也要作为重点，原因总结如下。

0.1   建设工程数量众多，行业牵涉利益广

　　在我国总体国民经济稳步增长的同时，建筑业和房地产业作为国民经济支柱产业发展极为迅速。据国家统计局初步核算，2022年国内生产总值1210207亿元，比上年增长3.0%；其中建筑业总产值高达311980亿元，较上年度同比增长6.5%，全国房地产开发投资132895亿元。可见，建设工程在我国经济中体量巨大，关系到社会生活的方方面面，对于国民就业安全及社会经济整体的良性运转至关重要。

　　党的十九大以来，我国固定资产投资领域聚焦高质量发展和全面提质增效，投资总量保持平稳增长，建设规模不断扩大，有效发挥了投资扩大国内需求、稳定经济增长的关键作用。建设行业因投资金额巨大、利润丰厚的特点成为滋生刑事犯罪的温床。在建设工程的项目审批、勘察设计、工程施工、价款结算等多个方面，受贿、行贿、贪污、滥用职权、串通投标、重大责任事故、拒不支付劳动报酬等犯罪时有发生，一旦出现刑事犯罪，企业及其从业人员不仅会受到巨大经济损失，还会受到严厉的刑罚。

　　因此，基于建设工程数量众多，行业牵涉利益广的特点，对建设工程领域的刑事案件进行系统分析，做好刑事风险的预防尤为重要。

0.2   建设行业具有行业独特性

　　建设行业牵涉面广，行业复杂程度高，正因如此，建设工程领域刑事案件具有不同于

其他行业的新颖性和特殊性，尽管建设工程领域出现频率较高的罪名在其他领域也有涉及，如贪污罪、受贿罪、重大责任事故罪、串通投标罪、合同诈骗罪等，但是这些罪名在建设工程领域出现时具有独特性。

1. 建设工程领域犯罪主体趋于多元

比如对于贪污受贿罪而言，由于建设工程项目行政管理涉及多个部门，同时"国家工作人员"的认定越来越广泛，例如国有独资施工企业管理人员、国有控股施工企业的管理人员也可以被认定为该罪的犯罪主体，另外具体犯罪人员不仅是领导人员，还包括普通部门的监管人员、勘察设计人员、施工人员及监理人员等；对于串通投标罪而言，主体既可以包括个人，也可以包括单位，不仅限于《招标投标法》意义上的招标人和投标人，只要实施了串通投标的行为，即可以被认定为串通投标罪的主体，如招标投标单位的直接负责的主管人员和其他责任人员、招投标代理机构及其直接负责的有关人员和其他责任人员、评标委员会成员、借用投标企业资质的其他直接责任人员、投标文件编制方等；对于重大责任事故罪而言，其犯罪主体只能是个人，建设单位负责人、勘察人员、设计人员、监理人员、项目经理、安全质量管理人员、技术负责人、施工作业人员等所有与建设工程安全生产相关的责任主体均有可能成为本罪的犯罪主体；对于拒不支付劳动报酬罪而言，犯罪主体既包括具备用工主体资格的单位及其直接负责的主管人员和其他责任人员，也包括不具备用工主体资格的单位和个人，如包工头等虽然不在"与劳动者建立劳动关系的用人单位"之列，但《最高人民法院关于审理拒不支付劳动报酬刑事案件适用法律若干问题的解释》也将其列为犯罪主体。

2. 建设工程领域犯罪金额较大

由于建设项目投资额巨大，相应的犯罪金额也高达百万甚至千万，如在建设工程领域的合同诈骗罪中常会出现以虚构工程项目、收取报名资料费、合同履约金等方式骗取钱款，在江苏省高级人民法院（2017）苏刑终302号张某、陈某等合同诈骗罪中，涉及的金额就高达2000余万元；在受贿罪中也存在收受他人财物或者财产性利益的，其涉及的金额并不是直接可见的，而是通过收取回扣、收取赠送物品、以明显低于市场价格的方式购买物品等予以体现，例如在广州市中级人民法院（2010）穗中法刑二初字第39号区某受贿案中，区某就通过低价买入了高达200万元的房子，受贿额达到86万元。

3. 建设工程领域犯罪手段多样化、隐蔽化

如在受贿罪中，被告人往往开具正当发票，支出公款，后私下收取贿赂，需要对会计过程进行严密审计才能发现这种隐蔽的形式。间接的行贿受贿，如向国家工作人员的配偶、子女、父母等具有亲密关系的人行贿，收到钱财后，立马将财产转移、账户注销，即使案发，也很难查到蛛丝马迹。

在串通投标罪中招标投标人之间订立攻守同盟，形成利益共同体。建筑市场早已是一个"熟人圈子"，招标投标市场受到"熟人圈子"内的某些"操盘手"的控制，这些人在招标投标市场形成了利益联盟，彼此之间订立攻守同盟，轮流坐庄获取中标权，串通的整

个过程较为隐蔽，知情人较少。串通投标大多是投标人在投标前进行秘密联系，先寻找自己想要挂靠的单位，再与该公司商议挂靠的相关手续和费用，达成协议后缴纳投标保证金，自行制作标书，参加投标，整个过程仅主要犯罪嫌疑人知情，其他人无法获取相关信息。

4. 建设工程领域挂靠、借用资质现象普遍

挂靠人、借用人由于不具有进行建筑活动的主体资格，或者具有建筑活动的资格，但不满足建筑项目所需的资质等级的要求，例如很多包工头即使掌握一定的社会资源，但是他们没有施工资质，导致他们根本没有办法入围仅有高级施工资质的企业才能参加的工程招标投标项目；被挂靠的一些施工企业虽具备建设项目所需的资质等级证书，但是他们不具有承建该工程项目的能力。此外，部分工程招标投标活动存在暗箱操作的现象，也导致有些施工企业选择与有能力有关系的挂靠人进行合作。

5. 其他违规情况由来已久

在工程重大安全事故罪中，其罪状就是建设单位、设计单位、施工单位、工程监理单位违反国家规定，降低工程质量标准，造成重大安全事故。此处的国家规定是指国家有关建设工程质量监督管理方面的法律、法规，如《建筑法》《建设工程质量管理条例》等。在污染环境罪中，主要罪状是违反国家规定，排放、倾倒或者处置有放射性的废铁、含污染病原体的废物、有毒物质或者其他有害物质，严重污染环境。在串通投标罪中，罪状是违反《招标投标法》，损害了国家、集体、公民的合法权益。建设工程领域违规情况数量众多，由来已久，难以根除，这也是造成建设工程领域刑事案件频发的原因之一。

因建设工程的行业特殊性，其领域内刑事罪名也往往具有兼合行业特点的新颖性。因此，对建设行业特性及建设工程领域刑事案件的研究必须加大力度，相关研究应得到社会各方面的重视。

0.3　部分建设行业从业人员法治观念淡薄

建设行业平稳发展不断为社会提供新增就业岗位，为吸纳农村剩余劳动力、缓解社会就业压力作出了重要贡献。在"人多""钱多"的背景之下，该行业也存在潜规则，背后体现了部分从业人员淡薄的法治观念。比如对于建设工程单位及其负责人而言，能意识到存在刑事风险的人不多，有很多人认为即便自身违规操作也不至于受到刑事处罚。建设工程领域一旦出现刑事犯罪，不仅是主要负责人遭受刑罚，单位的信用记录及未来竞标、生产经营均会遭受不利影响。因此，对建设工程领域刑事案件作系统分析，对刑事风险作全面预防，对刑事辩护要点作深入研究尤为必要。

0.4 执法、司法人员对行业特性了解较少，办案难度大

对建设工程领域刑事案件的研究缺乏，导致公检法司在学习、工作实务中对建设行业特性了解较少，难以把握建设工程领域刑事案件的特殊性，造成办案难度大的问题。

比如建设工程领域大量出现的刑民交叉案件，此类案件是指既需要适用民事法律规范，又需要适用刑事法律规范的案件：基于法秩序统一的原理，民事和刑事法律规范应作一体适用。比如形式上符合民事法律规定要求的合同，但是实质上掩盖了犯罪的非法目的，不仅应当适用民事法律规范将该类合同评价为无效合同，而且应当适用刑事法律规范评价犯罪行为人的犯罪行为。

在适用法律的过程中，民事法律规范里，有主体、客体和权利内容等法律评价要素；刑事法律规范里，要针对犯罪的客观行为和犯罪行为人的主观责任进行评价。上述民事法律和刑事法律的主客观要素之间，就可能存在相同、交叉或牵连的关系。

因此，对建设工程领域刑事案件尤其是涉及刑民交叉问题的研究有利于准确地区分建设工程领域的"罪与非罪、此罪与彼罪"，进一步明确量刑；有利于进一步保障犯罪嫌疑人的权利，保障人权；同时也有利于法治的公平公正。

0.5 相关研究缺乏

一直以来，建设工程领域法律问题的关注主要集中在民商事领域，很少有人重视建设工程领域刑事犯罪问题研究。建设工程领域的民商事案件即便争议较大、情节复杂，但是基本上观点较为成熟，在实务层面也形成了类型化的处理方式。最高人民法院于2005年和2019年颁布了两个关于审理建设工程施工合同纠纷的司法解释（现已废止）。后随着《民法典》的颁布，最高人民法院于2020年12月29日颁布《建工司法解释（一）》，各省高院也总结了不少解决建设工程施工合同民商事纠纷的经验，形成了一系列的裁判指引。然而，无论是从理论探讨的欠缺方面，还是从现实风险防范的必要性方面考虑，建设工程领域的刑事案件亟须系统研判和分析。

建设行业不仅由住房和城乡建设部门进行管理，同时也受其他职能部门的监管。每个职能部门的分管和侧重点有不同，就需要相互配合。对于建设工程领域的刑事犯罪研究，能更好地给各职能监管部门提供数据，针对性地进行监管。比如交通运输部门不仅对交通运输提供各项行政管理，也对交通设施的建设进行管理，对公路等建设的招标、投标、施工、结算等进行行政管理。其中招标投标中的管理和资质要求就必须遵守招标投标类的法律和住建部门的规定。此外，刑事犯罪案例研究应更加形象地以案释法，起到警示作用，特别是建设工程领域的刑事犯罪案例关乎国计民生，与依法行政监管关系密切，能积极推动国家法治建设。

第 1 章　2019 年建设工程领域刑事案件研究报告

1.1　样本收集与遴选

1.1.1　样本要求

（1）案件类型：只保留 2019 年建设工程领域刑事案件。与建设工程本质上无关的刑事案件不予采集，例如样本排除了单纯发生在建筑工地或是由建设工程公司的员工实施的盗窃、故意伤害等与工程项目实施无关的案件。

（2）文书类型：只保留刑事判决书。样本排除了裁定书和调解书。系统数据来源为裁判文书网，因此未录入裁判文书网的判决书不纳入本次报告的数据分析范围。

（3）范围：2019 年 1 月 1 日至 2019 年 12 月 31 日期间的已审结案件，其中部分刑事案件案号在 2018 年甚至更早。那些发生在 2019 年度的尚未审结的并没有上传到"Alpha 法律智能操作系统"的，或因其他原因已审结而未上传的案件不在本范围。因此，本研究报告并不能对 2019 年度所有案例进行完全归纳。

1.1.2　收集方法

为了准确、全面地进行数据分析，本团队采取大数据分析系统检索的方式，在"Alpha 法律智能操作系统"检索系统中选取"刑事案件""判决书""2019"，为了保证样本的全面，分别输入关键词"建筑工程""建设工程"筛选得出两份结果，再合并，然后对样本进行人工筛查，删除重复与无效样本，进行数据统计。

团队在 2019 年 11 月份将 2019 年 1—6 月的已审结的建设工程领域刑事案件判决书检索下载，在 2020 年 1 月将 2019 年下半年度的已审结案件判决书检索下载，总数为 9773 份。团队成员用时 3 个月进行研读。

1.1.3　人工筛选

严格按照本报告样本收集的原则整理。待样本检索完成后，将与工程项目实施无关的刑事案件，例如单纯发生在建筑工地或是由建设工程公司的员工实施的盗窃、故意伤害，空壳公司假冒建设工程公司进行的诈骗案等案件进行人工筛除。

最终，得到 3374 份有效样本。

1.2 总体数据分析

1.2.1 按罪名统计分析

2019 年建设工程领域刑事案件共有 66 种类型，罪名的构成及案件数如图 1-1 所示。

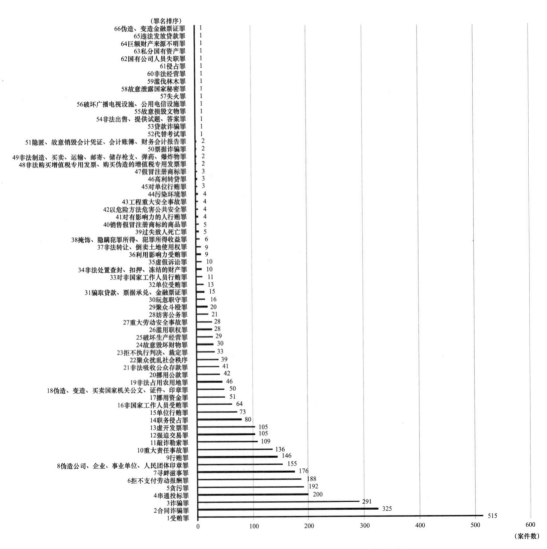

图 1-1 2019 年建设工程领域刑事案件按罪名统计

1.2.2 十大高发犯罪分析

根据图 1-1 可以看出，2019 年建设工程领域内有以下十大高发犯罪：1. 受贿罪（515 件）；2. 合同诈骗罪（325 件）；3. 诈骗罪（291 件）；4. 串通投标罪（200 件）；5. 贪污罪

（192 件）；6.拒不支付劳动报酬罪（188 件）；7.寻衅滋事罪（176 件）；8.伪造公司、企业、事业单位、人民团体印章罪（155 件）；9.行贿罪（146 件）；10.重大责任事故罪（136 件）。具体分析如下。

（1）前十位高发的犯罪中职务类的经济犯罪数量最多，但受贿罪与行贿罪件数差距较大；建设工程领域国企是重要主体，被绳之以法的也主要是国家工作人员，主要表现为受贿罪、贪污罪。通过判决书反映出，建设工程领域内职务类的经济犯罪主要集中发生于工程立项、融资、招标投标、结算等各个环节中，是范围最广的犯罪。

（2）居于高发案件第 2、3 位的是诈骗类犯罪，最为典型的诈骗行为是虚构某种并不存在的建设工程项目，以保证金、好处费等形式骗取被害人财产，通常以建设工程项目标的的百分比收取，数额巨大，情节严重，在此种情形下，合同诈骗罪与诈骗罪的区别仅为是否签订了合同。合同诈骗罪的第二种情形是建设工程项目实际上存在，但由于缺少必要的建设手续，该项目实际上无法建设，合同实际无法履行，在此种情形下骗取保证金。

（3）串通投标罪位居第 4 位（200 件），建设工程领域，串通投标仍然高发，招标投标程序的设计与监管有所缺失。在多数工程建设项目中，最为关键的一个经营环节即是招标投标环节，在此过程中，极易发生违法违规行为。招标投标活动中最容易触犯的一项刑事罪名即是串通投标罪，其行为轻则侵害其他投标人以及招标单位的合法权益，导致单位资产流失，重则使项目建设质量难以保证，可能造成工程安全事故，这其中往往隐藏着巨大刑事犯罪法律风险。

（4）拒不支付劳动报酬罪位居第 6 位（188 件），2020 年 5 月 1 日将正式实施我国第一部为保障农民工群体权益制定的专门法规——《保障农民工工资支付条例》（以下简称《条例》）。《条例》瞄准农民工欠薪问题的关键环节、重点领域，设计了一系列特殊保护制度，并加大了处罚力度。《条例》的出台让农民工工资离"基本无拖欠"的目标又近了一步，但能否减少此类犯罪待看以后的报告结果。

（5）寻衅滋事罪位居第 7 位（176 件），主要触犯的是《刑法》第二百九十三条，其典型行为是为了阻止施工，强拿硬要高额管理费；因为撤场、工程款问题在工地中任意损毁公私财物。犯罪主体往往是无业游民或工地工人，教育程度较低，在遇到纠纷往往采取直接、情绪化的行为，就容易触犯本罪，但不排除存在恶意讨薪或黑恶势力。

（6）伪造公司、企业、事业单位、人民团体印章罪位居第 8 位（155 件）。施工企业通常为了承接项目、采购材料等私刻单位、项目部印章，但往往所签订的合同超出了其所能承受的经济能力，又无法构成合同诈骗罪的情况下，此时就往往会对伪造公司、企业印章者予以处罚。

（7）重大责任事故罪位居第 10 位（136 件），也属于高发的建设工程领域的犯罪。与之类似的第 27 位的重大劳动安全事故罪，第 43 位的工程重大安全事故罪都是施工生产安全过程中需要注意和预防的犯罪。

1.2.3 对比分析

建设工程领域刑事案件前二十位罪名 2019 年与 2018 年的对比如图 1-2 所示。

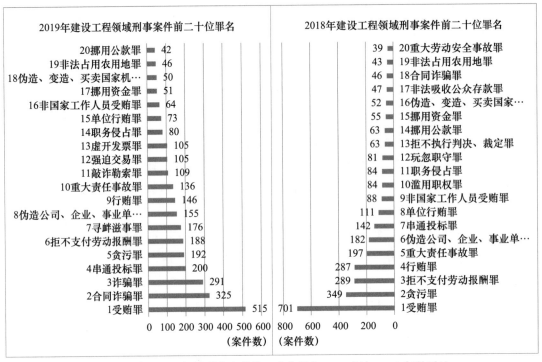

图 1-2　建设工程领域刑事案件前二十位罪名 2019 年与 2018 年的对比

由图 1-2 可以看出：

（1）总体数量上看，2019 年建设工程刑事犯罪案件高发罪名数量排名与 2018 年相比大多有所变化，如拒不支付劳动报酬罪，由 2018 年第 3 位（289 件）下降到第 6 位（188 件），另因诈骗类案件高发，所以其数量较多，排名靠前。

（2）经济犯罪仍然占比最多，但相较于 2018 年数据有所下降：受贿罪仍然排名第 1，但数量相较于 2018 年有所下降；贪污罪排名第 5，相较 2018 年第 2 名排名下降了 3 位，数量也减少接近一半；行贿罪排名第 9，相较 2018 年第 4 名排名下降了 5 位。这些我们分析认为与我国在经历了 2018 年的高压反腐行动后，2019 年反腐取得了重要阶段性胜利有关。

（3）诈骗罪与合同诈骗罪是 2019 年"异军突起"的犯罪，我们分析认为与经济增长的减缓有关系，承包人承接项目困难，对于诈骗者虚构的成本低、利润高的项目没有谨慎审查，轻易交纳保证金。

1.2.4 按地区统计分析

2019 年建设工程领域刑事案件地区分布情况如图 1-3 所示。

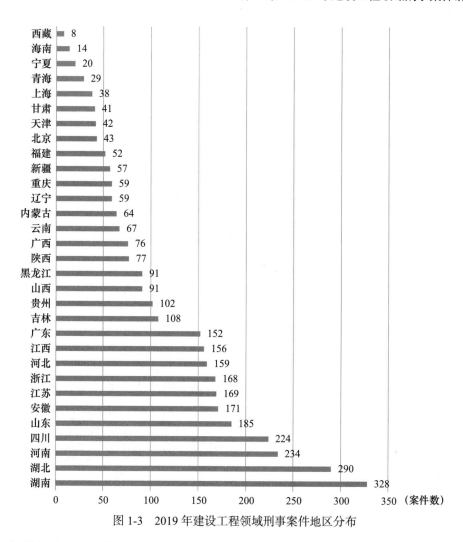

图 1-3　2019 年建设工程领域刑事案件地区分布

根据数据统计，具体分析如下：

（1）案件高发省份前三位：湖南（328 件）、湖北（290 件）、河南（234 件）。湖南的建设工程领域刑事案件数量占全国同类案件数量的 9.72%，为 2019 年度全国建设工程领域刑事案件发生量最多的省份。高发三省集中在我国中部，紧密相连，三省从北到南案件数量逐渐增多，建设工程领域刑事犯罪的发生概率与地区的经济状况没有必然联系；建设工程领域刑事案件主要分布在中部地区。

（2）案件高发省份 4 至 10 位：四川（224 件）、山东（185 件）、安徽（171 件）、江苏（169 件）、浙江（168 件）、河北（159 件）、江西（156 件）。

（3）2018 年前十位案件高发省份相关数据：湖北（314 件）、湖南（266 件）、安徽（238 件）、四川（230 件）、广东（215 件）、河南（212 件）、河北（200 件）、山东（195 件）、江苏（164 件）、贵州（138 件）。

1.2.5 按职位统计分析

2019 年建设工程领域刑事案件职位分布情况如图 1-4 所示。

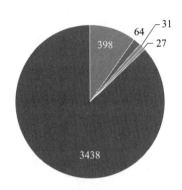

■ 法定代表人（398 人） ■ 项目经理（64 人） ■ 技术人员（31 人） ■ 监理（27 人） ■ 其他人员（3438 人）

图 1-4　2019 年建设工程领域刑事案件职位分布

具体分析如下：

（1）法定代表人犯罪的有 398 人，约占统计的 10%，是最突出的一类犯罪自然人主体。法定代表人代表着企业，法定代表人指依法律或法人章程规定代表法人行使职权的负责人。我国法律实行单一法定代表人制，一般认为法人的正职行政负责人为其唯一法定代表人。如公司为董事长、经理、执行董事，全民所有制工业企业的法定代表人为厂长或经理。法定代表人虽属于雇员范畴，但对外关系上，法定代表人对外以法人名义进行民事活动时，其与法人之间并非代理关系，而是代表关系，且其代表职权来自法律的明确授权，法定代表人对外的职务行为即为法人行为，其后果由法人承担。可见，法定代表人权力大、责任大，往往也成为犯罪主体。

（2）本以为项目经理（64 人）应该属于犯罪高发人群，但其犯罪数量比之法定代表人少，工程管理中还是法定代表人主导。但，是不是反映了另一个问题，项目经理并不真正参与项目的管理。或是过程中转嫁了风险。

（3）监理（27 人）犯罪多在工程质量上，工程质量管控也是监理的职责所在。由工程质量问题造成的刑事犯罪，监理因其职责是推脱不了责任的。技术人员（31 人）犯罪也往往与其工程技术参与有关系。

（4）另外看到最大一项的 3438 人并没有很好地归类，是因为涉及各类岗位的人员。这体现了所有参与建设工程领域的人员，无论是官员还是普通的工地劳动人员都有可能涉及建设工程领域的刑事犯罪，对此的确是需要给予警示。

1.2.6 贪污贿赂罪对比分析

有关数据显示，2019 年全年国内生产总值 990865 亿元，比上年增长 6.1%，2019 年建筑业总产值持续增长，达到 248445.77 亿元，比上年增长 5.68%，全年全社会建筑业实现增加值 70904 亿元；建筑业企业签订合同总额、新签合同额总量增长。自 2010 年以来，建筑业增加值占国内生产总值的比例始终保持在 6.6% 以上。2019 年达到了 7.16% 的近十年高点，建筑业作为国民经济支柱产业的地位稳固。[①]

贪污贿赂是一类罪，通常定义为：国家工作人员或国有单位工作人员实施的贪污、受贿等侵犯国家廉政建设制度，以及其他人员或单位实施的与受贿具有对向性或撮合性的情节严重的行为。[②] 共有十四个具体罪名，十四个罪名又可分为："贪污类：贪污罪、挪用公款罪、巨额财产来源不明罪、隐瞒境外存款罪、私分国有资产罪和私分罚没财物罪；贿赂类：受贿罪、单位受贿罪、利用影响力受贿罪、行贿罪、单位行贿罪、对单位行贿罪、对有影响力的人行贿罪、介绍贿赂罪。"团队对建设工程领域犯罪的罪名进行收集和研究，分析如下：

2018 年收集建设工程领域刑事犯罪罪名 73 个，其中属于贪污贿赂犯罪的罪名有：受贿罪（791 件）、贪污罪（349 件）、行贿罪（287 件）、单位行贿罪（111 件）、挪用公款罪（63 件）、利用影响力受贿罪（16 件）、私分国有资产罪（6 件）、介绍贿赂罪（4 件）、对有影响力的人行贿罪（2 件）、对单位行贿罪（1 件）、巨额财产来源不明罪（1 件）。十四个罪名中建设工程领域发生了十一个；上述罪名共计 1631 件，约占 2018 年建设工程领域刑事犯罪统计样本 3600 份的 45%，其中高发案件前十位的受贿罪、贪污罪、行贿罪、单位行贿罪共计 1538 件，贪污贿赂罪确实属于 2018 年建设工程领域高发刑事犯罪。

2019 年收集建设工程领域刑事犯罪罪名 66 个，其中属于贪污贿赂罪的罪名有：受贿罪（515 件）、贪污罪（192 件）、行贿罪（146 件）、单位行贿罪（73 件）、挪用公款罪（42 件）、单位受贿罪（13 件）、利用影响力受贿罪（9 件）、对单位行贿罪（3 件）、私分国有资产罪（1 件）、巨额财产来源不明罪（1 件）。十四个罪名中建设工程领域发生了十个；上述罪名共计 995 件，接近 2019 年建设工程领域刑事犯罪统计样本 3374 份的 30%，其中高发案件的罪名有受贿罪、贪污罪、行贿罪、单位行贿罪共计 926 件。虽然在团队统计的建设工程领域刑事犯罪中的贪污贿赂罪的数量有所下降，这与国家持续的高压反腐有关系，也证明反腐行动的有效性，但是高发犯罪的前五位顺序的罪名（分别是受贿罪、贪污罪、行贿罪、单位行贿罪、挪用公款罪）都是一致的，上述数据也证明了贪污贿赂罪名的类型在建设工程领域确实是比较全面高发的。

---

① 中国建筑业协会. 2019 年建筑业发展统计分析［R/OL］. 2020-03-20［2023-05-05］http://www.zgjzy.org.cn/menu20/newsDetail/8344.html.

② 高铭暄，马克昌. 刑法学（下篇）［M］. 北京：中国法制出版社，1999：1118.

第 2 章　2020 年建设工程领域刑事案件研究报告

2.1　样本收集与遴选

2.1.1　样本要求

（1）案件类型：只保留 2020 年建设工程领域刑事案件。与建设工程本质上无关的刑事案件不予采集，例如样本排除了单纯发生在建筑工地的盗窃罪或是由建设工程公司的员工实施的侵犯公民人身权利的犯罪例如故意伤害罪、非法拘禁罪等与工程项目实施无关的案件。

（2）文书类型：只保留刑事判决书。样本排除了裁定书和调解书。

（3）范围：2020 年 1 月 1 日至 2020 年 12 月 31 日期间的已审结案件，其中部分刑事案件案号在 2019 年甚至更早。对于那些发生在 2020 年度的刑事案件尚未审结的案件判决书并没有上传到"深思引擎"的，或因其他原因已审结而未上传的不在本范围。因此，本研究报告中所统计的判例并不能对 2020 年度所有案例进行完全归纳。

2.1.2　收集方法

为了准确、全面地进行数据分析，本团队采取大数据分析系统检索的方式，与北京华宇元典信息服务有限公司进行合作，在"深思引擎"检索系统中选取"刑事案由""判决书"、审结日期为"2020.01.01—2020.12.31"，以"建设工程"为关键词进行检索，在数据库中对样本进行人工筛查，删除重复与无效样本，进行数据统计。

团队在 2020 年 12 月将 2020 年 1—6 月的已审结的建设工程领域刑事案件判决书检索筛选，在 2021 年 1 月将 2020 年下半年度的已审结案件判决书检索筛选。团队利用三个多月时间进行研读分析。

2.1.3　人工筛选

严格按照本报告样本收集的原则，待样本检索完成后，将与工程项目实施无关的刑事案件进行人工筛除。

最终，得到 2943 份有效样本。

2.2　十大高发犯罪分析（表2-1）

2020 年建设工程领域刑事案件按罪名统计　　　　　　表 2-1

序号	罪名	数量
1	受贿罪	485
2	诈骗罪	379
3	合同诈骗罪	330
4	寻衅滋事罪	318
5	串通投标罪	283
6	敲诈勒索罪	154
7	强迫交易罪	153
8	伪造公司、企业、事业单位、人民团体印章罪	150
9	虚开发票罪	146
10	拒不支付劳动报酬罪	143
11	贪污罪	141
12	伪造、变造、买卖国家机关公文、证件、印章罪	123
13	行贿罪	121
14	职务侵占罪	111
15	非法吸收公众存款罪	81
16	重大责任事故罪	80
17	挪用资金罪	68
18	非国家工作人员受贿罪	66
19	聚众斗殴罪	50
20	非法占用农用地罪	48
21	挪用公款罪	46
22	滥用职权罪	46
23	故意毁坏财物罪	42
24	拒不执行判决、裁定罪	35
25	单位行贿罪	32
26	虚假诉讼罪	31
27	妨害公务罪	21
28	玩忽职守罪	21
29	聚众扰乱社会秩序罪	21
30	对非国家工作人员行贿罪	20
31	非法转让、倒卖土地使用权罪	19
32	破坏生产经营罪	19

序号	罪名	数量
33	高利转贷罪	16
34	污染环境罪	14
35	国有公司、企业、事业单位人员滥用职权罪	13
36	隐匿、故意销毁会计凭证、会计账簿、财务会计报告罪	11
37	非法处置查封、扣押、冻结的财产罪	10
38	重大劳动安全事故罪	8
39	私分国有资产罪	7
40	逃税罪	6
41	单位受贿罪	6
42	巨额财产来源不明罪	6
43	利用影响力受贿罪	5
44	工程重大安全事故罪	5
45	非法制造、买卖、运输、邮寄、储存枪支、弹药、爆炸物罪	5
46	滥伐林木罪	5
47	国有公司、企业、事业单位人员失职罪	4
48	贷款诈骗罪	4
49	出具证明文件重大失实罪	3
50	提供虚假证明文件罪	3
51	失火罪	3
52	非法购买增值税专用发票、购买伪造的增值税专用发票罪	2
53	票据诈骗罪	2
54	假冒注册商标罪	2
55	侵占罪	2
56	介绍贿赂罪	2
57	对单位行贿罪	2
58	销售假冒注册商标的商品罪	1
59	组织考试作弊罪	1
60	对有影响力的人行贿罪	1
61	强令违章冒险作业罪	1

根据表 2-1 可以看出 2020 年建设工程领域内有以下十大高发犯罪：① 受贿罪（485 件）；② 诈骗罪（379 件）；③ 合同诈骗罪（330 件）；④ 寻衅滋事罪（318 件）；⑤ 串通投标罪（283 件）；⑥ 敲诈勒索罪（154 件）；⑦ 强迫交易罪（153 件）；⑧ 伪造公司、企业、事业单位、人民团体印章罪（150 件）；⑨ 虚开发票罪（146 件）；⑩ 拒不支付劳动报酬罪（143 件）。具体分析如下。

（1）自 2018 年、2019 年、2020 年建设工程领域刑事案件研究报告数据显示受贿罪是建设工程领域最常发的犯罪。建设工程关系到国计民生，标的大、利益大，是一个容易滋生腐败的领域。通过判决书反映出，建设工程领域内受贿罪主要集中发生于工程立项、融资、招标投标、结算等各个环节中，是范围较广的犯罪。

（2）位居高发案件第 2、3 位的是诈骗类犯罪，2020 年建设工程领域刑事案件研究报告的第 2 位是诈骗罪、第 3 位是合同诈骗罪，与 2019 年报告相比仅是位次发生了变化。两年报告显示，建设工程领域的诈骗类案件高发，需要发承包企业和从业人员提高警惕，在承接项目、过程结算、竣工结算中，始终严格审查项目的真实性，不虚假签证，时刻牢记不能虚报工程量获取不应该属于自己的工程款。同时，行业主管部门、有权机关应该加大宣传力度，威慑企图从事诈骗犯罪的人，也提高企业及从业人员防诈骗的能力。

（3）寻衅滋事罪、敲诈勒索罪、强迫交易罪分列 2020 年建设工程领域刑事案件研究报告的第 4 位、第 6 位、第 7 位，这三类犯罪往往会伴随着涉黑涉恶的因素。建设工程领域是涉黑涉恶犯罪的重点领域，专项斗争取得了很好的成果。

（4）串通投标罪由 2019 年建设工程领域刑事案件研究报告的第 4 位（200 件）到 2020 年的第 5 位（283 件），虽然位次有所下降，但是案件量却增加了。建设工程领域，串通投标继续高发，招标投标程序的设计与监管有所缺失。在多数工程建设项目中，最为关键的一个经营环节即是招标投标环节，在此过程中，极易发生违法违规行为。招标投标活动中可能触犯的刑事犯罪不仅有串通投标罪，还可能伴随受贿罪、行贿罪，其行为轻则侵害其他投标人和招标单位的合法权益，导致单位资产流失，项目建设质量难以保证，重则可能造成工程安全事故，这其中往往隐藏着巨大刑事法律风险。

（5）伪造公司、企业、事业单位、人民团体印章罪位居第 8 位，与 2019 年建设工程领域刑事案件研究报告的位次一致，案件量也相近。伪造公司、企业印章有可能是公司企业的内部人员为了使用方便，犯罪嫌疑人根本意识不到自己是在犯罪，加强全员的合规教育非常必要。

（6）虚开发票罪显示为 2020 年建设工程领域高发案件。当前税务部门加大发票审核力度，严厉打击虚开发票的行为。建设工程领域工程款、材料款、劳务费数额巨大，根据有关规定虚开发票 100 份或虚开金额累计 40 万元以上的即构成犯罪。应引起建设工程领域企业的重视。

（7）拒不支付劳动报酬罪还属于高发案件。虽然 2020 年 5 月 1 日正式实施了我国第一部为保障农民工群体权益制定的专门法规《保障农民工工资支付条例》，但此类犯罪仍是高发，对于拖欠农民工工资问题还要各部门相互配合，建设工程领域各主体严格执行规章制度。

（8）贪污罪、行贿罪、非法吸收公众存款罪、挪用资金罪等经济类犯罪，也都在前二十位，且案件量较多。

（9）重大责任事故罪、重大劳动安全事故罪、工程重大安全事故罪都是施工生产过程中工程安全需要注意和预防的犯罪。

2.3 对比分析

建设工程领域刑事案件前二十位罪名 2020 年与 2019 年的对比如图 2-1 所示。

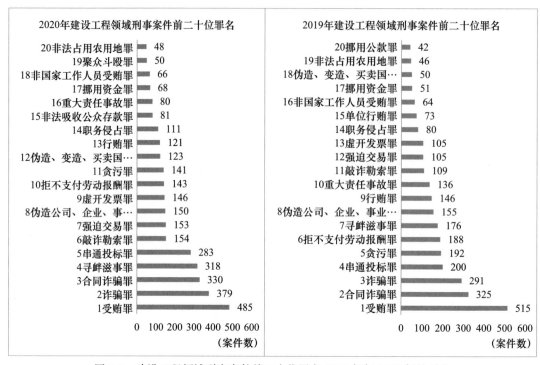

图 2-1 建设工程领域刑事案件前二十位罪名 2020 年与 2019 年的对比

由图 2-1 可以看出:

（1）受贿罪仍高居首位，贪污罪也都在两年高发犯罪中，经济类犯罪仍然占比较多。

（2）诈骗罪和合同诈骗罪近两年分居 2、3 位。建设工程领域的诈骗行为多发，在发承包人工程管理、施工企业承接工程、分包、分供时需要引起重视，同时相关机关应该加大宣传和整治力度。

（3）串通投标罪近两年都在前五位，发承包人、分包人承接工程时大量存在着串通投标的行为，是行业的一大弊病，需要所有从业的企业和人员认识到串通投标的危害性，加大合规宣传和培训。

（4）寻衅滋事罪、敲诈勒索罪、强迫交易罪等可能与涉黑涉恶的交叉较多，凸显建设工程领域涉黑涉恶的情形严重。

2.4 按地区统计分析

根据数据统计（图 2-2），分析如下：

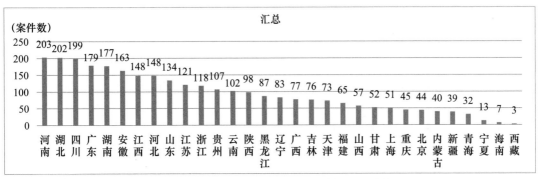

图 2-2　2020 年建设工程领域刑事案件地区分布

（1）案件高发省份前五位：河南（203 件）、湖北（202 件）、四川（199 件）、广东（179 件）、湖南（177 件）。再次显示建设工程领域刑事犯罪的发生概率与地区的经济状况没有必然联系。

（2）犯罪高发省份与 2019 年无大的变化。

2.5　按职位统计分析

2020 年建设工程领域刑事案件职位分布情况如图 2-3 所示。

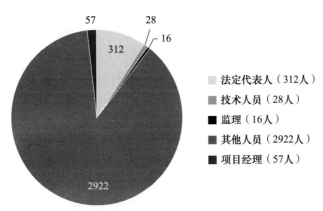

图 2-3　2020 年建设工程领域刑事案件职位分布

具体分析如下：

（1）法定代表人犯罪的有 312 人，与 2019 年的 398 人相近，约占统计的 9%，仍是最明显的一类自然人犯罪主体。法定代表人的特殊法律地位决定了对外关系上，法定代表人对外以法人名义进行民事活动时，其与法人之间并非代理关系，而是代表关系，且其代表职权来自法律的明确授权，法定代表人对外的职务行为即为法人行为，其后果由法人承担。

（2）项目经理也属于高发犯罪主体，2020 年的数据为 57 人，2019 年的数据为 64 人。我国的工程管理制度决定了项目部和项目经理有较大的项目施工管理权限，从一般人认识看，项目部就代表着施工企业，项目经理在项目部中拥有类似公司法定代表人的权力。权力大的同时承担的责任也同样大。

（3）几乎所有工程类的安全事故类犯罪，都可能牵扯到监理（16人）。监理的权力来自发包人的委托和授权，但监理能否独立或尽责地完成监理的职责，需要我们思考监理制度的设计。

（4）有2922名的其他人员没有再分类，是因为涉及众多岗位人员。

（5）建设工程领域的从业人员，特别是施工企业的法定代表人、项目经理、高级管理人员及其他从业人员可能因缺乏合规培训和教育，在不知是犯罪的情况下触犯了刑法，这种情况非常普遍。施工企业应该做好合规依据的梳理、合规风险的识别、合规培训，建立企业的合规体系和合规文化，减少犯罪的发生。

第3章 2018—2021年建设工程招标投标领域刑事案件研究报告

3.1 建设工程招标投标领域刑事犯罪的有关法律规定和研究成果（2018.01—2021.12）

本报告收集了2018年1月到2021年12月建设工程招标投标领域刑事犯罪的有关法律法规及重要文件，汇总如下。

3.1.1 相关法律

《刑法》第二百二十三条：【串通投标罪】投标人相互串通投标报价，损害招标人或者其他投标人利益，情节严重的，处三年以下有期徒刑或者拘役，并处或者单处罚金。投标人与招标人串通投标，损害国家、集体、公民的合法利益的，依照前款的规定处罚。第二百二十六条：【强迫交易罪】以暴力、威胁手段，实施下列行为之一，情节严重的，处三年以下有期徒刑或者拘役，并处或者单处罚金；情节特别严重的，处三年以上七年以下有期徒刑，并处罚金：……（三）强迫他人参与或者退出投标、拍卖的。……

《民法典》第六百四十四条：招标投标买卖的当事人的权利和义务以及招标投标程序等，依照有关法律、行政法规的规定。第七百九十条：建设工程的招标投标活动，应当依照有关法律的规定公开、公平、公正进行。

《建筑法》（2019修订）第十六条：建筑工程发包与承包的招标投标活动，应当遵循公开、公正、平等竞争的原则，择优选择承包单位。建筑工程的招标投标，本法没有规定的，适用有关招标投标法律的规定。

《招标投标法》（2017修正）第五章法律责任的规定。

3.1.2 行政法规

《招标投标法实施条例》（2019修订）

3.1.3 国务院的有关文件

国务院办公厅转发《住房城乡建设部关于完善质量保障体系提升建筑工程品质指导意见》的通知：三、完善管理体制（二）完善招标投标制度。完善招标人决策机制，进一步落实招标人自主权，在评标定标环节探索建立能够更好满足项目需求的制度机制。简化招标投标程序，推行电子招标投标和异地远程评标，严格评标专家管理。强化招标主体责任追溯，扩大信用信息在招标投标环节的规范应用。严厉打击围标、串标和虚假招标等违法行为，强化标后合同履约监管。（发展改革委、住房城乡建设部、市场监管总局负责）

国务院办公厅转发《国家发展改革委关于深化公共资源交易平台整合共享指导意见》的通知：（四）拓展平台覆盖范围。将公共资源交易平台覆盖范围由工程建设项目招标投标、土地使用权和矿业权出让、国有产权交易、政府采购等，逐步扩大到适合以市场化方式配置的自然资源、资产股权、环境权等各类公共资源，制定和发布全国统一的公共资源交易目录指引。各地区根据全国目录指引，结合本地区实际情况，系统梳理公共资源类别和范围，制定和发布本地区公共资源交易目录。持续推进公共资源交易平台整合，坚持能不新设就不新设，尽可能依托现有平台满足各类交易服务需要。

3.1.4 部门规定

最高人民检察院、公安部联合发布修订后的《最高人民检察院 公安部关于公安机关管辖的刑事案件立案追诉标准的规定（二）》（2022 年 4 月 29 日发布）第六十八条规定："投标人相互串通投标报价，或者投标人与招标人串通投标，涉嫌下列情形之一的，应予立案追诉：

（一）损害招标人、投标人或者国家、集体、公民的合法利益，造成直接经济损失数额在五十万元以上的；

（二）违法所得数额在二十万元以上的；

（三）中标项目金额在四百万元以上的；

（四）采取威胁、欺骗或者贿赂等非法手段的；

（五）虽未达到上述数额标准，但二年内因串通投标受过二次以上行政处罚，又串通投标的；

（六）其他情节严重的情形。"

3.1.5 部委规章

住房和城乡建设部.《房屋建筑和市政基础设施工程施工招标投标管理办法》（2019 修正）〔2019.03.13 发布〕〔2019.03.13 实施〕

交通运输部.《水运工程建设项目招标投标管理办法》（2021 修正）（交通运输部令 2021 年第 14 号）〔2021.08.11 发布〕〔2021.08.11 实施〕

国家发展改革委办公厅，市场监管总局办公厅.《关于进一步规范招标投标过程中企业经营资质资格审查工作的通知》（发改办法规〔2020〕727 号）〔2020.09.22 发布〕〔2020.09.22 实施〕

住房和城乡建设部.《关于进一步加强房屋建筑和市政基础设施工程招标投标监管的指导意见》（建市规〔2019〕11 号）〔2019.12.19 发布〕〔2019.12.19 实施〕

交通运输部.《铁路工程建设项目招标投标管理办法》（交通运输部令 2018 年第 13 号）

〔2018.08.31 发布〕〔2019.01.01 实施〕

中国民用航空局.《民航专业工程建设项目招标投标管理办法》〔2018.01.08 发布〕〔2018.01.08 实施〕

国家发展和改革委员会.《国家发展改革委关于印发〈必须招标的基础设施和公用事业项目范围规定〉的通知》（发改法规规〔2018〕843 号）〔2018.06.06 发布〕〔2018.06.06 实施〕

国家发展和改革委员会.《招标公告和公示信息发布管理办法》（国家发展和改革委员会令第 10 号）〔2017.11.23 发布〕〔2018.01.01 实施〕

住房和城乡建设部办公厅.《关于同意新疆维吾尔自治区开展房屋建筑和市政基础设施工程建设项目招标"评定分离"试点的函》（建办市函〔2020〕633 号）〔2020.12.08 发布〕〔2020.12.08 实施〕

国家发展和改革委员会.《国家发展改革委办公厅关于进一步做好〈必须招标的工程项目规定〉和〈必须招标的基础设施和公用事业项目范围规定〉实施工作的通知》（发改办法规〔2020〕770 号）〔2020.10.19 发布〕〔2020.10.19 实施〕

国家发展和改革委员会，工业和信息化部，住房和城乡建设部，交通运输部，水利部，商务部，国家铁路局，中国民用航空局.《关于印发〈工程项目招投标领域营商环境专项整治工作方案〉的通知》（发改办法规〔2019〕862 号）〔2019.08.20 发布〕〔2019.08.20 实施〕

国家市场监督管理总局，国家发展和改革委员会，财政部，商务部，司法部.《关于印发〈公平竞争审查制度实施细则〉的通知》（国市监反垄规〔2021〕2 号）〔2021.06.29 发布〕〔2021.06.29 实施〕

住房和城乡建设部，国家发展和改革委员会.《住房和城乡建设部　国家发展改革委关于印发〈房屋建筑和市政基础设施项目工程总承包管理办法〉的通知》（建市规〔2019〕12 号）〔2019.12.23 发布〕〔2020.03.01 实施〕

国家市场监督管理总局.《制止滥用行政权力排除、限制竞争行为规定》（国家市场监督管理总局令第 64 号）〔2023.03.10 发布〕〔2023.04.15 实施〕

住房和城乡建设部.《住房和城乡建设部关于印发〈建筑工程施工发包与承包违法行为认定查处管理办法〉的通知》（建市规〔2019〕1 号）〔2019.01.03 发布〕〔2019.01.01 实施〕

交通运输部.《公路建设监督管理办法》（2021 修正）（交通运输部令 2021 年第 11 号）〔2021.08.11 发布〕〔2021.08.11 实施〕

住房和城乡建设部.《住房和城乡建设部办公厅〈关于开展建筑企业跨地区承揽业务要求设立分（子）公司问题治理工作的通知〉》（建办市函〔2021〕36 号）〔2021.01.22 发布〕〔2021.01.22 实施〕

住房和城乡建设部办公厅.《关于出借资质违法行为有关查处问题的意见》（建办法函〔2021〕86 号）〔2021.02.19 发布〕〔2021.02.19 实施〕

文化和旅游部.《文化和旅游部关于印发〈文化和旅游部直属单位建设项目管理办法〉

的通知》（文旅财发〔2021〕15号）[2021.02.24发布][2021.02.24实施]

中国民用航空局.《民航专业工程建设项目评标专家和专家库管理办法》[2020.08.07发布][2020.10.01实施]

住房和城乡建设部.《住房和城乡建设部办公厅关于印发〈工程造价改革工作方案〉的通知》（建办标〔2020〕38号）[2020.07.24发布][2020.07.24实施]

国家发展改革委.《关于依法依规加强PPP项目投资和建设管理的通知》（发改投资规〔2019〕1098号）[2019.06.21发布][2019.07.01实施]

住房和城乡建设部，国家发展和改革委员会，财政部，人力资源和社会保障部，中国人民银行，中国银行保险监督管理委员会.《关于加快推进房屋建筑和市政基础设施工程实行工程担保制度的指导意见》（建市〔2019〕68号）[2019.06.20发布][2019.06.20实施]

财政部.《关于印发〈中央基本建设项目竣工财务决算审核批复操作规程〉的通知》（财办建〔2018〕2号）[2018.01.04发布][2018.01.04实施]

住房和城乡建设部.《住房城乡建设部关于印发〈建筑市场信用管理暂行办法〉的通知》（建市〔2017〕241号）[2017.12.11发布][2018.01.01实施]

3.1.6 地方司法实践

江苏省高级人民法院.《关于审理建设工程施工合同纠纷案件若干问题的解答》[2018.06.26发布][2018.06.26实施]：商品房未经招投标程序签订的建设工程施工合同效力如何认定？当事人以商品房未经招投标程序主张签订的建设工程施工合同无效的，除符合《招标投标法》第3条规定的必须招标的项目外，不予支持。

河北省高级人民法院.《河北省高级人民法院关于印发〈建设工程施工合同案件审理指南〉的通知》（冀高法〔2018〕44号）[2018.06.13发布][2018.06.13实施]：3.法律、行政法规规定必须经过招投标的建设工程，当事人以招投标程序违法，或者存在串标、明招暗定等情形主张建设工程施工合同无效的，应承担相应的举证责任，人民法院经审查，认定确实存在以上情形的，该建设工程施工合同为无效合同。

天津市高级人民法院.《天津市高级人民法院关于印发〈天津市高级人民法院关于依法保障企业家合法权益营造创新创业发展良好法治环境的实施意见〉的通知》（津高法〔2018〕46号）[2018.03.19发布][2018.03.19实施]：1.依法惩处涉营商环境刑事犯罪，维护企业生产经营秩序。依法惩处项目审批、贷款发放、资金拨付、招标投标等过程中发生的职务犯罪，净化经济生态。严厉惩处在房产开发、交通运输、工程建设等领域黑恶势力团伙实施的恶意竞标、暴力围标、强揽工程、非法占地、暴力拆迁等犯罪，依法惩处采用滋扰、纠缠、哄闹、聚众造势等"软暴力"手段实施的侵犯企业家人身权利、财产权利的犯罪，对欺行霸市、强买强卖、收保护费、损害企业商业信誉或者产品声誉等犯罪予以严惩，优化我市投资发展环境。

3.1.7　典型案例

最高人民检察院.《关于印发〈企业合规典型案例（第二批）〉的通知》:"案例三:山东沂南县 Y 公司、姚某明等人串通投标案。"

最高人民检察院.《关于印发〈最高人民检察院第二十四批指导性案例〉的通知》(检例第 90 号):"许某某、包某某串通投标立案监督案。"

国家监察委员会,最高人民检察院.《关于印发行贿犯罪典型案例的通知》[2022.03.31发布][2022.03.31 实施]:"山东薛某某行贿、串通投标案。"

3.2　样本收集与遴选

3.2.1　样本要求

（1）案件类型:只保留 2018 年 1 月 1 日起至 2021 年 12 月 31 日的建设工程领域刑事案件。与建设工程本质上无关的刑事案件不予采集,例如样本排除了单纯发生在建筑工地的盗窃罪或是由建设工程公司的员工实施的侵犯公民人身权利的犯罪例如故意伤害罪、非法拘禁罪等与工程项目实施无关的案件。

（2）文书类型:只保留刑事判决书。样本排除了裁定书和调解书。

（3）范围:2018 年 1 月 1 日至 2021 年 12 月 31 日期间的已审结案件。对于那些发生在 2018—2021 年度的刑事案件尚未审结的案件判决书并没有在"元典智库"收录的,或因其他原因已审结而未上网的不在本范围。因此,本研究报告中所统计的判例并不能对 2018—2021 年度所有案例进行完全归纳。

3.2.2　收集方法

为了准确、全面地进行数据分析,本团队采取大数据分析系统检索的方式,与北京华宇元典信息服务有限公司进行合作,在"深思引擎"检索系统中选取"刑事案由""判决书"、审结日期为"2018.01.01—2021.12.31",以"建设工程"为关键词进行检索,并加入高阶检索"招标或投标或招投标"等关键字,在研究库中对样本进行人工筛查,删除重复与无效样本,进行数据统计。

团队在 2021 年 12 月将 2018.01.01—2021.06.30 的已审结的建设工程领域刑事案件判决书检索筛选,在 2022 年 1 月将 2021 年下半年度的已审结案件判决书检索筛选,历时三个多月进行研读分析。

3.2.3　人工筛选

严格按照本报告样本收集的原则,待样本检索完成后,将与工程项目实施无关的刑事案件进行人工筛除。

最终，得到 3025 份有效样本。

3.3 建设工程招标投标领域犯罪数据分析

3.3.1 罪名分布（图 3-1）

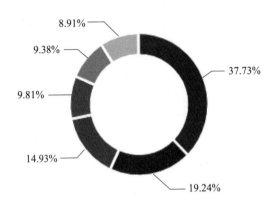

图 3-1 2018—2021 年招标投标领域犯罪罪名分布图

分析：

（1）由图 3-1 可以看出该检索条件下文书的罪名分布情况。频次最高的罪名依次是受贿罪、合同诈骗罪、串通投标罪、诈骗罪、行贿罪、贪污罪。

（2）上述罪名数量的排序，除了因建设工程招标投标领域的搜索样本的原因，串通投标罪排位靠前外，其他罪名的排序与之前建设工程领域刑事案件研究报告数据排序大体一致。

（3）建设工程领域刑事案件及合规的研究应该侧重在贿赂、诈骗、贪腐等方面。

3.3.2 地域分布（图 3-2）

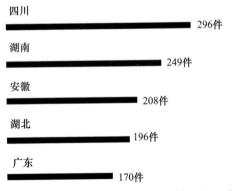

图 3-2 2018—2021 年招标投标领域犯罪主要地区分布图

分析：

此顺序与之前建设工程领域刑事案件研究报告顺序一致。这个地域分布如此有代表性，必须要在相应地区加强此类刑事风险防范和合规方面的宣传。

3.3.3　裁判年份分布（图 3-3）

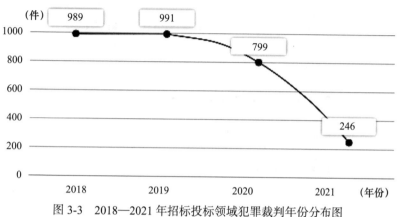

图 3-3　2018—2021 年招标投标领域犯罪裁判年份分布图

分析：

（1）由图 3-3 可以看出 2018 年度 989 件，2019 年度 991 件，基本持平。2020 年度 799 件，呈五分之一份额的减少。2021 年度 246 件，发生了明显地减少。

（2）2021 年度的减少，团队认为不能乐观地认为招标投标领域的犯罪肯定减少了，疫情的原因对其影响极大。具体是何种影响，是建设工程项目开工少了，还是侦查不足，不好做分析判断。

3.3.4　审判程序分布（图 3-4）

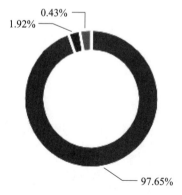

■ 一审案件（2954件）　■ 二审案件（58件）　■ 再审案件（13件）

图 3-4　审判程序分布图

分析：

（1）一审生效判决案件占 97.65%（仅 1 件未生效），服判率较高；

（2）二审改判58件，再审改判12件、发回重审1件，服判率数据比例极高；

（3）二审改判及再审改判数量凸显了建设工程领域无论民事还是刑事纠纷审判的复杂性。

3.3.5 高频实体法条（图3-5）

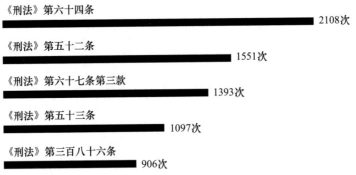

图 3-5　高频实体法条检索数据图

此处统计了该检索条件下文书中被援引的高频实体法条，援引次数最多的五条分别是：《刑法》第六十四条，《刑法》第五十二条，《刑法》第六十七条第三款，《刑法》第五十三条，《刑法》第三百八十六条。

3.3.6 高频程序法条（图3-6）

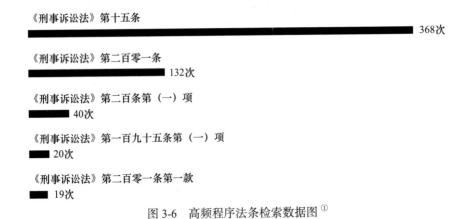

图 3-6　高频程序法条检索数据图 [①]

此处统计了该检索条件下文书中被援引的高频程序法条，援引次数最多的五条分别是：《刑事诉讼法》第十五条，《刑事诉讼法》第二百零一条，《刑事诉讼法》第二百条第（一）项，《刑事诉讼法》第一百九十五条第（一）项，《刑事诉讼法》第二百零一条第一款。

---

① 图中所涉法条因2018年10月26日《刑事诉讼法》修订，条款数字有所改变，此处为修订前条款号。

第4章 受　贿　罪

陈某，年仅30多岁就凭借自己的努力做到某市规划委员会党组书记、主任的位置。他对待工作从不敷衍，经常处理办公文件后还要画规划图，加班到深夜。他的父母都为有一个如此争气的儿子骄傲，街坊邻居也纷纷对他投来钦佩的眼光。

他的能力与努力被上级看在眼里，因此他在4年后再次升官，成为了某市副市长、党组成员，一段时间后又担任起某重大工程副局长，这期间曾拒绝了若干次的吃请和送礼。

2002年起，房地产业飞速发展，越来越多做房地产生意的人都悄悄找到陈某，希望他能为自己谋利。起初，他刚正不阿，坚决抵制贪污腐败行为，拒绝了很多人的请求。

然而2008年时，陈某帮助某著名企业的老板争得了一块地，作为报酬，老板决定为他在北京盖一座私人园林。陈某在上大学时期就有一个梦想：在北京拥有一座自己设计的园林。在这样的诱惑下，陈某逐渐丧失了党性和原则，同意下来。自此，陈某便踏上了受贿腐败的不归路。

这座私家园林由陈某亲自选址并规划设计，占地面积达109亩，面积73000平方米，是故宫面积的十分之一；著名园林苏州留园20000平方米，不及它的三分之一。这座园林装修非常豪华，内有中式四合院、西式临水全玻璃别墅、日式庭院等，建有半悬空的游泳池、人造白沙滩、影音室、按摩房等场所。在建造私家园林后，陈某逐渐变本加厉地贪污，陈某的这座私人园林就变成他和老板们"交易"的场所。

2003年至2018年期间，陈某利用职务便利，为相关企业在建设工程项目用地性质变更、规划指标调整、项目审批验收等事项提供帮助，直接或通过他人非法收受财物，共计折合人民币近1.3亿元。最终，陈某以受贿罪被判处有期徒刑15年，并处罚金人民币五百万元；对陈某受贿所得财物及其孳息依法予以追缴，上缴国库。那座园林也成了陈某的"断梦场"。

企业在经营建设工程业务过程中不可避免地需要与公权力机关联系接触，国家工作人员在执行公务过程中依据法律法规享有较大的职权。如果国家工作人员利用其职权或地位形成的便利条件，为他人谋取不正当利益而接受和索取请托人财物，则有涉嫌受贿罪的风险。如何保证国家工作人员依法行使职权，减少犯罪风险，保证公职队伍的廉洁性，值得高度重视。

4.1　受贿罪罪名分析

《刑法》第三百八十五条第一款规定："国家工作人员利用职务上的便利，索取他人财物的，或者非法收受他人财物，为他人谋取利益的，是受贿罪。"第二款规定："国家工作人员在经济往来中，违反国家规定，收受各种名义的回扣、手续费，归个人所有的，以受贿论处。"

第三百八十六条规定："对犯受贿罪的，根据受贿所得数额及情节，依照本法第三百八十三条的规定处罚。索贿的从重处罚。"

第三百八十八条规定："国家工作人员利用本人职权或者地位形成的便利条件，通过其他国家工作人员职务上的行为，为请托人谋取不正当利益，索取请托人财物或者收受请托人财物的，以受贿论处。"

4.1.1 要件分析

4.1.1.1 主体要件

施工企业中"国家工作人员"的身份认定，一是看企业是否是国家出资企业，二是看企业中的人员是否具有"国家工作人员"身份。

根据《最高人民法院、最高人民检察院印发〈关于办理国家出资企业中职务犯罪案件具体应用法律若干问题的意见〉的通知》规定，对于国家出资企业与企业中的国家工作人员，按以下标准认定：

1. 国家出资企业

包括国家出资的国有独资公司、国有独资企业，以及国有资本控股公司、国有资本参股公司。

是否属于国家出资企业不清楚的，应遵循"谁投资、谁拥有产权"的原则进行界定。企业注册登记中的资金来源与实际出资不符的，应根据实际出资情况确定企业的性质。企业实际出资情况不清楚的，可以综合工商注册、分配形式、经营管理等因素确定企业的性质。

2. 国家工作人员

（1）经国家机关、国有公司、企业、事业单位提名、推荐、任命、批准等，在国有控股、参股公司及其分支机构中从事公务的人员，应当认定为国家工作人员。具体的任命机构和程序，不影响国家工作人员的认定。

（2）经国家出资企业中负有管理、监督国有资产职责的组织批准或者研究决定，代表其在国有控股、参股公司及其分支机构中从事组织、领导、监督、经营、管理工作的人员，应当认定为国家工作人员。

国家出资企业中的国家工作人员，在国家出资企业中持有个人股份或者同时接受非国有股东委托的，不影响其国家工作人员身份的认定。

4.1.1.2 主观要件

本案的主观要件，表现为主观故意，目的是非法占有公私财物。作为受贿罪的国家工作人员，明知利用国家工作人员职务上的便利收受他人财物并为他人谋取利益的行为会损害国家工作人员的职务廉洁性，仍决意而为之，即具有权钱交易的故意。

4.1.1.3　客体要件

本罪的客体为国家工作人员的廉洁性。受贿罪是腐败的一种主要表现形式，禁止受贿是我国廉政建设的基本内容。受贿行为严重腐蚀国家肌理，妨碍国家职能的正常进行。

本罪的犯罪对象是财物。贿赂即行为人索取或收受的他人财物。贿赂的范围应当严格执行刑法的规定，除包括金钱和可以用金钱计算的财物外，还应当包括其他物质性利益。

4.1.1.4　客观要件

受贿罪在客观方面表现为行为人利用职务上的便利，索取他人财物，或者非法收受他人财物，为他人谋取利益。

1.利用职务上的便利

利用职务上的便利是指利用本人职务上主管、负责或者承办某项公共事务的权力所形成的便利条件。

2.索取或者非法收受他人财物

索要他人财物的基本特征是索要行为的主动性和交付财物行为的被动性。非法收受他人财物，即行为人对他人给付的财物予以接受，基本特征是给付财物行为的主动性、自愿性和接受财物行为的被动性。

3.为他人谋取利益

为他人谋取利益指受贿赂者构成犯罪必须同时具备收受他人财物和为他人谋取利益两方面的内容。只收受他人财物而没有为他人谋取利益的，不能构成犯罪。

受贿罪的行为方式有两种，一种是索贿，即行为人在职务活动中主动向他人索要财物，一种是收受贿赂，即行为人非法收受他人财物，并为他人谋取利益。谋取的利益可以是不正当利益，也可以是正当利益。主动索取他人财物的行为，比被动受贿具有更大的社会危害性。因此《刑法》规定，利用职务上的便利索取他人财物的就构成受贿，而不要求行为人有为他人谋取利益这个条件。

4.斡旋受贿

《刑法》第三百八十八条还规定了受贿罪客观方面的一种特殊的表现形式：斡旋受贿。斡旋受贿是指国家工作人员利用本人职权或者地位形成的便利条件，通过其他国家工作人员职务上的行为，为请托人谋取不正当利益，索取或者收受请托人财物的行为。[①] 斡旋受贿，符合受贿罪的数额和情节要求的，按受贿罪定罪处罚。构成斡旋受贿，需要具备以下条件：① 行为人利用的是其他国家工作人员的职务行为。如果利用的是其他不具有国家工作人员身份的公司、企业管理人员职务上的行为，则不构成斡旋受贿。② 行为人利用了本人职权或者地位形成的便利条件。利用本人职权或者地位形成的便利条件，是指行为人利用因其职权或者地位对其他国家工作人员形成的政治上或者经济上的制约条件。如果行为人利用与其他国家工作人员之间的单纯亲友关系，则不能成立斡旋受贿。③ 必须是

---

① 高铭暄，马克昌. 刑法学［M］. 北京：北京大学出版社，2000：636.

为请托人谋取不正当利益。不正当利益是指根据法律及其政策不应当得到的利益。如果行为人通过其他国家工作人员职务上的行为为请托人谋取的是正当利益，从中索取或者收受了请托人的财物，则不能构成斡旋受贿。

4.1.2 表现形式

结合《刑法》与2007年"两高"（最高人民法院、最高人民检察院）发布的《关于办理受贿刑事案件适用法律若干问题的意见》，受贿罪的主要表现形式如下：

4.1.2.1 交易形式型受贿

交易形式型受贿是新形势下一些国家工作人员为掩饰自己的受贿行为而采取的新的受贿手段，指国家工作人员利用职务之便为请托人谋取利益，以明显低于市场价格购买或者明显高于市场价格出售房屋、汽车等大宗贵重物品的行为。此种受贿实质由两重交易所构成，一个是表面伪装合法的国家工作人员与请托人之间的市场交易行为；另一个是国家工作人员利用职务为请托人牟利的行为与请托人利用市场交易转让的利益，即权钱交易。

交易形式型受贿不仅包括前述低价买进和高价卖出，也包括其他类型：① 请托人采用低价卖出再高价买进的方式，使国家机关工作人员获利；② 通过增设中间交易环节获利；③ 以低价物品换置高价物品。

4.1.2.2 干股分红型受贿

干股是未出资而获得的股份，无须支付对价即享有所有权并享受红利。干股作为形式合法的股份，能够以货币计算其价值，因此属于我国《刑法》关于财产的界定，能够作为受贿犯罪的对象。

干股分红型受贿的种类包括：① 无偿取得型干股受贿。指国家工作人员没有任何出资而取得股份，且参与干股分红。② 借条掩护型干股分红。指国家工作人员以借款名义投资入股，取得股份并参与分红，国家工作人员利用职务上的便利，以借贷的合法外衣接受请托人提供的干股，国家工作人员出具借据，形成伪装的借贷关系，以期混淆受贿行为与借贷行为的界限。区分受贿与借贷需要判定两个问题：一是借款入股时是否带有职务因素；二是借款是否有归还的意思。③ 低价转让型干股受贿。指国家工作人员低价受让请托人股份，牟取差价利益。

4.1.2.3 合作投资型受贿

国家工作人员利用职务上的便利为请托人谋取利益，由请托人出资，"合作"开办公司或者进行其他"合作"投资的，应当以受贿论处。

合作投资型受贿的类型主要包括以下几种：① 由请托人出资，国家工作人员或者其指定的第三人参与合作开办公司或者进行其他形式的合作投资；② 由请托人垫付资金，国家工作人员合作投资，事后并未归还请托人的垫资，且不实际参与经营而获取经营利润；③ 由请托人垫付资金，国家工作人员合作投资，事后自己通过正当途径归还了请托人的垫资，但不实际参与经营而获取利润；④ 由请托人垫付资金，国家机关工作人员合作投资，不实际参与经营而获取经营利润，并以利润归还了请托人的垫资。①

4.1.2.4 委托理财型受贿

委托理财型受贿指国家工作人员以委托请托人投资证券、期货或者其他委托理财的名义收受请托人财物。实践中国家工作人员可能以委托请托人投资证券、期货或者其他委托理财的名义收受请托人财物，主要有四种类型：① 从出资形式上，可以分为受贿者未出资和有出资。前者明显是收受请托人财物的受贿行为，后者若获取收益明显高于出资应得收益，则有受贿之嫌疑。② 从出资人角度，可分为单独委托和多方委托。单独委托是在一个委托活动中，委托人和请托人建立单独的委托关系；多方委托就是有多个委托人和请托人建立委托关系，此人既可能是共同的受贿者，也可能是受贿者和亲朋好友"共享"收益，也可能是不知情者用作掩护。③ 从投资标的看，可分为有标的、无标的。前者是有明确投资标的的，但是这些特殊投资者获得的利润明显高于行业正常水平。后者是没有明确标的的，只是对收益作出约定。④ 从投资方向看，可分为正向和反向。正向是常规的受贿者委托他人投资的形式，反向则是行贿者委托受贿者投资，使受贿者获取利益的形式。

4.1.2.5 赌博型受贿

现实生活中，请托人与国家工作人员通过打牌娱乐，一方故意输钱，另一方坦然赢钱，互相心知肚明，心照不宣。这种行为表面上是打牌娱乐，实际上是行贿受贿。

4.1.2.6 挂名领薪型受贿

指国家工作人员利用职务上的便利为请托人谋取利益，要求或者接受请托人以给特定关系人安排工作为名，使特定关系人不实际工作却获取所谓薪酬的，以受贿论处。

4.1.2.7 特定关系型受贿

国家工作人员利用职务上的便利为请托人谋取利益，授意请托人将有关财物给予特定关系人的，以受贿论处。特定关系人与国家工作人员通谋，共同实施前款行为，对特定关系人以受贿罪的共犯论处。特定关系人以外的其他人与国家工作人员通谋，由国家工作人员利用职务上的便利为请托人谋取利益，收受请托人财物后双方共同占有的，以受贿罪的共犯论处。

4.1.2.8 权属未变型受贿

国家工作人员利用职务上的便利为请托人谋取利益，收受请托人房屋、汽车等物品，未变更权属登记或者借用他人名义办理权属变更登记的，不影响受贿的认定。

4.1.3 追诉标准

4.1.3.1 立案标准

根据《关于人民检察院直接受理立案侦查案件立案标准的规定（试行）》，涉嫌下列情形之一的，应予立案：

---

① 钱晶晶. 新型受贿罪研究［D］. 武汉：武汉大学，2013.

1. 个人受贿数额在 5000 元以上的；

2. 个人受贿数额不满 5000 元，但具有下列情形之一的：

（1）因受贿行为而使国家或者社会利益遭受重大损失的；

（2）故意刁难、要挟有关单位、个人，造成恶劣影响的；

（3）强行索取财物的。

4.1.3.2 量刑标准

根据《刑法》第三百八十六条，对犯受贿罪的，根据受贿所得数额及情节，依照本法第三百八十三条的规定处罚。索贿的从重处罚。

第三百八十三条是针对贪污罪的处罚规定，对犯贪污罪的，根据情节轻重，分别依照下列规定处罚：

（一）贪污数额较大或者有其他较重情节的，处三年以下有期徒刑或者拘役，并处罚金。

（二）贪污数额巨大或者有其他严重情节的，处三年以上十年以下有期徒刑，并处罚金或者没收财产。

（三）贪污数额特别巨大或者有其他特别严重情节的，处十年以上有期徒刑或者无期徒刑，并处罚金或者没收财产；数额特别巨大，并使国家和人民利益遭受特别重大损失的，处无期徒刑或者死刑，并处没收财产。

对多次贪污未经处理的，按照累计贪污数额处罚。

因此，贿赂罪的量刑应当与贿赂数额有关，贿赂数额可分为"较大""巨大""特别巨大"三类。根据最高人民法院、最高人民检察院《关于办理贪污贿赂刑事案件适用法律若干问题的解释》，受贿数额在三万元以上不满二十万元应当认定为"数额较大"，依法判处三年以下有期徒刑或者拘役，并处罚金；数额在二十万元以上不满三百万元的，应当认定为"数额巨大"，依法判处三年以上十年以下有期徒刑，并处罚金或者没收财产；数额在三百万元以上应当认定为"数额特别巨大"，依法判处十年以上有期徒刑、无期徒刑或者死刑，并处罚金或者没收财产。

根据最高人民法院、最高人民检察院《关于办理贪污贿赂刑事案件适用法律若干问题的解释》第一条第三款的规定，可能影响受贿罪定罪或量刑的特殊情节包括八种情形：① 多次索贿的；② 为他人谋取不正当利益，致使公共财产、国家和人民利益遭受损失的；③ 为他人谋取职务提拔、调整的；④ 曾因贪污、受贿、挪用公款受过党纪、行政处分的；⑤ 曾因故意犯罪受过刑事追究的；⑥ 赃款赃物用于非法活动的；⑦ 拒不交代赃款赃物去向或者拒不配合追缴工作，致使无法追缴的；⑧ 造成恶劣影响或者其他严重后果的。其中，前三种是受贿罪所独有的特殊情节，后五种是贪污、受贿罪共有的特殊情节。上述关于受贿罪情节的规定综合考虑了索贿行为的次数，受贿行为使公共利益、国家利益和人民利益遭受损失的程度，犯罪发生的特殊领域，被告人的认罪悔罪态度，犯罪前后的表现等因素。

4.2 典型案例

4.2.1 典型案例一：以收取干股利益方式掩盖贿赂款，为请托人谋取利益，构成受贿罪

【案情简介】

2016 年至 2019 年，被告人李某伙同时任某县人民政府副县长龙某，并利用龙某职务之便，为广西某环保科技有限公司获取某镇等 9 个土地开垦项目提供帮助，获取该公司给予该项目 40% 的干股（龙某与李某共持）。之后因该公司资金不足，无法启动项目，被告人李某为获取非法利益，引荐某市某文化促进会黄某等人投资，并在龙某的主导下，对龙某及李某所占干股进行重新分配，其中李某占 4.5% 的干股。之后该项目在龙某的帮助下得以顺利完工并获取巨额利润。事后被告人李某在未出资未参与经营管理的情况下，收受广西某环保科技有限公司给予的所谓干股收益及工资奖金共计 380.15 万元。案发后李某已退出赃款 55.72 万元。

【法院观点】

被告人李某为牟取非法利益，伙同国家工作人员为他人谋取利益，没有实际出资和参与管理、经营，收受他人干股分红，数额特别巨大，其行为已触犯刑律，构成受贿罪。公诉机关指控李某犯受贿罪成立。在共同犯罪中，李某起引荐撮合作用，系从犯，依法可从轻或减轻处罚。归案后，李某如实供述其受贿事实，属坦白，且认罪认罚，依法可对其从轻从宽处罚。李某家属积极代其退出部分违法所得，视其有悔罪表现，依法可对其酌情从轻处罚。结合李某的犯罪事实、情节及悔罪表现，法院决定对其减轻处罚。

【裁判结果】

一、被告人李某犯受贿罪，判处有期徒刑八年，并处罚金人民币八十万元（刑期从判决执行之日起计算。判决执行以前先行羁押的，羁押一日折抵刑期一日，即自 2021 年 10 月 20 日起至 2029 年 10 月 19 日止。罚金限于判决生效后十日内缴纳，逾期则强制缴纳）。

二、对被告人李某退缴的受贿款 170.32 万元予以没收，上缴国库。对尚未退出的受贿款 209.83 万元继续予以追缴。

三、对登记在何某名下的某市静园路 2 号地下室负一层 412、413 号车位予以没收，变价款折抵尚未退出的受贿款。

4.2.2 典型案例二：国有控股施工企业子公司总经理接受他人请托，利用职务上的便利，在招投标、工程分包、拨付工程款、结算、人事调整方面为他人谋取利益，收受他人财物，构成受贿罪

【案情简介】

2006 年 3 月至 2012 年 5 月，马某 1 任 A 建筑公司经理，承建 A 项目，2012 年 6 月

以后任某海外公司副总经理、总经理，承建 B 项目。其间，利用职务之便为他人谋取利益，非法收受他人财物共计 100 万元。具体如下：

2008 年 12 月，B 建筑公司与 A 建筑公司签订分包合同，为表示感谢在工程承包方面的帮忙以及能顺利拿到工程款，该公司经理徐某 2 在项目开工后到马某 1 办公室送给马某 1 现金 2 万元。

2009 年 10 月，C 建材公司与 A 建筑公司签订采购合同，该公司为 A 项目提供建材。为了在材料款结算方面得到便利，在 2012 年 9 月 29 日，该公司负责人张某 3 通过银行转账的方式送给马某 1 现金 5 万元。

2011 年 6 月，D 劳务公司与 A 建筑公司签订土建劳务分包工程合同，为表示感谢及在工程中得到关照，在当年春节前，该公司负责人田某 4 到马某 1 在合肥居住的小区附近送给马某 1 现金 5 万元。

2011 年 7 月，E 劳务公司与 A 建筑公司签订合同，为表示感谢及能顺利拿到进度款，2012 年春节前，该项目负责人刘某 5 到马某 1 在合肥的临时住处送给马某 1 现金 3 万元。

2015 年 6 月，F 海外公司北京分公司经理刘某 6 得知马某 1 在买房需要资金后，便安排他人从所承建的项目上套取现金 20 万元。同年底，马某 1 出差到北京，刘某 6 到马某 1 住宿酒店将套取的该 20 万元送给马某 1。

谢某 7 因贵阳北站广场装饰项目而认识马某 1，为请马某 1 帮忙安排其亲属到深圳海外公司工作，2016 年 3 月，在马某 1 办公室送马某 1 现金 5 万元。

【法院观点】

被告人马某 1 身为国有控股公司的高级管理人员，利用职务上的便利为他人谋取利益，收受贿赂，共计 100 万元，数额巨大，其行为已构成受贿罪。

【裁判结果】

被告人马某 1 犯受贿罪，判处有期徒刑四年，并处罚金 20 万元。

4.2.3 典型案例三：以赌博方式接受请托人贿赂，依法应当认定为受贿罪

【案情简介】

2013 年至 2020 年期间，被告人王某利用其先后担任某县某镇党委书记、某县天然气综合利用工业园区管理委员会主任、某县经济开发区工作委员会书记、某县水务局局长等职务之便，为他人在工程项目承揽、资金拨付及职务调整等方面提供关照，先后收受他人所送现金共计 60 万元。其中，以打牌"铺底"的方式接受贿款共计 4 万元。

【法院观点】

被告人王某身为国家工作人员，在担任某县某镇党委书记、某县天然气综合利用工业园区管理委员会主任、某县经济开发区工作委员会书记、某县水务局局长期间，利用职务上的便利，非法收受他人财物，为他人谋取利益，数额巨大，其行为构成受贿罪。

【裁判结果】

一、被告人王某犯受贿罪,判处有期徒刑三年六个月,并处罚金人民币二十万元;犯滥用职权罪,判处有期徒刑三年,数罪并罚,决定执行有期徒刑五年六个月,并处罚金人民币二十万元。(刑期从判决执行之日起计算。判决执行以前先行羁押的,羁押一日,折抵刑期一日,即自 2020 年 9 月 9 日起至 2026 年 3 月 8 日止。罚金限本判决生效后十日内缴纳。期满不缴纳的,强制缴纳。)

二、被告人王某退缴的赃款,依法予以没收,由办案机关上缴国库。

4.2.4 典型案例四:贿款以股权形式交付并由他人代持不影响受贿罪的认定

【案情简介】

2016 年至 2019 年,严某在担任某市某局党组书记、局长期间,利用职务便利,为代某、冯某、鄢某、刘某、颜某、李某刚、杨某云在承接工程项目、设备采购时,违规向相关项目负责人或招投标代理公司负责人说情打招呼,为他人谋取不正当利益,在竣工验收、拨付工程款等方面为上述人员提供便利,非法收受上述人员贿赂现金 464.56 万元及价值人民币 14.388 万元的 20 件 53 度普通飞天茅台酒,共计人民币 478.948 万元。

其中,2018 年春节前的一天,严某在其车上收受王某 1 现金 20 万元。后,严某将 20 万元购买王某 1 持有砂石厂的部分份额,并由王某 1 代持份额。2018 年 5 月的一天,严某在某市王某 1 家收受王某 1 的 80 万元。当时王某 1 提出给严某现金,因严某认为大笔现金不好处理,严某同意将该 80 万元用于购买王某 1 经营的砂石厂部分份额,并由王某 1 代持份额。

【法院观点】

法院认为,被告人严某利用担任某市某局党组书记、局长的职务便利,为他人谋取利益,非法受贿共计 123.96 万元及价值 14.388 万元的茅台酒财物,伙同王某 1 收受颜某 40 万元;利用自己地位形成的便利条件,通过其他国家工作人员职务上的行为,为请托人李某刚谋取不正当利益,伙同王某 1 收受李某刚财物 300.6 万元,犯罪数额特别巨大,其行为已构成受贿罪,应依法惩处。公诉机关指控的事实清楚,证据确实、充分,罪名成立,应予确定。在共同犯罪中,严某起主要作用,系主犯。严某到案后,如实供述了检察机关未掌握的大部分犯罪事实,系坦白,认罪态度较好,积极退赃 220 万元,可从轻处罚。严某与王某 1 合计退赃款 470.6 万元,剩余 8.348 万元犯罪所得应予依法继续追缴没收。

【裁判结果】

一、被告人严某犯受贿罪,判处有期徒刑十年零六个月,并处罚金人民币六十万元。(刑期从判决执行之日起计算。判决执行以前先行羁押的,羁押一日折抵刑期一日,即自 2020 年 1 月 22 日起至 2030 年 7 月 21 日止。罚金限判决生效后十日内缴纳。)

二、继续追缴被告人严某犯罪所得 8.348 万元,予以没收,上缴国库。

三、继续追缴被告人严某在某县砂石厂所得分红 30 万元,予以没收,上缴国库。

4.2.5 典型案例五：以提供抵押收取"风险金"的方式收受贿赂款不影响受贿罪认定

【案情简介】

2006 年至 2016 年，覃某在职期间，利用职务上的便利，在工程项目承接、款项拨付以及人防工程承接、审批、验收，人防设备销售安装等事项上为他人提供帮助，先后多次收受张某等 12 名私营企业主送给的财物合计 291.24 万元。

2015 年的一天，覃某向张某提出让其帮忙解决儿子出国读书费用 30 万元，同时为规避风险，双方约定由张某向银行申请贷款，覃某以其位于某市某区某小区 2 号楼某层 16 号的房产作为抵押担保，并收取所谓的抵押担保"风险金"。2015 年 6 月，张某安排公司员工麦某向来某农村合作银行借款 100 万元。后覃某先后 2 次以收取抵押担保"风险金"的名义收受张某通过其公司员工林某送给的现金共计 30 万元。

【法院观点】

被告人覃某身为国家工作人员，利用职务上的便利，多次非法收受他人财物共计 291.24 万元，为他人谋取利益，数额巨大，其行为已触犯刑律，构成受贿罪。

【裁判结果】

一、被告人覃某犯受贿罪，判处有期徒刑八年，并处罚金人民币四十万元。（刑期从判决执行之日起计算。判决执行以前先行羁押的，羁押一日折抵刑期一日，扣除先行留置的 91 日，即自 2020 年 11 月 20 日起至 2028 年 8 月 20 日止。罚金限于判决生效后十日内缴纳，逾期则强制缴纳。）

二、查封在案的某市港北区（供水住宅小区）9 栋 2 单元 101 号房及附随车库一间，予以没收，上缴国库。

三、对被告人覃某尚未退缴的违法所得 216.24 万元继续予以追缴，上缴国库。

4.2.6 典型案例六：挂名就职以工资形式收受贿款，不影响受贿罪的认定

【案情简介】

2012 年至 2014 年间，被告人张某利用任职某市某县住房和城乡建设局党委书记、局长的职务便利，为某市某房地产开发有限公司某县分公司、某建工集团有限公司、某县某房地产开发有限公司在项目承接、项目开发、矛盾处理等方面谋取利益，同时与上述公司负责人事先约定在其离职后收受财物。2014 年 11 月至 2017 年 12 月，被告人张某在离职和退休后，为掩饰受贿以领取所谓"上班工资"、报销虚假工程款等虚假名义，收受上述公司负责人所送贿赂共计人民币 169.3976 万元。具体犯罪事实分述如下：

1. 2012 年 2 月至 2014 年 5 月，被告人张某利用任职某市某县住房和城乡建设局党委书记、局长的职务便利，为某市某房地产开发有限公司某县分公司在某县巴黎都市等小区项目开发和出具某都市小区项目融资的证明材料等方面提供帮助谋取利益，并与该公司总经理沈某约定离职后收受财物。2015 年 6 月至 2017 年 1 月期间，被告人张某在未到某市

佳源房地产开发有限公司某县分公司上班的情况下，以"工资"名义从该公司获取贿赂人民币 13.4536 万元。

2. 2013 年至 2014 年 5 月，被告人张某利用任职某市某县住房和城乡建设局党委书记、局长的职务便利，为某建工集团有限公司在某县人民北路改造工程承揽、某县文锦苑小区规划设计方案获批以及杨某工程款索要等方面提供帮助谋取利益，并与该公司负责人边某、杨某约定离职后收受财物。2014 年 11 月至 2016 年 2 月期间，被告人张某以到边某、杨某所属公司"上班"为幌子，以"工资"名义收受杨某、边某贿赂人民币 68.584 万元。2015 年 9 月，被告人张某被某县纪委调查经济问题，其为掩饰犯罪于 2016 年 9 月 5 日退还该 68.584 万元受贿款。

3. 2012 年 2 月至 2014 年 5 月，被告人张某利用任职某市某县住房和城乡建设局党委书记、局长的职务便利，为某县华某房地产开发有限公司在某县华某广场项目承接开发、信访处理以及某县市民中心装修、景观绿化项目承接等方面提供帮助谋取利益，并与该公司负责人谭某约定离职后收受财物。2016 年初至 2017 年 12 月，被告人张某以到谭某所在公司"上班"为幌子，以报销虚假工程款的名义，从谭某控制的某房地产开发有限公司获取贿赂人民币 87.36 万元。

【法院观点】

被告人张某在履行职责时就有受贿故意，与谭某经过意思沟通，离职后收受谭某的贿赂，其行为符合受贿罪的构成要件。

法院认为，被告人张某身为国家工作人员，利用职务上的便利，非法收受他人财物，数额巨大，其行为已构成受贿罪。

【裁判结果】

一、被告人张某犯受贿罪，判处有期徒刑四年六个月，并处罚金人民币三十万元。（刑期从判决执行之日起计算。判决执行以前先行羁押的，羁押一日折抵刑期一日，留置一日折抵刑期一日，共折抵刑期 154 日，即自 2020 年 8 月 27 日起至 2024 年 9 月 25 日止。罚金于本判决生效后十日内缴纳。）

二、已扣押在案的赃款，由扣押机关予以没收，上缴国库。

三、被告人张某退在某建工集团有限公司处的贿赂款人民币 68.584 万元，予以追缴，上缴国库。

4.3　辩护要点

4.3.1　犯罪主体的辩护

受贿罪的犯罪主体是国家工作人员，依据刑法的规定可以分为四类。

4.3.1.1 国家机关中从事公务的人员

国家机关是指行使国家权力、管理国家事务的机关，包括国家权力机关、国家行政机关、国家司法机关和军事机关。国家机关工作人员，是指在国家机关中从事公务的人员，包括在各级国家权力机关、行政机关、司法机关和军事机关中从事公务的人员。

根据 2002 年全国人大常委会《关于〈中华人民共和国刑法〉第九章渎职罪主体适用问题的解释》的规定，在依照法律、法规规定行使国家管理职权的组织中从事公务的人员，或者虽未列入国家机关人员编制但在国家机关中从事公务的人员，视为国家机关工作人员。在乡（镇）以上中国共产党机关、中国人民政治协商会议中从事公务的人员，司法实践中也应当视为国家机关工作人员。

4.3.1.2 国有公司、企业、事业单位、人民团体中从事公务的人员

这里的国有公司是依照公司法成立，财产全部属于国家所有的公司，范围包括国有独资公司、两个以上的国有投资主体投资组成的有限责任公司和股份有限公司。这里的国有企业是指财产全部属于国家所有，从事生产、经营或者服务活动非公司化的经济组织。这里的国有事业单位是指受国家机关领导，财产属于国家所有的非生产、营利性的单位，包括国有学校、国有医院、科研机构等单位。这里的人民团体是指由国家组织成立的、财产属于国家所有的各种群众性组织，如民主党派、各级工会、共青团、妇联、工商联、文联等组织。

4.3.1.3 国家机关、国有公司、企业、事业单位委派到非国有公司、企业、事业单位、社会团体从事公务的人员

这里的委派是指受国有单位委任而派往非国有单位从事公务。被委派的人员，在被委派以前可以是国家机关工作人员，也可以是非国家工作人员。并不论被委派以前具有何种身份，只要被有关国有单位委派到非国有单位从事公务，就应被视为国家工作人员。对于委派的人员要注意委派的有效性，是国有单位的委派而不是个人委派；是委派单位在合法权限内的委派，而不是越权委派；委派单位与被委派人有行政隶属关系而不是平等委派；委派的内容是被委派人到非国有单位从事领导、监督、管理等活动而不是委派下来挂职锻炼的。

4.3.1.4 其他依照法律从事公务的人员

从事公务是指代表国家机关、国有公司、企业、事业单位、人民团体等履行组织、领导、监督管理等职责。此类人员应当具备两个特征：第一是在特殊的条件下行使国家管理职能；第二是依照法律、法规从事公务。其范围有四种：一是依法履行职责的各级人民代表大会代表；二是依法履行审判职责的人民陪审员；三是协助乡镇人民政府、街道办事处从事行政管理工作的村委会、居委会等农村和城市基层组织人员；四是其他由法律授权从事公务的人员。

4.3.2 犯罪主观方面的辩护

受贿罪犯罪主观方面是由故意构成，过失不构成受贿犯罪。这里的"故意"是指直接故意，是行为人明知其利用职务上的便利，索取他人财物的行为或者非法收受他人财物并为他人谋取利益的行为会侵犯国家工作人员职务行为的廉洁性而故意为之。对于索取型受贿来说，行为人是希望获取他人财物并且主动地所有，直接故意非常明显。对于非法收受型受贿来说，表面看来行为人被动地收受了他人财物，实际上毕竟是收取了。如果行为人收受了他人财物并为他人谋取利益，就侵犯了国家工作人员职务行为的廉洁性，其社会危害性是客观存在的。

在司法实践中，有国家工作人员收受他人财物，将收受的财物退回或者上交的。这要结合多方面证据来深入分析行为人将收受的财物退还或者上交的真实原因，综合判断行为人主观上是否具有受贿的故意。根据 2007 年最高人民法院、最高人民检察院《关于办理受贿刑事案件适用法律若干问题的意见》第九条规定："国家工作人员收受请托人财物后及时退还或者上交的，不是受贿。国家工作人员受贿后，因自身或者与其受贿有关联的人、事被查处，为掩盖犯罪而退还或者上交的，不影响认定受贿罪。"

受贿犯罪是法定的目的犯罪。根据刑法的规定，索取财物构成犯罪的不以为他人谋取利益为要件，而收受财物构成的受贿罪则以为他人谋取利益为要件。只要行为人主观上具有为他人谋取利益的目的即构成犯罪，不一定要付诸实践。至于行为人为他人谋取利益的目的是合法利益还是非法目的不影响受贿罪的构成。

4.3.3 犯罪客体辩护

受贿罪的犯罪客体是单一客体，即国家工作人员职务行为的廉洁性。

受贿罪的犯罪对象是贿赂行为，贿赂的范围是"财物"。根据 2016 年施行的最高人民法院、最高人民检察院《关于办理贪污贿赂刑事案件适用法律若干问题的解释》对于"财物"的定义，贿赂犯罪中的"财物"包括货币、物品和财产性利益。而财产性利益包括可以折算为货币的物质利益，如债务免除或需要支付货币的其他利益，如会员服务、旅游等。

4.3.4 犯罪客观方面的辩护

受贿犯罪在客观方面表现为国家工作人员利用职务上的便利，索取或者非法收受他人财物，为他人谋取利益的行为。[①]

4.3.4.1 利用职务上的便利

国家工作人员在职务行为中可以利用以下三种权力：

---

① 高铭暄，马克昌. 刑法学 [M]. 北京：北京大学出版社，2000：638.

1. 经办权和管理权，即依据职务所享有直接决定、办理、处置某项事务的权力，可用来为请托人谋利而索取、收受财物。

2. 领导权和指挥权，处于领导地位的国家工作人员主管本单位或者本系统的工作，对本单位一般工作人员和下属机关工作人员在其分管、主管的工作和业务范围内，具有一定的领导权和指挥权，可以利用命令指使下属、下级国家工作人员做出一定的职务行为，为请托人办事而索取、收受其财物。

3. 处于上位、上级的国家工作人员在政治上的领导权、监督权和制约权。

利用职务上的便利有三种形式：第一是直接利用本人职务上主管、负责、承办某项公共事务的职权；第二是利用职务上有隶属关系的其他国家工作人员的职权；第三是担任单位领导职务的国家工作人员利用不属于自己主管的下级部门的国家工作人员的职权。

在认定"利用职务上的便利"需要注意两个问题：

第一，关于"职务"与"职业"的关系。"职务"是指工作中所规定担任的职位；"职业"是指个人在社会中所从事的作为主要生活来源的工作。"职务"与"职业"的区别是，在本罪中，职务必须有国家工作人员身份，职业只是人的谋生手段，没有身份要求；职务必然带来职权和职责，职业并不带来相应的管理职权。

第二，利用职务上的便利与滥用职务上的便利。在司法实践中，利用职务上的便利包括两种情况：一是做了职务内应当或者可以做的事情，即"贪赃不枉法"。其本身并不违法，但是由于行为人从中索取或者收受他人财物违反了国家工作人员职务行为的廉洁性，符合受贿犯罪"权钱交易""以权换钱"的特征，构成受贿。二是做了职务内不应当或者不可以做的事情，即"贪赃枉法"。这就是滥用权力，属于利用职务上的便利。

4.3.4.2 索取他人财物

索取他人财物俗称索贿，特点是行为人利用职务上的便利，主动向他人索取财物。从行为人角度来看，他是主动向对方索要，带有勒索性、胁迫性；从被索取人角度来看，他是被迫给予财物，不给不行。索取他人财物既可以是赤裸裸地索要，也可以是默示，如采取故意刁难等隐蔽手段暗示对方必须送钱送物。判断某一行为是否是受贿时，关键要看其对对方是否有利益上的制约关系，也就是国家工作人员的职权是否可以制约、影响左右对方利益的实现、双方是否有利益交换的条件和实现的可能性，以下两种情况可以定性为索贿：

一是行为人利用职务上的便利，为请托人谋取利益时，主动要求对方提供财物，这就是典型性索取贿赂，不管是否为他人谋取了利益，均可以定罪，反之就不能定罪。

二是利用本人职权对他人利益的直接制约关系，主动向他人索取财物，包括明示或暗示，若满足其要求，可以为他人谋取利益；如果不满足其要求，则将利用职权为对方制造麻烦，或者使其利益遭受某种损失。但是如果行为人对对方根本没有利益上的制约关系，就不能认定索贿。

4.3.4.3　非法收受他人财物

非法收受他人财物是指国家工作人员违反规定收受他人财物，此行为与利用职务上的便利为他人谋取利益是不可分割的。行为人只要利用职务上的便利为他人谋取利益，并借此收受他人财物，即损害了国家工作人员职务的廉洁性，是非法的。至于收受的财物是行为人本人收取还是由亲属、朋友收取，收受的财物归本人还是归他人支配都不影响行为的性质。

4.3.4.4　为他人谋取利益

"为他人谋取利益"是受贿罪的一个必要条件，因为受贿罪是"权钱交易"，行为人利用职务上的便利是受贿行为得以进行的前提条件，为他人谋取利益是与行贿人的交换条件，而获得财物是利用职务上的便利，为他人谋取利益的最后结果。为他人谋取利益具体包括以下几种情况：

1. 行为人有实际或者承诺为他人谋取利益的行为；

2. 行为人明知他人有具体请托事项的；

3. 行为人有履职未被请托，但事后基于该履职事由收受他人财物的行为；

4. 国家工作人员索取、收取具有上下级关系的或者具有行政管理关系的被管理人员的财物价值 3 万元以上，可能影响职权行使的，视为承诺为他人谋取利益。

根据《刑法》修订后最高人民检察院的有关规定，"为他人谋取利益"是否实现不影响受贿罪的认定。

综上所述，受贿罪必须由犯罪主体、犯罪主观方面、犯罪客体、犯罪客观方面共四个犯罪构成要件来证明其犯罪成立，如果缺乏四个要件中的一个要件，就不构成受贿罪。

4.3.5　基于犯罪特征的无罪辩护

传统的刑法理论将犯罪的基本特征分为三个要点，即社会危害性、违法性和应受惩罚性。凡是犯罪行为必须具备以上三个要点，否则就不构成犯罪。受贿罪中可能存在符合上述规定的情况，辩护人应当运用此理论对于以下情况提出无罪的辩护观点。

4.3.5.1　合法取得报酬

在法律法规允许的范围内，行为人有权利用自己的知识、技术和劳动为其他单位或个人提供咨询、承担业务以及提供其他的服务而取得劳动报酬。此种报酬是合法的收入，不是受贿行为。

合法报酬与受贿之间的区别是看行为人是否利用职务上的便利为他人谋取利益。因为利用职务上的便利是构成受贿罪的不可缺少的条件。国家工作人员没有利用职务上的便利而为他人推销产品、购买物资、联系业务，以"酬谢费"的名义索取、收受财物的，不能认定为受贿行为，不构成受贿罪。

4.3.5.2　接受馈赠、礼品

亲朋好友之间往来会有互相赠送礼品的情况，这是人之常情。受贿罪中的非法收受他人财物与接受馈赠、礼品在表面上有时十分相似，所以分清二者之间界限非常重要。2008年最高人民法院、最高人民检察院发布的《关于办理商业贿赂刑事案件适用法律若干问题的意见》，其中第十条就指出了在办理商业贿赂案件中应当区分与馈赠的界限。要根据四个要素，综合判断：① 发生财物往来的背景，双方是否存在亲友关系以及历史上交往的情形和程度；② 往来财物的价值；③ 财物往来的缘由、时机和方式，提供财物方对于接受方有无职务上的请托；④ 接受方是否利用职务上的便利为提供方谋取利益。《关于办理商业贿赂刑事案件适用法律若干问题的意见》这一司法解释尽管是针对商业贿赂案件作出的，但是对于办理受贿案件是可以作为参考之用。因此，把握受贿罪与接受馈赠、礼品的界限应当参考以上四点加以综合判断。

另外，在目前现实生活中，下级单位逢年过节期间出于各自不同的目的，给上级单位的工作人员发放"资金""福利""慰问金"等财物。对于这一行为是否构成受贿罪要根据行为人是否具有为他人谋取利益这一要件来具体判断：如果行为人仅仅出于人情往来，没有为他人谋取利益的主观意图和行为，则不应认定为受贿行为；若明知他人有具体请托事项，或者根据他人提出的具体请托事项，承诺为他人谋取利益而收受他人财物，则应当认定为受贿行为，若数额较大则构成受贿罪。

4.3.5.3 正常借款

在司法实践中，某些国家工作人员因某些需要向他人借款，也有的行为人利用职务上的便利，索取他人财物、非法收受他人财物后，为了逃避法律追究，谎称是向他人借款，有借条或借款协议为证。如何判断正常借款与索贿受贿的行为，可以根据2003年《全国法院审理经济犯罪案件工作座谈会纪要》第三条第（六）项来认定。国家工作人员利用职务上的便利以借为名向他人索取财物，或者非法收受财物为他人谋取利益的，应当认定为受贿。具体认定时，不能仅仅看是否有书面借款手续，应当根据以下因素综合判定：（1）有无正当、合理的借款事由；（2）款项的去向；（3）双方平时关系如何、有无经济往来；（4）出借方是否要求国家工作人员利用职务上的便利为其谋取利益；（5）借款后是否有归还的意思表示及行为；（6）是否有归还的能力；（7）未归还的原因；等等。[①]

4.3.5.4 一般受贿行为

区别二者应当从数额和情节两个方面把握。个人受贿，一般以5000元为立案的数额起点；受贿数额不到5000元，情节严重的，也构成受贿罪。个人受贿的数额没有达到5000元，情节也不严重的，则属于一般受贿行为。[②]

4.3.6 轻罪的辩护

在建设工程领域的受贿案件中，指控方提供了一系列的证据来证明自己的指控事实清楚、证据确实充分、适用法律正确，被指控人应当承担相应的刑事责任。在此情形下，辩

---

① 高明，赵栋. 贪污贿赂犯罪辩护要点［M］. 北京：法律出版社，2016：199.
② 高铭暄，马克昌. 刑法学［M］. 北京：北京大学出版社，2000：638.

护人仍然作无罪辩护是徒劳的，也可能失去提出有价值的辩护观点的机会，对自己的委托人不利。

对于行为人被指控为受贿罪，辩护人可以从非国家工作人员受贿罪的角度提出轻罪辩护。

轻罪辩护的具体做法是：首先是在认真核对控方证据体系后，对控方指控的犯罪事实依据的证据体系不提出异议；其次是对控方依据事实的定性提出异议，指出控方定性的错误，其证据体系所认定的事实不能定性为重罪而符合轻罪特征。

辩护人可以合理使用"否定重罪，轻点轻罪"这种辩护策略。在极力否认重罪以后必须蜻蜓点水式地指出行为人符合轻罪的犯罪特征即可，给裁判者一个思路。切忌大段论证轻罪的犯罪构成、刑事责任等，否则辩护人就成了第二个公诉人，违反了律师的职业道德和伦理，引起委托人的反感，也会贻笑大方。[①]

4.4 合规管理

建设工程领域内司法机关对于受贿罪的打击是从非常宽泛的角度出发，关注的是对于国家工作人员职务廉洁性和市场秩序本质上的破坏。因此，企业和经营者在受贿罪的防范上，需要进行最为严格的把控。企业家在受贿罪的防范上，一是国企员工或相关主体避免自身行为构成受贿，二是民营企业需要避免成为受贿的共犯，或者自己构成行贿。具体来说，要特别注意如下几点：

4.4.1 树立正确商业意识，了解政策法律规定

在受贿罪的犯罪链条上，行贿人往往为获取不正当利益铤而走险，采取非法的商业手段，甚至视之为正常的获取优势地位和机会的方法。随着我国营商环境的不断优化，企业和经营者行为的合规性越发重要，为避免成为被打击的对象，企业和经营者需要学习相关法律知识，了解行为边界，在法治轨道上经营。

4.4.2 整肃商务交往纪律，恪守政商交际底线

建设工程领域因其与公权力机关的联系较为密切，是受贿罪的易发领域。人情社会中往往强调礼尚往来，追求攀附关系，但国家工作人员因其身份的特殊性，建立社会关系、为利他行为应当在法律法规许可的范围内。企业家与国家工作人员的往来被定性为受贿罪的案例屡见不鲜，企业经营者应当警钟长鸣。对于与国家工作人员的人情往来和财物往来应当慎之又慎，避免瓜田李下之嫌。

① 高明，赵栋. 贪污贿赂犯罪辩护要点［M］. 北京：法律出版社，2016：123.

4.4.3 把握敏感投资身份，规范资金管理模式

国家工作人员在企业投资、持股等的清查方面一直都较为敏感，国家工作人员选择代持等模式也未能避免相关风险。因此，作为企业来说，在接受相关投资或者引入相关投资人时，在有选择的情况下应当避免国家工作人员的投资、持股等。国家工作人员的规章制度本身是遏制这种行为，而其亲属的投资则需要与国家工作人员相对独立，且企业对于经营活动应当规范账目，使得每一笔投资以及回报都有据可查，尽可能避免被认定成变相行贿受贿。

第 5 章　合同诈骗罪

北方某省某市，工程中标额 7000 万元，客观实际完成工程的结算额约 9000 万元，承包人申报额 1.2 亿元，工程为当地政府项目。2019 年年底法院适用逾期回复视为默认所报结算条款判决，发包人未上诉。2020 年年初，发包人报案，刑事立案的直接证据是承包人将一栋造价额约 20 多万元的未实际施工的附属建筑物纳入结算文件中。在将发包人的项目管理、工程审计人员查获、取证后，公安机关将承包人分公司负责人李某（项目实际控制人、非拥有建造师证书的项目经理）以诈骗罪刑事拘留，对其他人员暂没有追究（包括案件审理人员）。案件一直在侦查阶段，后李某办理了取保候审。2021 年 5 月份，李某因突发心梗死亡。这一案例就是建设工程领域因结算产生的合同诈骗罪的代表。

在建设工程领域还存在着大量"高估冒算"问题，笔者代理的案件，在进行工程竣工结算过程中，竣工结算书的内容中出现了虚报工程量或工程价款的问题，触犯刑律，鉴于建工案件的涉案标的较高，有以合同诈骗罪处以无期徒刑的刑事处罚。但犯罪嫌疑人却认为，其报竣工结算的行为属于正常的工程款结算行为，建设单位予以审计即可，审计下来也是认可的。抱有如此侥幸观念的人在建设行业不在少数。

合同作为企业对外开展经营活动的重要载体，其签订履行对企业生存发展具有重大影响。有的案件中，经济合同成了不法当事人"空手套白狼"敛财的工具，社会影响恶劣，最终相关责任人均被绳之以法，而且单位与负责人个人双双遭受刑罚制裁。这无疑令人深思。如何有效防控合同合规风险，牢牢抓好合同管理这一重点领域、重点环节，值得我们的企业高度重视并认真对待。

5.1　合同诈骗罪罪名分析

合同诈骗罪是指以非法占有为目的，在签订、履行合同过程中，实施虚构事实或者隐瞒真相等欺骗手段，骗取对方当事人的财物，数额较大的构成犯罪。

《刑法》第二百二十四条规定："有下列情形之一，以非法占有为目的，在签订、履行合同过程中，骗取对方当事人财物，数额较大的，处三年以下有期徒刑或者拘役，并处或者单处罚金；数额巨大或者有其他严重情节的，处三年以上十年以下有期徒刑，并处罚金；数额特别巨大或者有其他特别严重情节的，处十年以上有期徒刑或者无期徒刑，并处罚金或者没收财产：（一）以虚构的单位或者冒用他人名义签订合同的；（二）以伪造、变造、作废的票据或者其他虚假的产权证明作担保的；（三）没有实际履行能力，以先履行小额合同或者部分履行合同的方法,诱骗对方当事人继续签订和履行合同的;(四)收受对方当事人给付的货物、货款、预付款或者担保财产后逃匿的;(五)以其他方法骗取对方当事人财物的。"

5.1.1 主体要件

本罪的主体,个人或单位均可构成。犯本罪的个人是一般主体,犯本罪的单位是任何单位。相应的在建设工程领域触犯本罪的主体非常广泛,被侵害的主体也会涉及建设工程领域的各个参与主体和从业人员。

5.1.2 主观要件

本罪的主观方面,表现为直接故意,并且具有非法占有对方当事人财物的目的。特别强调的是本罪只能是直接故意,排除了主观上间接故意和过失情况,目的就是非法占有对方财物。

5.1.3 客体要件

本罪的客体,是复杂客体,即国家对经济合同的管理秩序和公私财产所有权。本罪的对象是公私财物。建设工程领域本来就是国家强监管的领域,对于涉及的合同也有很严格的规定。《民法典》第七百八十九条规定"建设工程合同应当采用书面形式"之前,建设工程施工合同还有行政部门备案制度,现在虽已取消,但行政部门对建设工程领域活动的监管力度还是很大。

5.1.4 客观要件

合同诈骗罪是诈骗类犯罪的一种特殊形式,因此诈骗罪的特征在合同诈骗罪中也具备,从逻辑学角度讲,合同诈骗罪也是诈骗罪,二者是一种包含与被包含的关系,合同诈骗罪与诈骗罪最大区别就在于本罪的客观方面,即表现为在签订、履行合同过程中,以虚构事实或者隐瞒真相的方法,骗取对方当事人财物,且数额较大的行为。具体包括:① 行为人不具备履行合同的实际能力;② 采取欺骗手段;③ 使与之签订合同的人产生错误认识;④ 被害人自愿与行为人签订合同并履行合同义务。所谓的"合同"应指平等市场主体之间签订的、反映市场经济关系、具有财产交付内容的合同,在建设工程领域不单指建设工程的勘察设计合同、监理合同、建设工程施工合同、材料购销合同等,还包括建设工程领域涉及的受法律保护的各类经济合同,如项目部人员签订虚假的借款合同,以及名为借款实以非法占有为目的的犯罪行为。

其中,建设工程施工合同文件不是单一文件,一般有如下构成:① 合同协议书;② 中标通知书;③ 投标函及投标函附录;④ 专用合同条款;⑤ 通用合同条款;⑥ 技术标准和要求;⑦ 图纸;⑧ 已标价工程量清单;⑨ 其他合同文件。如果案件中确有合同,而且被害人在签订合同时也有营利目的，但被害人交付财物并非因为合同的约定或者在履行合同，这类案件一般不定性为合同诈骗罪。

法条对本罪的诈骗行为表现进行列举：① 以虚构单位或者冒用他人的名义签订合同的，建设工程领域常有虚构建设单位，与施工企业签订建设工程施工合同骗取履约保证金，或实际施工人以承包人名义对外签订建设工程相关合同骗取他人财物。② 以伪造、变造、作废的票据或者其他虚假的产权证明作担保的。这里所称的票据，主要指能作为担保凭证的金融票据，即汇票、本票和支票等。所谓其他产权证明，包括土地使用权证、房屋所有权证以及能证明动产、不动产的各种有效证明文件。③ 没有实际履行能力，以先履行小额合同或者部分履行合同的方法，诱骗对方当事人继续签订和履行合同的。④ 收受对方当事人给付的货物、货款、预付款或者担保财产后逃匿的。⑤ 以其他方法骗取对方当事人财物的。这里所说的"其他方法"，是指在签订、履行经济合同过程中使用的上述四种方法以外，以经济合同为手段，以骗取合同约定的由对方当事人交付的货物、货款、预付款、定金以及其他担保财物为目的的一切手段。

5.1.5　追诉标准

5.1.5.1　立案标准

最高人民检察院、公安部《最高人民检察院　公安部关于公安机关管辖的刑事案件立案追诉标准的规定（二）》（公通字〔2022〕12 号）第六十九条规定："以非法占有为目的，在签订、履行合同过程中，骗取对方当事人财物，数额在二万元以上的，应予立案追诉。"

司法实践中，在认定单位合同诈骗犯罪时，还应注意：

1. 单位的分支机构或者内设机构、部门实施合同诈骗犯罪行为的处理。以单位的分支机构或者内设机构、部门的名义实施合同诈骗犯罪，违法所得亦归分支机构或者内设机构、部门所有的，应认定为单位犯罪。不能因为单位的分支机构或者内设机构、部门没有可供执行罚金的财产，就不将其认定为单位犯罪，而按照个人犯罪处理。

2. 单位犯罪直接负责的主管人员和其他直接责任人员的认定。直接负责的主管人员，是在单位实施的合同诈骗犯罪中起决定、批准、授意、纵容、指挥等作用的人员，一般是单位的主管负责人，包括法定代表人。其他直接责任人员，是在单位犯罪中具体实施犯罪并起较大作用的人员，既可以是单位的经营管理人员，也可以是单位的职工，包括聘任、雇佣的人员。应当注意的是，在单位合同诈骗犯罪中，对于受单位领导指派或奉命而参与实施了一定犯罪行为的人员，一般不宜作为直接责任人员追究刑事责任。对单位犯罪中的直接负责的主管人员和其他直接责任人员，在个案中不是当然的主、从犯关系，应根据其在单位犯罪中的地位、作用和犯罪情节，按罪刑相适应的原则来分清主、从犯，分别处以相应的刑罚。

3. 人民检察院起诉时该合同诈骗犯罪单位已被合并到一个新单位的，仍应依法追究原犯罪单位及其直接负责的主管人员和其他直接人员的刑事责任。人民法院审判时，对被告单位应列原犯罪单位名称，但注明已被并入新的单位，对被告单位所判处的罚金数额以其并入新的单位的财产及收益为限。涉嫌犯罪的单位被撤销、注销、吊销营业执照或者宣告破产的，应当根据刑法关于单位犯罪的相关规定，对实施犯罪行为的该单位直接负责的主管人员和其他直接责任人员追究刑事责任，对该单位不再追诉。

4. 单位共同犯罪的处理。两个以上单位共同故意实施合同诈骗犯罪，应根据各单位在共同犯罪中的地位、作用大小，确定犯罪单位的主、从犯。如两个单位之间存在上下级关系，上级单位已被认定为单位犯罪，下属单位实施合同诈骗犯罪行为，且全部或者大部分违法所得归下属单位所有的，对该下属单位也应当认定为单位犯罪。上级单位和下属单位构成共同犯罪的，应当根据犯罪单位的地位、作用，确定犯罪单位的刑事责任。上级单位已被认定为单位犯罪，下属单位实施合同诈骗犯罪行为，但全部或者大部分违法所得归上级单位所有的，对下属单位不单独认定为单位犯罪，下属单位中涉嫌犯罪的人员，可以作为上级单位的其他直接责任人员依法追究刑事责任。上级单位未被认定为单位犯罪，下属单位被认定为单位犯罪的，对上级单位中组织、策划、实施合同诈骗犯罪的人员，一般可以与下属单位按照自然人与单位共同犯罪处理。上级单位与下属单位均未被认定为单位犯罪的，一般以上级单位与下属单位中承担组织、领导、管理、协调职责的主管人员和发挥主要作用的人员作为主犯，以其他积极参加合同诈骗犯罪的人员作为从犯，按照自然人共同犯罪处理。

5. 对未作为单位犯罪起诉的单位合同诈骗犯罪案件的处理。对于应当认定为单位合同诈骗犯罪的案件，检察机关只作为自然人合同诈骗犯罪案件起诉的，人民法院应及时与检察机关协商，建议检察机关对犯罪单位补充起诉。如检察机关不补充起诉的，人民法院仍应依法审理，对被起诉的自然人根据指控的犯罪事实、证据及庭审查明的事实，依法按单位合同诈骗犯罪中的直接负责的主管人员或者其他直接责任人员追究刑事责任，并应引用刑罚分则关于单位犯罪追究直接负责的主管人员和其他直接责任人员刑事责任的有关条款。

6. 个人为进行违法犯罪活动而设立的公司、企业、事业单位实施犯罪的，或者公司、企业、事业单位设立后，以实施犯罪为主要活动的，不以单位犯罪论处。个人盗用单位名义实施犯罪，违法所得由实施犯罪的个人私分的，依照刑法有关自然人犯罪的规定定罪处罚。

5.1.5.2　量刑标准

根据《刑法》第二百二十四条规定，骗取对方当事人财物，数额较大的，处三年以下有期徒刑或者拘役，并处或者单处罚金；数额巨大或者有其他严重情节的，处三年以上十年以下有期徒刑，并处罚金；数额特别巨大或者有其他特别严重情节的，处十年以上有期徒刑或者无期徒刑，并处罚金或者没收财产。

最高人民法院《关于常见犯罪的量刑指导意见（二）》（试行）第（五）节规定：

"1. 构成合同诈骗罪的，可以根据下列不同情形在相应的幅度内确定量刑起点：

（1）达到数额较大起点的，可以在一年以下有期徒刑、拘役幅度内确定量刑起点。

（2）达到数额巨大起点或者有其他严重情节的，可以在三年至四年有期徒刑幅度内确定量刑起点。

（3）达到数额特别巨大起点或者有其他特别严重情节的，可以在十年至十二年有期徒刑幅度内确定量刑起点。依法应当判处无期徒刑的除外。

2. 在量刑起点的基础上，可以根据合同诈骗数额等其他影响犯罪构成的犯罪事实增加刑罚量，确定基准刑。"

并授权各高级人民法院应当结合当地实际制定实施细则。

山东省高级人民法院《关于常见犯罪的量刑指导意见（二）实施细则》（试行）（鲁高法〔2017〕111号）第五章合同诈骗罪，规定：

"1. 法定刑在三年以下有期徒刑、拘役幅度的量刑起点和基准刑。

个人进行合同诈骗，犯罪数额达到2万元的，在三个月拘役至六个月有期徒刑幅度内确定量刑起点。

单位进行合同诈骗，犯罪数额达到10万元的，对直接负责的主管人员和其他直接责任人员在三个月拘役至六个月有期徒刑幅度内确定量刑起点。

在量刑起点的基础上，个人犯罪数额每增加5千元，增加一个月刑期；单位犯罪数额每增加2.5万元，对直接负责的主管人员和其他直接责任人员增加一个月刑期。

2. 法定刑在三年以上十年以下有期徒刑幅度的量刑起点和基准刑。

个人进行合同诈骗，犯罪数额达到20万元的，在三年至四年有期徒刑幅度内确定量刑起点。

个人进行合同诈骗，犯罪数额达到16万元不满20万元，并有下列情形之一的，可以认定为'其他严重情节'，在三年至四年有期徒刑幅度内确定量刑起点：① 诈骗救灾、抢险、防汛、扶贫、医疗款物等；② 假冒国家机关或者公益性组织实施诈骗的；③ 诈骗残疾人、老年人或者丧失劳动能力人的财物的；④ 造成被害人自杀、精神失常或者其他严重后果的。

单位进行合同诈骗，犯罪数额达到100万元的，对直接负责的主管人员和其他直接责任人，在三年至四年有期徒刑幅度内确定量刑起点。

单位进行合同诈骗，犯罪数额达到80万元不满100万元，并且具有本罪第2条第2款规定情形之一的，可以认定为'其他严重情节'，在三年至四年有期徒刑幅度内确定量刑起点。

在量刑起点的基础上，个人犯罪数额每增加7000元，增加一个月刑期；单位犯罪数额每增加4万元，对直接负责的主管人员和其他直接责任人员增加一个月刑期。

3. 法定刑在十年以上有期徒刑幅度的量刑起点和基准刑。

个人进行合同诈骗，犯罪数额达到80万元的，在十年至十一年有期徒刑幅度内确定量刑起点。

个人进行合同诈骗数额达到 64 万元不满 80 万元，并且具有本罪第 2 条第 2 款规定情形之一的，可以认定为'其他特别严重情节'，在十年至十一年有期徒刑幅度内确定量刑起点。

单位进行合同诈骗，犯罪数额达到 400 万元的，对直接负责的主管人员和其他直接责任人员，在十年至十一年有期徒刑幅度内确定量刑起点。

单位进行合同诈骗数额达到 320 万元不满 400 万元，并且具有本罪第 2 条第 2 款规定情形之一的，可以认定为'其他特别严重情节'，在十年至十一年有期徒刑幅度内确定量刑起点。

在量刑起点的基础上，根据合同诈骗数额等其他影响犯罪构成的犯罪事实增加刑罚量，确定基准刑，有下列情形之一的，增加相应的刑罚量：

（1）个人犯罪数额已满 80 万元，每增加 20 万元，增加一个月刑期。

（2）单位犯罪数额已满 400 万元，每增加 100 万元，对直接负责的主管人员和其他直接责任人员增加一个月刑期。

4. 有下列情形之一的，可以增加基准刑的 20% 以下，但同时具有两种以上情形的，累计不超过基准刑的 100%（已在确定基准刑时评价的除外）：

（1）多次实施合同诈骗的；

（2）有经济能力而拒绝退赃、退赔的；

（3）诈骗救灾、抢险、防汛、扶贫、医疗款物等的；

（4）诈骗残疾人、老年人或者丧失劳动能力人的财物的；

（5）为实施违法犯罪活动而进行合同诈骗或者将赃款用于非法活动的；

（6）造成被害人自杀、精神失常或者其他严重后果的；

（7）其他可以从重处罚的情形。

5. 有下列情形之一的，可以从宽处罚：

（1）积极退赃退赔的，可以减少基准刑的 40% 以下；

（2）未参与分赃或分赃较少的，可以减少基准刑的 20% 以下；

（3）其他可以从轻处罚的情形。"

广东省高级人民法院《关于常见犯罪的量刑指导意见（二）实施细则》（试行）（粤高法发〔2017〕7 号）第五章合同诈骗罪，规定：

"1. 构成合同诈骗罪的，可以根据下列不同情形在相应法定刑幅度内确定量刑起点：

（1）达到数额较大起点的，可以在一年以下有期徒刑、拘役幅度内确定量刑起点。

（2）达到数额巨大起点或者有其他严重情节的，可以在三年至四年有期徒刑幅度内确定量刑起点。

（3）达到数额特别巨大起点或者有其他特别严重情节的，可以在十年至十二年有期徒刑幅度内确定量刑起点。依法判处无期徒刑的除外。

2. 在量刑起点的基础上，可以根据合同诈骗数额等其他影响犯罪构成的犯罪事实增加刑罚量，确定基准刑。

（1）超过数额较大起点未达到数额巨大起点的，一类地区每增加 2 万元，二类地区每增加 1 万元，可以增加一个月至二个月的刑期。

（2）合同诈骗数额巨大或者有其他严重情节的，一类地区每增加 3 万元，二类地区每增加 2.5 万元，可以增加一个月至二个月的刑期。

（3）合同诈骗数额特别巨大或者有其他特别严重情节的，数额增加 150 万元，可以增加一年以下刑期；数额增加超过 150 万元不足 750 万元的，可以增加一年至三年刑期；数额增加超过 750 万元以上，可以增加三年以上刑期，但依法应当判处无期徒刑的除外。

（4）其他可以增加刑罚量的情形。

3. 有下列情节之一的，可以增加基准刑的 30% 以下：

（1）造成被害人自杀、精神失常或者其他严重后果的；

（2）多次实施合同诈骗的；

（3）其他可以从重处罚的情形。

4. 诈骗近亲属财物，可以减少基准刑的 50% 以下。"

福建省高级人民法院、福建省人民检察院《〈关于常见犯罪的量刑指导意见（试行）〉实施细则（试行）》（闽高法发〔2021〕116 号）第四章第（四）节规定：

"1. 构成合同诈骗罪的，根据下列不同情形在相应法定刑幅度内确定量刑起点：

（1）合同诈骗达到数额较大起点 2 万元的，可以在三个月拘役至六个月有期徒刑幅度内确定量刑起点；

（2）合同诈骗数额巨大起点 20 万元或者有其他严重情节的，可以在三年至四年有期徒刑幅度内确定量刑起点；

（3）合同诈骗数额特别巨大起点 100 万元或者有其他特别严重情节的，可以在十年至十二年有期徒刑幅度内确定量刑起点。依法判处无期徒刑的除外。

2. 在量刑起点的基础上，根据诈骗数额等其他影响犯罪构成的犯罪事实增加刑罚量，确定基准刑。

（1）诈骗数额较大的，数额每增加 6000 元，可以增加一个月的刑期；

（2）诈骗数额巨大或者有其他严重情节的，数额每增加 1.5 万元，可以增加一个月的刑期；

（3）诈骗数额特别巨大或者有其他特别严重情节的，数额每增加 30 万元，可以增加一个月至三个月的刑期。

3. 单位犯合同诈骗罪的，量刑起点及基准刑的确定按照上述标准的 5 倍执行。

4. 具有下列情形之一的，可以增加基准刑的 20% 以下：

（1）造成被害人自杀、精神失常或者其他严重后果的；

（2）多次实施合同诈骗的。

5. 具有下列情形之一的，可以减少基准刑的 20% 以下：

（1）诈骗近亲属财物；

（2）没有参与分赃或者获赃较少的。

6. 构成合同诈骗罪的，应当根据诈骗手段、犯罪数额、危害后果、造成损失大小等犯罪事实情节，综合考虑被告人缴纳罚金的能力，依法判处罚金。

（1）诈骗数额较大的，处三年以下有期徒刑或者拘役，并处或者单处罚金。其中：判处一年以下有期徒刑或者拘役的，一般并处五千元至二万元罚金；判处一年以上三年以下有期徒刑的，一般并处一万元至五万元罚金；犯罪情节较轻，适用单处罚金刑的，在犯罪数额一倍以上五倍以下判处罚金。

（2）诈骗数额巨大或者有其他严重情节的，处三年以上十年以下有期徒刑，并处罚金。其中：判处三年以上不满五年有期徒刑的，一般并处二万元至十万元罚金；判处五年以上不满七年有期徒刑的，一般并处五万元至十五万元罚金；判处七年以上十年以下有期徒刑的，一般并处十万元至二十万元罚金。

（3）数额特别巨大或者有其他特别严重情节的，处十年以上有期徒刑或者无期徒刑，并处罚金或者没收财产。其中：判处十年以上不满十三年有期徒刑的，一般并处五万元至三十万元罚金；判处十三年以上十五年以下有期徒刑的，一般并处二十万元至五十万元罚金。

7. 合同诈骗罪的缓刑适用，应综合考虑诈骗的数额、原因、手段、情节、社会影响等犯罪事实情节，以及被告人人身危险性、认罪悔罪态度、退赃退赔情况等因素，决定是否适用缓刑。具有下列情形之一，符合缓刑适用条件的，可以适用缓刑：

（1）诈骗公私财物，数额较大，全部退赃的；

（2）诈骗公私财物，数额较大，部分退赃并取得被害人谅解的；

（3）诈骗公私财物，数额巨大，具有法定从轻、减轻处罚情节且全部退赃的；

（4）诈骗公私财物，数额巨大，具有法定从轻、减轻处罚情节，且部分退赃并取得被害人谅解的；

（5）其他可以适用缓刑的情形。

具有下列情形之一的，一般不适用缓刑：

（1）有偿还能力而拒绝退赃退赔的；

（2）为实施违法犯罪活动而进行合同诈骗或者将赃款用于非法活动的；

（3）造成被害人自杀、精神失常或者其他严重后果的；

（4）其他不适用缓刑的情形。"

重庆市高级人民法院、重庆市人民检察院《关于常见犯罪的量刑指导意见（试行）实施细则》（渝高法〔2022〕17号）第四章第（四）节规定：

"1. 法定刑在三年以下有期徒刑、拘役幅度的量刑起点和基准刑。

合同诈骗，犯罪数额达到'数额较大'起点二万元的，在一年以下有期徒刑、拘役幅度内确定量刑起点。

在量刑起点的基础上，犯罪数额每增加八千元，增加一个月刑期。

2. 法定刑在三年以上十年以下有期徒刑幅度的量刑起点和基准刑。

合同诈骗，犯罪数额达到'数额巨大'起点二十八万元的，在三年至四年有期徒刑幅度内确定量刑起点。

合同诈骗数额满二十二万不满二十八万，并有下列情形之一的，可以认定为'其他严重情节'，在三年至四年有期徒刑幅度内确定量刑起点：

（1）造成被害人或其近亲属自杀、死亡或者精神失常等严重后果的；

（2）冒充司法机关等国家机关工作人员实施合同诈骗的；

（3）被害人主要为残疾人、老年人、丧失劳动能力人的；

（4）诈骗救灾、抢险、防汛、优抚、扶贫、移民、救济款物等的；

（5）其他造成严重后果的情节。

在量刑起点的基础上，合同诈骗数额每增加一万元，增加一个月刑期。

3. 法定刑在十年以上有期徒刑幅度的量刑起点和基准刑。

合同诈骗，犯罪数额达到'数额特别巨大'起点二百万元的，在十年至十二年有期徒刑幅度内确定量刑起点。依法应当判处无期徒刑的除外。

合同诈骗数额满一百六十万元不满二百万元，并有本罪第 2 条第 3 款规定情形之一的，可以认定为'其他特别严重情节'，在十年至十二年有期徒刑幅度内确定量刑起点。

在量刑起点的基础上，犯罪数额不满八百万元的，每增加二十万元，增加一个月刑期；超过八百万元的，超过部分每增加五十万元，增加一个月刑期。

4. 单位犯罪中对直接负责的主管人员和其他直接责任人员的量刑标准依照自然人犯罪的量刑标准执行。

5. 具有下列情形之一的（已作为'其他严重情节'或者'其他特别严重情节'提高量刑幅度的除外），可以增加基准刑的 20% 以下，同时具有两种以上情形的，累计不得超过基准刑的 60%：

（1）具有本罪第 2 条第 3 款规定情形之一的；

（2）赃款用于违法犯罪活动的；

（3）多次实施合同诈骗行为的；

（4）其他可以从重处罚的情形。

6. 具有下列情形之一的，可以减少基准刑的 20% 以下：

（1）确因生活所迫、学习、治病急用而实施合同诈骗的；

（2）没有参与分赃或者获利较少的；

（3）其他可以从轻处罚的情形。

7. 构成合同诈骗罪的，根据诈骗手段、犯罪数额、损失数额、危害后果等犯罪情节，综合考虑被告人缴纳罚金的能力，决定罚金数额。

8. 构成合同诈骗罪的，综合考虑诈骗手段、犯罪数额、危害后果、退赃退赔等犯罪事实、量刑情节，以及被告人主观恶性、人身危险性、认罪悔罪表现等因素，决定缓刑的适用。"

除上述展示地区高级人民法院《关于常见犯罪的量刑指导意见（试行）实施细则》之外，各地均有地方司法文件对合同诈骗罪的量刑标准进行规定。

5.2 典型案例

5.2.1 典型案例一：以虚构的单位或者冒用他人名义签订合同的构成合同诈骗罪

【案情简介】

2008年10月，被告人付某假冒中建某公司的名义，将该司所中标的某农资公司综合楼工程转交杨某某承建，付某与杨某某签订了"联合承包工程协议书"。后杨某某又将该工程转包给"天字建筑集团"某分公司承建，与该公司签订了《建设工程施工合同》，收取了"天字建筑集团"某分公司质量保证金100万元，让"天字建筑集团"将其中的90万元汇到付某的农行卡上。当"天字建筑集团"发觉被骗后，付某退回现金30万元，委托杨某某的工程伙伴王某某转交，该王某某私自挪用。后王某某退出4万元；"天字建筑集团"某分公司从杨某某手中追回10万元；付某将自己的红旗车一辆折抵1.2万元，40塔式起重机一台、铁皮柜一个折抵20.06万元给"天字建筑集团"某分公司。

【一审法院观点】

被告人付某以非法占有为目的，假冒中建某公司的名义，与杨某某签订联合承包工程合同。杨某某为了筹集资金，又把该工程转包给"天字建筑集团"某分公司承建，且与该公司签订了建筑劳务施工合同。该合同上中建某公司的印章是伪造的，杨某某的证言证实该印章是付某提供的，和付某商量把该工程转包给"天字建筑集团"某分公司，付某知道"天字建筑集团"交90万元保证金。付某具有利用签订合同骗取他人财物的主观故意，且实际取得了"天字建筑集团"某分公司的财物，数额特别巨大，其行为已构成合同诈骗罪，公诉机关指控罪名成立。被告人及其辩护人辩解付某不知道杨某某转包工程的证据不足，不予采信。犯罪分子违法所得的财物，应当责令退赔。扣除杨某某退回的10万元、王某某退回的4万元和付某退出的红旗轿车、塔式起重机及铁皮柜折抵的21.26万元，付某应退赔"天字建筑集团"某分公司人民币64.74万元。王某某挪用的26万元与付某之间的纠纷可以另案处理。

【一审裁判结果】

一、被告人付某犯合同诈骗罪，判处有期徒刑十二年，并处罚金5万元。

二、责令被告人付某退赔天字建筑集团某分公司人民币64.74万元。

【二审上诉理由】

二审审理中，上诉人（原审被告人）付某的主要上诉理由：我是受杨某某的蒙蔽才卷入本案，我根本没有造假，不构成合同诈骗罪。

【二审法院观点】

上诉人（原审被告人）付某以非法占有为目的，冒用他人名义签订合同，在签订、履行合同过程中，骗取对方当事人财物，其行为已构成合同诈骗罪，且数额特别巨大。付某上诉所称理由及其辩护人的辩护意见均无相关证据证实，且与本案现有证据所证明的事实不符，均不能成立，法院不予采纳。原判认定事实清楚，证据确实充分，定罪准确，量刑适当，审判程序合法。

5.2.2　典型案例二：没有实际履行合同的条件、能力，虚构事实、隐瞒真相，蒙骗他人，收取保证金和其他费用的，构成合同诈骗罪

【案情简介】

2017 年 10 月，苟某冒名敬先武，在未能实际承接破桩工程的情况下，虚构已承接大量破桩工程的事实，虚高破桩工程价格，与马某、吴某 1 签订分包合同，并以借为名或以走关系等名义，骗取马某人民币 9 万元。

2018 年 1 月 16 日，某公司授权委托苟某洽谈办理某地石化 4000 万吨 / 年炼化一体化项目事宜。在未实际承接或仅承接部分某地石化 4000 万吨 / 年炼化一体化项目主干道路工程的情况下，被告人苟某虚构承接大量该工程的事实，于 2018 年 2 月 5 日与宋某签订发包合同。之后以收取保证金、代付钢筋款等名义，骗取宋某人民币共计 402582.92 元。

2018 年 4 月 10 日，某石化公司将暂估合同总价人民币 500 万元的某石化公司 4000 万吨 / 年炼化一体化项目主干道路地沟施工工程承包给某公司。苟某作为某公司在鱼山岛上该项目的负责人，在明知某公司禁止再次转包的情况下，虚构该工程合同总价为 2000 万元，对外重复转包。2018 年 5 月 28 日和 6 月 7 日，被告人苟某将该工程先后转包给蔡某和李某，以收取保证金的手段，骗取蔡某保证金人民币 14 万元、李某保证金人民币 18 万元。

经网上追逃后，2020 年 3 月 23 日，被告人苟某自动向公安机关投案。

【法院观点】

（一）关于被告人苟某的行为定性问题

1. 苟某实施了诈骗手段。苟某在未实际取得所涉工程或隐瞒其真实承接工程量的情况下，虚高工程价格、超工程量进行发包和转包，且累计发包和转包工程量远远超过其实际取得的工程量，并以签订合同的形式骗取保证金等费用。在破桩工程上，正常的破桩单价为 250～300 元 / 根，苟某在未取得 8000 根破桩工程时，即以 600 元 / 根的价格进行分包；在主干道路工程上，苟某代表的某公司并未承包该工程，苟某个人从大立公司取得的工程量也不足百万元，苟某即以沧海公司名义对外发包 6000 万元工程量；在主干道路地沟施工上，在沧海公司仅获取约 500 万元工程量时，苟某违反与沧海公司之间不得再次转包的约定，夸大该工程量并将该工程重复转包，累计转包工程量 4000 万元。2. 苟某缺乏履约能力。案发期间苟某早已大额负债，在签订合同后，苟某既不能履行发包方或转包方的义

务，也不予退还保证金等费用，其既无履约能力也无偿还能力。3. 苟某具有逃匿表现。苟某与被害人签订发包或转包合同，在收取他人保证金和其他费用后即对应当履行的合同义务置之不理，在被害人无法在预定时间进场施工进行催促时，苟某推脱、躲避，拒不退还保证金，甚至隐匿行踪潜逃。至于苟某辩称交付了少量工程，履行了发包义务，这只是其为了掩饰犯罪行为，拖延时间，应付被害人的手段。

综上，被告人苟某没有实际履行合同的条件、能力，虚构事实、隐瞒真相，蒙骗他人，在签订、履行合同过程中，致使被害人陷入错误认识交纳保证金和其他费用，欺诈行为与错误认识、处分财产之间存在因果关系，在骗取财物后，苟某不履行合同义务，并拖延、逃匿，具有非法占有目的，其行为构成合同诈骗罪。故被告人苟某及辩护人所提苟某不构成犯罪的辩解和辩护意见不予采纳。

关于公诉机关对被告人苟某诈骗韦某、鲍某的指控，经查，韦某、鲍某对于共同出资给苟某用于合伙开砖厂的事实是明知的，投资经营具有不确定性和风险性，现有证据不足以认定被告人苟某事先就明知在鱼山岛不可能开办砖厂并对被害人实施了欺诈行为，指控被告人苟某具有非法占有主观故意的证据不充分，故法院对该节指控不予认定。

（二）关于犯罪数额的认定问题

1. 第 1 节事实中，被告人苟某骗取马某 9 万元的事实，有被害人陈述、微信聊天记录证实，足以认定。苟某辩称的与吴某 1 之间的纠纷属于另案事实，不影响其诈骗马某事实的认定。2. 第 2 节事实中，被告人苟某隐瞒真相，诱骗被害人宋某将本该打入公司账户的钢筋款打入苟某指定的个人账户，并予以侵占不归还，属于诈骗非挪用，相应金额应计入合同诈骗犯罪金额中。3. 第 3 节事实中，被害人李某关于交付 28 万元给被告人苟某的过程前后陈述不一致，也与银行交易记录不能相互印证，苟某亦予以否认，故李某交付 28 万元给苟某的事实证据尚不充分，不予认定。法院结合曹某证言、银行交易记录以及李某与苟某的微信聊天记录等证据，认定苟某诈骗李某人民币 18 万元。4. 被告人苟某对通过重复转包合同骗取蔡某 14 万元保证金的事实予以供认，另有蔡某的陈述、转包合同、交款记录等证据，且交款记录发生在蔡某与苟某签订合同之后，在案证据足以认定，公诉机关已就低指控犯罪金额，故对苟某关于该 14 万元款项系借款的辩解，不予采信。至于蔡某是否诈骗了严某属另案事实。综上，苟某合同诈骗金额共计人民币 812582.92 元。

法院认为，被告人苟某以非法占有为目的，在未能实际承接工程或者仅承接部分工程，没有实际履行合同能力的情况下，虚构事实、隐瞒真相，在签订、履行合同过程中，骗取他人财物，数额巨大，其行为已构成合同诈骗罪。公诉机关指控的罪名成立。被告人苟某有投案情节，予以从轻处罚。法院对公诉机关指控的部分事实及犯罪金额未予认定，影响被告人苟某的量刑档次，故对公诉机关的量刑建议不予采纳。

【裁判结果】

一、被告人苟某犯合同诈骗罪，判处有期徒刑八年六个月，并处罚金人民币六万元。

二、责令被告人苟某退赔被害人马某人民币 9 万元，退赔被害人宋某人民币

402582.92 元，退赔被害人蔡某人民币 14 万元，退赔被害人李某人民币 18 万元。

5.2.3　典型案例三：以伪造工程预算书及现场签证单等方式虚增工程量，套取对方工程款，可能构成合同诈骗罪

【案情简介】

赵某以公司名义与甲方某市人民防空办公室签订施工合同，在施工过程中，赵某授意手下的员工，采用虚增工程量、重复报送、提高材料单品价格的方式，出具虚假的工程预算书及现场签证单，利用工程监理方的不负责任，诱骗其在虚假的现场签证上签字，多领取工程款 331683.1 元。赵某因犯合同诈骗罪，被判处有期徒刑三年，并处罚金人民币十万元。

【案例评析】

赵某在履行建设工程施工合同过程中，采取虚增工程量等方式套取对方工程款，数额巨大，其行为如何评价？是民事欺诈还是合同诈骗行为？该问题刑民交织，究竟应该认定为民事不法，还是刑事犯罪，实践中难以认定。

陈兴良教授认为，民法是形式思维，强调法律关系。但刑法与之不同，具有实质判断的性质。因此，在处理刑民交叉案件的时候，应当注意民法和刑法在法律思维上的差异。

赵某本人认为其所在公司与被害单位系合同关系，合同预算也由甲方审定，即使预算有误差，应系民事法律关系。

法院认为赵某对虚报工程量的工程款主观上具有非法占有的目的，授意员工采取虚报工程量等方式出具虚假的预算书、现场签证单，并利用了监理方不负责任，诱骗监理方在现场签证单上签名确认，其目的是实现非法占有甲方支付的虚假工程量的工程款，其实施的欺骗行为的程度符合合同诈骗罪中欺骗行为程度的标准，并且达到了使对方当事人陷入错误认识的程度，符合合同诈骗罪犯罪构成，应以合同诈骗罪定罪处罚。

本案中，赵某所在的公司与被害单位之间的合同关系真实，赵某又出具了充足的结算文件，从民事角度看，相关证据"在形式上"是真实的（相关主体的签章真实），主张工程款有事实和法律依据。但从刑事角度，赵某以非法占有为目的，出具虚假结算书等行为已经超出了民法所能调整的范围，理由如下："以非法占有为目的"是区分民事欺诈与刑事诈骗的标准，至于如何判断行为人具有"非法占有目的"，则需要结合案件事实来判断。非法占有目的在不同的领域有不同的行为模式，如《最高人民法院关于审理非法集资刑事案件具体应用法律若干问题的解释》也是以列举行为的方式为司法实践提供标准。笔者经过检索大量案例发现，虚报工程量案件中，往往伴随着指示员工虚填数据、行贿受贿、权钱交易等事实，只有亲身经历的人才知道，"非法占有目的"相关事实多是依据证人证言、被告人供述与辩解来认定，民事案件的主体往往难以获得上述证据，需要借助强大的公权力才能查明真相，对伪造、虚报行为进行实质判断，从而进入了刑法的评价视野，以此对被害单位被侵害的法益进行充分的保护。

5.2.4 典型案例四：明知没有合同履行能力却以合同保证金等名义收取他人财物，构成合同诈骗罪

【案情简介】

2009 年 6 月 11 日，被告人张某以某矿产品有限公司需工程建设为由，与海南省某某工程有限公司签订土石方工程合同，合同价款 7167.8 万元。在签订合同过程中，以收取合同保证金等名义，骗取某某工程有限公司王健 32.2 万元。合同至今未履行。

2010 年 3 月 15 日，被告人张某以某矿产品有限公司需工程建设为由，与辉县市某某建筑有限公司的李某甲签订道路工程合同，合同价款 4765.853 万元。在签订合同过程中，以收取合同保证金等名义，骗取辉县市某某建筑有限公司李某甲 15 万元。合同至今未履行。2011 年 9 月 25 日，被告人张某与李某甲又签订了设备订购合同，合同约定李某甲向某矿产品有限公司提供价值 33 万元的破碎设备一套。李某甲和曹某某将该设备运至张某某矿产品矿区后，张某以设备缺少部件为由要求验货，且因没有大量现金而拒绝付款，并不让曹某某将设备拉走，曹某某报案后，经派出所调解，张某给李某甲一张中国工商银行 20 万元的转账支票，曹某某将设备留下，并不再报案。次日李某甲取款时，被银行人员告知该支票已作废。案发后，张某的家属已将设备退还李某甲。

2011 年 7 月 10 日，被告人张某以某矿产品有限公司需工程建设为由，与福建省某某隧道工程劳务有限公司签订爆破工程合同，在签订合同过程中，以收取保证金为名，骗取福建省某某隧道工程劳务有限公司林某某保证金 20 万元。合同至今未履行。

2009 年 7 月，被告人张某以某矿产品有限公司工程施工为由，与河南省某某岩土工程有限公司签订施工合同，合同金额 4042.94 万元。在签订合同过程中，以收取保证金等名义，骗取河南省某某岩土工程有限公司李某丙、李某丁保证金 42.5 万元。合同至今未履行。

2008 年 7 月 28 日，被告人张某以某矿产品有限公司实施建设工程为由，与河南某某建筑工程有限公司签订办公大楼及道路建设工程合同，合同金额 2108.1668 万元，在签订合同过程中，张某等人以收取保证金等为名，骗取河南某某建筑工程有限公司韩某某 2 万元。合同至今未履行。

综上，被告人张某参与合同诈骗五起，诈骗金额共计 131.7 万元。

根据以上事实和证据，原审法院认定被告人张某构成合同诈骗罪，判处有期徒刑十一年，并处罚金五十万元；继续追缴被告人张某的非法所得，追缴后退还被害人。

【法院观点】

上诉人张某以非法占有为目的，明知没有合同履行能力，却以合同保证金等名义收取他人财物，数额特别巨大，其行为已构成合同诈骗罪，故张某认为其不构成合同诈骗罪的上诉理由不能成立，不予采纳。关于一审法院认定的第二起事实，2011 年 9 月 25 日张某与李某甲签订设备订购合同，2011 年 12 月 17 日李某甲将设备送到某矿产品有限公司，

2012 年 3 月 28 日张某的律师通知李某甲将设备拉走，破碎机的四个电机丢失，张某的亲属给李某甲打了欠条，另，张某在一审庭审时辩称，李某甲拉过来的设备与合同不符，考虑到现设备已被李某甲拉走，丢失的部分设备张某的亲属也给李某甲打了欠条，因此，不宜将该设备的 20 万元计入张某合同诈骗的数额；关于一审法院认定的第四起事实，一审法院将数额认定为 42.5 万元，经查，虽然李某丙等人称交给某矿产品有限公司 42.5 万元，但某矿产品有限公司出具收据的只有 22.5 万元，另 20 万元李某丙等人称交给了张某的秘书了，但现在缺少张某秘书的证言，因此一审法院将该 20 万元计入张某合同诈骗数额的证据不足，故该 20 万元不能计入张某合同诈骗的数额。原审法院认定的部分事实清楚，定罪准确，审判程序合法。

【裁判结果】

一、维持刑事判决第一项中对被告人张某的定罪部分及第二项；

二、撤销刑事判决第一项中对被告人张某的量刑部分；

三、上诉人张某犯合同诈骗罪，判处有期徒刑七年，并处罚金五十万元。

5.2.5　典型案例五：明知工程无法获批还向发包人收取费用，构成合同诈骗罪

【案情简介】

2007 年 8 月，被告人李某宏作为绿某公司股东，代表该公司收购瑞某公司及该公司名下位于某村的 710.5 亩农业用地的土地使用权，但后未将土地使用权变更至绿某公司名下。

2008 年 3 月都某公司注册成立，自 2010 年 7 月 14 日起，李某宏作为股东担任该公司法定代表人，其个人实际控制并运营该公司，以上述 710.5 亩农业用地为依托进行树苗栽培、销售及生态园建设，并建设了部分别墅后停工。

2012 年李某宏以都某公司名义收购羲某公司，但未办理相关法律手续。2012 年 4 月，李某宏聘用被告人高某贵为都某公司副总经理，2015 年任命高某贵为羲某公司总经理。

2016 年 6 月，在都某公司、绿某公司、羲某公司经营困难，资金匮乏及李某宏、高某贵个人资金困难情况下，李某宏与高某贵协商，由高某贵负责以羲某公司名义在 710.5 亩农业用地上建设 95 万平方米城市综合体小产权房对外销售牟利。

后自 2016 年 6 月至 2017 年 7 月，被告人高某贵在无资金支持、未取得政府主管部门审批情况下，持虚假政府审批文件，虚构事实、隐瞒真相，先后与被害人张某 1、李某、沈某、吴某、张某 2、张某 3 等人签订建设工程施工合同，以收取工程保证金、树苗补偿费、挂靠费等方式骗取六名被害人钱款共计 140 万元，至今仍未归还 126 万元。

期间，被告人周某文以能够为高某贵开发的工程项目办理审批手续为由，从高某贵处取得 30 万平方米工程发包权，周某文在明知无法办理项目审批手续的情况下，虚构事实、隐瞒真相，以羲某公司名义，先后骗取被害人包某礼、张某 4、朱某、赵某、蒋某、方某、白某等人信任与其签订建设工程施工合同，以收取工程违约金方式骗取七名被害人钱款共

计 124 万元，至今仍未归还 96 万元。

被告人高某贵因涉嫌诈骗张某 1 等被害人被公安机关立案侦查并取保候审期间，于 2017 年 11 月 10 日，其诱骗被害人白某和其签订建设工程施工合同，以收取工程保证金方式骗取白某 15 万元。

【一审法院观点】

被告人李某宏、高某贵、周某文以非法占有为目的，在无资金支持，未取得工程建设审批手续，没有实际履行能力情形下，持虚假政府审批文件，虚构事实、隐瞒真相，向他人发包工程，以收取保证金、违约金、树苗补偿费、挂靠费等方式骗取他人财物，数额巨大，其行为均构成合同诈骗罪。

公诉机关指控李某宏、高某贵、周某文犯合同诈骗罪的罪名成立，在共同犯罪中被告人李某宏、高某贵均起主要作用，系主犯，犯罪数额共计 140 万元。高某贵单独实施合同诈骗数额 15 万元，周某文单独实施合同诈骗数额 124 万元。

被告人高某贵已退还被害人 14 万元，可酌情从轻处罚。被告人周某文到案后如实供述犯罪事实，具有坦白情节，可依法从轻处罚，其退还被害人 28 万元，可酌情从轻处罚。

【一审裁判结果】

一、被告人李某宏犯合同诈骗罪，判处有期徒刑七年，并处罚金三万元。被告人高某贵犯合同诈骗罪，判处有期徒刑七年，并处罚金三万元。被告人周某文犯合同诈骗罪，判处有期徒刑五年六个月，并处罚金三万元。

二、责令被告人李某宏、高某贵共同向被害人张某 1、蒋某退赔 20 万元，向李某退赔 24 万元，向沈某退赔 28 万元，向吴某退赔 12 万元，向张某 2 退赔 16 万元，向张某 3 退赔 26 万元；被告人高某贵向白某退赔 15 万元；被告人周某文向被害人蒋某 1 退赔 40 万元，向赵某退赔 6 万元，向白某退赔 40 万元，向方某退赔 10 万元。

【二审审理】

一审判决后，李某宏、高某贵不服，提出上诉。

经审理查明，原审判决认定上诉人李某宏、高某贵、原审被告人周某文犯合同诈骗罪的事实清楚，证据确实、充分。所列证据均在原审开庭时出示宣读并质证、认证，经审查来源合法，内容真实有效，法院予以确认。二审期间上诉人李某宏、高某贵、原审被告人周某文及辩护人均未提出新的证据。

【二审法院观点】

对于上诉人李某宏、高某贵及辩护人所提公司合法拥有土地使用权及地上林木的合法财产，具有履约能力，且收取的款项用于公司事务，并非个人占有，不具有非法占有目的，不构成合同诈骗罪的上诉理由及辩护意见。

经查，书证，证人证言，上诉人李某宏、高某贵、原审被告人周某文的供述能够相互印证，证明：

1. 二人主观上均明知在农业用地上进行房产开发系违法行为，且涉案土地在兰州新区某国家级新区区划内，进行私自开发无审批之可能，二人为牟取非法利益，在无任何资金支持、未经过任何规划审批和批准建设的情形下发包工程，必然导致建筑合同无法履行，且发包工程过程中隐瞒了工程无资金来源、无审批手续的真实情况，并出示虚假的政府审批文件，实施了虚构事实、隐瞒真相的行为，并无实际履行合同的能力。

2. 根据《建设工程质量保证金管理办法》工程质量保证金是指发包人与承包人在建设工程承包合同中约定，从应付的工程款中预留，以保证承包人在缺陷责任期限内对建设工程出现的缺陷进行维修的资金。上诉人在明知项目工程无法获得审批、合同无法履行的情况下，仍与他人签订建设施工合同，在开工前即收取保证金，且将收取的保证金大部分用于偿还与该项目建设施工合同无关的其他债务及其他支出，具有明显非法占有的故意。

3. 且在实施本案所涉行为时，二上诉人的公司及个人均已债台高筑，都某公司亦或是绿某公司、羲某公司在生态园 710.5 亩土地上因其他工程建设未付清工程款亦有债务，公司财务混乱，个人债务与公司债务混淆不清，收取保证金的目的就是为了缓解资金压力，解决所谓的"公司"债务、日常开支及个人开销，但实际是用收新还旧的方式勉强维持表面运行状态，其以保证金、树苗补偿费、挂靠费等名义收取被害人钱款时就具有非法占有目的。

二人在涉案"项目"中未投入资金，且在案发近两年的时间里，未实质返还所收保证金，也再次证明具有明显非法占有的目的。二人以非法占有为目的，虚构事实、隐瞒真相骗取他人财物，行为已构成合同诈骗罪，故该意见不能成立，不予采纳。

对于上诉人李某宏及其辩护人所提认定李某宏与高某贵构成合同诈骗罪的共犯证据不足的上诉理由及辩护意见，经查：

首先，李某宏、高某贵供述以及在案工商登记材料等均证明，"甘肃都某园林有限公司""甘肃绿某农业科技有限公司""甘肃羲某房地产开发有限公司"实际控制人都是李某宏，高某贵占"甘肃都某园林有限公司"10% 的股份，并经李某宏聘任担任"羲某公司"总经理，三家公司事务由李某宏和高某贵商议决定，且账目混同，均未设立财务制度，没有财务账目和会计凭证，资金均系在个人账户往来，可见公司的收支均由二人支配。

因前期开发"都某生态项目"修建别墅以及烂尾楼、园区种植培养树苗等造成二人大量负债。李某宏供称其个人负债达 2000 多万元，而三公司所有资产仅有 710.5 亩农业用地使用权及所种植的树苗，"甘肃都某"公司民事负债 26 万元。

李某宏、高某贵二人供述均证明是为缓解债务压力，商议在"绿某公司"具有使用权的农业用地上开发"都市花园"项目的小产权房。在明知无法取得审批手续后，李某宏仍然同意高某贵将该工程予以发包，虽其称不知道高某贵收取保证金，但对高某贵对外发包工程的事实明知，其作为公司的负责人明知项目因土地性质未变更而无法获得审批却允许对外发包，不仅未及时告知承包人实情，且在张某 3 等被告人要求退款时一再保证工程审批手续很快就能通过，其本身就具有虚构事实、隐瞒真相的行为。

根据二人供述以及收取保证金去向，高某贵所收取保证金大量用于偿还二人所负债务，即使所收钱款未直接打入李某宏账户，但其实际享有了发包工程获得的收益。其次，根据沈某、张某3、张某2等人的证言，李某宏承认其将高某贵所收取的部分保证金用于个人还款。

李某宏以缓解自身债务为目的，明知工程无法获得审批，却故意隐瞒真相，允许高某贵发包工程，且实际享有发包工程获得的收益，现有证据能够认定其与高某贵构成合同诈骗罪的共犯。故该意见不能成立，不予采纳。

对于上诉人高某贵所提原判认定犯罪数额有误的上诉理由及辩护意见，经查，原判认定犯罪数额系将上诉人供述与受害人证言一一对应，且有收据、银行流水、转账记录等相互印证，将证据不能一一对应的部分未认定为犯罪数额，根据"疑点利益归于被告人"原则作出认定，认定犯罪数额准确，证据确实充分，故该上诉理由不能成立，不予采纳。

对于上诉人高某贵的辩护人所提周某文的行为系其个人行为，高某贵不应对其涉案数额承担责任的辩护意见，经查，原判并未将周某文的犯罪数额计算为李某宏的犯罪数额，故该意见不能成立，不予采纳。

对于高某贵所提原判量刑过重的上诉理由，经查，原判已根据犯罪事实、情节、性质，予以从轻量刑，故该上诉理由不能成立，不予采纳。

【二审裁判结果】

原审判决认定上诉人李某宏、高某贵，原审被告人周某文犯合同诈骗罪的事实清楚，证据确实、充分，适用法律正确，量刑适当，审判程序合法。二审法院驳回上诉，维持原判。

5.3 辩护要点

5.3.1 民事欺诈的辩护

5.3.1.1 民事欺诈与刑事诈骗的关系

在民刑交叉的案件中，由于民事欺诈和刑事诈骗都具有虚构事实、隐瞒真相，致使他人产生错误认识的欺骗因素，只是在性质和程度上有区分，因此在实践中二者可能被混淆，从而模糊了是罪与非罪的界限。大部分民事欺诈和刑事诈骗案件中，从欺骗行为上就可以将两者加以区分，但某些民事欺诈和刑事诈骗在欺骗方法上存在竞合，此时需要判断非法占有目的之有无。[1]

在建设工程领域，民事欺诈和刑事诈骗需要根据案情的特殊性作出具体个案的分辨。例如某案中，案涉工程造价的变更并非被告人虚构，而是由于市场的变化和合同相对方组

---

[1] 陈兴良. 民事欺诈和刑事欺诈的界分 [J]. 法治现代化研究，2019，5：1-12.

织形式的变化导致了投标时的每平方米价格不合理；案涉工程面积变化有据可循；被告人作为承包人不能进行施工，但自行找人将工程施工完毕，最终的工程价款和工程面积是由市政府与发包公司决算的，在此情形下被告人并非没有任何履约能力，而是积极履约，所以不存在刑事诈骗情形。再如某案中，被告人提供的抵押物是真实的，并且抵押物与其他工程款产生纠纷，属于产权争议问题，不能认定被告人采取了欺骗的手段；被告人采取欺骗行为与刑法上的诈骗行为也有显著区别，被告人无力偿还债务而进行欺骗，应当属于民间借贷纠纷问题，不构成合同诈骗罪。

在一些建设工程领域刑事案件中，被告人存在未履行合同的事实，但是经过审查得知，此处的"未履行"是客观不能，而不是被告人的原因；被告人与另一相对人签订的施工合同约定了支付保证金，其前提是有项目存在，而且工程项目规模较大，先后引进两支队伍施工，也符合常理，不属虚构事实，隐瞒真相，合同双方均应按合同条款约定承担各自责任，应由合同法调整；虽然被告人出具了加盖伪造印章的收据，但对合同效力及权利人主张权利不存在民事法律上的障碍。再如，被告人在合同签订后，投入了大量的人力、物力、财力，组织施工，被告人客观上已全部履行了工程合同的主要内容，并且工程已经验收合格，并投入使用。被告人具备履约能力，履约态度积极，并且实际履行了或正在履行合同，并不构成客观上的刑事诈骗行为。

5.3.1.2　是否构成合同诈骗行为

建设工程领域合同一般需要连续履行，其中出现一些欺诈的行为，是作为合同诈骗来定，还是仅仅作为合同纠纷，从当事人行为角度应对合同履行的整体情况综合判断，从以下几个方面进行界分：① 主观目的不同。民事欺诈的行为人采取欺骗方法，旨在使相对人产生错误认识，做出有利于自己的法律行为，然后通过双方履行该法律行为谋取一定非法利益，其实质是为了多赚钱，主观恶性较轻；而合同诈骗的行为人并没有承担约定民事义务的诚意，只是想使对方履行那个根本不存在的民事法律关系的单方义务，非法占有、控制对方的财物。② 客观表现不同。虽然两者都采取了欺骗手段，但二者的重点不同，民事欺诈中虚构的事实或者隐瞒的真相，只是被害人在处分财产时参照的因素而非直接目的，针对的是促成交易，行为人并没有希望通过不存在的事实或者隐瞒事实真相直接得到被害人的财物；而刑事诈骗的行为人虚构了足以使被害人处分财物的事实，希望能够直接取得被害人财物，针对的是财产，所谓的交易只是非法取得被害人财产的手段。③ 履约能力和态度不同。民事欺诈人与受欺诈人订立合同一般是能够履行合同的，且履约态度是积极的；而合同诈骗人订立合同并无履行的意愿和履行合同的能力。如果签订合同时无履约行为，但事后经过各种努力，具备了履约能力，并且有积极的履约行为，无论合同最后是否得到完全履行，也不宜认定为合同诈骗罪。④ 标的物的处置情况不同。当事人对其占有的他人财物的处置情况，很大程度上反映了其当时的主观心理态度。如果行为人将取得财物全部或大部分用以挥霍，或者从事非法活动、偿还他人债务、携款逃匿等，应认为行为人有非法占有之故意，其行为构成合同诈骗罪；如果行为人将取得的财物全部或大部分用于合同的履行，即使客观上未能完全履行合同义务，一般均应认定为民事欺诈，不宜以合同诈骗论。

5.3.1.3 是否具有"非法占有为目的"

行为人签订合同，其主观目的是完成工程建设，没有非法占有的意图，就不能构成合同诈骗罪。合同诈骗的行为人在主观上是根本不想履行合同，只企图虚构事实，迷惑受害人上当受骗，交出财物，非法占有；使用了一些欺诈手段签订合同，但主观上不具有非法占有目的，只是为了通过合同的签订和履行获利，具有一定的履约能力，并且有积极履约的态度和行为，受害人可以通过民事救济方式解决，从而获得自己的损失赔偿，不宜追究当事人的刑事责任。因此，在建设工程领域考虑行为人是否具有非法占有的目的，首先看项目的真实性，以虚构项目或重复发包骗取他人工程保证金的行为人具有非法占有目的；其次看行为人的主体资格与履约能力，不具备主体资格和履约能力的人订立合同可能存在不法意图；再次看行为人对占有财物的处置，可能致使财物灭失、消费、抵债等，也可能用于履行合同，如果行为人将大部分占有财物用于挥霍乃至用于非法活动，而非用于履行合同，则可以推定行为人具有非法占有目的；最后看行为人未履约的原因与事后态度，推测其是否具有非法占有目的。[①]

辩护人可以对于"非法占有为目的"的认定进行辩护。例如某案中，被告人为了成功承包改造工程而主动支付居间费用，并且缺乏被告人与居间人诈骗保证金的证据，被告人事实上也未获得保证金，而合同相对人也是为了工程的完成而自愿交纳保证金，并非被欺骗而交纳；被告人并不是为了非法占有财产，而是为了履行合同而获得利益，从主观方面也未达到合同诈骗的入罪标准。再如，某案中，被告人以支付利息、以车库抵债、他人代偿债务等方式超额返还给借款人，其主观上没有非法占有的故意。某案中，被告人主观上在同一时段内，追求运作多个项目，在自有资金不足或出现资金链断裂的情况下，就可能会发生挤占挪用合同保证金的情况。但即使确实出现挤占挪用保证金，也无法充分证明被告人具有非法占有保证金的主观故意，因为其挪用的目的在于弥补项目运行过程中的缺陷，反过来想，如果资金充足情况下，行为人可能就不会挪用这笔保证金。双方还没有进行工程量的确认和工程款的最后结算的情况下，可能会存在工程款多退少补的问题，因此不能认定被告人具有非法占有工程款的目的。

5.3.2 主体的辩护

5.3.2.1 合同诈骗罪的主体可以是自然人也可以是单位

《全国法院审理金融犯罪案件工作座谈会纪要》指出："根据刑法和《最高人民法院关于审理单位犯罪案件具体应用法律有关问题的解释》的规定，以单位名义实施犯罪，违法所得归单位所有的，是单位犯罪。"

---

① 郭玲梅. 合同欺诈与合同诈骗罪的区分研究［D］. 重庆：西南政法大学，2018.

　　刑法规定的单位犯罪主体是公司、企业、事业单位、机关、团体，并且是合法成立并现实存在的组织，具有能够承担刑事责任的能力。在辩护构成单位犯罪时需要首先判断单位的主体资格。

　　在行为方面，若自然人虚构单位或冒充其他单位实施合同诈骗，数额较大的，应以自然人合同诈骗罪论处，刑罚及赔偿责任应由实施合同诈骗的自然人承担。若单位的负责人以单位名义实施合同诈骗行为，同时该合同诈骗行为的违法所得均归于单位所有，那么该单位也构成合同诈骗罪。同时刑罚及赔偿责任则由实施合同诈骗的自然人和单位共同承担，在此种情况下，自然人的刑事责任会轻一些。如在某案中，因某公司经营困难，其法定代表人在公司曾拥有使用权的土地被查封已进行拍卖、建设工程规划许可证过期的情况下，安排公司员工以公司名义以同一合同标的与他人签订建设工程施工合同并收取保证金，用于公司日常开支、归还前期欠款、个人消费等，法院认定该公司与其法定代表人行为均构成合同诈骗罪，但由于案件系单位犯罪，犯罪所得主要进入公司账户，由公司经营所用，因此退赔主体应系公司而非其法定代表人。

5.3.2.2　实际施工人以承包人名义订立合同

　　实际施工人主要有转包人、违法分包人和挂靠型等类型，由于并非与发包方订立建设工程施工合同的相对人，实际施工人在实践中常以承包人名义对外发出要约，而相对方可能由于信任承包人的财力、信誉而作出承诺订立合同，在这一过程中实际施工人可能实施违法犯罪行为。如在某案中，挂靠型实际施工人以承包人的名义收取分包人的工程保证金，但在完成部分工程后便失联，法院认定其构成合同诈骗罪。但如果实际施工人签订工程建设相关民事合同，如为项目运转需要对外签订的借款合同、为购买施工材料与供应商签订的买卖合同等，占有财物确实出于施工所需，并且实际施工人积极实施施工行为，促成施工活动进行，则从其行为分析可能不具有非法占有财物的目的，不应直接认定行为构成合同诈骗罪。例如在某案中，转包型实际施工人以承包人名义对外签订钢材购销合同购买钢材，但未能向卖方及时给付货款，后工程停工，被告被清退出场，将所购钢材折抵偿还分包人工程保证金，原一审法院以被告将所购钢材用于偿还个人债务为由认定其构成合同诈骗罪，再审法院则认为被告签订钢材购销合同前后投入施工资金并施工完成了部分工程量，作为实际施工人不具有对购买钢材非法占有的主观故意，因此不构成合同诈骗罪。在辩护过程中，被告及辩护人应注意提供被告作为实际施工人对工程实际履行的证据，并证明其占有财物是为施工需要，不具有非法占有财物的主观目的。

5.3.2.3　职务侵占罪与合同诈骗罪的区别

　　当行为主体是公司、企业或者其他单位的人员，则需要区分职务侵占罪与合同诈骗罪。当企业的工作人员以项目部名义对外签订合同，但将材料、器材等据为己有，此时若债务最终出本单位承受的，应认定为职务侵占罪。若工作人员只是利用职务之便的外在表现，实际债务并未转嫁给本单位，使提供建筑材料、设备的合同对方遭受财产损失的，只要该工作人员与合同对方签订合同时就没有履行合同之意，就是以非法占有为目的骗取对方财物的，应以合同诈骗罪定罪处罚。总而言之，从犯罪手段上需要注意行为人主要利用职务之便还是主要利用合同诈骗，从犯罪对象上需要判断非法占有的财产是本单位的财产还是合同相对方的财产。[①]

由于职务侵占罪的量刑明显轻于诈骗罪及合同诈骗罪，在辩护中应当根据情况积极区分此罪与彼罪，争取对被告人按照轻罪处罚的可能。

注意：职务侵占罪中犯罪数额不大，情节较轻，积极退赔被害人相关经济损失，并取得被害人谅解的，有悔罪表现，没有再犯罪的危险的，实践中被宣告缓刑的机会较大。

5.3.3　民刑交叉领域的辩护

5.3.3.1　黑白合同的问题

建设工程领域黑白合同主要存在两种情形：① 招标人和中标人另行签订的建设工程施工合同约定的工程范围、建设工期、工程质量、工程价款等实质性内容，与中标合同不一致；② 招标人和中标人在中标合同之外就明显高于市场价格购买承建房产、无偿建设住房配套设施、让利、向建设单位捐赠财物等另行签订合同，变相降低工程价款。

订立黑白合同当事人需要承担民事责任。在工程通过招标的情况下，根据《建工司法解释（一）》第二条，与中标合同相背离的黑合同可能无效。在工程未通过招标的情况下，通谋虚假合同无效。

在特定情形下订立黑白合同也存在刑事风险。比如实质变更涉及政府重点建设工程项目资金的中标合同，当事人以工程签证单形式提高工程结算款，即使此时建设单位与承包人双方达成合意，也可能构成骗取国家资金的合同诈骗罪。如在某案中，涉案工程为市政府确定的重点基本建设项目，建设资金必须经市审计局审计后，才能由财政部门进行项目竣工财务决算审批，一期承包人在施工过程中为赚取工程差价，伪造工程现场签证单等施工资料，提高工程结算价款，虽然本案中"黑合同"经建设单位与承包人双方达成合意，但由于建设单位不具有自行处分建设资金的权利，因此双方行为均构成对政府财政部门的合同诈骗。

因此辩护人需注意黑白合同的订立是否造成对他人乃至政府财产的非法占有，大多数情形下黑白合同应由民事领域进行规制，保持刑法的谦抑性。

5.3.3.2　工程造价"高估冒算"的问题

当建设工程竣工后承包人可以向发包人递交工程结算，要求发包人支付相应工程款，这一过程中承包人可能"高估冒算"、重复套利，而发包人在审核承包人递交的工程结算时也可能出现"多算未审，少报未纠，正确改错"的问题，从而在结算中致使一方财物受损。一般认为，在结算过程中存在造价误差属于双方对风险分担的民事合意，常见的"高估冒算"责任一般分为两类，一类为承担审价费用，一类为承担违约责任。

---

① 林金鹏. 论工程建设领域的职务侵占罪与合同诈骗罪的区分 [J]. 刑事法判解. 2015，1：74-89.

从刑事角度考虑,"高估冒算"行为可以理解为承包人通过虚构价款的方式,使发包人陷入错误认识,从而支付了更多工程款,造成财产损失,因此可能构成合同诈骗罪。在某案中,被告辩护人称对被告人的"高估冒算"行为不应以合同诈骗罪追究刑事责任:① 被告人所承揽的工程及所有签证单中的工程事实都是真实的,被告人并不存在虚构事实、隐瞒真相的行为,因而不构成合同诈骗。② 被告人不存在签证单造假问题,只是结算单价上存在差异,也不是工程事实上的有无。③ 被告人高套单价、重复套价结算的行为不符合合同诈骗构成要件,施工合同中施工单位在报送结算资料时采取高套单价、重复套价进行工程结算是普遍存在的,没有合同约定的工程结算,最终结算的工程款项出现差异属于正常情况;在合同没有明确约定又没有国家定额套用的工程单价时,施工方在进行工程款结算时将结算单价提高一点或者就是采用市场价,这样所形成的工程款,只还是一个要约形式,这个要约只有经过合同对方的承诺才能生效。签证单结算与审核单价出入比较大应根据不当得利返还,不应构成诈骗罪。但法院认为,证据证实被告人主观上具有非法占有为目的;在客观方面,被告人对工程现场签证单进行高套单价或重复套价等手段骗取工程款,行为符合合同诈骗罪的构成要件。

5.3.3.3　工程项目"走账"问题

"走账"一词含有"不规范财务处理"的意思,即行为人为了避税、套现、备案等目的,基于虚构业务关系而进行资金往来、财务收付行为。由于工程建设涉及资金巨大,建设单位和施工单位在建设过程中非正常"走账"现象常见,比如建设单位要求施工单位虚增工程成本,双方签订了较高金额的施工合同并下拨资金进入项目部,或者为了套现将公司资金通过个人账户进行体外循环,或者配合建设单位贷款支付工程款等。"走账"行为存在民事风险,比如发包人为了"走账"将资金转入承包人账户,可能被认定发包人已向承包人支付工程款,排除承包人对该部分款项主张工程价款优先受偿权。而如果行为人对于"走账"资金进行非法占有,由于"走账"行为包含虚构成分,又可以证明行为人非法占有主观目的,则行为人可能会被起诉合同诈骗罪。在某案中,被告人 1 代表某公司与另一公司签订合作开发该项目的协议,约定双方共同组建一家项目公司负责项目的建设,但在另一公司汇款时被告人 1 要求其将项目投资款项打入被告人 1 和另一公司的高管被告人 2 个人账户用于"走账",后两名被告人将该投资款归还个人债务后,利用二人在各自公司的任职,恶意串通,炮制二公司转账协议,在该案中,二名被告人均以合同诈骗罪被判刑。但如果建设工程过程中的"走账"只是为了在项目中方便使用建设资金,并非由行为人非法占有,则需要证据排除行为人的非法占有目的。

5.3.4　数额的辩护

合同诈骗罪的起点比诈骗罪起点高,《刑法》第二百二十四条合同诈骗罪未对数额巨大,数额特别巨大作出明文规定,但根据司法解释关于侵财型犯罪(如抢夺罪、盗窃罪、诈骗罪等)认定"数额较大""数额巨大"一般是"十倍制"的规律,可由各省对合同诈骗罪的起点推算"数额巨大"的标准。

建设工程发包人实施合同诈骗行为骗取被害人财物，数额不仅依据合同本身约定数额计算，还应结合被害人支付合同约定之外财物行为目的，将被害人为实现合同目的，以承接工程需要运作或交投标费用等名义所支付的财物也计算入被告人合同诈骗罪数额中。如在某案中，被告人虚构工程与被害人签订《合作施工协议》，以运作资金及交纳工程保证金为由骗取被害人钱款，一审法院认定被告构成合同诈骗罪，在二审中，被告人及辩护人称被告收取的部分款项为其向被害人的借款而非依据《合作施工协议》，但证据证实被告是以承接工程需要运作或交投标费用名义收取款项，被害人基于承接工程的利益驱动才会给予财物，因此这部分款项亦应计算入被告合同诈骗罪数额中。

《全国法院审理金融犯罪案件工作座谈会纪要》（法〔2001〕8号）规定，在具体认定金融诈骗犯罪的数额时，应当以行为人实际骗取的数额计算。对于行为人为实施金融诈骗活动而支付的中介费、手续费、回扣等，或者用于行贿、赠与等费用，均应计入金融诈骗的犯罪数额。但应当将案发前已归还的数额扣除。但规范没有对单次合同诈骗中案发前退还的数额或财物在诈骗犯罪数额中扣除作出规定。在辩护过程中，辩护人可以主张被告人案发前退还的数额应从诈骗数额中予以扣除。

5.4 合规管理

5.4.1 企业建立合同管理体系

建设工程领域企业应建立合同管理体系，使风险防范嵌入涉及合同的所有工作过程中。建立合同发起、草拟、会审、批准、授权、履行、执结、考核、奖惩等管理制度，明确合同风险管理的组织架构、职责和内容；明确合同风险管理的实施和维护人员的职责，加强维护人员的法律实务水平和风险管理水平，提升对合同管理的深入理解和支撑服务能力；明确合同风险应对措施、维权体系和报告风险信息人员的职责，促进相关制度的贯彻实施，保障合同管理体系目标的实现。

5.4.2 企业负责人及工作人员签订、履行合同过程

1. 应重视和学习必要的行业法律知识，自始至终做到自身不违法，坚决不以虚构事实、隐瞒真相或者其他欺骗的方法签订及履行合同，也能识别对方的主体、行为是否合法、真实，是否违背市场或业务规律。

2. 熟悉合同法律知识，熟悉业务正常开展流程，以正确地认识洽商业务和签订合同，全面顺畅地履行合同。

在开展合同洽商工作前，重点审查本方和对方是否具有相应的民事权利能力和民事行为能力，比如行业资质或从业资格、代理权限等。其次，坚持采用书面形式订立合同，包

括合同书、信件和数据电文（含电报、电传、传真、电子数据交换和电子邮件）等可以有形地表现所载内容的形式，也可以参照各类合同的示范文本订立合同。再次，合同的内容应齐全，一般包括以下条款：当事人的名称或者姓名和住所；标的；数量；质量；价款或者报酬；履行期限、地点和方式；违约责任；解决争议的方法等。

在订立、履行合同中，应遵守法律法规，尊重社会公德，不得扰乱社会经济秩序，损害社会公共利益。正确行使抗辩权、代位权、撤销权、解除权等；坚决不以伪造、变造、作废的票据或者其他虚假的产权证明作担保，坚决不以先履行小额合同或者部分履行合同的方法诱骗对方当事人继续签订和履行合同；也能审慎地考察识别对方是否存在上述情况。始终牢固树立依法成立的合同，对当事人具有法律约束力，应当按照约定履行自己的义务，不得擅自变更或者解除合同。秉承依法成立的合同，受法律保护，包括对己方、对方的合法权利均依法受到保护，违法同样受到制裁。

3. 建设工程领域负责人及工作人员应提高维权意识和能力。对合同履行中出现的不明事项或者非正常情况，及时组织业务和法务人员研判，向律师、法官、仲裁员等法律人士咨询请教，及时预警、报告、研究、处置，依法报警、起诉、仲裁维权。既要避免己方权利受到侵害时还没发觉，也要避免采取错误的维权方法比如伤害对方身体健康、限制对方人身自由、违法扣留有关财物等。

5.4.3　实际施工人特别注意

实际施工人特别注意在以承包人名义对外签订合同时应在授权范围内行为，将依据合同所获得的财物用于施工过程，并且在施工过程中及时保留施工活动证据。

第6章 诈 骗 罪

　　某工程的实际施工人冯某某伙同朱某某谎称将工程转包给折某某，从而先后骗取折某某工程保证金 80000 元，这 80000 元赃款冯某某分得 62000 元，已挥霍；朱某某分得 18000 元，后朱某某在案发前退还被害人折某某 10000 元，剩余赃款已挥霍。后二人以相同的手法骗取不同被害人工程保证金，二人均属于诈骗公私财物且数额巨大的情形。最终该案被告人冯某某、朱某某分别以诈骗罪被人民法院判处有期徒刑四年又六个月、有期徒刑四年。

　　在建设工程领域常见行为人以工程项目为幌子骗取工程保证金及工程相关费用的行为，该行为可能构成诈骗罪。在工程结算阶段，也有行为人虚构结算材料骗取工程款。在建设工程领域屡见不鲜的诈骗问题需要予以重视。

6.1　诈骗罪罪名分析

　　诈骗罪是指以非法占有为目的，使用欺骗方法，骗取数额较大的公私财物的行为。

　　《刑法》第二百六十六条规定："诈骗公私财物，数额较大的，处三年以下有期徒刑、拘役或者管制，并处或者单处罚金；数额巨大或者有其他严重情节的，处三年以上十年以下有期徒刑，并处罚金；数额特别巨大或者有其他特别严重情节的，处十年以上有期徒刑或者无期徒刑，并处罚金或者没收财产。本法另有规定的，依照规定。"

6.1.1　主体要件

　　本罪的主体是一般主体，单位不能构成本罪主体。

6.1.2　主观要件

　　本罪的主观方面，表现为直接故意，并且具有非法占有公私财物的目的。本罪排除了主观上间接故意和过失情况。非法占有的故意系行为人的主观意识范畴，虽然没有明确的法定标准，但在司法实践中常以主客观相一致为原则，基于在案证据并结合司法实践经验和生活逻辑综合认定，以下情形一般会被认定为具有非法占有的故意：① 明知没有归还能力而大量骗取资金的；② 非法获取资金后逃跑的；③ 肆意挥霍骗取资金的；④ 使用骗取的资金进行违法犯罪活动的；⑤ 抽逃、转移资金，隐匿财产，以逃避返还资金的；⑥ 隐匿、销毁账目，或搞假破产、假倒闭，以逃避返还资金的；⑦ 其他非法占有资金、拒不返还的行为。

6.1.3　客体要件

本罪的客体是公私财产所有权。本罪的对象是公私财物。

6.1.4　客观要件

本罪的客观方面表现为使用欺诈方法骗取数额较大的公私财物。欺诈行为是使被害人陷入错误认识的行为，从形式上说包括两类，一是虚构事实，二是隐瞒真相。虚构事实，是指凭空捏造或编造根本不存在的事实，既可以是虚构全部的事实，也可以是虚构部分的事实，如建设工程领域行为人虚构项目发包，就是虚构事实。隐瞒真相，是指掩盖本来客观存在的真实事实，导致被害人形成错误印象而处分财产，既可以是隐瞒全部的真实事实，也可以是隐瞒部分的真实事实。关于本罪中"财物"概念应作广义理解，既包括一般意义上的财产，也包括财产性利益，而财产性利益包括积极财产的增加与消极财产的减少。需要区分的是诈骗罪与合同诈骗罪的行为，二者的区别于行为上在于是否使用合同进行诈骗，如果案件中确有合同，而且被害人在签订合同时也有营利目的，但被害人交付财物并非因为合同的约定或者在履行合同，这类案件一般为诈骗罪。

6.1.5　追诉标准

6.1.5.1　立案标准

《刑法》第二百六十六条规定："诈骗公私财物，数额较大的，处三年以下有期徒刑、拘役或者管制，并处或者单处罚金；数额巨大或者有其他严重情节的，处三年以上十年以下有期徒刑，并处罚金；数额特别巨大或者有其他特别严重情节的，处十年以上有期徒刑或者无期徒刑，并处罚金或者没收财产。本法另有规定的，依照规定。"

最高人民法院、最高人民检察院《关于办理诈骗刑事案件具体应用法律若干问题的解释》（法释〔2011〕7号）第一条规定：

"诈骗公私财物价值三千元至一万元以上、三万元至十万元以上、五十万元以上的，应当分别认定为刑法第二百六十六条规定的'数额较大'、'数额巨大'、'数额特别巨大'。

各省、自治区、直辖市高级人民法院、人民检察院可以结合本地区经济社会发展状况，在前款规定的数额幅度内，共同研究确定本地区执行的具体数额标准，报最高人民法院、最高人民检察院备案。"

6.1.5.2　量刑标准

最高人民法院、最高人民检察院《关于常见犯罪的量刑指导意见（试行）》（法发〔2021〕21号）第四章第（十二）节规定：

"1.构成诈骗罪的，根据下列情形在相应的幅度内确定量刑起点：

（1）达到数额较大起点的，在一年以下有期徒刑、拘役幅度内确定量刑起点。

（2）达到数额巨大起点或者有其他严重情节的，在三年至四年有期徒刑幅度内确定量刑起点。

（3）达到数额特别巨大起点或者有其他特别严重情节的，在十年至十二年有期徒刑幅度内确定量刑起点。依法应当判处无期徒刑的除外。

2. 在量刑起点的基础上，根据诈骗数额等其他影响犯罪构成的犯罪事实增加刑罚量，确定基准刑。

3. 构成诈骗罪的，根据诈骗的数额、手段、危害后果等犯罪情节，综合考虑被告人缴纳罚金的能力，决定罚金数额。

4. 构成诈骗罪的，综合考虑诈骗的起因、手段、数额、危害后果、退赃退赔等犯罪事实、量刑情节，以及被告人的主观恶性、人身危险性、认罪悔罪表现等因素，决定缓刑的适用。对实施电信网络诈骗的，从严把握缓刑的适用。"

福建省高级人民法院、福建省人民检察院《〈关于常见犯罪的量刑指导意见（试行）〉实施细则（试行）》（闽高法发〔2021〕116号）第四章第（十）节规定：

"1. 构成诈骗罪的，根据下列不同情形在相应幅度内确定量刑起点：

（1）线下诈骗达到数额较大5000元起点，或者实施电信网络诈骗达到数额较大3000元起点的，可以在三个月拘役至六个月有期徒刑幅度内确定量刑起点。

（2）线下诈骗达到数额巨大10万元起点，实施电信网络诈骗达到数额巨大3万元起点，或者有其他严重情节的，可以在三年至四年有期徒刑幅度内确定量刑起点。

（3）诈骗达到数额特别巨大50万元起点，或者有其他特别严重情节的，可以在十年至十二年有期徒刑幅度内确定量刑起点。依法应当判处无期徒刑的除外。

2. 在量刑起点的基础上，根据诈骗数额等其他影响犯罪构成的犯罪事实增加刑罚量，确定基准刑。

（1）线下诈骗数额较大的，数额每增加3000元，可以增加一个月的刑期；

（2）实施电信网络诈骗数额较大的，数额每增加900元，可以增加一个月的刑期；

（3）线下诈骗数额巨大，或者有其他严重情节的，数额每增加5000元，可以增加一个月的刑期；

（4）实施电信网络诈骗数额巨大，或者有其他严重情节的，数额每增加6000元，可以增加一个月的刑期；

（5）诈骗数额特别巨大，或者有其他特别严重情节的，数额每增加6万元，可以增加一个月至三个月的刑期。

3. 实施电信网络诈骗，诈骗数额难以查证，但具有《最高人民法院、最高人民检察院关于办理诈骗刑事案件具体应用法律若干问题的解释》和《最高人民法院、最高人民检察院、公安部关于办理电信网络诈骗等刑事案件适用法律若干问题的意见》规定的'其他严重情节'的，可以在三年至四年有期徒刑幅度内确定量刑起点。在量刑起点的基础上，发送诈骗信息每增加600条、拨打诈骗电话每增加60人次或者页面浏览每增加600次的，增加一个月刑期，从而确定基准刑。

4. 实施电信网络诈骗，诈骗数额难以查证，但具有《最高人民法院、最高人民检察院关于办理诈骗刑事案件具体应用法律若干问题的解释》和《最高人民法院、最高人民检察院、公安部关于办理电信网络诈骗等刑事案件适用法律若干问题的意见》规定的"其他特别严重情节"的，可以在十年至十二年有期徒刑幅度内确定量刑起点。在量刑起点的基础上，发送诈骗信息每增加6000条、拨打诈骗电话每增加600人次或者页面浏览每增加6000次的，增加一个月刑期，从而确定基准刑。

5. 有下列情节之一的，可以增加基准刑的20%以下，确定量刑起点时已予评价的除外；同时具有两种以上情形的，累计增加幅度不得超过基准刑的100%：

（1）造成被害人或其近亲属自杀、死亡、精神失常或其他严重后果的；

（2）冒充司法机关等国家机关工作人员实施诈骗的；

（3）组织、指挥电信网络诈骗犯罪团伙的；

（4）在境外实施电信网络诈骗的；

（5）实施电信网络诈骗的被告人，曾因电信网络诈骗犯罪受过刑事处罚或者二年内曾因电信网络诈骗受过行政处罚的；

（6）诈骗残疾人、老年人、未成年人、在校学生、丧失劳动能力人的财物，或者诈骗重病患者及其亲属财物的；

（7）利用未成年人、在校学生、老年人、残疾人实施电信网络诈骗的；

（8）以赈灾募捐等社会公益、慈善名义实施诈骗的；

（9）利用电话追呼系统等技术手段严重干扰公安机关等部门工作的；

（10）利用'钓鱼网站'链接、'木马'程序链接、网络渗透等隐蔽技术手段实施诈骗的；

（11）多次诈骗的。

6. 对实施电信网络诈骗犯罪的被告人裁量刑罚，在确定量刑起点、基准刑时，一般应就高选择。确定宣告刑时，应当综合全案事实情节，准确把握从重、从轻量刑情节的调节幅度，确保罪责刑相适应。

7. 诈骗近亲属财物，确有追究刑事责任必要的，可以减少基准刑的20%～50%。

8. 构成诈骗罪的，根据诈骗的数额、手段、危害后果等犯罪情节，综合考虑被告人缴纳罚金的能力，决定罚金数额：

（1）单处罚金的，一般应在诈骗数额一倍以上二倍以下判处，最低不得少于五千元；

（2）判处三年以下有期徒刑、拘役或者管制的，一般并处一千元以上五万元以下罚金。其中：判处拘役或者管制的，一般并处一千元至二万元罚金；判处三年以下有期徒刑的，一般并处二千元至五万元罚金；

（3）判处三年以上十年以下有期徒刑的，一般并处二万元以上二十万元以下罚金。其中：判处三年以上五年以下有期徒刑的，一般并处二万元至七万元罚金；判处五年以上七年以下有期徒刑的，一般并处五万元至十万元罚金；判处七年以上十年以下有期徒刑的，一般并处八万元至二十万元罚金；

（4）判处十年以上有期徒刑的，一般并处十万元以上五十万元以下罚金。依法没收财产的除外。其中：判处十年以上十二年以下有期徒刑的，一般并处十万元至三十万元罚金；判处十二年以上有期徒刑的，一般并处二十万元至五十万元罚金。

9.构成诈骗罪的，综合考虑诈骗的起因、手段、数额、危害后果、退赃退赔等犯罪事实、量刑情节以及被告人的主观恶性、人身危险性、认罪悔罪表现等因素，决定缓刑的适用。对实施电信网络诈骗的，从严把握缓刑的适用。

具有下列情形之一，符合缓刑适用条件的，可以适用缓刑：

（1）因生活所迫、学习、治病急需而诈骗的；

（2）案发前主动将赃款赃物归还被害人的；

（3）积极退赔全部或大部分赃款赃物，或者取得被害人谅解的；

（4）其他可以适用缓刑的情形。

具有下列情形之一的，一般不适用缓刑：

（1）为吸毒、赌博等违法犯罪活动而实施诈骗或者将诈骗赃款赃物用于违法犯罪活动的；

（2）诈骗残疾人、老年人、未成年人、在校学生、丧失劳动能力人的财物的；

（3）利用未成年人、在校学生、老年人、残疾人实施电信网络诈骗的；

（4）在医院诈骗病人或者其亲友财物的；

（5）诈骗救灾、抢险、防汛、优抚、扶贫、移民、救济、医疗款物的；

（6）曾因诈骗类犯罪受过刑事处罚或者一年内受过行政拘留的；

（7）造成被害人或其近亲属自杀、死亡或者精神失常等严重后果的；

（8）造成恶劣社会影响的；

（9）其他不适用缓刑的情形。"

重庆市高级人民法院、重庆市人民检察院《关于常见犯罪的量刑指导意见（试行）实施细则》（渝高法〔2022〕17号）第四章第（十）节规定：

"1.法定刑在三年以下有期徒刑、拘役幅度内的量刑起点和基准刑。

诈骗公私财物，达到'数额较大'起点五千元的，或者实施电信网络诈骗，诈骗公私财物数额达到三千元的，在一年以下有期徒刑、拘役幅度内确定量刑起点。在量刑起点的基础上，诈骗数额每增加二千元，实施电信网络诈骗的，诈骗数额每增加一千元，增加一个月刑期，从而确定基准刑。

2.法定刑在三年以上十年以下有期徒刑幅度的量刑起点和基准刑。

诈骗公私财物，犯罪数额达到'数额巨大'起点七万元的，或者实施电信网络诈骗，诈骗公私财物数额达到三万元的，在三年至四年有期徒刑幅度内确定量刑起点。

诈骗公私财物数额满五万元六千元不满七万元，并具有下列情形之一，应当认定为'其他严重情节'，并在三年至四年有期徒刑幅度内确定量刑起点：

（1）利用广播电视、报纸杂志等发布虚假信息，对不特定多数人实施诈骗的；

（2）诈骗救灾、抢险、防汛、优抚、扶贫、移民、救济、医疗款物的；

（3）以赈灾募捐名义实施诈骗的；

（4）诈骗残疾人、老年人或者丧失劳动能力人的财物的；

（5）造成被害人自杀、精神失常或者其他严重后果的；

（6）诈骗集团首要分子的；

（7）具有其他严重情节的。

实施电信网络诈骗犯罪，诈骗公私财物数额一般满二万四千元不满三万元，并具有下列情形之一，应当认定为'其他严重情节'，并在三年至四年有期徒刑幅度内确定量刑起点。

（1）造成被害人或其近亲属自杀、死亡或者精神失常等严重后果的；

（2）冒充司法机关等国家机关工作人员实施诈骗的；

（3）组织、指挥电信网络诈骗犯罪团伙的；

（4）在境外实施电信网络诈骗的；

（5）曾因电信网络诈骗犯罪受过刑事处罚或者二年内曾因电信网络诈骗受过行政处罚的；

（6）诈骗残疾人、老年人、未成年人、在校学生、丧失劳动能力人的财物，或者诈骗重病患者及其亲属财物的；

（7）诈骗救灾、抢险、防汛、优抚、扶贫、移民、救济、医疗等款物的；

（8）以赈灾、募捐等社会公益、慈善名义实施诈骗的；

（9）利用电话追呼系统等技术手段严重干扰公安机关等部门工作的；

（10）利用'钓鱼网站'链接、'木马'程序链接、网络渗透等隐蔽技术手段实施诈骗的。

在量刑起点的基础上，根据诈骗数额等其他影响犯罪构成的犯罪事实增加刑罚量，确定基准刑。有下列情形之一的，增加相应的刑罚量：

（1）犯罪数额每增加五千元，增加一个月刑期；

（2）具有可以认定为'其他严重情节'情形的，每增加一种情形，增加六个月至二年刑期。

3. 法定刑在十年以上有期徒刑幅度的量刑起点和基准刑。

诈骗公私财物，犯罪数额达到'数额特别巨大'起点五十万元，在十年至十二年有期徒刑幅度内确定量刑起点。依法应当判处无期徒刑的除外。

诈骗公私财物数额满四十万元不满五十万元，并具有第2条第3款规定的情形之一的；实施电信网络诈骗数额满四十万元不满五十万元，并具有第2条第4款规定情形之一的，应当认定为'其他特别严重情节'，在十年至十二年有期徒刑幅度内确定量刑起点。依法应当判处无期徒刑的除外。

在量刑起点的基础上，根据诈骗数额等其他影响犯罪构成的犯罪事实增加刑罚量，确定基准刑。有下列情形之一的，增加相应的刑罚量，确定基准刑：

（1）每增加五万元，增加一个月刑期；

（2）具有可以认定为'其他特别严重情节'情形的，每增加一种情形，增加六个月至二年刑期。

4. 诈骗公私财物，具有下列情形之一的，可以从重处罚，但同时具有两种以上情形的，累计不得超过基准刑的100%：

（1）具有第2条第3、4款规定情形之一的，增加基准刑的30%以下，每增加一种情形，再增加基准刑的10%以下；

（2）为吸毒、赌博等违法犯罪活动而诈骗的，增加基准刑的20%以下；

（3）诈骗数额分别达到'数额较大'、'数额巨大'、'数额特别巨大'，并具有多次诈骗情形的，增加基准刑的20%以下；

（4）其他可以从重处罚的情形。

5. 有下列情形之一的，可以从宽处罚：

（1）在案发后主动将赃物归还被害人的，减少基准刑的30%以下；

（2）确因生活所迫、学习、治病急需而诈骗的，减少基准刑的30%以下；

（3）诈骗近亲属的财物，近亲属谅解的，一般可不按犯罪处理；确有追究刑事责任必要的，可以减少基准刑的20%至50%；

（4）其他可以从轻处罚的情形。

6. 构成诈骗罪的，根据诈骗的数额、手段、危害后果等犯罪情节，综合考虑被告人缴纳罚金的能力，决定罚金数额。

7. 构成诈骗罪的，综合考虑诈骗的起因、手段、危害后果、退赃退赔等犯罪事实、量刑情节，以及被告人主观恶性、人身危险性、认罪悔罪表现等因素，决定缓刑的适用。对实施电信诈骗的，从严把握缓刑的适用。

8. 需要说明的问题

（1）诈骗未遂，以数额巨大的财物为诈骗目标的，或者具有其他严重情节的，应当定罪处罚，量刑起点和基准刑参照第1、2、3条的规定，根据案件的具体情况予以确定。

（2）诈骗犯罪既有既遂又有未遂，既遂部分所对应的量刑幅度较重，或者既、未遂所对应的量刑幅度相同的，以既遂部分确定基准刑，未遂部分作为调节基准刑的量刑情节；未遂部分对应的量刑幅度较重的，以未遂部分确定基准刑，既遂部分作为调节基准刑的量刑情节。以既遂部分确定起点刑和基准刑的，可根据未遂部分犯罪行为的实行程度、造成损害的大小、未得逞的原因等情况增加基准刑的30%以下；以未遂部分确定起点刑和基准刑的，可根据既遂部分犯罪行为造成损害后果等情况增加基准刑的40%以下。

（3）诈骗公私财物虽已达到'数额较大'的标准，但具有下列情形之一，且行为人认罪、悔罪的，可以根据刑法第三十七条的规定免予刑事处罚：具有法定从宽处罚情节的；一审宣判前全部退赃、退赔的；没有参与分赃或者获赃较少且不是主犯的；被害人谅解的；其他情节轻微、危害不大的。

（4）办理电信网络诈骗犯罪案件，应当充分贯彻宽严相济刑事政策。在审判过程中，应当准确甄别犯罪嫌疑人、被告人在共同犯罪中的层级地位及作用大小，结合其认罪态度和悔罪表现，区别对待，宽严并用，科学量刑，确保罚当其罪。

对于电信网络诈骗犯罪集团、犯罪团伙的组织者、策划者、指挥者和骨干分子，以及利用未成年人、在校学生、老年人、残疾人实施电信网络诈骗的，依法从严惩处。

对于电信网络诈骗犯罪集团、犯罪团伙中的从犯，特别是其中参与时间相对较短、诈骗数额相对较低或者从事辅助性工作并领取少量报酬，以及初犯、偶犯、未成年人、在校学生等，应当综合考虑其在共同犯罪中的地位作用、社会危害程度、主观恶性、人身危险性、认罪悔罪表现等情节，可以依法从轻、减轻处罚。犯罪情节轻微的，可以依法不起诉或者免予刑事处罚；情节显著轻微危害不大的，不以犯罪论处。"

除上述展示地区高级人民法院《关于常见犯罪的量刑指导意见（试行）实施细则》之外，各地均有地方司法文件对诈骗罪的量刑标准进行规定。

6.2　典型案例

6.2.1　典型案例一：行为人虚构工程项目骗取工程保证金构成诈骗罪

【案情简介】

被告人张某长期从事与楼房建筑工程有关的工作，2010 年底开始在美某公司工地修建围墙，同时与他人合伙承揽工程，由于缺乏资金，于 2013 年 5 月至 11 月，张某在无实际经济实力、无归还能力的情况下，伪造美某公司合同专用章，虚构承包美某公司建设工程的事实，以分包脚手架工程、盒子工程、钢筋工程、食堂工程等名义，让他人缴纳保证金或者定金，隐瞒真相，骗取他人保证金、定金共计人民币 249000 元。案发后，被害人张某 1 的 2 万元被追回，并已发还被害人。

【一审裁判结果】

一、被告人张某犯诈骗罪，判处有期徒刑六年二个月，并处罚金人民币二万元。

二、对被告人张某诈骗所得 229000 元，依法予以追缴，退被害人马某、赵某、李某、孙某、梁某、王某。

【二审法院观点】

张某以非法占有为目的，虚构事实、隐瞒真相，骗取他人财物，数额巨大，其行为已构成诈骗罪，原判定罪准确。但原判认定张某诈骗王某 4 万元，事实不清，证据不足，应予纠正。上诉人归案后退还被害人 2 万元经济损失，可酌情从轻处罚。

【二审裁判结果】

一、维持一审判决第一项对被告人张某的定罪及附加刑部分，即被告人张某犯诈骗罪，并处罚金人民币二万元。

二、撤销一审判决第一项对被告人张某的量刑主刑部分及第二项，即对被告人张某判处有期徒刑六年二个月；对被告人张某诈骗所得229000元，依法予以追缴，退被害人马某、赵某、李某、孙某、梁某、王某。

三、对上诉人张某判处有期徒刑五年六个月。

四、对上诉人张某违法所得18.9万元责令退赔（分别退赔马某4.8万元、赵某5.5万元、李某5.6万元、孙某1万元、梁某2万元）。

6.2.2 典型案例二：行为人虚构工程项目骗取建设资金构成诈骗罪

【案情简介】

2015年8月，被告人李某、杨某编造一份《班组施工协议书》，谎称李某施工队承包了某道路工程，骗取樊某的信任，并以利润分成为诱饵，要樊某向该项目投资入股为由，骗取樊某15万元人民币。2015年9月8日，樊某将15万元转账至杨某账户，同年9月22日，杨某将其中5万元转给李某。被害人樊某发现被骗后，向被告人索要出资款，二被告人为被害人出具了收到条。杨某出具的收到条载明：今收到樊某建设工程垫付现金90000元。李某出具的收到条载明：今收到樊某用于建设现金60000元。被告人李某、杨某庭审时称系因二人有其他经济账目计算数额后为被害人打的收到条，且均称曾给付过被害人部分款项，被害人称所给付部分款项系三人合伙干活发生的其他业务，与本案无关。案发后，被告人杨某与被害人达成和解协议，已赔偿被害人5万元，剩余部分两年内履行完毕，并取得了被害人谅解。

【法院观点】

被告人李某、杨某以非法占有为目的，虚构事实，骗取他人公私财物，数额巨大，其行为已构成诈骗罪。公诉机关指控二被告人的犯罪事实清楚，证据确实、充分，罪名成立。被告人李某、杨某认罪认罚，可以从宽处理；被告人杨某与被害人达成和解协议，已赔偿被害人部分经济损失，剩余部分约定时间给付，并取得了被害人谅解，且主动缴纳罚金，可以从轻处罚。

【裁判结果】

一、被告人李某犯诈骗罪，判处有期徒刑三年八个月，并处罚金人民币三万元；

二、被告人杨某犯诈骗罪，判处有期徒刑三年，缓刑四年，并处罚金人民币三万元；

三、追缴被告人李某违法所得人民币六万元，用于退赔被害人樊某。

6.2.3 典型案例三：行为人虚构材料组织民工讨薪可能构成诈骗罪

【案情简介】

2013年4月至8月间，东某公司中标承接了南京市某工程。东某公司工程部经理马某找到刘某二负责土建工程部分的施工，刘某二安排被告人顾某二带领多名民工具体负责施工，后刘某二与东某公司结清该工程的工程款，并将工资实际发放给参与施工的民工。2016 年初，马某、刘某和史某二以东某公司欠刘某二班组工程款为借口，伙同刘某二伪造了包含某小学工程的《建筑工程施工专业内部承包协议》《刘某二加固工程用工决算表》《参与施工人员工资表》等材料，并在伪造的材料上签字盖章。

2016 年 2 月 4 日前（春节前），被告人顾某二受马某等人指使，携带上述虚假的《刘某二加固工程用工决算表》，纠集多人，以领取拖欠的民工工资为名，至区教育局签字领款，教育局使用东某公司工程尾款款项发放的工资，以代为垫付工资的方式支付给顾某二等人工资共计人民币 370313 元。后顾某二将部分钱款作为路费和好处费支付给周某二等人，将其中 10 万元交给其岳父刘某二，剩余 20 万元交给马某。

【法院观点】

被告人顾某二以非法占有为目的，纠集多人虚构事实，隐瞒真相，骗取他人财物，数额巨大，其行为已构成诈骗罪，且系与他人共同犯罪。公诉机关指控被告人顾某二犯诈骗罪，事实清楚，证据充分，定性准确，法院予以采纳。

【裁判结果】

一、被告人顾某二犯诈骗罪，判处有期徒刑七年六个月，并处罚金人民币十万元。

二、责令被告人顾某二退赔被害单位东某公司经济损失。

6.2.4　典型案例四：行为人虚构材料骗取工程款构成诈骗罪

【案情简介】

2011 年春节期间，为改善道路交通条件，某村 8 组、12 组村民提议将两个村民小组至村级主干道的道路硬化。时任该村 8 组组长毛某 3、12 组组长毛延某牵头组织，按村民小组每人 500 元集资标准，筹集了 11 万余元道路硬化资金，并将公路硬化工程发包给村民毛某 1 和毛某 2。2011 年 7 月，600 余米连接村主路的硬化公路完工建成。2012 年 8 月，被告人毛圹某谎称向交通部门争取道路硬化项目资金后将部分返还村民修路集资款，骗取时任村支部书记毛某 6、组长毛某 3、毛延某的同意，后被告人毛圹某以硬化该村组公路的名义起草了申请解决资金的报告，伪造了村级公路合同书，向县交通局申请通畅工程款 18 万元。经县交通局审核通过，17 万元道路通畅工程的财政资金拨付至镇财政站。2013 年 2 月 5 日，被告人毛圹某提供虚假水泥发票通过镇财政站报账审核。次日，镇财政站将 17 万元工程款转至报账人指定的邓某账户。同日，邓某取出该笔工程款，扣除被告人毛圹某朋友谢某 2 的部分借款后，将余款交给了被告人毛圹某。

【法院观点】

被告人毛圹某以非法占有为目的，虚构事实，使得相关国家职能部门的工作人员产生错误认识而处分了财物，导致 17 万元的国家专项资金被领取，数额巨大，被告人的行为构成诈骗罪。

【裁判结果】

一、被告人毛圹某犯诈骗罪，判处有期徒刑三年，缓刑三年，并处罚金人民币一万元；

二、对被告人毛圹某退缴的违法所得人民币 1.3 万元予以追缴。

6.3 辩护要点

6.3.1 非罪辩护

6.3.1.1 行为人是否实施了虚构事实、隐瞒真相的行为

这个要件角度辩护的重点并不在于是否实施了相应的行为，而是行为人的行为性质问题，该行为是否属于诈骗意义上的"虚构事实、隐瞒真相"，即该行为是否让被害人陷入了错误的认识并基于该错误认识而处分了财产。某案中，行为人以某局承建某项目寻找合作方的名义，需要被害人垫付工程款，辩护人主张行为人没有虚构身份及该项目情况，被害人支付财物时没有陷入错误认识。

6.3.1.2 行为人是否具有非法占有的故意

行为人是否具有非法占有的故意决定了对行为人行为性质的评价，即属于刑事诈骗还是民事欺诈。认定行为人是否有非法占有的目的，应当坚持主客观相一致的原则，既要避免单纯根据损失结果客观归罪，也不能仅凭被告人自己的供述，而应从行为人客观行为、经济实力、逻辑常识、生活常理等综合评判。在某案中，被告人没有建筑资质，先后挂靠五家建筑工程公司对外承揽建设施工工程，在被告人以某公司名义承包某项目时，要求发包方结算工程款比侦查机关委托鉴定的工程造价高 799 万多元，法院认为被告人虽然没有建筑施工企业资质，但具有一定的建设施工经历和能力，已按承建合同完成了部分工程，并将实际取得的建设项目分包款和建筑材料等均投入到建设工程中，不具备非法占有的特征，不能因被告人已建成的工程造价经鉴定高于分包人和供货商的价款，即认定被告人的行为构成诈骗罪。

6.3.1.3 行为人是否剥夺了被害人的财产或财产性利益

行为人即使存在诈骗行为，如果客观上未造成相对人的财产损失，或未达到入罪标准的，也不构成诈骗罪。在某案中，农民工在某工地打工，因没有书面合同，没有工资表，在讨薪过程中向劳动部门提交虚构的工资清单，一审法院认为两人虚构工资表，构成诈骗罪，判刑三年半。二审法院经审理认为一审判决认定事实不清、证据不足，裁定发回重审，后检察院撤回起诉。虽然案件中行为人的确存在虚构事实行为，但考虑到建设行业劳动合同签约率普遍较低，薪金容易被拖欠，因此部分劳动者可能会采取虚构工资表、工时记录、考勤表等不当方式以尽快拿回本应属于自己的报酬，这种行为的主观目的是拿回属于自己的应得的报酬，不具有非法占有他人财物的故意，也没有使他人财产受到损失，故不能认定诈骗。

6.3.2　与其他罪的区别

6.3.2.1　职务侵占罪与诈骗罪的区别

职务侵占罪与诈骗罪犯罪对象不同，诈骗罪的对象是他人的财物，但当建工人员采用欺骗手段，以本单位项目部的名义向第三人"借款"，之后携款潜逃，且债务转嫁给本单位，此时的"他人财物"就变为项目部的对外负债，工程项目部遭受财产损失，此时按照职务侵占罪定罪处罚；若本单位并未承受该债务，依然是出借人遭受财产损失的，则应按诈骗罪定罪处罚。职务侵占罪的量刑上一般轻于诈骗罪，因此在辩护中应当根据情况积极区分此罪与彼罪，争取对被告人按照轻罪处罚的可能。

6.3.2.2　诈骗罪和合同诈骗罪的区别

合同诈骗罪与诈骗罪具有法条竞合关系，但二者界限也非常明显：首先，两者侵犯的客体不同，合同诈骗罪侵犯的客体是复杂客体，不仅侵犯公私财物还侵犯了国家的合同管理制度，而诈骗罪仅仅侵犯公私财产所有权；其次，二者客观行为不同，合同诈骗罪在客观方面表现为在签订、履行合同的过程中骗取对方当事人财物的行为，而诈骗罪则表现为采取一般的虚构事实、隐瞒真相的方法骗取他人财物的行为；再次，犯罪主体不同，合同诈骗罪的主体既可以是达到刑事责任年龄、具有刑事责任能力的自然人，也可以是公司、企业、事业单位、机关团体等单位，而诈骗罪的主体只能是自然人。通过以上分析可知，行为人只有以签订、履行合同的手段诈骗对方当事人财物的时候，其行为才既符合合同诈骗罪的构成特征，也符合诈骗罪的构成特征，该种情形下，应当适用"特别法条优于普通法条"的原则，依照合同诈骗罪进行定罪处罚。如果行为人利用了签订、履行合同以外的手段诈骗对方当事人的财物，方可以按照诈骗罪处理。比如行为人虚构工程项目骗取工程保证金，如果行为人伪造了施工合同，被害人依据施工合同给付保证金，则构成合同诈骗罪；但如果行为人只是以虚构的工程为幌子向被害人索要保证金，则更可能构成诈骗罪。某案中，某公司法定代表人以公司名义与经济联合社签订《土地使用权租赁合同》，后合同被终止解除并登报声明，三年后行为人用已终止的《土地使用权租赁合同》虚构土方工程项目，与被害人签订《土方工程施工承包协议》及《补充协议书》，被害人向其交付成约定金及项目资金 150 万元，尔后行为人将上述款项全部用于个人还债和其他消费。法院认为行为人主观上具有非法占有他人财物的故意，客观上采用虚构事实，隐瞒真相的方法，骗取他人财物，依法应当以诈骗罪而非合同诈骗罪定罪处罚。合同诈骗罪的量刑上一般轻于诈骗罪，因此在辩护中应当根据情况积极区分此罪与彼罪，争取对被告人按照轻罪处罚的可能。

6.3.3　诈骗数额的辩护

诈骗数额需要区分在诈骗过程中出现的行为人骗取的数额、销赃的数额、被害方损失的数额、行为人实施犯罪付出的成本和行为人及其家属退还的数额。诈骗数额通常按被害人损失来计算，但当被害人损失数额大于行为人取得数额时，控方难以证明行为人在实施诈骗类犯罪时已经预见到被害人的损失一定大于行为人取得的财物价值，因此这一点可以进行辩护。对诈骗数额的辩护，如在某案中，被告人以将某项目承包给被害人的名义，骗取被害人工程投标保证金、关系费等费用，被害人损失 173.52 万元，但被告人称其诈骗被害人的数额只有 30 多万元，其他都是与其正常的经济往来，并提供证据，法院予以采纳。因此，辩护人可以对行为人诈骗数额进行辩护并举证。

6.3.4　量刑情节的辩护

如果行为人行为构成诈骗罪的要件，则辩方可以从量刑情节上为其辩护。行为人如果具有自首或者立功等情形的，可以争取从轻或者减轻处罚。从行为人的主观恶性、社会危害性较小，或行为人悔过认罪态度较好可以进行罪轻辩护。另外，行为人退赔部分赃款也可能使法院对行为人酌情从轻处罚。比如在某案中，行为人虚增农村危房改造工程量骗取国家专项扶贫补贴，行为构成诈骗罪，但由于行为人案发后自动投案，并如实供述自己的罪行，是自首，可减轻处罚；主动退赃，可酌情从轻处罚；认罪认罚并主动缴纳罚金，确有悔罪表现，可酌情从轻处罚。

6.4　合规管理

6.4.1　在合同订立阶段

1.建设工程领域企业应建立完善的项目管理体系，在接手项目前做好充分准备和调查工作，对项目做好充分的风险预警和防范工作。任何工程项目，首先应该向工程建设信息网或有关部门查询核实项目真实性，如在工程建设信息网等政府平台查询相关招标信息。对于项目涉及合同需对合同内容预先进行风险评估，强化节点控制，充分预测合同履行过程中可能出现的问题并在合同中约定解决方案和纠偏路径。在接手项目之前对项目合作方需要进行充分调查了解，以防对方不具有相关资格。

2.建设工程领域企业应增强法律意识，规范员工对外行为，加强授权管理和履约控制，注意在工作过程中保留合同、来往函件、交易方信息、银行账号等证据材料。

6.4.2　在结算阶段

1.施工单位在结算过程中，应当确保提供结算资料的真实性。施工单位应当规范结算流程，制定相应的结算制度。

2.建设单位和施工单位因为施工中存在的停工损失、变更等费用不便直接以签证确认的，双方如就以虚增某部分的工程造价等其他方式进行补偿达成默契，施工单位应当保留相应的证据。

3. 包工头和劳务分包人应当避免虚构工人工资的行为，一旦包工头或者劳务分包人出具虚假的劳务结算单或者劳务工资单给农民工，农民工以此讨要相应费用的均会构成诈骗罪。

4. 施工单位在进行分包过程中，特别是收取保证金的，应当提供真实的项目信息，一旦故意提供虚假信息签订合同、收取保证金的，可能会被认定为诈骗罪。施工单位应当审核签订对外合同的流程，规范签订合同的相关采购人员的行为，避免采购人员夸大项目等情形的发生。

第7章　串通投标罪

2021年年末，南方沿海某市某高速公路工程分段招标活动中，参与投标的二十余家企业递交的投标文件部分内容存在雷同，投标报价异常接近且接近报价的上限，涉嫌串通投标，涉及金额高达10782万元。经当地行政管理部门调查核实，上述企业的串通投标行为属实。

2022年年初，多家企业参与某集镇改造工程（EPC）项目投标，其投标文件制作机器码和上传IP（互联网协议）地址相同，涉嫌相互串通投标。2022年1月28日，当地住房和城乡建设局对该案进行立案调查。经查，认定两家公司投标文件从同一电脑上传，视为相互串通投标。

招标投标活动是建设工程领域获取工程的主要方式之一，而因为建设行业涉及资金巨大，周期较长，工程造价不透明，再加上建设工程涉及部门繁多，审批流程长，违法犯罪获得的高收益让诸多从业人员铤而走险。

7.1　串通投标罪罪名分析

《刑法》

第二百二十三条　投标人相互串通投标报价，损害招标人或其他投标人的利益，情节严重的，处三年以下有期徒刑或者拘役，并处或者单处罚金；投标人与招标人串通投标，损害国家、集体、公民的合法权益的，依照前款的规定处罚。

7.1.1　主体要件

本罪的主体就招标人而言，是特殊主体，就投标人而言，是一般主体，凡达到刑事责任年龄且具备刑事责任能力的自然人均能构成本罪。单位也能成为本罪主体，依刑法第二百三十一条之规定，单位犯本罪的，实行两罚制，即对单位判处罚金，对其直接负责的主管人员和其他直接责任人员追究相应的刑事责任。本罪属于共同犯罪，构成本罪的投标人或招标人都是共同犯罪的实行犯，行为人可能有主犯和从犯之分，但不存在教唆犯和胁从犯。

7.1.2　主观要件

本罪的主观方面，表现为直接故意，即明知串通行为会损害招标人或其他投标人的利益，但仍然决定为之，并希望或放任这种后果的发生。过失不能构成本罪。

7.1.3　客体要件

本罪的客体方面，是复杂客体，既侵犯其他投标人或国家、集体的合法权益，又侵犯社会主义市场经济的自由贸易和公平竞争的秩序。

7.1.4　客观要件

本罪在客观方面表现为串通投标的行为。主要有两种表现形式。

1. 投标者相互串通投标

（1）投标人之间相互约定，一致抬高投标报价；

（2）投标人之间相互约定，一致压低投标报价；

（3）投标人之间约定，在类似项目中轮流以高价位或低价位中标。

2. 投标者与招标者串通投标

（1）招标者故意泄露标底，即招标人有意向某一特定投标人透露其标底的行为；

（2）招标者私下启标泄露，即招标人在公开开标之前，私下开启投标人标书，并通告给尚未报送标书的投标人；

（3）招标者故意引导促使某人中标，即招标人在要求投标人就其标书作澄清时，故意做引导性提问，以促成该投标人中标；

（4）招标实行差别对待，即招标人在审查，评选标书时，对同样的标书实行差别对待，或者对不同的投标者实施差别对待；

（5）招标者故意让不合格投标者中标，即招标者允许不符合投标资格的投标者参与投标，并让其中标；

（6）投标者贿赂获密，即投标者通过贿赂手段，在开标之前，从招标者处获取投标者报价或其他投标条件的行为；

（7）投标者给招标者额外补偿，即招标者与某投标者议定，在公开投标时压低报价，中标后再给招标人以额外补偿；

（8）招标者给投标人标外补偿金，即招标者与某投标者商定，在公开投标时，故意抬高标价，使标价高于通常价，而致其他投标者落选，高价定标后，招标者按约定给故意抬高标价的投标者一定的补偿金。

本罪属情节犯，只有情节严重的串通投标报价，损害招标人或者其他投标人利益的行为才能构成本罪，情节不属严重，即使实施了串通投标，损害招标人或者其他投标人利益的行为，也不能以本罪论处；所谓情节严重，主要是指采用卑劣手段串通投标的，多次实施串通投标行为的，给招标人或者其他投标人造成严重经济损失的，等等。

7.1.5 追诉标准

《最高人民检察院 公安部关于公安机关管辖的刑事案件立案追诉标准的规定（二）》

第六十八条〔串通投标案（刑法第二百二十三条）〕投标人相互串通投标报价，或者投标人与招标人串通投标，涉嫌下列情形之一的，应予立案追诉：

（一）损害招标人、投标人或者国家、集体、公民的合法利益，造成直接经济损失数额在五十万元以上的；

（二）违法所得数额在二十万元以上的；

（三）中标项目金额在四百万元以上的；

（四）采取威胁、欺骗或者贿赂等非法手段的；

（五）虽未达到上述数额标准，但二年内因串通投标受过二次以上行政处罚，又串通投标的；

（六）其他情节严重的情形。

7.2 典型案例

7.2.1 典型案例一：串通行为需要两人或多人，对于主从犯认定要谨慎

【案情简介】

2018年上半年，被告人游某1和中发公司股东被告人刘某2获悉蕲春县艾都大酒店建设工程即将挂网招标，两人商定借用其他建筑公司资质对艾都大酒店工程项目进行串通围标，以取得该工程项目建设承包权，并约定围标费用由被告人游某1垫付。此间，被告人刘某2以前期围标需要费用为由向被告人游某1借款50万元。2018年8月，艾都大酒店项目招标入围公司名单确定后，为了使中发公司能顺利中标，游某1、刘某2安排被告人万某3、陶某4、高某5、易某6等人分别联系各家入围公司，购买、控制入围名单公司资质，对艾都大酒店项目进行围串标。高某5联系了山西一建集团有限公司湖北代理人和吉林建工集团有限公司湖北代理人，分别支付2万元购买控制两公司资质。另外，在艾都大酒店项目招标报名前，高某5还自行联系江西嘉业建设工程集团公司负责人参与艾都大酒店招标项目报名，入围后自行支付2万元控制该公司，后再将该公司资质以60万元的价格卖给刘某2，高某5从中获利58万元；陶某4联系江苏江中集团有限公司湖北代理人，支付2万元用于购买控制公司资质；易某6联系石家庄建设集团有限公司湖北分公司代理人，支付40万元用于控制公司资质；万某3联系王某7支付其60万元，购买王某7在艾都大酒店项目招标报名前，已花6万元控制的江西建工第三建筑有限责任公司和江铃汽车集团江西工程建设有限公司两家公司资质，王某7从中获利54万元。被告人万某3还联系到国涟建设集团有限公司负责人，支付30万元用于购买控制该公司资质。在

投标过程中，上述八家公司除石家庄建设集团有限公司、江西嘉业建设工程集团公司弃标外，其他公司均按照被告人陶某 4 提供的商务标底价格制作标书，并以本公司的名义完成投标流程。2019 年 1 月 4 日，蕲春县艾都大酒店评标结果公布，中发公司为第一中标候选人，投标报价 17892 万余元。案发后，被告人高某 5 于 2019 年 4 月 17 日到浠水县公安局投案自首。浠水县公安局依法暂扣被告人王某 7 的 60 万元、高某 5 的 58 万元、刘某 2 的 50 万元。

【法院观点】

法院认为，被告人游某 1、刘某 2、万某 3、陶某 4、高某 5、易某 6、王某 7 与其他投标人相互串通投标报价，损害招标人和其他投标人的利益，情节严重，其行为均构成串通投标罪。本案因存在意志以外的原因中标通知书尚未发出即案发，是犯罪未遂，社会危害性相对较小，可以比照既遂犯从轻或减轻处罚；易某 6 在任职中发公司市场部员工期间，受公司负责人刘某 2 安排，为提高中发公司中标蕲春艾都大酒店工程项目概率，与该项目入围公司进行串通围标，围标费用由公司财务人员万某 3 按刘某 2 指示提供，属于履行职务行为。

在串通投标共同犯罪中，被告人游某 1、刘某 2 起组织、策划、指挥作用，系主犯；被告人万某 3、陶某 4、高某 5、易某 6 受公司指派，被告人王某 7 明知是串通投标行为仍积极参加，起辅助、次要作用，均系从犯，可从轻、减轻处罚。

【裁判结果】

1. 被告人游某 1 犯串通投标罪，判处有期徒刑七个月，并处罚金六万元。

2. 被告人刘某 2 犯串通投标罪，判处有期徒刑八个月，并处罚金六万元。

3. 被告人万某 3 犯串通投标罪，判处拘役四个月，缓刑六个月，并处罚金三万元。

4. 被告人高某 5 犯串通投标罪，判处拘役四个月，缓刑六个月，并处罚金三万元。

5. 被告人陶某 4 犯串通投标罪，判处拘役四个月，缓刑六个月，并处罚金三万元。

6. 被告人王某 7 犯串通投标罪，判处拘役四个月，缓刑六个月，并处罚金三万元。

7. 被告人易某 6 犯串通投标罪，判处拘役四个月，缓刑六个月，并处罚金三万元，犯职务侵占罪判处有期徒刑十个月，决定执行有期徒刑十个月，缓刑一年，并处罚金三万元。

8. 各被告人违法所得予以追缴，上缴国库。

7.2.2　典型案例二：工程未开标即被公安机关查获可认定为犯罪未遂

【案情简介】

2012 年 5 月，被告人钟某 1、刘某 2、陈某 3 等人从赣州公共资源网上获知赣州移动第二通信大楼建筑工程招标信息后，为非法牟利，伙同杨某 4、刘某 5、钟某 6、刘某 7、钟某 8、芦某 9 及同案人王某 10 等人通过联系、组织、挂靠九江市 A 建筑工程公司、南昌市 B 建筑工程公司等 73 家公司对该项目串通投标，分别购买招标文件，自己出资或借资分别按照每家公司 80 万元的标准将保证金通过银行转账给参与投标的公司后转到招投标中心账户，然后统一报价，制作投标文件，进行封标投递，对该项目进行串通投标。在2012年5月30日的开标现场，因涉嫌串通投标开标活动被赣州市公安局中止，相关涉案人员被抓获归案。赣州市公安局扣押了该项目的投标保证金5840万元（赣州市公安局未随案移送）。

【法院观点】

法院认为，被告人钟某1、刘某2、陈某3、杨某4、简某11、钟某6、刘某5、芦某9、钟某12、刘某7、谢某13、曾某14、钟某8借用建筑公司的资质和名义，在投标过程中相互串通投标价格，损害招标人和其他投标人的利益，情节严重，其行为均已构成串通投标罪。各被告人参与串通投标，中标并卖标后进行分红，该分红所得即为被告人的犯罪所得，他们为实施犯罪的付出不得从中扣减。被告人为参与南康东山新区返迁房和赣州移动第二大楼两个工程的串通投标，以自有资金和借款缴纳保证金，因自有资金及借款均已交付用于被告人串通投标，被告人缴纳的保证金属于被告人用于犯罪的本人财物，依法应予没收。在赣州移动第二通信大楼建筑工程的串通投标中，因工程未开标即被公安机关查获，犯罪未能得逞，属犯罪未遂，可以比照既遂从轻或者减轻处罚。

【裁判结果】

1. 被告人钟某1犯串通投标罪，判处有期徒刑二年六个月，并处罚金一百五十万元。

2. 被告人刘某2犯串通投标罪，判处有期徒刑二年六个月，并处罚金一百五十万元。

3. 被告人陈某3犯串通投标罪，判处有期徒刑二年，并处罚金一百五十万元。

4. 被告人杨某4犯串通投标罪，判处有期徒刑一年九个月，缓刑三年，并处罚金五十万元。

5. 被告人简某11犯串通投标罪，判处有期徒刑一年八个月，缓刑二年九个月，并处罚金五十万元。

6. 被告人钟某6犯串通投标罪，判处有期徒刑一年七个月，缓刑二年八个月，并处罚金五十万元。

7. 被告人刘某5犯串通投标罪，判处有期徒刑一年六个月，缓刑二年六个月，并处罚金五十万元。

8. 被告人芦某9犯串通投标罪，判处有期徒刑一年五个月，缓刑二年五个月，并处罚金四十万元。

9. 被告人钟某12犯串通投标罪，判处有期徒刑一年四个月，缓刑二年三个月，并处罚金五十万元。

10. 被告人刘某7犯串通投标罪，判处有期徒刑一年三个月，缓刑二年，并处罚金四十万元。

11. 被告人谢某13犯串通投标罪，判处有期徒刑一年三个月，缓刑二年，并处罚金四十万元。

12. 被告人曾某14犯串通投标罪，判处有期徒刑一年，缓刑一年，并处罚金二十万元。

13. 被告人钟某8犯串通投标罪，判处有期徒刑六个月，缓刑九个月，并处罚金五万元。

14. 被告人钟某1、刘某2、陈某3、杨某4、简某11、钟某6、刘某5、芦某9、钟某12、刘某7、谢某13、曾某14、钟某8的犯罪所得和被告人在南康东山新区返迁房和赣州移动第二通信大楼建设工程的串通投标中缴纳的保证金予以追缴和没收，上缴国库。

7.2.3　典型案例三：招标代理人符合串通投标罪的责任主体

【案情简介】

2012年至2014年期间，被告人朱某1伙同刘某2（已死亡）、被告人刘某3在凤台县顾桥镇工业聚集区一期3号、4号、5号、6号、7号、8号厂房及道排等工程项目招投标过程中，通过串通投标的方式中标。在投标过程中，刘某3作为招标代理人，为朱某1提供登记招标公司的名单，并在3号、4号厂房开标时向评委打招呼对朱某1挂靠的公司进行照顾。马某4明知刘某2找其制作多家公司的标书用于串通投标，仍提供帮助制作标书，并收取劳务费10万元。朱某1通过借用安徽A建设工程有限公司、安徽B建设工程有限公司、淮南市C建设实业有限责任公司、石家庄D建设集团有限公司等多家公司的资质，对上述中标项目进行施工，中标项目总金额1亿余元。

案发后，公安机关对安徽E工程造价咨询有限公司进行搜查，并扣押了招投标材料4盒、3本。

2019年10月10日，公诉机关决定对马某4不起诉，马某4在公诉机关退缴的违法所得10万元依法上缴国库。

审理期间，朱某某缴纳罚金人民币五万元、刘某某缴纳罚金人民币三万元。

【法院观点】

法院认为，被告人朱某1、刘某3串通投标，情节严重，其行为均已构成串通投标罪。公诉机关的指控成立。本案系共同犯罪，朱某1在共同犯罪中起主要作用，系主犯；对公诉机关、辩护人提出刘某3在共同犯罪中起次要作用，系从犯，依法应当从轻处罚，且朱某1、刘某3到案后能如实供述自己的罪行，愿意接受处罚，对其可以从轻处罚的意见，经查属实，予以采纳；朱某1、刘某3经社区矫正机关调查符合社区矫正条件，对公诉机关、辩护人提出依法可对二被告人适用缓刑的意见予以采纳；对二被告人的辩护人提出二被告人构成自首的辩护意见，经查，二被告人均系被公安机关传唤到案，缺乏构成自首的主动性要件，依法不能成立自首，对该辩护意见不予采纳。公诉机关的量刑建议适当。

【裁判结果】

1. 被告人朱某1犯串通投标罪，判处有期徒刑二年，缓刑三年，并处罚金人民币五万元（已缴纳）；

2. 被告人刘某3犯串通投标罪，判处有期徒刑一年，缓刑二年，并处罚金人民币三万元（已缴纳）。

7.2.4 典型案例四：工程无须招标的情况，不构成串通行为

【案情简介】

2012年初，八高中新建教学楼，由于资金问题，承建单位需全额垫资。在此背景下，2012年3月、4月，绥中四建公司项目经理周某1、中业建筑公司经理朱某2和葫芦岛市建委招标办的谭某3三人会商，决定由谭某3的姐姐谭某4全额垫资承建。同年5月6日，谭某4率领施工队伍进驻八高中，开始进行工程施工前准备工作。其间，谭某3安排广缘公司担任该工程的招标代理公司，并指定九星公司和中业公司作为八高中教学楼工程的陪标单位。谭某3安排他人制作工程量清单，并利用该清单安排顺方公司以广缘公司名义制作招标文件。随后，谭某3安排他人到九星公司和中业公司盖章封标，而谭某4则以辽宁城建名义盖章封标。2012年5月22日，在葫芦岛市建设工程交易管理中心举行的八高中教学楼工程开标会上，谭某3指使他人分别代表各家建筑公司进行投标和开标，最终辽宁城建中标。然而，该招标工作并未进行后续公示环节，亦未颁发中标通知书。随后，谭某4以辽宁城建名义进行施工，并与建设方八高中签订了《建设工程施工合同》。该工程于2012年底竣工，并投入使用。

【法院观点】

法院认为，八高中教学楼工程缺少相关手续，且资金未予落实，根据相关规定，不符合招标条件要求；被委托的招标代理公司已注销，无权进行代理，且招标程序并未完成，垫资承建的单位并非法律意义上由该招标程序产生，故不能用串通投标罪评价谭某3和谭某4的行为。另外，上诉人谭某3与谭某4是否构成串通投标罪，关键看其行为是否存在损害其他竞标人、招标方以及国家或集体利益。其他两家投标公司均未制作标书，也未到招标会现场进行投标，依现有证据可知其未有投标意向，系陪标，故不存在损害其他投标人利益之说；根据建设工程施工合同、竣工验收备案书、房屋建筑工程竣工验收报告书等文件所载内容，涉案工程进场施工日期早于开标日期，结合其他相关书证、证人证言和被告人供述等证据，现有证据表明该工程为内定工程，系招标方与谭某4在平等自愿基础上的真实意思表示，更不涉及损害招标方利益之说，招投标过程仅系形式所需而已，补侦的证据尤其是证人周某1的证言，更能证实此点；现该工程已经交付使用，工程款尚未最终决算，未有证据证明招标者（建设方）与其相互串通实施串通投标行为而损害国家或集体利益。故无论主观要件还是客观要件，二上诉人的行为都不符合串通投标罪的犯罪构成，谭某3、谭某4不构成串通投标罪。故对该二上诉人及其辩护人关于此节的上诉理由和辩护意见予以支持。

【裁判结果】

1. 撤销（2016）辽1402刑初10号刑事判决；

2. 改判上诉人谭某3无罪；

3. 改判上诉人谭某4无罪。

7.3　辩护要点

7.3.1　犯罪未遂的认定

在目前的法律实践中，主流观点认为串通投标罪属于一种行为犯罪，即行为人完成了串通投标的整个行为过程，就可以认定为犯罪既遂，其是否达到了犯罪目的则不在评价范围之内，因此本罪作为一种行为犯罪，在实务中被认定为犯罪未遂的案件较为罕见。所以在为类似案件辩护时，我们也应着重关注行为人的实行行为是否被外力阻断，能否判定为犯罪未遂。

7.3.2　买标卖标

买标与卖标是建设工程行业的乱象之一，近些年来屡见不鲜。一些公司在中标之后将工程非法转让给其他企业，尤其是在工程分包领域更为露骨。《招标投标法》第五十八条规定：“中标人将中标项目转让给他人的，将中标项目肢解后分别转让给他人的，违反本法规定将中标项目的部分主体、关键性工作分包给他人的，或者分包人再次分包的，转让、分包无效，处转让、分包项目金额千分之五以上千分之十以下的罚款；有违法所得的，并处没收违法所得；可以责令停业整顿；情节严重的，由工商行政管理机关吊销营业执照。”

买标卖标的行为在《招标投标法》中是明确禁止的，但这只表明行为人构成行政违法，会面临一定的行政处罚，并不必然属于刑事犯罪。这一点也是我们在为行为人辩护时可以抓住的一个重点。需要注意的是，买标人实施买标行为的时间点尤为重要，如果买标行为是在其他当事人串通投标完毕后进行的，我们就可以着重去证明买标人并没有串通投标的犯罪故意，对其他人员实施的刑事违法行为并不知情，且并未参与、实施串通投标的行为。

7.3.3　先施工后招标

在实践中，“先施工，后招标”的行为屡见不鲜。招标投标理念在我国社会中并没有被广泛认同，“工程内定”后，再履行招标投标程序只是为了更加符合法定形式。

在类似的先施工后招标案件中，我们首先要注意的就是，后来履行的招标投标程序是否是法律规定的招标投标行为。根据《招标投标法》第三条规定：“在中华人民共和国境内进行下列工程建设项目包括项目的勘察、设计、施工、监理以及与工程建设有关的重要设备、材料等的采购，必须进行招标：（一）大型基础设施、公用事业等关系社会公共利益、公众安全的项目；（二）全部或者部分使用国有资金投资或者国家融资的项目；（三）使用国际组织或者外国政府贷款、援助资金的项目。”如果说案涉工程并不属于法律规定必须强制招标投标的项目，则不能以串通投标罪来评价。串通投标罪作为刑法规制的罪名，其认定应当是十分严苛的，一个符合法律要求且正式合规的招标投标活动是构成本罪最基本的前提，如果说案涉工程并不必然要求招标投标，那么招标投标活动的客观属性已经被否定，我们还有什么理由去拿串通投标罪来评价行为人呢？

再者，我们还可以着重考察的是行为人实施的违法行为是否侵犯了串通投标罪所保护的法益。本罪设立的初衷是为了保护公平竞争的市场环境，根据《招标投标法》第三十二条规定："投标人不得相互串通投标报价，不得排挤其他投标人的公平竞争，损害招标人或者其他投标人的合法权益。投标人不得与招标人串通投标，损害国家利益、社会公共利益或者他人的合法权益。禁止投标人以向招标人或者评标委员会成员行贿的手段谋取中标。"在类似的工程项目中，由于工程已经被内定，招标方与内定施工方也是大多在平等自愿的基础上，基于双方意思表示签订的施工合同。在这种情况下，招标投标程序已经失去了它原本应有的意义，如果没有证据证明双方的行为损害了国家或集体利益，那么法院就很难用串通投标罪去评价。

7.3.4　共同犯罪

理论界最普遍的观点认为串通投标罪属于必要共同犯罪，最显著的两种表现形式：投标人之间互相串标，招标人和投标人相互串标，也即需要两个或以上的犯罪主体，才能构成所谓的"串通"行为。现实中的串通行为是极其复杂的，比如需要联系具有资质的公司进行围标，联系项目负责人非法获取招标信息等。在分析具体行为对最终结果的原因力大小以及当事人主观上的故意程度大小上，都是我们划分主犯和从犯需要重点考虑的问题，也是最终帮助当事人努力减轻刑罚的关键所在。

7.3.5　出借资质问题

在建设工程领域，借用资质和挂靠可以说是普遍的情况。施工企业由于缺乏专业资质不能进行投标而借用其他主体资质参与招标投标。那么就有了一个新的问题，在类似的串通投标罪的案件中，被借用资质的人是否也触犯了串通投标罪，关键的要素在于我们要证明当事人对于串通行为是否不知情。如若在违法犯罪行为中，被借用资质的公司对于被告人串通投标的行为毫不知情，也并未参与，虽然可以说二者成立串通投标罪的共同犯罪，但由于被借用资质公司并没有犯罪故意，也对于造成的违法犯罪行为缺乏认识可能性，故而不构成此罪。

7.4　合规管理

施工企业从业人员应当在招标投标活动中依法守法，严格履行有关程序，努力规避法律风险。一般在招标投标中的串通行为是由于投标有关人员见"钱"眼开，为了利益孤注一掷，也有可能是因为从业人员缺乏有关法律意识，从而不小心触碰法律规定。所以对于施工企业而言，可以从以下几个方面入手，有效避免刑事风险。

7.4.1 提升从业人员法律水平

定期组织法律知识讲座、培训，提升员工法治意识，确保招标投标相关负责人员熟知《招标投标法》《招标投标法实施条例》等法律法规规定，尤其要注意部分地方政府的管理部门也有出台具体的招标投标相关规定，避免因为不熟悉法律法规而引起刑事法律风险。

7.4.2 加强企业管理

施工企业应当约束好企业内部员工，因为大部分串通投标案件都是直接负责人员没有经受住考验而为利起意。企业内部应当提前建立细致的招标投标管理机制，完善员工准则，规范印章管理和资金使用。应当明确规定，如若公司员工有相关串通投标违法行为，公司有权解除合同，由员工承担相应的不利后果。

7.4.3 依法规范招标投标行为

施工企业从业人员作为投标人，要注意规范自己的行为，不得与其他投标人协商投标报价、投标文件内容等，也不得与部分投标人约定排斥其他竞争对手，或者约定部分投标人放弃中标。

施工企业从业人员作为投标人，要注意自己与招标人之间的关系，不应过于熟络，不应向招标人询问打探标底要求、预期标价，以及评标人员信息。在招标投标活动中要严格履行有关程序，不要触碰法律红线，努力规避可能发生的风险。

7.4.4 组建专业法律团队

组建专业律师团队，形成完善的法律顾问服务方案，协助企业建立完善健全的招标投标规定，定期进行法律培训，对于企业招标投标项目进行合规监督管理，保障企业行为合法合理，努力将串通投标刑事法律风险扼杀在摇篮里。

第8章 贪污罪

南方某省某县一镇上农贸市场进行维修，涉及工程款近 300 万元。2011 年至 2015 年间，该镇村委会基层组织人员张某隐瞒该农贸市场道路及桥梁已由开发商出资并修建的事实，将其中已完工的一条水泥路的东、中、西三部分及两座桥梁先后五次向该县财政局申报一事一议财政奖补项目，骗取资金共计 538470 元。2017 年张某因涉嫌犯贪污罪，经该县公安局电话通知到案并于次日拘留。经过调查取证，相关收条、银行凭证、工商银行回执单能够证实张某收到来自开发商的建设费用的事实，而相关工程申报一事一议申报材料、银行明细表证实其隐瞒项目已由开发商出资并修建的事实，利用职务便利，虚报一事一议项目，骗取国家财政奖补资金。张某自称自己不具备贪污罪主体身份，但其行为实质上是张某在协助人民政府从事行政管理工作。由于其骗取资金数额巨大，其行为构成贪污罪，被判处有期徒刑四年，并处罚金三十万元，同时违法所得予以追缴并上缴国库。

在建设工程领域，项目的管理人员掌管工程款，负责款项的申报，同时对项目发包分包、建筑材料的采购、基础设施的租赁等具有较大的自主权。一些负责人员难以抵御金钱的诱惑，企图通过虚报金额、虚构事实等方式骗取工程款差额并将其据为己有。这些利用职务之便，将项目款据为己有的人员中不乏国家工作人员，鉴于其特殊的身份以及一些项目由国家拨款，其行为侵犯了公共财产，应以贪污罪进行处罚。由于建设工程案件中涉案标的额较高，大多数犯罪主体会被处以三年以上有期徒刑以及二十万元以上罚金的处罚。但作为犯罪嫌疑人却自认为，其利用职务之便将这些款项据为己有的行为较难被发现，便存在非法侵吞、骗取项目工程款的侥幸心理。

建筑业多年来在国内生产总值的比例始终保持在 6% 以上，属于国民经济支柱产业。特别是在城乡基础设施、房地产开发、工商业园区和市政工程建设领域，多为国有资金投资建设，资金量大且建设周期长，盈利业务多，风险大。涉及的行业监管部门、建设单位、勘察设计单位、施工单位、设备材料销售单位等多数为国家机关和国有公司、企业、事业单位。这些国家机关、国有单位中的负责人员在发包分包、材料采购、设备租赁中侵占或骗取工程款项，造成公共财产的流失，损害了公职人员的政务廉洁形象，社会影响恶劣。如何有效防控国有单位的职务犯罪风险，做好刑事合规，在项目申报、招标投标、工程实施、竣工结算各个阶段进行预防控制，值得国有单位高度重视并认真对待。

8.1　贪污罪罪名分析

贪污罪是指国家工作人员利用职务上的便利，以侵吞、窃取、骗取或者以其他手段非法占有公共财物的行为。

《刑法》

第三百八十二条　国家工作人员利用职务上的便利，侵吞、窃取、骗取或者以其他手段非法占有公共财物的，是贪污罪。

受国家机关、国有公司、企业、事业单位、人民团体委托管理、经营国有财产的人员，利用职务上的便利，侵吞、窃取、骗取或者以其他手段非法占有国有财物的，以贪污论。

与前两款所列人员勾结，伙同贪污的，以共犯论处。

第三百八十三条　对犯贪污罪的，根据情节轻重，分别依照下列规定处罚：

（一）贪污数额较大或者有其他较重情节的，处三年以下有期徒刑或者拘役，并处罚金。

（二）贪污数额巨大或者有其他严重情节的，处三年以上十年以下有期徒刑，并处罚金或者没收财产。

（三）贪污数额特别巨大或者有其他特别严重情节的，处十年以上有期徒刑或者无期徒刑，并处罚金或者没收财产；数额特别巨大，并使国家和人民利益遭受特别重大损失的，处无期徒刑或者死刑，并处没收财产。

对多次贪污未经处理的，按照累计贪污数额处罚。

犯第一款罪，在提起公诉前如实供述自己罪行、真诚悔罪、积极退赃，避免、减少损害结果的发生，有第一项规定情形的，可以从轻、减轻或者免除处罚；有第二项、第三项规定情形的，可以从轻处罚。

犯第一款罪，有第三项规定情形被判处死刑缓期执行的，人民法院根据犯罪情节等情况可以同时决定在其死刑缓期执行二年期满依法减为无期徒刑后，终身监禁，不得减刑、假释。

8.1.1　主体要件

本罪的主体为个人，且犯本罪的特殊主体具体包括两类人员，一类是国家工作人员；另一类是受国家机关、国有公司、企业、事业单位、人民团体委托管理、经营国有财产的人员。同时，与前面所述的人员勾结，伙同贪污的个人会被作为共犯处理。在建设工程领域，重大工程建设涉及包括发改、住建等多个部门，政府及临时设立的指挥部、重点办、拆迁办、领导小组等多个单位和组织，从经济管理部门到行业监管部门，从国有企业事业单位到行政执法机关，这些部门及其工作人员在履职过程中都可能成为贪污罪的犯罪主体。

8.1.2 主观要件

本罪的主观方面表现为直接故意，并且具有非法占有公共财产或者国有财产的目的。贪污罪不以特定的犯罪动机为其主观方面的必备要素，只要行为人故意实施了利用职务之便非法占有公共财物的行为，无论出于何种动机，均可构成贪污罪。过失不构成本罪。

8.1.3 客体要件

本罪侵犯的客体是复杂客体，既侵犯了公职人员的政务廉洁性，又侵犯了公共财产所有权。本罪的对象是公共财产，《刑法》第九十一条将公共财产的范围界定为：（一）国有财产；（二）劳动群众集体所有的财产；（三）用于扶贫和其他公益事业的社会捐助或者专项基金的财产。在国家机关、国有公司、企业、集体企业和人民团体管理使用或者运输中的私人财产，以公共财产论。同时，贪污罪的对象在特定情况下也可以是非公共财产，如《刑法》第二百七十一条第二款规定，国有公司、企业或者其他国有单位中从事公务的人员和国有公司、企业或者其他国有单位委派到非国有公司、企业以及其他单位从事公务的人员，利用职务上的便利非法占有本单位财物的，也以贪污罪定罪处罚。在建设工程领域，建设工程合同常常与招投标、机械设备租赁内容等挂钩，可能会涉及通过虚报来骗取项目补偿款等现象。因为项目实施需要与国家机关工作人员磋商，以及部分项目负责人具有一定的行政职权，所以被侵占的财产中公共财产的比例并不低。

8.1.4 客观要件

本罪在客观方面表现为行为人利用职务上的便利，侵吞、窃取、骗取或者以其他手段非法占有公共财产的行为。所谓利用职务上的便利，是指利用本人职务范围内的权力和地位所形成的便利条件，即主管、直接经手、管理财物的职权之便。由于本罪的主体有两类，因此职务上的便利条件的根源也有两种：一种是根源于行为人本身的职务，在建设工程领域，行为人本身具有负责申报工程款、掌管补助款、租赁机械设备、工程发包、材料采购等的职务，而形成了主管、直接经手、管理工程款、建设材料等财物的便利条件；另一种是在国家机关、国有公司、企业、事业单位、人民团体的委托下，具有了前面所述的主管、直接经手、管理财物的便利条件。

法条对本罪的犯罪行为表现进行列举：（1）侵吞行为。指行为人利用职务上的便利，将自己主管、经管、经手的公共财物，非法占为己有。（2）窃取行为。指行为人利用职务上的便利，采用秘密方法，将自己合法管理的公共财物窃为己有。（3）骗取行为。指行为人利用职务上的便利，采用虚构事实或者隐瞒真相的方式，非法占有公共财物。（4）以其他手段非法占有公共财物。这里所说的"其他手段"，是指使用侵吞、窃取、骗取以外的手段，利用职务上的便利实现非法占有公共财产的目的。在建设工程领域主要有以下表现：发包分包环节，负责工程项目管理人员，故意提高工程项目造价发包分包工程，然后套取提价部分的差额，从而实现贪污；在工程施工过程中，虚报数量、价格，侵吞公款；建筑材料设备采购环节，采购人员与供货商勾结，采用混淆建材档次、品牌或抬高价格等手法，实施贪污犯罪行为；通过伪造发票、入库单等方式来抬高材料价格、虚报入库材料；采购人员以支付工程材料费等虚假名义贪污公款。

8.1.5 追诉标准

8.1.5.1 立案标准

《刑法》第三百八十二条规定："国家工作人员利用职务上的便利，侵吞、窃取、骗取或者以其他手段非法占有公共财物的，是贪污罪。受国家机关、国有公司、企业、事业单位、人民团体委托管理、经营国有财产的人员，利用职务上的便利，侵吞、窃取、骗取或者以其他手段非法占有国有财物的，以贪污论。与前两款所列人员勾结，伙同贪污的，以共犯论处。"

司法实践中，在认定贪污犯罪时，还应注意：

1. 行为人所在施工企业的所有制性质争议对贪污罪认定的影响。

贪污罪的对象是公共财产，通常表现为贪污国家、集体所有制企业的财产，在建设工程领域主要体现为将部分工程款、补偿款占为己有。企业所有制性质一般根据企业领取的"营业执照"登记的性质认定，但有时可能发生企业领取的"营业执照"不能真实反映企业所有制性质的情况，如私人经营的工商业"挂靠"国有或集体所有的企业，被登记为国有或集体所有的企业；或者国有或集体单位以下属企业名义代私人经营者申请登记时，被登记为国有或集体企业，出现企业所有制性质名不副实的情况。对此，应当甄别企业的所有制性质，如果确属个人投资、家庭投资、合伙人投资的私人经营的工商业，其所有人将应得的收入据为己有的，不成立贪污罪。对于企业确属国家、集体所有，受委托经营管理的人员利用职务便利侵占企业或公共财物的，应以贪污罪依法追究其刑事责任。[①]

2. 非国有公司、企业中的国家工作人员与非国家工作人员相勾结共同非法占有本单位财物行为的认定。

对于非国有公司、企业中的国家工作人员与非国家工作人员相勾结，共同侵占本单位财物的案件，在建设工程领域主要为侵占工程款、固定资产，应具体情况具体分析，作不同的处理：非国家工作人员与国家工作人员相勾结，利用国家工作人员职务上的便利共同非法占有本单位财物的，按贪污罪的共同犯罪处理；国家工作人员与非国家工作人员相勾结，利用非国家工作人员职务上的便利共同非法占有本单位财物的，按职务侵占罪的共同犯罪处理；国家工作人员与非国家工作人员相勾结，分别利用各自职务上的便利共同非法占有本单位财物的，按照主犯的犯罪性质定罪。如果根据案件的实际情况，各共同犯罪人在共同犯罪中的地位、作用相当，难以区分主从犯的，可以贪污罪定罪处罚。[②]

3. 行为人所在国有公司、企业改制前后主体身份发生变化。

① 《刑法学》编写组. 刑法学（下册·各论）[M]. 北京：高等教育出版社，2019：259.
② 《刑法学》编写组. 刑法学（下册·各论）[M]. 北京：高等教育出版社，2019：260-261.

国家工作人员在国家出资企业改制前利用职务上的便利实施犯罪，在其不再具有国家工作人员身份后又实施同种行为，依法构成不同犯罪的，应当分别定罪，实行数罪并罚。[①]

4.村委会、居委会工作人员侵占财产的行为。

村委会、居委会属于自治性组织，村委会、居委会的工作人员自然不属于国家工作人员，不具备构成贪污犯罪的主体要件。但是《刑法》第九十三条第二款规定了其他依照法律从事公务的人员，以国家工作人员论；《全国人民代表大会常务委员会关于〈中华人民共和国刑法〉第九十三条第二款的解释（2009修正）》作出立法解释："村民委员会等村基层组织人员协助人民政府从事下列行政管理工作，属于刑法第九十三条第二款规定的'其他依照法律从事公务的人员'：（一）救灾、抢险、防汛、优抚、扶贫、移民、救济款物的管理；（二）社会捐助公益事业款物的管理；（三）国有土地的经营和管理；（四）土地征收、征用补偿费用的管理；（五）代征、代缴税款；（六）有关计划生育、户籍、征兵工作；（七）协助人民政府从事的其他行政管理工作。村民委员会等村基层组织人员从事前款规定的公务，利用职务上的便利，非法占有公共财物、挪用公款、索取他人财物或者非法收受他人财物，构成犯罪的，适用刑法第三百八十二条和第三百八十三条贪污罪、第三百八十四条挪用公款罪、第三百八十五条和第三百八十六条受贿罪的规定。"在建设工程领域会出现村委会、居委会工作人员协助人民政府从事行政管理工作，申报工程项目款项、进行项目招投标工作等情况，此时这些工作人员应当视为国家工作人员，即符合贪污罪的主体要件。

8.1.5.2　量刑标准

《刑法》第三百八十三条规定："（一）贪污数额较大或者有其他较重情节的，处三年以下有期徒刑或者拘役，并处罚金。（二）贪污数额巨大或者有其他严重情节的，处三年以上十年以下有期徒刑，并处罚金或者没收财产。（三）贪污数额特别巨大或者有其他特别严重情节的，处十年以上有期徒刑或者无期徒刑，并处罚金或者没收财产；数额特别巨大，并使国家和人民利益遭受特别重大损失的，处无期徒刑或者死刑，并处没收财产。对多次贪污未经处理的，按照累计贪污数额处罚。犯第一款罪，在提起公诉前如实供述自己罪行、真诚悔罪、积极退赃，避免、减少损害结果的发生，有第一项规定情形的，可以从轻、减轻或者免除处罚；有第二项、第三项规定情形的，可以从轻处罚。犯第一款罪，有第三项规定情形被判处死刑缓期执行的，人民法院根据犯罪情节等情况可以同时决定在其死刑缓期执行二年期满依法减为无期徒刑后，终身监禁，不得减刑、假释。"

最高人民法院、最高人民检察院《关于办理贪污贿赂刑事案件适用法律若干问题的解释》（法释〔2016〕9号）第一条前两款规定："贪污或者受贿数额在三万元以上不满二十万元的，应当认定为刑法第三百八十三条第一款规定的'数额较大'，依法判处三年以下有期徒刑或者拘役，并处罚金。

---

① 《刑法学》编写组. 刑法学（下册·各论）[M]. 北京：高等教育出版社，2019：261.

贪污数额在一万元以上不满三万元，具有下列情形之一的，应当认定为刑法第三百八十三条第一款规定的'其他较重情节'，依法判处三年以下有期徒刑或者拘役，并处罚金：

（一）贪污救灾、抢险、防汛、优抚、扶贫、移民、救济、防疫、社会捐助等特定款物的；

（二）曾因贪污、受贿、挪用公款受过党纪、行政处分的；

（三）曾因故意犯罪受过刑事追究的；

（四）赃款赃物用于非法活动的；

（五）拒不交代赃款赃物去向或者拒不配合追缴工作，致使无法追缴的；

（六）造成恶劣影响或者其他严重后果的。"

第二条前两款规定："贪污或者受贿数额在二十万元以上不满三百万元的，应当认定为刑法第三百八十三条第一款规定的'数额巨大'，依法判处三年以上十年以下有期徒刑，并处罚金或者没收财产。"

贪污数额在十万元以上不满二十万元，具有本解释第一条第二款规定的情形之一的，应当认定为刑法第三百八十三条第一款规定的'其他严重情节'，依法判处三年以上十年以下有期徒刑，并处罚金或者没收财产。"

第三条前两款规定："贪污或者受贿数额在三百万元以上的，应当认定为刑法第三百八十三条第一款规定的'数额特别巨大'，依法判处十年以上有期徒刑、无期徒刑或者死刑，并处罚金或者没收财产。

贪污数额在一百五十万元以上不满三百万元，具有本解释第一条第二款规定的情形之一的，应当认定为刑法第三百八十三条第一款规定的'其他特别严重情节'，依法判处十年以上有期徒刑、无期徒刑或者死刑，并处罚金或者没收财产。"

第四条规定："贪污、受贿数额特别巨大，犯罪情节特别严重、社会影响特别恶劣、给国家和人民利益造成特别重大损失的，可以判处死刑。

符合前款规定的情形，但具有自首，立功，如实供述自己罪行、真诚悔罪、积极退赃，或者避免、减少损害结果的发生等情节，不是必须立即执行的，可以判处死刑缓期二年执行。

符合第一款规定情形的，根据犯罪情节等情况可以判处死刑缓期二年执行，同时裁判决定在其死刑缓期执行二年期满依法减为无期徒刑后，终身监禁，不得减刑、假释。"

第十六条第一款规定："国家工作人员出于贪污、受贿的故意，非法占有公共财物、收受他人财物之后，将赃款赃物用于单位公务支出或者社会捐赠的，不影响贪污罪、受贿罪的认定，但量刑时可以酌情考虑。"

第十九条第一款规定："对贪污罪、受贿罪判处三年以下有期徒刑或者拘役的，应当并处十万元以上五十万元以下的罚金；判处三年以上十年以下有期徒刑的，应当并处二十万元以上犯罪数额二倍以下的罚金或者没收财产；判处十年以上有期徒刑或者无期徒刑的，应当并处五十万元以上犯罪数额二倍以下的罚金或者没收财产。"

8.2 典型案例

8.2.1 典型案例一：国有建筑企业项目经理利用职务便利，伙同他人以虚增供货量的方式套取材料节余款，侵吞公司资金的行为，构成贪污罪

【案情简介】

2006年11月至2007年12月，被告人陈某1在担任中建某局华东公司君莲小区项目经理期间，单独或伙同该公司君莲小区项目副经理王某2，利用具体负责该项目收料数量确认等职务便利，在材料供应单位上海永丽公司总经理被告人方某3及该公司业务员被告人巫某4的配合下，采取虚增胶粉聚苯颗粒外墙外保温系统材料实际送货量的手法，将应归中建某局所有的材料节余款人民币66万余元从开发商上海某公司处套取至上海永丽公司账上，后被告人方某3、巫某4再采取从上海靖恺公司虚开增值税专用发票报账的方式将资金转出，后将其中的人民币20万元交给被告人陈某1，将其中的人民币5万元交给被告人王某2。其间，被告人王某2参与侵吞数额达人民币14万余元。

【法院观点】

被告人陈某1、王某2作为国家工作人员，利用职务上的便利，伙同他人采用欺骗手段非法占有公共财物；被告人方某3、巫某4作为公司工作人员，利用职务上的便利帮助被告人陈某1、王某2骗取公共财产，均已构成贪污罪，且是共同犯罪。经查，按照建筑合同的约定在工程施工过程中材料节余的节余款应属施工总包方中建某局所有，属于国有财产；被告人陈某1、王某2系国有公司任命的具有管理职责、从事公务的人员，方某3指使巫某4与陈某1、王某2商量以虚增供货量的方式套取材料节余款，之后实施了套取材料节余款至上海永丽公司的行为，套现后通过个人银行卡转账方式帮助被告人陈某1、王某2取得其中34万余元，被告人方某3、巫某4均是贪污犯罪的共犯；不论二名被告人以个人还是公司的名义实施帮助行为，也不论其个人是否分得钱款，只要二人实施了帮助他人骗取国有财产的行为，即可以贪污罪追究刑事责任。

【裁判结果】

1. 被告人陈某1犯贪污罪，判处有期徒刑三年，缓刑四年。

2. 被告人王某2犯贪污罪，判处有期徒刑三年，缓刑三年。

3. 被告人方某3犯贪污罪，判处有期徒刑二年十个月；犯虚开增值税专用发票罪，判处有期徒刑三年；决定执行有期徒刑四年六个月。

4. 被告人巫某4犯贪污罪，判处有期徒刑二年九个月。

5. 被告人龙某5犯虚开增值税专用发票罪，判处有期徒刑一年，缓刑一年。

6. 被告人方某6犯虚开增值税专用发票罪，判处有期徒刑二年三个月。

7. 被告人张某7犯虚开增值税专用发票罪，判处有期徒刑一年九个月。

8. 被告人陈某 1、王某 2 退缴在案的犯罪所得分别发还被害单位；被告人龙某 5 退缴在案的犯罪所得，予以没收，上缴国库。

8.2.2 典型案例二：在支付全额工程款后将本应扣除的部分据为己有构成贪污罪；将依职权保管的建筑材料非法占有后出售获利构成贪污罪

【案情简介】

被告人祁某在担任某区交通局财务主任、会计期间，利用职务之便，以非法占有为目的，通过编造虚假凭证、虚假单据、擅自转账、收支不记入财务账、虚列账面金额、故意做平账目数据、隐瞒公款去向等手段，先后非法占有某区交通局资金 3108064.10 元；又利用职务上的便利，将保管的某区交通局水泥 38282 吨，价值 11546056.12 元，采用隐瞒事实、归个人使用或低价出售等手段非法据为己有。综上，祁某非法占有某区交通局财物共计 14654120.22 元。

其中有关建设工程领域的侵占行为如下：

1. 2009 年某区交通局在实施通村通畅项目过程中，被告人祁某利用担任某区交通局会计的职务便利，在支付项目工程款时，在未扣除部分项目在交通局所借水泥款的情况下，全额支付项目工程款，将交通局多支付的水泥款共计 697000 元据为己有。

2. 2008 年至 2014 年期间，某区交通局从 A 水泥厂等处购入水泥 235789.19 吨，用于道路工程项目 196042.19 吨，实际结余 39847（含原结余 100）吨。祁某利用其管理交通局水泥的职务之便，将价值 11546056.12 元的 38282 吨水泥非法占有后私自低价出售或归个人使用。

【一审法院观点】

被告人祁某在担任某区交通局财务主任、会计期间，利用职务之便，以非法占有为目的，侵吞单位财物 14654120.22 元，数额特别巨大，其行为构成贪污罪；又利用职务之便，先后挪用某区交通局资金 8056535.00 元，用于其公司的生产经营活动，其行为又构成挪用公款罪。应数罪并罚。祁某归案后能如实供述主要犯罪事实，具有坦白情节，可从轻处罚。该市人民检察院指控的事实清楚，证据确实、充分，指控罪名成立。被告人祁某及其辩护人有关公诉机关指控的贪污罪的事实不清和挪用公款罪的部分事实不清的诉辩意见与查明事实不符，不予采纳。

【一审裁判结果】

一、以贪污罪判处祁某有期徒刑十三年，并处罚金人民币一百万元；以挪用公款罪判处祁某有期徒刑六年，合并刑期有期徒刑十九年，决定执行有期徒刑十八年，并处罚金人民币一百万元。

二、祁某贪污所得财物予以追缴，上缴国库；挪用公款未退还的 700000 元予以追缴后退还某区交通局。

【二审上诉理由】

二审中，上诉人（原审被告人）祁某及其辩护人有关贪污行为的辩护理由为原判认定祁某犯贪污罪的事实不清、证据不足：一是祁某采取虚假手段套取某区交通局资金的事实存在，但套取资金未占为己有；二是祁某以多支付工程款方式套取水泥款的事实存在，但无占为己有的故意；三是祁某私自买卖水泥款的事实存在，但所卖水泥非某区交通局的水泥；四是原判认定祁某低价出售或个人使用去向不明部分水泥的事实不清、证据不足。

【二审法院观点】

上诉人祁某在担任某区交通局财务主任、会计期间，利用职务之便，采取侵吞、骗取等手段非法占有公共财物的行为已构成贪污罪。其贪污数额为9413064.1元，属犯罪数额特别巨大，且情节严重，应予严惩；祁某还利用职务之便，挪用公款8056535元进行营利活动的行为又构成挪用公款罪。应予严惩。祁某一人犯两罪，应数罪并罚。祁某归案后能如实供述主要犯罪事实，具有坦白情节，可从轻处罚。原判认定祁某犯挪用公款罪的事实清楚，证据确实、充分，定罪准确。但对祁某贪污数额认定有误，应予纠正。祁某的上诉理由及其辩护人的辩护意见部分成立，予以采纳。省人民检察院关于原判认定祁某犯贪污罪、挪用公款罪事实清楚、证据确实充分，定罪准确，但对于以去向不明部分水泥认定祁某贪污的事实不清、证据不足，应依法改判的意见，理由充分，应予采纳。

【二审裁判结果】

一、维持一审判决第一项对祁某犯挪用公款罪的定罪量刑及祁某犯贪污罪的定罪、罚金部分及第二项。即被告人祁某犯贪污罪，并处罚金人民币一百万元；犯挪用公款罪，判处有期徒刑六年；被告人祁某贪污所得财物予以追缴，上缴国库；挪用公款未退还的700000元予以追缴后退还某区交通局。

二、撤销一审判决第一项对祁某犯贪污罪的量刑部分及合并刑期、决定执行部分。即被告人祁某因犯贪污罪被判处有期徒刑十三年，合并刑期有期徒刑十九年，决定执行有期徒刑十八年。

三、上诉人祁某犯贪污罪判处有期徒刑十二年，犯挪用公款罪判处有期徒刑六年，决定执行有期徒刑十七年。

8.2.3　典型案例三：制作虚假招投标文件，借用其他公司资质进行围标抬高中标价格，将除去投入款后的剩余款项据为己有构成贪污罪

【案情简介】

2015年3月，某县确定本县"八都四尚书"牌坊复建工程由某县城市建设投资开发有限公司承建。被告人史某时任该县地方历史文化研究会副会长、《某某文化》执行主编，被告人杨某时任某县城市建设投资开发有限公司副总经理，化某时任某县地方史志办公室主任，与该县电业局职工刘某1，四人预谋后，利用职务之便承揽该工程，随领导考察，查阅资料。2015年5月3日，刘某1以个人名义与某石材厂签订《石材厂石雕产品销售合同》，九个牌坊总价格160万元，后其中六根柱子加粗，增加5万元。

2015年9月8日，杨某、史某找人做预算，并确定招标控制价格为715.4389万元，

刘某 1 制作虚假招投标文件，通过招投标代理，借用某县某园林绿化工程有限公司、某省某建设集团有限公司、某省某建筑安装有限公司三家公司资质对"八都四尚书"牌坊修复建设工程招标进行围标，最终某县某园林绿化工程有限公司于 2015 年 9 月 25 日以 694.6066 万元中标。2016 年 4 月，"八都四尚书"牌坊安装完毕，后杨某将该工程款694.6066 万元全部拨付完毕，扣除投入款后，剩余款项四人分掉。

另查明，2018 年 4 月至 11 月，被告人史某、杨某等人共退违法所得 349 万元。2019年 11 月 18 日，某省建设工程咨询公司对该工程造价出具鉴定意见书，其工程造价总计为477.471362 万元。

【一审法院观点】

被告人史某、杨某利用职务上的便利，伙同他人以骗取手段非法占有国有财物，数额巨大，其行为均构成贪污罪。本案系共同犯罪。被告人史某、杨某积极退赃，可从轻处罚。

【一审裁判结果】

1. 被告人史某犯贪污罪，判处有期徒刑七年，并处罚金二十万元；

2. 被告人杨某犯贪污罪，判处有期徒刑七年，并处罚金二十万元；

3. 被告人史某、杨某所退违法所得予以没收，由扣押单位上缴国库。

【二审上诉理由】

二审中上诉人（原审被告人）史某及其辩护人的上诉理由为：原判认定部分事实错误，其并非"八都四尚书"负责人且不属于国家工作人员；认定犯罪数额事实不清，证据不足。

上诉人（原审被告人）杨某及其辩护人的上诉理由为：认定杨某构成贪污罪事实不清、证据不足；某省建设工程咨询公司所作的《鉴定意见》和《补充鉴定意见》，不能作为定案依据；杨某系自首；原判量刑重。

【二审法院观点】

上诉人（原审被告人）史某、杨某利用职务上的便利，伙同他人以骗取手段非法占有国有财物，数额巨大，其行为均构成贪污罪。本案系共同犯罪。被告人史某、杨某积极退赃，可从轻处罚。原审判决认定事实清楚，证据确实、充分，定罪准确，量刑适当。审判程序合法。

8.2.4　典型案例四：伪造承包合同接受工程项目，骗取本单位应得利润的行为构成贪污罪

【案情简介】

某市某县某水库管理局是该县水务局下设的事业单位。2006 年 10 月 16 日，该水库管理局与该县某镇人民政府签订合同，承建该镇移民新区消防设施建设工程，约定工程总投资 21.83 万元。时任该水库管理局局长的被告人王某 1，与时任该局副局长的被告人冯某 2 觉得该工程有利可图，王某 1 提出伪造承包合同，由冯某 2 负责采购材料，并组织安排人员施工，把该工程款套出来。二人共谋后，冯某 2 伪造了刘某 3 从某水库管理局承包

该工程土建部分的承包合同。2008 年 10 月 18 日，在该水库管理局班子成员会议上，二人及其他班子成员谈到该工程时，确定由冯某 2 负责监督实施。双方又于同月 20 日签订补充合同，对工程施工、验收及计算方法作了调整。

冯某 2 随后找到本单位工程科科长杨某 4、谭某 5，说某镇移民办公室（以下简称"移民办"）出钱安装消防设施，让杨某 4 等人设计安装，移民办承诺安装一个消火栓给 280 元。杨某 4 等人即组织民工施工。冯某 2 花费数万元采购材料，并在开具发票时虚增购买金额至 132622 元。

工程完工后，经验收和结算审核，该工程结算金额为 221582.10 元，某镇移民办据此付款。冯某 2 以刘某 3 的名义先后将该款领出，并以其岳母的名字存入银行，用于采购材料，支付工程税金 11079.10 元，支付杨某 4 等人劳务费 5600 元，并将 1 万元打回本单位小金库。王某 1、冯某 2 将利润 13.9222 万元私分。

后经鉴定：该工程合计造价 166583 元，其中含计划利润 3770.15 元。

【一审法院观点】

被告人王某 1、冯某 2 身为国家工作人员，利用职务之便，采取伪造合同、虚增材料费的手段，将本单位公款据为己有，构成贪污罪。但是，二被告人虽然实获 13.9222 万元，但实际由单位按照正常方式实施该工程，无法完全获取该利润，故将其作为贪污数额不妥，应结合对该工程造价的鉴定来确定本案的贪污数额，即将冯某 2 领出的工程款 221582.10 元，减去鉴定出的该工程造价 166583 元和打回本单位小金库的 1 万元，再加上计划利润 3770.15 元，最后剩余的 48769.25 元作为本案的犯罪数额。在共同犯罪中，王某 1 作为本单位第一领导，首先提出犯意，指使冯某 2 具体实施犯罪行为，分得大部分赃款，起了主要作用，是主犯；冯某起了次要作用，是从犯。王某 1 在案发后积极退赃，可酌情从轻处罚；冯某 2 是从犯，在案发后积极退赃，且有悔改表现，应从轻处罚。

【一审裁判结果】

1. 被告人王某 1 犯贪污罪，判处有期徒刑二年；

2. 被告人冯某 2 犯贪污罪，判处有期徒刑一年六个月，缓刑二年。

本案的分歧在于预期应得的利润能否作为贪污犯罪的对象①。

第一种意见认为：预期利润并非单位财物，且王某 1、冯某 2 组织施工是个人行为，故二人不构成贪污罪。理由是：（1）虽然单位班子成员开会时没有确定将工程转包出去，但也没有禁止，故转包合同虽然虚假，但如果实际履行，就应当认可，只要单位收取了管理费，就是合理的。因此，本案的关键在于王某 1、冯某 2 是否付出劳务，履行了转包合同。（2）工程的施工材料由冯某 2 购买，施工人员杨某 4 等人并不知道是单位在施工，也没有按照单位施工的规定进行管理，因此，虽然本单位人员参与了施工，但不能以此认定

---

① 李莉，夏伟，周禅. 骗取本单位应得利润构成贪污罪［J］. 人民司法·案例，2010，4：37-39.

施工是单位行为，而应认定为王某 1、冯某 2 的个人行为。（3）虽然二人均认为工程会赚钱，但毕竟是一种可期待的不确定利益，与直接贪污现实财物有不同之处。因此，王某 1、冯某 2 的行为属于严重违纪行为，而不必作为犯罪处理。

第二种意见认为：从本案的事实来看，王某 1、冯某 2 直接骗取了单位获得的利益，应当认定为贪污罪。

1. 二被告人组织施工的行为并非个人行为，而是单位行为。

（1）正式的施工合同系由某水库管理局与某镇政府签订，而非王某 1、冯某 2 直接与该镇政府签订，亦即在获取工程这一环节上，并非王某 1、冯某 2 与某水库管理局相竞争，取得了某水库管理局的期待利益，而是合同利益已实际归属某水库管理局，而且王某 1、冯某 2 均明知该工程有利可图，合同利益将转化为实际利润。（2）不能认定工程已实际发包或转包，该水库管理局只收取管理费。在领导班子成员会议上，并未议及转包事宜，只确定由冯某 2 具体实施，认为未禁止转包即可实施转包的观点，是混淆了民事行为与行政决策，作为单位重大事项，单位没有集体决定的应当是个别人无权实施的。班子成员会议上讨论了该工程的问题，但未提及转包问题，就应当认定会议没有确定工程可以转包，在本单位具有施工能力的情况下，就应当自己施工。（3）在没有转包的情况下，劳务与职务具有一致性，不存在职务之外的劳务行为。冯某 2 在班子成员会议上被安排负责实施工程，其从事具体工作虽然客观上是一种劳务，但同时又是其工作职责。作为工作职责，对价是领取工资，而不应获得其他的报酬。即使其本人认为是自己私下承包了工程，也不能因为该违法行为否定其本应履行的职责。在确定冯某 2 是在履行职责的前提下，该工程的收益实际已成为单位的资金。（4）施工人员是否知情与本案的定性没有关系。本案定性的关键在于王某 1、冯某 2 将本单位确定应得的利益实现并据为己有，在这一犯意之下，冯某 2 组织单位人员施工还是组织其他人员施工、施工人员是否知情对案件的定性没有影响，都只是犯罪的手段。

2. 根据货币的占有即所有原则，划入单位账户的利润即属单位资金，单位对该资金既享有权利也承担义务。骗取该资金即属骗取本单位资金，但犯罪数额的认定应以单位实际损失为限。

某镇政府的发包、验收及结算是针对某水库管理局，划入某水库管理局的合同款即成为某水库管理局的资金，冯某 2 通过刘某 3 领取的就是某水库管理局的资金。因此，王某 1、冯某 2 在实际只发生几万元材料费的情况下报销 132622 元材料费，就是骗取本单位的资金。但是，在针对利润实施犯罪的情形中，虽然通过虚假手段骗取本单位资金的行为均具有违法性，却并不一定都构成犯罪。贪污犯罪从形式上具有两方面的结果，一是被告人违法获取财物，二是单位因此而蒙受损失，因此，骗取本单位资金而构成贪污罪的犯罪数额应以单位的实际损失为限。就本案而言，二被告人通过非正常手段组织施工比正常施工节省了成本，因此才获得 13 万余元的利润。如果某水库管理局按照常规方式组织施工，实际无法获取这么多的利润。从鉴定结论也可看出，如果按照实际结算金额 221582.10 元计算，单位正常组织施工只有48769.25元的利润，这才是单位的损失。因此，贪污数额应当按这一数额来认定。这并不是说对二被告人超过该数额所得部分不予追究，对超过部分仍可按刑法第六十四条予以追缴。

3.通过与其他犯罪的比较，二被告人的行为反映出较深的主观恶性和较大的社会危害性，应当追究刑事责任。

（1）与为亲友非法牟利罪比较。如果二被告人将本单位的盈利业务交给亲友经营，使亲友获利，本单位不获利，因而给国家利益造成10万元以上损失的，应当认定为为亲友非法牟利罪。本案中二人将盈利业务不交给亲友经营，而由自己经营，从主观恶性来看高于交给亲友经营，如果反而不能追究刑事责任，将违反罪责刑相适应原则。

（2）与受贿罪比较。如果二被告人将工程真实转包给他人，承包人完工后将利润送给二被告人，则二被告人构成受贿罪。二人将真实承包的环节省略，由自己完成而获得利润，其社会危害性与前述受贿行为相比并不逊色，如果不能追究刑事责任也违反罪责刑相适应原则。

综上，骗取本单位应得利润的行为构成贪污罪。

8.2.5 典型案例五：委托他人通过围标承接到工程后低价转包获得差价，通过虚增工程量增加工程价款并据为己有构成贪污罪

【案情简介】

2012年3月，某市某区A镇B村委会在协助A镇人民政府进行集中供水土建工程招标、建设过程中，被告人张某1利用职务便利，委托代理人翟某2通过围标承接到工程，之后低价转包给工程承包商艾某3建设，从中获取差价。工程建设中，张某1又采用虚增工程量的手段增加工程价款人民币（下同）44185.2元。2013年1月至2016年1月，某市某区A镇财政所先后将全部工程价款共计505632.94元拨付至翟某2、艾某3银行账户。2013年上半年，张某1通过翟某2获取工程款135000元；2016年1月的一天，张某1再次通过艾某3获取工程款68000元，张某1将所套取工程款共计203000元用于家庭开支。

【一审法院观点】

A镇B村集中供水工程的预算通过了A镇政府的审核，被告人张某1通过围标承接到A镇B村集中供水工程，是实际隐匿的"中标人"。其本人实际"中标"以后，低价转包给艾某3来实施工程的具体施工，与政府确定的预算产生的差额部分由被告人张某2占为己有。B村集中供水工程是真实存在的，工程经多部门验收通过，工程价款通过预算、招投标、审核，工程款按照合同的约定应支付给某建设（集团）有限公司。公诉机关指控被告人张某1采用虚增工程量的手段增加工程价款44185.2元，仅有被告人张某1在侦查阶段的供述，且被告人张某1在庭审中否认虚增工程量，证人艾某3在2017年6月1日亦证明在工程结束后有增加工程量的事实，故对公诉机关指控张某1虚增工程量的事实不予认定。综上，公诉机关指控被告人张某1犯贪污罪的事实不成立。

【一审裁判结果】

一、对宜昌市夷陵区人民检察院指控被告人张某 1 犯贪污罪宣告无罪。

二、被告人张某 1 犯受贿罪，判处有期徒刑八个月，并处罚金人民币十万元。

三、对被告人张某 1 受贿所得的 70000 元予以收缴，由办案机关上缴国库；扣押的余款由办案机关负责处理。

【二审抗诉理由】

二审中，抗诉机关（原审公诉机关）某市某区人民检察院提出如下抗诉：被告人张某 1 不参与工程建设，其与承建方艾某 3 之间不是合伙关系。根据政府的文件规定，A 镇 B 村的供水工程应据实结算工程款。被告人张某 1 非法占有的 203000 元未用于工程建设，该结余扶贫专项资金系国有财产。张某 1 采取隐瞒实情、抬高工程价款或虚增工程量等手段，以貌似合法的形式实现其侵吞国家扶贫专项资金之目的，其行为或手段具有隐蔽性和欺骗性，原判未抓住其行为本质，从而宣告张某 1 不犯贪污罪，显属适用法律错误。综上，被告人张某 1 身为村委会主任，在协助人民政府从事行政管理工作中，利用职务便利，非法占有公共财物，数额巨大，其应承担贪污罪的刑事责任。

同时某市人民检察院为支持抗诉而提出以下检察意见：1. 被告人张某 1 非法占有的 203000 元系扶贫专项资金，其性质属于国有财产。A 镇 B 村供水工程虽经招标，但张某 1 操纵围标后又以"包干价"30 万元转给艾某 3 承建。承建方艾某 3 只知道工程款是 30 万元。该工程验收合格，工程款已结清，即艾某 3 所得的工程价款 30 万元即为该供水工程的实际工程款。余款 203000 元未用于工程开支，该结余的扶贫专项资金应由政府的财政部门统一收回后再统筹用于其他工程项目，该款项的性质是国有财产，被告人张某 1 无权据为己有。2. 被告人张某 1 虽然履行了申报、招标和签订合同等貌似合法的办事程序，但其隐瞒以 30 万元的"包干价"交给艾某 3 承建该工程等实情，向 A 镇申报高达 46 万余元的投资预算，在工程决算时又擅自虚增工程量以进一步抬高工程款，为其套取、侵吞国家扶贫专项资金铺平道路，其犯罪故意明确。3. 被告人张某 1 与承包方艾某 3 之间既无合伙关系，也无借贷、入股等经济往来，其无权将该结余的扶贫资金据为己有。据此，原判将检察院指控被告人张某 1 犯贪污罪宣告无罪是错误的，请依法支持抗诉。

【二审法院观点】

一、关于被告人张某 1 是否构成贪污罪的问题。经查：1. 被告人张某 1 属于刑法第九十三条第二款规定的"其他依照法律从事公务的人员"。根据全国人民代表大会常务委员会《关于〈中华人民共和国刑法〉第九十三条第二款的解释》（2009 修正）之规定，村基层组织人员协助人民政府管理扶贫款物或从事其他行政管理工作时，应认定为"其他依照法律从事公务的人员"。为了消除贫困、改善民生、实现共同富裕，党中央和国务院提出了精准扶贫、精准脱贫的基本方略，各级政府不断加强脱贫攻坚工作，坚决打赢脱贫攻坚战是全面建成小康社会的重要内容。全面建成小康社会，最艰巨最繁重的任务在农村。政府建设农村饮水安全工程实行行政首长负责制，已纳入政府工作目标的考核内容。A 镇

B村交通闭塞、土地贫瘠、经济落后，是政府确定的重点扶贫村。A镇人民政府是B村扶贫整村推进工作的责任主体，而B村委会负责落实具体的工作。各级政府拨专款为B村建设农村饮水安全工程和修建村级党员群众服务中心，既是政府对B村扶贫的重要工作，也是政府改善贫困村居民生活和生产条件的惠民工程，建设资金全部为公共财物。因此，从事这些公共事务是从事公务。故村委会或村党支部成员协助人民政府管理以上工程建设及资金，是代表国家机关履行监督、管理公共财物的职责，应认定为协助人民政府从事行政管理工作，属于刑法第九十三条第二款规定的"其他依照法律从事公务的人员"。2. 张某1将政府拨付工程专项资金的结余款据为己有是贪污公款。在本案，法院评判被告人张某1是否贪污，不能仅看现象，而要深究行为的本质。本案张某1与翟某2签订合同的行为是否为民事法律行为，必须考察是否为当事人的真实意思表示，是否违反法律规定。然而，本案的真实情况是：一是张某1请翟某2当代理人去借别的公司资质参与投标和围标，这种行为已违反了《招标投标法》的强制性规定；二是张某1的代理人翟某2以某建设（集团）有限公司的名义去投标、围标，不是该公司的真实意思表示，而是张某1操纵的结果；三是某建设（集团）有限公司未参与工程建设或施工。故原判认为应按合同约定将工程款支付给某建设（集团）有限公司，这样的评判是缺乏依据的。因此，我们对被告人的行为定性不能被招标、投标、合同、决算、审核等现象所迷惑，关键是考察行为人张某1是否将政府拨付的扶贫工程资金或工程专项资金用于工程建设，是否公私分明。B村饮水安全工程的建设资金，既有国家专项资金，也有地方政府配套资金和扶贫开发资金。按照财政部、省财政厅的规定，这些资金要专款专用，对于结余的资金应由政府收回，予以统筹使用，任何人不得截留或侵吞。但是，张某1在协助政府从事行政管理工作的过程中，隐瞒了以下实情：一是私自将工程以总价30万元承包给艾某3；二是暗中找人借资质参与工程投标和围标，借机操纵工程，以便从中谋取私利；三是虚增工程量、虚报工程款。最后，张某1向政府上报的工程决算价为50.3万元，而承包人艾某3只拿到30万元，剩下的20.3万元结余款未用于工程建设，而被张某1据为己有。据此，张某1利用职务上的便利，侵吞公共财物，是贪污。检察院抗诉的意见成立，法院予以支持。

二、关于被告人张某1与承包人艾某3在B村饮水安全工程中是否为合伙关系的问题。经查：根据法律规定，个人合伙是指两个以上公民按照协议，各自提供资金、实物、技术等，合伙经营、共同劳动。在本案，张某1与艾某3之间没有合伙协议，张某1利用职权将该工程交给艾某3承建之后，其既不参与施工，也不提供资金或实物，施工是由艾某3雇请的工人和技术人员完成的，建材也是艾某3购买的。尽管在施工过程中，艾某3借用了张某1的一根震动棒和一些小物品，但其价值微小，且已归还。挖机费也是艾某3以工程款抵付。据此，从本案证据足以认定张某1未提供实物或投资。在工程招投标时，张某1找翟某2等人借用三个公司的资质进行围标，其目的不是为了与艾某3合伙施工，而是为了便于操纵、插手工程，抬高工程造价，以从中谋取私利。本案证据已充分证明张某1既不出钱、不出力，也不出物资、不出技术，其与艾某3之间没有任何合伙关系。故对张某 1 及其辩护律师提出的两人系合伙关系的辩护意见不成立，法院不予采纳。

三、关于村饮水安全工程开支是否存在遗漏的问题。经查：1. 张某 1 利用职权先将工程承包给艾某 3，然后在工程招投标时又暗中安排翟某 2 等人进行围标，抬高工程合同价，其目的是为贪污工程款留下可操纵的余地。在工程决算时，张某 1 隐瞒实情、弄虚作假增加工程款，最终向政府申报的工程决算价比实际承包价高出 20.3 万元。但张某 1 这样做不是想将多余的资金用于工程建设，而是为了从中"赚取"工程款"差价"，以中饱私囊。这是雁过拔毛、损公肥私。事实也是如此，即张某 1 不管承包人艾某 3 是亏或是赚，最终支付给艾某 3 的工程款只有 30 万元。这即为政府对该工程的实际支出。2. 根据税费政策或法规，建设工程的管理费或税费应由建设方或工程业主方承担，况且政府对农村饮水安全工程已实行税费减免的优惠政策。故工程税费的支出与张某 1 本人无关。3. 在前头已论述即因艾某 3 与张某 1 无合伙关系，故工程的实际支出或艾某 3 是亏是赚与张某 1 本人无关，工程开支是否存在遗漏与本案定性或贪污数额无关，只要张某 1 将专项资金的结余款据为己有，即是贪污。辩护律师提出的相关辩护意见不成立，法院不予支持。

综上所述，法院认为：原审被告人张某 1 身为村党支部书记和村委会主任，在协助人民政府从事行政管理工作时，利用职务上的便利，非法占有公共财物，数额巨大；索取他人财物，数额较大，已分别构成贪污罪和受贿罪。张某 1 在接受办案机关调查时如实供述贪污的罪行，可以从轻处罚。张某 1 当庭的辩解不影响认定坦白的情节。在接受调查时，张某 1 还交代了办案机关未掌握的受贿事实，可认定为自首。案发后，张某 1 通过亲属退清了全部赃款，可酌情从轻处罚。张某 1 具有索贿的情节，从重处罚。张某 1 犯两罪，应当并罚，依照刑法关于数罪并罚的规定，酌情决定执行的刑期。原判仅认定受贿罪而不认定贪污罪，系事实不清、适用法律错误，应予纠正。故检察院的抗诉理由成立，依法予以支持。根据最高人民法院、最高人民检察院《关于办理职务犯罪案件严格适用缓刑、免予刑事处罚若干问题的意见》第二条之规定，犯有数个职务犯罪依法实行并罚的，或犯罪涉及的财物属于扶贫款的，一般不适用缓刑。故张某 1 不符合缓刑的条件，依法不能宣告缓刑。本案系发生在基层群众身边的腐败案件，扶贫资金或惠民工程关系广大群众切身利益，而张某 1 不论扶贫工程大小，件件插手以谋取私利，影响恶劣，败坏了社会风气，损害了党心民心，故对这类发生在扶贫领域的贪污、受贿等职务犯罪要坚决依法惩处。

【二审裁判结果】

一、撤销一审判决。

二、原审被告人张某 1 犯贪污罪，判处有期徒刑三年，并处罚金人民币二十万元；犯受贿罪，判处有期徒刑八个月，并处罚金人民币十万元。决定执行有期徒刑三年，并处罚金人民币三十万元。（刑期从判决执行之日起计算；判决执行以前先行羁押的，羁押一日折抵刑期一日。罚金限自本判决生效之日起十日内缴纳。）

三、对原审被告人张某 1 贪污受贿所得人民币 273000 元予以追缴，上缴国库。其余涉案财物由某市某区人民检察院依法处理。

8.3　辩护要点

8.3.1　主体的辩护

贪污罪的主体也是特殊主体。《刑法》第三百八十二条规定了两类主体：一类为"国家工作人员"；另一类为"受国家机关、国有公司、企业、事业单位和人民团体委托管理经营国有财产的人员"，以下简称为"受托管理经营国有财产的人员"。如果行为人不属于这两类主体，辩护律师可以提出不构成贪污罪的无罪辩护或只构成职务侵占罪的改变定性的辩护。例如在某案中，被告人黄某某系村委会主任，为了侵占某村民为该村公益性事业捐助的20万元，以虚增工程量名义套取资金，被指控犯贪污罪。其辩护人主张黄某某系村委会主任，不属于国家工作人员，不符合贪污罪主体要件，后二审法院认为该笔捐款属于村民集体财产，黄某某作为村委会主任不具有国家工作人员身份，故在二审中改判黄某某犯职务侵占罪。

1. 第一类"国家工作人员"的认定

根据《刑法》第九十三条的规定："本法所称国家工作人员是指国家机关中从事公务的人员。国有公司、企业、事业单位、人民团体中从事公务的人员和国家机关、国有公司、企业、事业单位委派到非国有公司、企业、事业单位、社会团体从事公务的人员，以及其他依照法律从事公务的人员，以国家工作人员论。"由此可见，国家工作人员的认定有两大标准：一是公务标准；二是身份标准。

（1）公务标准

不具备职权内容的劳务活动、技术服务工作，一般不认为是公务。因此，在国家机关、国有公司、企业、事业单位、人民团体中从事劳务、技术性服务工作的人员，由于不具备"从事公务"的标准，不属于国家工作人员，不符合贪污罪的主体要件。如果其利用职务便利，侵占本单位数额较大的财物，只能以职务侵占罪定罪处罚。

（2）身份标准

除了公务标准之外，还要看身份标准，即这些人员是在哪里从事公务的，如：

1）在国家机关中从事公务的人员；

2）在国有公司、企业、事业单位和人民团体中从事公务的人员；

3）国家机关、国有公司、企业、事业单位委派到非国有公司企业、事业单位社会团体从事公务的人员；

4）其他依照法律从事公务的人员。

除了以上前三类人员之外，还有一些人员是依照法律从事公务的，他们虽然不具备以上前三类人员的身份，但也具备国家工作人员的身份，具体包括：

A. 依法履行职责的各级人民代表大会代表。

B. 依法履行审判职责的人民陪审员。

C. 协助乡镇人民政府、街道办事处从事行政管理工作的村委会、居委会等农村和城市基层组织人员。这里的行政管理工作具体包括：a. 救灾、抢险、防汛、优抚、扶贫、移民、救济款物的管理；b. 社会捐助公益事业款物的管理；c. 国有土地的经营和管理；d. 土地征用补偿费用的管理；e. 代征、代缴税款；f. 有关计划生育、户籍、征兵工作；g. 协助人民政府从事的其他行政管理工作。

D. 其他由法律授权从事公务的人员。

2. 第二类"受托管理、经营国有财产的人员"的认定

所谓"受委托管理、经营国有财产的人员"，是指因承包、租赁、临时聘用等管理、经营国有财产的人员。这类人员本身不是国家工作人员，也不因受委托而取得国家工作人员的身份，但依照法律规定能够成为贪污罪的主体。在司法实践中，承包、租赁、聘用的表现形式多种多样，能否认定为贪污罪的主体，还需要具体情况具体分析：

（1）承包人把承包事项转包给第三人的情形

承包人与国有单位签订承包合同，承包合同的双方当事人是国有单位和承包人，承包人是受国有单位的委托管理、经营国有财产的人员，符合贪污罪的主体要求。但当承包人将承包事项转包给第三人时，虽然是由第三人管理、经营国有财产，但因为其不是受国有单位的委托，而是因承包人的转包，因此第三人不能成为贪污罪的主体。第三人在承包过程中非法占有国有资产，构成其他罪的按其他罪处理，但不构成贪污罪。

（2）私营企业以承包的形式挂靠在国有单位的情形

私营企业以承包的形式挂靠在国有单位时，国有单位一般既不投资，也不参与管理，更不承担经营风险，只是按照承包合同的规定向承包人收取一定数额的管理费，该种企业虽然名义上挂靠国有单位，但并未管理、经营国有财产，这种企业中的人员不符合贪污罪的主体要求。[①]

8.3.2　主观层面的辩护

贪污罪在主观方面要求故意，过失不能构成，并且行为人具有明知是公共财产而非法占为己有的主观心理态度。在以下几种情形中辩护律师可以认定行为人主观上不具有非法占有的目的，从而提出不构成犯罪的无罪辩护意见或者提出只能构成挪用型犯罪的改变定性的罪轻辩护意见。

1. 主观上的过失或者工作上的失误

如果行为人是因为主观上的过失或者工作上的失误造成占有公共财物的结果，或者是由于他人利用自己主观上的过失而实施了占有公共财物的行为，行为人没有事先通谋或者事后没有进行分赃的，可以从不具有非法占有目的的角度进行不构成贪污罪的辩护。

2.行为人出于暂时挪用的目的

如果行为人使用公共财物只是为了暂时挪用，存在日后归还而非非法占有的目的，辩护律师可以进行无罪辩护或者只构成挪用公款罪改变定性的辩护。同时需要从行为人的客观行为进行分析，与侵占行为相比，挪用行为一般会给使用的款项创造后续顺利归还的条件。所以，如果行为人挪用后并未平账、销账，挪用的账目仍然能在财务账目上反映出来且行为人并未将其挥霍致使无法归还的，应当认定主观上没有非法占有的目的，不构成贪污罪。①

8.3.3　情节辩护

1.具备从轻处罚的情节

《刑法》规定了法定的从轻、减轻、免除处罚的情节。犯贪污罪在提起公诉前如实供述自己罪行、真诚悔罪、积极退赃，避免、减少损害结果的发生，贪污数额较大或者有其他较重情节的，可以从轻、减轻或者免除处罚；贪污数额巨大或者有其他严重情节的，数额特别巨大或者有其他特别严重情节的，可以从轻处罚。

此外司法解释还规定，贪污后将赃款赃物用于单位公务支出或者社会捐赠的虽不影响贪污罪的认定，但可以在量刑时作为酌定情节。

2.具备判处死刑的情节

根据《刑法》的规定，对贪污罪判处死刑的条件是"数额特别巨大"和"使国家和人民利益遭受特别重大损失"，但即使这两个条件同时具备，也可以判处无期徒刑，不必然判处死刑。

最高人民法院、最高人民检察院《关于办理贪污贿赂刑事案件适用法律若干问题的解释》（法释〔2016〕9号）进一步规定了可以判处死刑的条件，必须同时具备"贪污数额特别巨大""犯罪情节特别严重""社会影响特别恶劣""给国家和人民利益造成特别重大损失"。同时，如果具有自首、立功，如实供述自己罪行、真诚悔罪、积极退赃，或者避免、减少损害结果的发生等情节，也可以判处死刑缓期二年执行。

因此在代理贪污数额特别巨大的案件时，首先应审查是否具备可以判处死刑的情节，尽量排除适用；如果可以判处死刑则应继续审查是否具备可以判处死缓的情形，尽量排除死刑立即执行；如果可以判处死缓，还需要继续审查犯罪情节等情况，尽量排除被同时裁判为终身监禁。②

8.3.4　贪污犯罪所处形态

根据《全国法院审理经济犯罪案件工作座谈会纪要》（法发〔2003〕167号）的规定，贪污罪是一种以非法占有为目的的财产性职务犯罪，应当以行为人是否实际控制财物作为

---

① 娄秋琴. 常见刑事案件辩护要点（第二版）[M]. 北京：北京大学出版社，2016：134-135.
② 娄秋琴. 常见刑事案件辩护要点（第二版）[M]. 北京：北京大学出版社，2016：145-146.

区分既遂与未遂的标准。对于行为人利用职务上的便利，实施了虚假平账等贪污行为但公共财产尚未实际转移，或者尚未被行为人控制就被查获的，应当认定为贪污未遂。例如在某案中，丁某在圈占的集体空地上抢建房屋，在履职过程中，利用职务之便，自行或安排他人出具上述土地属于宅基地的证明，进而以其个人或亲属的名义签订拆迁安置补偿协议，骗取土地征迁补偿款，被指控犯贪污罪，其中行为人丁某安排丁某 3 使用丁某 7 的名义签订的数额为 147.398 万元的补偿协议，因其意志以外的原因而未能实际获取上述补偿款，对该部分金额应以贪污未遂认定，在判决中从轻处罚。辩护律师可以对尚未被行为人实际控制的款项部分以犯罪未遂进行辩护，争取该部分从轻或者减轻处罚。[①]

8.3.5　共同犯罪的辩护

1. 在共同犯罪中未起到主要作用

根据《全国法院审理经济犯罪案件工作座谈会纪要》（法发〔2003〕167 号）的规定，个人贪污数额在共同贪污犯罪案件中应理解为个人所参与或者组织、指挥共同贪污的数额，不能只按个人实际分得的赃款数额来认定；对共同贪污犯罪中的从犯，应当按照其所参与的共同贪污的数额确定量刑幅度，并依照《刑法》第二十七条第二款的规定，从轻、减轻或者免除处罚。建设工程领域的贪污犯罪中，常常会出现多人共谋、串通骗取工程款的情况，构成共同犯罪。此时辩护律师应当审查行为人在全部贪污行为中所指挥、参与的贪污数额，以及其在贪污行为中所起的作用、所处的地位，根据分赃情况等来确定行为人是主犯、从犯还是胁从犯，提出从轻、减轻或者免除处罚的辩护意见。

2. 并未参与共谋且未分赃不构成共同犯罪

行为人滥用职权帮助他人骗取公共财产，但是存在着行为人自身并未参与他人的共谋造假，也并未进行分赃或者自身并无非法占有公共财物目的的情况，此种情况下辩护律师可以进行只构成滥用职权罪的改变定性的辩护。例如在某案中，上诉人（原审被告人）李某某在协助政府土地征收补偿工作中利用职务便利帮助村民骗取补偿款，被指控犯贪污罪，辩护人提出行为人同意村民虚构征收资料骗取国家征收款，其本人没有贪污公款的故意，不构成贪污罪。经证实高某等人采用冒名顶替的方式非法占有政府征收补偿款，事先并未与上诉人李某某商议，而是对申报房屋征收材料进行伪造之后，在李某某审核确认之时告知真实意图，李某某因作假之人均是亲友，其碍于情面签字确认，使上诉人的诈骗行为得逞。从主观上看，行为人不具有与他人一起贪污补偿款的故意，客观上主要是利用职权为亲友提供违反规定的帮助，没有与亲友共谋，没有参与亲友的造假行为，不属于共同犯罪，且事后李某某没有对赃款进行处置或参与分赃，不具有非法占有公共财物的目的，上诉人的行为不符合贪污罪的构成要件。二审判决撤销一审判决中有关犯贪污罪定罪量刑的部分。

---

① 娄秋琴. 常见刑事案件辩护要点（第二版）[M]. 北京：北京大学出版社，2016：148.

8.4　合规管理

8.4.1　建立全面合规管理体系

国有建筑业公司、企业应建立全面合规管理体系，包括：合规管理组织即董事会、监事会、经理层、合规管理部门；合规管理制度即行业法律法规、监管规定、行业准则和企业章程、规章制度等。及时对本单位相关重要部门、重点环节、风险岗位人员开展工作合规审查，考核评价，违规调查和问责等，进行全面、有效的合规风险管理与防范。通过制度、规范管理，让单位负责人或者工作人员对工作高度负责，消除和避免不正确履行职责而给企业、国家利益造成重大损失。

1. 工程发承包

在工程发承包方面，重点监管和考核单位直接负责的主管人员是否按规定对合同标的进行调查论证，有无未经授权或超越授权投标、签约，有无违反规定擅自签订或变更合同，合同约定是否存在重大疏漏；工程物资是否按规定招标；有无违反规定转包、分包；有无违反合同约定超计价、超进度付款等。

2. 工程材料设备采购

在工程材料设备采购方面，重点监管和考核单位直接负责的主管人员是否按照规定订立、履行合同；合同标的价格是否公允；对方是否按规定提供主体身份、资质、担保或预付款项，是否按约定收取或者支付款项，是否及时追索或采取有效保全措施等。

3. 工程对外投资、转让资产

在工程对外投资或者转让资产方面，重点监管和考核单位直接负责的主管人员是否按规定进行可行性研究或风险分析、履行决策和审批程序；是否按规定进行财务审计和资产评估；是否违反相关规定和公开公平交易原则，低价转让企业产权或资产等。

4. 工程资金管理

在工程资金管理方面，重点监管和考核单位直接负责的主管人员是否按规定决策和审批程序、权限批准资金支出；有无违规挪用、捐赠、担保、委托理财、拆借资金、虚列支出套取资金；是否有违反合同约定超计价、超进度付款，工程成本严重超支等情况发生；有无违规以个人名义留存资金、收支结算；是否存在财务内控缺失，发生侵占、盗取、欺诈等。

8.4.2　对重点管理岗位及业务流程的过程监督

国有施工企业、公司应针对重点管理岗位及业务流程，专门制定风险防控措施，并认真组织实施，确保各项措施落实到位。同时加强过程监督，加强对领导班子及其成员和有重要业务处置权的工作人员的经常性监督，最大限度地减少以权谋私、权钱交易及企业内部管理体制、机制和制度上的漏洞。企业各级纪检监察部门要主动牵头,协调相关部门配合,优化监督方案,细化责任分工,把各个部门的业务专长变成过程监督的整体优势。在实际工作中,监督部门要制定详细的效能监察工作计划和措施,并将任务分解落实到各相关部门。在实施过程中,按照"依靠不依赖、到位不越位、督办不包办"的原则充分发挥相关部门各自的职能优势和业务专长,按照实施方案,各司其职、协作配合,共同完成监督任务。

1. 管理人员的法律培训

加强对本单位管理人员的法律培训,在法律风险防范教育上结合工作实际,突出对法律知识的理解和运用,重点集中在建设工程领域的招投标、合同签订、工程量及工程结算、工程质量、施工联营、分包、内部承包、转包、挂靠等极易出现法律风险与纠纷的环节。同时明确本单位负责人及业务主管人员在经营活动中须履行的职责,引导其树立责任意识和风险意识,依法经营,廉洁从业,坚持职业操守,履职尽责。不参与,也不能指使诱导对方人员参与实施违法违规行为。

2. 决策过程配套制度

建立健全重大决策评估、决策事项履职记录、决策过错认定等配套制度,细化各类经营责任清单,明确岗位职责和履职程序。

3. 内控审批制度

建立内控批准制度,对内控所涉及的重要事项,明确规定批准的程序、范围和额度、必备条件、有权批准的部门和人员及其相应责任。避免本单位的工作人员玩忽职守、徇私舞弊或者滥用职权。

4. 内控审计检查制度

建立健全内控审计检查制度。结合内控的有关要求、方法、标准与流程,明确规定审计检查的对象、内容、方式和负责审计检查的部门等。防止本单位的工作人员利用职权徇私舞弊或者滥用职权。

5. 违规经营责任追究制度

建立违规经营责任追究制度,细化经营责任追究的原则、范围、依据、启动机制、程序、方式、标准和职责,保障违规经营责任追究工作有章可循、规范有序。对违法违纪违规行为及时查处,对该发现而未发现或敷衍不追、隐匿不报、查处不力的,严格追究单位负责人和有关主管人员的责任。

6. 奖惩制度宣传工作

做好奖惩制度的总结宣传工作,为深入开展合规经营管理、违规责任追究营造良好氛围。要结合对具体案例的调查处理,及时进行总结和通报,接受上级和社会监督,充分发挥警示教育作用。

第9章 拒不支付劳动报酬罪

2021年年初,被告人向某从武汉某建设工程有限公司承包了汇金中心工地的钢筋工程劳务项目,并雇请吉某、蔡某、刘某等100余名农民工至工地工作。至2022年2月份,武汉某建设工程有限公司将该项目的所有劳务工资如期结算给被告人向某,但被告人向某将拿到的劳务工资挪作他用,未结清被害人吉某、蔡某、刘某等103名农民工的工资共计人民币1038174元。被害人吉某、蔡某、刘某等人多次催促被告人向某支付工资未果,投诉至长沙市雨花区人力资源和社会保障局。2022年2月28日,长沙市雨花区人力资源和社会保障局下达《劳动保障监察限期整改指令书》(雨人社监令字〔2022〕第J020-1号),责令被告人向某于2022年3月2日12点前支付上述农民工工资,但被告人向某仍不支付,并故意逃避,拒不回短信、不接听电话。

2022年5月23日,被告人向某被抓获归案。2022年2月28日至6月9日期间,武汉某建设工程有限公司代被告人向某将拖欠的上述农民工工资全部支付到位。法院认为,被告人向某以逃匿方法逃避支付劳动者的劳动报酬,数额较大,经长沙市雨花区人力资源和社会保障局责令支付后仍不支付,其行为已构成拒不支付劳动报酬罪,应予处罚。据此,依照《刑法》第二百七十六条之一第一款、第六十五条第一款、第六十七条第三款,《最高人民法院关于审理拒不支付劳动报酬刑事案件适用法律若干问题的解释》第一条、第二条第(二)项、第三条、第四条第二款,《刑事诉讼法》第十五条之规定,判决被告人向某犯拒不支付劳动报酬罪,判处有期徒刑二年,并处罚金人民币三万元。

获得合法的劳动报酬是劳动者应当享有的一项基本权利,也是用人单位应当认真履行的一项基本义务。鉴于工程建设领域的劳动者大多为实际用工人临时雇佣的农民工,结合工程实践中较常发生的层层分包、转包以及挂靠、劳务派遣等复杂情况,只要包括建设单位、施工单位、实际施工单位以及实际用工人在内的任何一方施工主体不予支付工程款或是截留工程款,都会导致农民工拿不到工钱。而在这一过程中,对于农民工而言,在追讨工资的过程中往往需要面对各主体之间的责任推诿,追讨无门,由此便导致各地因农民工讨薪而诱发的群体事件频频发生,严重影响社会和谐稳定。追究拒不支付劳动报酬者的刑事责任,是将因拖欠劳动报酬引发的纠纷上升到刑事处罚的高度,是对拒不支付劳动报酬行为最严厉的惩罚。

9.1　拒不支付劳动报酬罪罪名分析

拒不支付劳动报酬罪是以转移财产、逃匿等方法逃避支付劳动者的劳动报酬或者有能力支付而不支付劳动者的劳动报酬，数额较大，经政府有关部门责令支付仍不支付的行为。

《刑法》第二百七十六条之一规定："以转移财产、逃匿等方法逃避支付劳动者的劳动报酬或者有能力支付而不支付劳动者的劳动报酬，数额较大，经政府有关部门责令支付仍不支付的，处三年以下有期徒刑或者拘役，并处或者单处罚金；造成严重后果的，处三年以上七年以下有期徒刑，并处罚金。单位犯前款罪的，对单位判处罚金，并对其直接负责的主管人员和其他直接责任人员，依照前款的规定处罚。有前两款行为，尚未造成严重后果，在提起公诉前支付劳动者的劳动报酬，并依法承担相应赔偿责任的，可以减轻或者免除处罚。"

9.1.1　主体要件

本罪犯罪主体为一般主体，即企业和自然人。不具备用工主体资格的单位或者个人、单位的实际控制人，只要满足拒不支付劳动报酬罪的法定构成要件，同样也将被纳入该罪的规制范畴。

9.1.2　主观要件

本罪在主观方面表现为故意，包括直接故意和间接故意。即主观上明知自己"不支付劳动者劳动报酬"的这种不作为行为会产生劳动者不能及时实际得到劳动报酬的社会危害后果，却希望或放任这种后果发生。应认定为故意的几种情况：

（1）明确表示拒不作为的，即明确拒绝支付劳动者劳动报酬的，应当然地认定为故意。包括无正当理由拖欠，不论是否以非法占有为目的。

（2）虽表示应支付，但为不支付找借口的，应认定故意。如无正当理由转移财产，造成无支付能力假象的；用人单位主要负责人或指使发放劳动者劳动报酬的工作人员逃匿，造成无法支付假象的；或非法克扣工资或罚款的。

9.1.3　客体要件

劳动报酬，包括工资、奖金、津贴、补贴、延长工作时间的工资报酬及特殊情况下支付的工资等。本罪犯罪客体是双重客体，既侵犯劳动者的财产权，又妨碍了正常的劳动用工关系。建设工程企业的劳动群体通过体力劳动获取工资，但此领域大量拖欠农民工工资行为的存在，不仅是对农民工群体工资权益的损害，更有可能诱发农民工讨薪的恶性群体事件，既不利于社会稳定，更不利于实现社会公平。

9.1.4 客观要件

本罪在犯罪客观方面表现为：既有危害行为又有危害结果，且两者间有刑法上的因果关系。

（1）以转移财产、逃匿等方法逃避支付劳动者的劳动报酬或者有能力支付而不支付劳动者的劳动报酬。具体有下列情形：① 隐匿财产、恶意清偿、虚构债务、虚假破产、虚假倒闭或者以其他方法转移、处分财产的；② 逃跑、藏匿的；③ 隐匿、销毁或者篡改账目、职工名册、工资支付记录、考勤记录等与劳动报酬相关的材料的；④ 以其他方法逃避支付劳动报酬的。

（2）数额较大：① 拒不支付一名劳动者三个月以上的劳动报酬且数额在五千元至二万元以上的；② 拒不支付十名以上劳动者的劳动报酬且数额累计在三万元至十万元以上的。

（3）经政府有关部门责令支付仍不支付的。经人力资源社会保障部门或者政府其他有关部门依法以限期整改指令书、行政处理决定书等文书责令支付劳动者的劳动报酬后，在指定的期限内仍不支付的，应当认定为刑法第二百七十六条之一第一款规定的"经政府有关部门责令支付仍不支付"。

行为人逃匿，无法将责令支付文书送交其本人、同住成年家属或者所在单位负责收件的人的，如果有关部门已通过在行为人的住所地、生产经营场所等地张贴责令支付文书等方式责令支付，并采用拍照、录像等方式记录的，应当视为"经政府有关部门责令支付"。

（4）拒不支付劳动者的劳动报酬，符合《关于审理拒不支付劳动报酬刑事案件适用法律若干问题的解释》第三条的规定，并具有下列情形之一的，应当认定为刑法第二百七十六条之一第一款规定的"造成严重后果"：① 造成劳动者或者其被赡养人、被扶养人、被抚养人的基本生活受到严重影响、重大疾病无法及时医治或者失学的；② 对要求支付劳动报酬的劳动者使用暴力或者进行暴力威胁的；③ 造成其他严重后果的。

9.1.5 追诉标准

9.1.5.1 立案标准

《最高人民法院关于审理拒不支付劳动报酬刑事案件适用法律若干问题的解释》第三条规定，"拒不支付一名劳动者三个月以上的劳动报酬且数额在五千元至二万元以上"或"拒不支付十名以上劳动者的劳动报酬且数额累计在三万元至十万元以上"明确以"五千元"和"三万元"作为认定标准。各省、自治区、直辖市高级人民法院可以根据本地区经济社会发展状况，在前款规定的数额幅度内，研究确定本地区执行的具体数额标准，报最高人民法院备案。目前各省、自治区、直辖市高级人民法院对于"数额较大"的标准有：

《广东省高级人民法院关于确定拒不支付劳动报酬刑事案件数额标准的通知》规定"数额较大"的标准如下。一、一类地区包括广州、深圳、珠海、佛山、中山、东莞等 6 个市，拒不支付劳动报酬数额较大的标准掌握在：拒不支付一名劳动者三个月以上的劳动报酬且报酬累计在二万元以上，或者拒不支付十名以上劳动者的劳动报酬且数额累计在十万元以上。二、二类地区包括汕头、韶关、河源、梅州、惠州、汕尾、江门、阳江、湛江、茂名、肇庆、清远、潮州、揭阳、云浮等 15 个市，拒不支付劳动报酬数额较大的标准掌握在：拒不支付一名劳动者三个月以上的劳动报酬且报酬累计在一万元以上，或者拒不支付十名以上劳动者的劳动报酬且数额累计在六万元以上。

《浙江省高级人民法院关于确定拒不支付劳动报酬罪"数额较大"标准的通知》规定"数额较大"的标准如下：一、拒不支付一名劳动者三个月以上的劳动报酬且数额在一万元以上的；二、拒不支付十名以上劳动者的劳动报酬且数额累计在八万元以上的。

《湖北省高级人民法院关于确定拒不支付劳动报酬罪数额认定标准的通知》规定"数额较大"的标准如下：国务院和省政府确定的贫困县（市）拒不支付一名劳动者三个月以上的劳动报酬且数额在五千元以上的，应当认定为刑法第二百七十六条之一第一款规定的"数额较大"。拒不支付十名以上劳动者的劳动报酬且数额累计在五万元以上的，应当认定为刑法第二百七十六条之一第一款规定的"数额较大"；国务院和省政府确定的贫困县（市）拒不支付十名以上劳动者的劳动报酬且数额累计在三万元以上的，应当认定为刑法第二百七十六条之一第一款规定的"数额较大"。

《江苏省高级人民法院关于我省执行拒不支付劳动报酬罪数额标准的意见》规定"数额较大"的标准如下：一、拒不支付一名劳动者三个月以上的劳动报酬且数额在一万元以上的；二、拒不支付十名以上劳动者的劳动报酬且数额累计在六万元以上的。

《重庆市高级人民法院关于拒不支付劳动报酬罪数额较大认定标准的规定》规定"数额较大"的标准如下：一、拒不支付一名劳动者三个月以上的劳动报酬且数额在一万元以上的。二、拒不支付十名以上劳动者的劳动报酬且数额累计在六万元以上的。

9.1.5.2　量刑标准

《最高人民法院关于审理拒不支付劳动报酬刑事案件适用法律若干问题的解释》第六条规定：拒不支付劳动者的劳动报酬，尚未造成严重后果，在刑事立案前支付劳动者的劳动报酬，并依法承担相应赔偿责任的，可以认定为情节显著轻微危害不大，不认为是犯罪；在提起公诉前支付劳动者的劳动报酬，并依法承担相应赔偿责任的，可以减轻或者免除刑事处罚；在一审宣判前支付劳动者的劳动报酬，并依法承担相应赔偿责任的，可以从轻处罚。

对于免除刑事处罚的，可以根据案件的不同情况，予以训诫、责令具结悔过或者赔礼道歉。

拒不支付劳动者的劳动报酬，造成严重后果，但在宣判前支付劳动者的劳动报酬，并依法承担相应赔偿责任的，可以酌情从宽处罚。

9.2 典型案例

9.2.1 典型案例一：不具备用工主体资格的单位或者个人也可以是本罪的主体

【案情简介】

2018 年至 2020 年期间，被告人李某 1 从金某 2 处承包延吉市 G12-1 棚户区改造项目后，陆续雇用刘某 3、国某 4 等工人入场施工。施工期间，被告人李某 1 收到发包方金某 2 支付的大部分工程款后，一直未支付刘某 3、国某 4 等 76 名工人的工资共计人民币 3322810.93 元。工人追讨无果后，于 2020 年 11 月 4 日陆续向延吉市人力资源和社会保障局投诉。延吉市人力资源和社会保障局经立案调查后，于 2020 年 12 月 10 日向被告人李某 1 发出《劳动保障监察责令改正决定书》，但被告人李某 1 至案审时仍未支付所欠工人的劳动报酬。

【一审法院观点】

被告人李某 1 在收到发包方按照合同约定所支付的工程款后，有能力支付而不支付劳动者的劳动报酬，数额较大，经政府有关部门责令支付仍不支付，其行为已构成拒不支付劳动报酬罪。

【一审裁判结果】

被告人李某 1 犯拒不支付劳动报酬罪，判处有期徒刑一年六个月，并处罚金人民币五万元；

责令被告人李某 1 向各工人支付拖欠工资款。

【二审上诉理由】

李某 1 不是犯罪主体，不构成拒不支付劳动报酬罪。（1）各班组长负有支付工人工资的义务。李某 1 只对自己招募的电工、力工、放线工的劳务报酬负责。（2）案涉工程发包方是延吉市城投公司，承建方是长春建工集团公司，宏海公司是违法转包方，金某 2 是违法承包方，李某 1 是实际施工人，招募工人干活的班组长在欠付工程款的范围内负有支付义务。在没有查实上家是否全部支付的情况下，认定李某 1 有义务支付是认定事实错误。

工程造价与实际不符，金某 2 有支付欠付工程款的义务。（1）工程总造价 14998572 元没有考虑到两次停工、疫情原因、建筑层数减少带来的造价成本提高。按照李某 1 的计算总价款远远超过这个数字。李某 1 自己垫付了 300 多万元人工费，还有伙食费 400 多万元，在民事判决没有结论之前，法院不应当采纳工程造价的数字。（2）金某 2 以发放工程款的名义将奔驰车 100 万元以买卖的形式打给李某 1，李某 1 又将 100 万元打给金某 2 的母亲。金某 2 以合法买卖的形式套取工程款。该 100 万元应从金某 2 支付总价款中扣除，金某 2 还欠付工程款 100 万元。（3）脚手架班组长刘某 5，已经获得两处楼房以抵账 113 万元，钥匙已经交给了刘某 5，虽然房子后期被金某 2 扣回，那是刘某 5 与金某 2 之间的纠纷，李某 1 实际已经履行了以房抵债的义务，该 113 万元应从欠付工资款中扣除。（4）木工班组长李某 6 将用于支付工资款中的 10 万元扣留不发给工人，用于工地伙食费；钢筋工班组长宋某 7 将用于支付工资款的 9.5 万元用于购买钢筋线等，该 19.5 万元是以工资款劳务费的名义打给班组长的，应从欠付工资总额中扣除。

李某 1 没有恶意欠薪的主观故意。（1）认定李某 1 自 2019 年 12 月 5 日至 2020 年 12 月 3 日期间，已经为农民工支付工资总计 8128765 元，还欠付 3368019.47 元，扣除金某 2 以车顶债的 100 万元，以楼抵款 113 万元，班组长截留 19.5 万元，余下 1043019.47 元未付，绝大部分工程款已经支付。（2）李某 1 和妻子曲某 8，没有隐匿财产或者肆意截留挥霍，不构成有能力支付拒不支付。

李某 1 的欠薪数额不确定，不能以其签字的数额为准，不能作为李某 1 欠薪的证据，其签字只是代表对欠薪数额的认可，不能证明该笔欠款的偿还义务主体是李某 1。

本案不符合拒不支付劳动报酬的犯罪构成。根据《刑法》第二百七十六条规定，以及《最高人民法院关于审理拒不支付劳动报酬刑事案件适用法律若干问题的解释》第二条规定，结合本案的事实和证据，被告人李某 1 不存在犯罪行为，不存在有能力支付而不支付的故意。请求二审法院对被告人李某 1 作出无罪判决。

【二审法院观点】

原审被告人李某 1 从发包人处承包建设工程，其收到发包方所支付的工程款后，有能力支付而拒不支付 76 名民工的劳动报酬达 3322810.93 元，数额较大，且在政府有关部门责令支付后仍不支付，其行为已构成拒不支付劳动报酬罪。

关于上诉人李某 1 提出其不是欠薪的主体，对于不直接和自己签订劳务协议的农民工没有支付义务；其不是用人单位，对工人工资没有全部支付义务的上诉理由及其辩护人提出李某 1 不是犯罪主体，班组长负有支付工人工资的义务。案涉工程发包方是延吉市城投公司，承建方是长春建工集团公司，宏海公司是违法转包方，金某 2 是违法承包方，李某 1 是实际施工人，招募工人干活的班组长在欠付工程款的范围内负有支付义务的辩护意见，经查，李某 1 从金某 2 处分包了延吉市 G12-1 棚户区改造项目工程，该工程由发包方向实际施工方李某 1 拨付工程款，工程建设中，李某 1 陆续招募工人入场施工。不论是由班组长负责的单项工程项目还是李某 1 自己负责的电工、力工和放线项目，对于案涉工程施工作业的工人而言，李某 1 为雇主，其负有支付用工工人劳动报酬的义务。即使李某 1 不具有合法的用工资格，或者没有相应的建筑工程施工资质而承包了建筑工程施工项目，其也因违法用工而拒不支付劳动报酬，数额较大，经政府有关部门责令支付仍不支付，仍应当以拒不支付劳动报酬罪追究其刑事责任。故该上诉理由和辩护意见不成立，法院不予支持。

关于上诉人李某 1 及其辩护人提出的其没有恶意欠薪的主观故意，是否拖欠劳动报酬的事实及数额不确定；认定其有能力支付而不支付的证据不足；其在工人欠薪工资表上的签字，不能作为其欠薪的证据；以上不符合拒不支付劳动报酬的犯罪构成的上诉理由及其辩护人提出的李某 1 没有恶意欠薪的主观故意；工程造价与实际不符，金某 2 有支付欠付工程款的义务；李某1的欠薪数额不确定，不能以其签字的数额为准；李某1和妻子曲某8没有隐匿财产或者肆意截留挥霍，不构成有能力支付拒不支付的辩护意见，经查，在案证据充分证明了李某1从金某2处承包案涉工程项目后，施工期间，发包方已拨付工程款1400余万元，李某1在收到工程款时是有能力支付所用工人劳动报酬的，其应当及时、优先支付施工工人劳动报酬，但其却用工程款为其妻子购买高档车辆或用于偿还大额信用贷款及个人花销，导致长期拖欠76名工人工资3322810.93元未付，且李某1在政府有关部门责令支付后仍不支付。原审认定李某1拖欠劳动报酬的事实及数额清楚，证据充分。其行为符合本罪"有能力支付而不支付劳动者劳动报酬"的构成要件。李某1与发包方有关工程造价的问题不影响本案的定罪。故该上诉理由和辩护意见不成立，法院不予支持。

关于上诉人李某1的辩护人提出应在工程款中扣除金某2以车顶100万元的工程款；以楼抵给刘某5的113万元工程款；被班组长李某6扣留李某1支付工资款中的10万元及宋某7截留的9.5万元工程款的辩护意见，经查，李某1于2019年11月25日用工程款中的100万元购买了一辆高档轿车归个人使用，且李某1多次认可从施工到案发尚拖欠工人工资336万余元的事实，结合本案的证据，没有证据证明辩护人的意见成立。故该辩护意见不成立，法院不予支持。

【二审裁判结果】

驳回上诉，维持原判。

9.2.2　典型案例二：拒不支付劳动报酬造成严重后果的情况

【案情简介】

2013年6月24日，被告人刘法某挂靠西双版纳某建筑有限责任公司，与西双版纳某房地产开发有限公司签订了《建设工程施工合同》，约定被告人刘法某承揽景洪市某项目建筑、水电安装工程，合同总价款为48675116.7元。2013年7月8日，被告人刘法某又以西双版纳某建筑有限责任公司名义与西双版纳某房地产开发有限公司签订《补充协议书》，标明开工日期为2012年11月30日，竣工日期为2013年12月20日，合同工期385天，被告人刘法某为某工程项目负责人。被告人刘法某授权其姐夫邓某1作为其代理人具体负责该项目的生产管理、人员管理、工程结算、工资发放等工作，冷某、唐某1、陈某2、程某、杨某、崔某、贺某七个班组长组织工人进行施工。

景洪市公安局治安大队委托西双版纳某司法鉴定所进行司法会计鉴定，经鉴定：2012年12月至2014年10月，西双版纳某房地产开发有限公司共拨付西双版纳某建筑有限责任公司景洪市某项目工程款及材料预付款累计41766360.95元（其中通过银行转账预付西双版纳某建筑有限责任公司对公账户3600000元、转入刘法某及与其关联的其他自然人38166360.95元）。该项目截至2014年10月20日，工程款结算单显示应付未付施工班组劳务费2857478.62元，工人工资678450元，合计人民币3535928.62元。

2014年10月17日，冷某等班组长向景洪市人力资源和社会劳动保障局投诉，景洪市人力资源和社会劳动保障局通知被告人刘法某限期改正，被告人刘法某逃匿去向不明，通过电话短信联系均无回音。2014 年 10 月 29 日，景洪市人力资源和社会劳动保障局将案件移交至景洪市公安局，景洪市公安局于 2014 年 11 月 20 日决定对被告人刘法某立案侦查，并经网上追逃于 2016 年 5 月 18 日将被告人刘法某抓获归案。

【法院观点】

法院认为被告人刘法某逃避支付劳动者的劳动报酬，数额巨大，造成农民工集体上访，社会影响极坏的严重后果，经劳动保障部门责令支付仍不支付，公诉机关指控的罪名成立。鉴于被告人刘法某到案后如实供述其罪行，认罪态度较好，可以从轻处罚。

【裁判结果】

被告人刘法某犯拒不支付劳动报酬罪，判处有期徒刑五年，并处罚金三十万元。

9.3 辩护要点

9.3.1 严格界定拒不支付劳动报酬行为人的主体资格

拒不支付劳动报酬罪的主体为一般主体，指负有向劳动者支付劳动报酬义务的雇主和用人单位，本罪的主体认定不受单位或者个体用工主体资格所限，即使是违法用工，只要满足本罪定罪情形就应依照刑法的规定，以拒不支付劳动报酬罪追究刑事责任，同样，用人单位的实际控制人实施拒不支付劳动报酬的行为，构成犯罪的，也应依照本罪定罪处罚。

因此，严格界定本罪的主体资格是认定构成本罪的重要环节，在对单位直接负责的主管人员进行判断时，并不以在单位中是否拥有经营、管理职务为主要标准，而应当结合是否主动参与策划、是否积极实施拒不支付劳动报酬的行为加以认定，司法判例认定的几类不属于该罪主体的情形：① 行为人是受雇于公司，是一般管理人员，不是公司的负责人；② 不支付劳动报酬发生在行为人退出单位的经营管理之后的；③ 行为人仅为劳资双方的中介，不具有用人、用工资格，与劳动者无直接劳动法律关系，不是发放劳动者报酬的义务主体；④ 毫无实权的挂名法定代表人、合伙负责人等。

9.3.2 严格审查前置程序完整性，确保《劳动保障监察责令改正指令书》送达程序合法、有效

本罪的成立以行政前置程序为要件，《刑法》在拒不支付劳动报酬罪中规定了前置程序，明确规定本罪成立必须以"经政府有关部门责令支付仍不支付"，即劳动行政部门依法给予行为人限期整改指令书、行政处罚决定书等为前提，否则，行为人逃避支付或者有能力而不支付劳动报酬的，即使数额特别巨大的也不能以本罪处罚。

根据《劳动保障监察条例》的相关规定，劳动行政部门应当经依法调查作出《劳动保

障监察责令改正指令书》并依法履行送达告知程序。《最高人民法院关于审理拒不支付劳动报酬刑事案件适用法律若干问题的解释》第四条虽规定"行为人逃匿，无法将责令支付文书送交其本人、同住成年家属的，可在行为人的住所地、生产经营场所等地张贴责令支付文书等方式责令支付，并采用拍照、录像等方式记录的"，但该规定应适用前提是劳动行政部门穷尽一般送达方式而无法送达当事人。作为罪名成立的必要前置程序，劳动行政部门必须保证《劳动保障监察责令改正指令书》依法送达当事人，在未穷尽一般送达方式的前提下适用公告送达就无法确认行为人是否存在逃匿行为。因此，在劳动行政部门未依法履行行政处置程序以及违反法定程序进行送达，不能依法认定行为主体构成本罪。

9.3.3 行为人因为客观上无力支付，无转移财产或逃匿行为，主观上不具有不支付劳动报酬的故意，不符合拒不支付劳动报酬罪所规定的法定情形，不能认定构成拒不支付劳动报酬罪

困难型欠薪是否构成拒不支付劳动报酬罪应考虑到不同行业的经营特点，对于事实上的困难型欠薪，在保护劳动者合法权益的同时，也应该充分考虑企业的生存发展，首先，要坚持主客观相统一的原则，在认定行为人以逃匿等方法逃避支付劳动者报酬时，除了需要认定行为人是否存在逃避支付的行为，还需要查明其行为是否以逃避支付工人工资为目的。如拖欠工人工资系由于发包方未及时支付工程款而导致行为人无力支付工人工资，则不应当以该罪定罪处罚。其次，在入罪时必须尊重客观事实，行为人确因经营不善或资金周转困难丧失支付能力的，主观恶性较小，不宜入罪处罚。

9.4 合规管理

2017年9月25日，人力资源社会保障部发布《拖欠农民工工资"黑名单"管理暂行办法》，确定了拖欠农民工工资"黑名单"制度，将拖欠工资"黑名单"信息纳入当地和全国信用信息共享平台，由相关部门在各自职责范围内依法依规实施联合惩戒，在政府资金支持、政府采购、招投标、生产许可、资质审核、融资贷款、市场准入、税收优惠、评优评先等方面予以限制。2018年10月26日，人力资源社会保障部、发展改革委、公安部、司法部、财政部、住房城乡建设部、交通运输部、水利部、人民银行、国资委、市场监管总局、全国总工会发布《开展农民工工资支付情况专项检查的通知》，再次强调"黑名单"制度，使欠薪企业"一处违法、处处受限"。建设工程领域因其劳动密集型的特点，成为拒不支付劳动报酬罪的高发领域，在当前国家集合各方力量集中清欠农民工工资的大环境下，需加强农民工工资支付领域的合规管理水平，积极防范成为"处处受限"企业的法律风险。

9.4.1 建设工程企业在防范此类风险上可以采取的行为

（1）作为用人单位，应按时足额支付农民工工资，应遵守最低工资规定，应做到与农民工签订劳动合同。获得劳动报酬是劳动者的基本权利，用人单位或个人依法支付劳动者报酬是其必须履行的法律义务和责任，必须将向劳动者支付报酬作为重要的工作任务予以完成。故，不论是发包单位、总承包单位、分包单位还是实际施工人，都应充分认识到欠薪行为有极大的可能性从民事责任的承担演化为刑事责任的承担，积极履行劳动报酬的支付义务，是规避刑事法律风险的最佳方案。

（2）对于建设工程企业来说，在建工程建设项目应实行工资保证金、农民工实名制管理、专款专用制度，充分保障自己账户中的资金流足以支付劳动者的劳动报酬，明确将农民工工资与工程材料款、设备租赁款等其他工程款相分离。

根据《保障农民工工资支付条例》第二十四条第二款以及国务院办公厅《关于全面治理拖欠农民工工资问题的意见》第八项之规定，建设单位应当在施工总承包合同中对人工费计量、拨付周期、支付比例、支付办法以及工程款计量周期、工程款进度结算办法等事宜作出约定，明确人工费用支付周期不得超过 1 个月，并将人工费用从工程进度款中单独分列出来，足额拨付至农民工工资专用账户。同时，《保障农民工工资支付条例》第三十五条明确建设单位需限制自身享有的先履行抗辩权，因工程数量、质量、造价等产生争议时，不得拒绝按照合同规定拨付工程款中的人工费用。

若因经营不善以致资金枯竭，无法按时按量支付劳动者报酬，应主动与劳动者沟通联系，或是通过申请破产，告知债权人依法申请破产债权，以解决利益冲突，化解刑事风险。

（3）对于将工程分包（转包或挂靠施工）给他人的，应要求实际施工人提供各劳务班组人员的具体情况：身份证复印件，每月考勤/出工情况，工资支付、结欠明细。可能的情况下，由施工单位向劳动者直接支付劳动报酬，避免施工单位付款给实际施工人而实际施工人不发放给班组或班组长不发放给劳动者的情形出现。初期、中期支付劳动报酬时可由实际施工人发放，但在结算、结清时施工单位应当掌握整个工程劳动者劳动报酬的发放情况和结欠情况，防止施工单位已经与劳务分包人结算完毕，而班组的劳动者却要求施工单位支付劳动报酬的情形出现；还要避免实际施工人、劳务分包人因其他工程被拖欠款项，将其他工程的欠款并入一个工程结算、要求支付的情形出现。

9.4.2 出现欠薪情况的解决方式

（1）经调查，用人单位无故拖欠劳动者劳动报酬行为属实，人力资源社会保障部门会下达劳动保障监察限期整改指令书，文书统一名称为《劳动保障监察限期整改指令书》。整改期限一般为 7 日以内，特殊情况下整改期限为 3 日以内。

若用人单位或个人存在拖欠工人工资的行为，且收到了《劳动保障监察限期整改指令书》，应当在期限内积极配合赔付劳动报酬，以免走到刑事立案的步骤。一旦进入刑事诉讼程序，用人单位或个人就只能通过积极主动配合调查并退赔拖欠的劳动报酬争取减轻量刑。

（2）建设工程企业的工程体量巨大，全部工程由施工总承包人分派给与其建立劳动关系的劳动者完成极不现实，所以，施工总承包人往往通过将专业工程分包给专业承包人、将劳务工程分包给劳务分包人的方式完成施工任务。

如果劳动者被拖欠劳动报酬，承担责任的主体不仅仅是施工总承包人，还有专业承包人和劳务分包人。在施工总承包人以外的分包人拒不支付劳动者的劳动报酬，同时施工总承包人已足额向分包人支付了合同款项的情况下，施工总承包人为维护其企业的名誉、降低企业被列入"黑名单"的风险，应当及时处理欠薪的问题，先行赔付后再向相应单位追偿。

（3）进入刑事诉讼程序以后，用人单位或个人如果有证据证明其并不存在逃避或者不予支付劳动报酬的主观恶意，譬如其确因自然灾害、突发重大疾病等非人力所能抗拒的原因以致无法在指定的时间内到指定的地点配合解决问题，或是其确因正常经营业务外出导致无法取得联系，或是其外出原因系为劳动者筹集劳动报酬资金而非逃避支付，再或是其确因破产、生活困难而不具备支付能力，等等。对于可能存在的情况，行为人应向司法机关举证，并待法庭查明后争取无罪或者罪轻处理。值得注意的是，实际用人企业或者用工人若以发包人、总承包人尚未结算或者自身与其他工程主体就相关账目尚有争议为由拒付劳动者的工资，都无法成为拒不支付劳动报酬罪成立的有效抗辩理由。

第 10 章　寻衅滋事罪

　　从事木工的马某，酒后进入工地对模板进行看管。到达工地后，马某认为正在施工的水泥工操作不当，就对水泥工进行指挥。水泥工的领班褚某认为马某多管闲事，双方发生冲突。马某见对方人多，觉得自己吃了亏，就打电话叫来自己的工友田某和王某。得到消息后，田某从工地上拿了把消防斧，王某找了根钢筋棍，来到工地与对方水泥工发生互殴，导致两名水泥工受轻微伤，王某受轻微伤。马某等三人因涉嫌寻衅滋事罪，被检察院提起公诉。

　　由于建设工程领域的复杂性，在建设工程各个阶段都可能发生人员争执、互殴，甚至引发刑事案件。除了在施工阶段打斗、阻工，在项目交付阶段部分人员还会采取极端方式维权，如静坐示威、强行阻工、随意殴打他人、起哄闹事、爬塔式起重机、围堵售楼处、阻挡企业工地大门，甚至引发暴力冲突事件，这些方式可能构成寻衅滋事罪。为了获取巨大经济利益，还有人专门组建工程队、建筑队、劳务队，甚至成立公司在建设工程领域实施犯罪行为，还可能发展成黑社会性质组织或恶势力集团，严重扰乱了建设工程领域的健康发展。

　　因此，如何维护建设工程秩序，避免企业员工在工程建设过程中实施寻衅滋事行为，是企业应当思考和重视的。

10.1　寻衅滋事罪罪名分析

　　寻衅滋事罪是指实施肆意挑衅，随意殴打、骚扰他人或任意损毁、占用公私财物等行为，或者在公共场所起哄闹事，造成了严重破坏公共秩序的损害结果，从而构成的犯罪。

《刑法》

第二百九十三条　有下列寻衅滋事行为之一，破坏社会秩序的，处五年以下有期徒刑、拘役或者管制：

（一）随意殴打他人，情节恶劣的；

（二）追逐、拦截、辱骂、恐吓他人，情节恶劣的；

（三）强拿硬要或者任意损毁、占用公私财物，情节严重的；

（四）在公共场所起哄闹事，造成公共场所秩序严重混乱的。

纠集他人多次实施前款行为，严重破坏社会秩序的，处五年以上十年以下有期徒刑，可以并处罚金。

10.1.1   主体要件

本罪的主体为一般主体，年满 16 周岁、具有刑事责任能力的自然人可成为本罪主体，单位不能构成本罪主体。

10.1.2   主观要件

本罪的主观方面表现为直接故意，行为人为寻求刺激、发泄情绪、逞强耍横等，无事生非，基本特征是行为人在主观上具有公然向社会公德挑战，向社会成员共同遵守的社会秩序挑战的故意。在建设工程领域行为人多存在扰乱建设工程秩序的故意。

10.1.3   客体要件

本罪的客体是公共秩序，包括他人的人身权利和公司财产权利。

10.1.4   客观要件

本罪在客观方面表现为随意殴打他人，强拿硬要、任意损毁、占用公私财物，追逐拦截、辱骂恐吓他人，在公共场所起哄闹事等破坏公共秩序情节严重或者造成公共场所秩序严重混乱的行为。行为人因日常生活中的偶发矛盾纠纷，借故生非，实施上述行为可以被认定为"寻衅滋事"，但矛盾系由被害人故意引发或者被害人对矛盾激化负有主要责任的除外。行为人因婚恋、家庭、邻里、债务等纠纷，实施殴打、辱骂、恐吓他人或者损毁、占用他人财物等行为的，一般不认定为"寻衅滋事"，但经有关部门批评制止或者处理处罚后，继续实施前列行为，破坏社会秩序的除外。在建设工程领域主要体现为无故阻挠施工、建筑企业员工寻衅滋事、因索要工程款发生打斗等行为。

作为一个"口袋罪"，根据《刑法》、相关司法解释及实践中的总结，寻衅滋事罪主要分为以下类型：

（1）随意殴打他人型。这里要求的是随意地殴打，而不是一般地殴打，并且必须是情节恶劣的随意殴打行为。其中，"随意"意味着殴打的理由、对象、方式等明显异常，即殴打行为事出无因。至于情节是否恶劣，应该围绕法益受侵害或受威胁的程度来判断。比如，随意殴打他人并导致他人受轻微伤或轻伤的；随意殴打他人手段恶劣、残忍的；随意使用凶器殴打他人的；纠集多人随意殴打他人的；多次随意殴打他人或者一次随意殴打多人的；随意殴打残疾人、儿童等弱势群体的，都应当被认定为情节恶劣。但需要注意的是，只有当殴打行为同时具备随意性与恶劣性时，才能以寻衅滋事罪论处。

（2）追逐、拦截、辱骂、恐吓他人型。"追逐"一般指妨碍他人停留在一定场所的行为；"拦截"一般指阻止他人转移场所的行为。这两种行为都是妨碍他人行动自由的行为，既可能以暴力方式实施，也可能以威胁等方式实施。"辱骂"指以言语对他人进行轻蔑的价值判断，它不限于针对特定个人，也包括针对一群人、一类人进行的谩骂。"恐吓"是以恶害相通告的行为。对情节恶劣的判断，也必须以法益受侵害或受威胁的程度为中心，如：多次追逐、拦截、辱骂、恐吓他人，造成恶劣社会影响的；持凶器追逐、拦截、辱骂、恐吓他人的；追逐、拦截、辱骂、恐吓精神病人、残疾人、流浪乞讨人员、老年人、孕妇、未成年人，造成恶劣社会影响的；引起他人精神失常、自杀等严重后果的；严重影响他人的工作、生活、生产、经营的。

（3）强拿硬要、任意毁损、占用公私财物型。"强拿硬要"是违背他人意志，强行取得他人财物的行为，既可以表现为夺取财物，也可以表现为迫使他人交付财物及财产性利益。需要注意的是，虽然强拿硬要行为有一定的强制性，但不需要达到足以压制被害人反抗的程度，否则会构成抢劫罪。"损毁公私财物"是指使公私财物的使用价值减少或丧失的一切行为。"占用公私财物"，是指不当、非法使用公私财物的一切行为，但并不要求行为人具有非法占有目的。"任意"是指毁损的行为不具有合法根据或理由。比如建设工程领域，为讨要工程结算款，行为人爬塔式起重机等行为，可能构成该类型犯罪。

（4）公共场所起哄闹事型。"公共场所"是指不特定人或者多数人可以自由出入的场所。"起哄闹事行为"是具有煽动性、蔓延性、扩展性的行为，而不是单纯影响公共场所局部活动的行为。

（5）利用信息网络型。根据最高人民法院、最高人民检察院《关于办理利用信息网络实施诽谤等刑事案件适用法律若干问题的解释》第五条规定，利用信息网络型寻衅滋事罪分为两种：一是利用信息网络辱骂、恐吓他人，情节恶劣，破坏社会秩序的；二是编造虚假信息，或者明知是编造的虚假信息，在信息网络上散布，或者组织、指使人员在信息网络上散布，起哄闹事，造成公共秩序严重混乱的。

（6）非法上访型。合法的上访不会触犯刑法，但借信访为名，肆意妄为，进行滋事，在公共场所多次起哄闹事，并随意殴打他人，以发泄个人不满情绪，严重危害和破坏社会公共秩序，情节严重的，可能涉及寻衅滋事罪。

（7）软暴力型。"软暴力"指行为人为了谋取不法的利益，或者是形成了非法的影响，对他人进行滋扰闹等行为足以让他人产生恐惧或者是恐慌的心理强制，从而影响到他人的人身自由，或者是危及他人的财产安全等犯罪手段。

10.1.5　追诉标准

10.1.5.1　立案标准

《最高人民检察院、公安部关于公安机关管辖的刑事案件立案追诉标准的规定（一）的补充规定》（公通字〔2017〕12 号）第八条规定：

"随意殴打他人，破坏社会秩序，涉嫌下列情形之一的，应予立案追诉：

（一）致一人以上轻伤或者二人以上轻微伤的；

（二）引起他人精神失常、自杀等严重后果的；

（三）多次随意殴打他人的；

（四）持凶器随意殴打他人的；

（五）随意殴打精神病人、残疾人、流浪乞讨人员、老年人、孕妇、未成年人，造成恶劣社会影响的；

（六）在公共场所随意殴打他人，造成公共场所秩序严重混乱的；

（七）其他情节恶劣的情形。

追逐、拦截、辱骂、恐吓他人，破坏社会秩序，涉嫌下列情形之一的，应予立案追诉：

（一）多次追逐、拦截、辱骂、恐吓他人，造成恶劣社会影响的；

（二）持凶器追逐、拦截、辱骂、恐吓他人的；

（三）追逐、拦截、辱骂、恐吓精神病人、残疾人、流浪乞讨人员、老年人、孕妇、未成年人，造成恶劣社会影响的；

（四）引起他人精神失常、自杀等严重后果的；

（五）严重影响他人的工作、生活、生产、经营的；

（六）其他情节恶劣的情形。

强拿硬要或者任意损毁、占用公私财物，破坏社会秩序，涉嫌下列情形之一的，应予立案追诉：

（一）强拿硬要公私财物价值1千元以上，或者任意损毁、占用公私财物价值2千元以上的；

（二）多次强拿硬要或者任意损毁、占用公私财物，造成恶劣社会影响的；

（三）强拿硬要或者任意损毁、占用精神病人、残疾人、流浪乞讨人员、老年人、孕妇、未成年人的财物，造成恶劣社会影响的；

（四）引起他人精神失常、自杀等严重后果的；

（五）严重影响他人的工作、生活、生产、经营的；

（六）其他情节严重的情形。

在车站、码头、机场、医院、商场、公园、影剧院、展览会、运动场或者其他公共场所起哄闹事，应当根据公共场所的性质、公共活动的重要程度、公共场所的人数、起哄闹事的时间、公共场所受影响的范围与程度等因素，综合判断是否造成公共场所秩序严重混乱。"

10.1.5.2 量刑标准

根据《刑法》第二百九十三条规定，有寻衅滋事行为之一，破坏社会秩序的，处五年以下有期徒刑、拘役或者管制。纠集他人多次实施前款行为，严重破坏社会秩序的，处五年以上十年以下有期徒刑，可以并处罚金。

根据最高人民法院、最高人民检察院《关于办理寻衅滋事刑事案件适用法律若干问题的解释》第六条，纠集他人三次以上实施寻衅滋事犯罪，未经处理的，处五年以上十年以下有期徒刑，可以并处罚金。根据第七条，实施寻衅滋事行为，同时符合寻衅滋事罪和故意杀人罪、故意伤害罪、故意毁坏财物罪、敲诈勒索罪、抢夺罪、抢劫罪等罪的构成要件的，依照处罚较重的犯罪定罪处罚。第八条规定，行为人认罪、悔罪，积极赔偿被害人损失或者取得被害人谅解的，可以从轻处罚；犯罪情节轻微的，可以不起诉或者免予刑事处罚。

最高人民法院、最高人民检察院《关于常见犯罪的量刑指导意见（试行）》（法发〔2021〕21号）在寻衅滋事罪中规定：

"1.构成寻衅滋事罪的，根据下列情形在相应的幅度内确定量刑起点：

（1）寻衅滋事一次的，在三年以下有期徒刑、拘役幅度内确定量刑起点。

（2）纠集他人三次寻衅滋事（每次都构成犯罪），严重破坏社会秩序的，在五年至七年有期徒刑幅度内确定量刑起点。

2.在量刑起点的基础上，根据寻衅滋事次数、伤害后果、强拿硬要他人财物或任意损毁、占用公私财物数额等其他影响犯罪构成的犯罪事实增加刑罚量，确定基准刑。

3.构成寻衅滋事罪，判处五年以上十年以下有期徒刑，并处罚金的，根据寻衅滋事的次数、危害后果、对社会秩序的破坏程度等犯罪情节，综合考虑被告人缴纳罚金的能力，决定罚金数额。

4.构成寻衅滋事罪的，综合考虑寻衅滋事的具体行为、危害后果、对社会秩序的破坏程度等犯罪事实、量刑情节，以及被告人的主观恶性、人身危险性、认罪悔罪表现等因素，决定缓刑的适用。"

重庆市高级人民法院、重庆市人民检察院《关于常见犯罪的量刑指导意见（试行）实施细则》（渝高法〔2021〕126号）第四章第（十五）节规定：

"1.法定刑在五年以下有期徒刑、拘役或者管制幅度的量刑起点和基准刑。

随意殴打他人，破坏社会秩序，情节恶劣和情节严重，具有下列情形之一的，在一年六个月至三年有期徒刑幅度内确定量刑起点：致一人以上轻伤的；引起他人精神失常、自杀等严重后果的；随意殴打精神病人、残疾人、流浪乞讨人员、老年人、孕妇、未成年人，造成恶劣社会影响的；在公共场所随意殴打他人，造成公共场所秩序严重混乱的。

随意殴打他人，破坏社会秩序，具有下列情形之一的，在三个月拘役至三年有期徒刑幅度内确定量刑起点：致二人以上轻微伤的；随意殴打他人达到三次的；持凶器随意殴打他人的；其他情节恶劣的情形。

追逐、拦截、辱骂、恐吓他人，破坏社会秩序，具有下列情形之一的，在一年六个月至三年有期徒刑幅度内确定量刑起点：追逐、拦截、辱骂、恐吓精神病人、残疾人、流浪乞讨人员、老年人、孕妇、未成年人，造成恶劣社会影响的；引起他人精神失常、自杀等严重后果的；严重影响他人的工作、生活、生产、经营的。

追逐、拦截、辱骂、恐吓他人，破坏社会秩序，具有下列情形之一的，在三个月拘役至三年有期徒刑幅度内确定量刑起点：追逐、拦截、辱骂、恐吓他人达到三次，造成恶劣社会影响的；持凶器追逐、拦截、辱骂、恐吓他人的；其他情节恶劣的情形。

强拿硬要或者任意损毁、占用公私财物，破坏社会秩序，具有下列情形之一的，在一年六个月至三年有期徒刑幅度内确定量刑起点：强拿硬要或者任意损毁、占用精神病人、残疾人、流浪乞讨人员、老年人、孕妇、未成年人的财物，造成恶劣社会影响的；引起他人精神失常、自杀等严重后果的；严重影响他人的工作、生活、生产、经营的。

强拿硬要或者任意损毁、占用公私财物，破坏社会秩序，具有下列情形之一的，在三个月拘役至三年有期徒刑幅度内确定量刑起点：强拿硬要公私财物价值一千元以上，或者任意损毁、占用公私财物价值二千元以上的；强拿硬要或者任意损毁、占用公私财物达到三次，造成恶劣社会影响的；其他情节严重的情形。

在车站、码头、机场、医院、商场、公园、影剧院、展览会、运动场或者其他公共场所起哄闹事，造成公共场所秩序严重混乱的，在一年至三年有期徒刑幅度内确定量刑起点。

在量刑起点的基础上，根据寻衅滋事次数、伤害后果、强拿硬要他人财物或任意损毁、占用公私财物数额等其他影响犯罪构成的犯罪事实增加刑罚量确定基准刑。有下列情形之一的，增加相应的刑罚量：

（1）每增加轻微伤一人，增加六个月以下刑期；

（2）每增加轻伤二级一人，增加六个月至一年刑期，每增加轻伤一级一人，增加一年至一年六个月刑期；

（3）每增加引起精神失常一人，增加六个月至一年六个月刑期；

（4）每增加引起自杀造成重伤、死亡一人，增加一年至二年刑期；

（5）随意殴打他人，追逐、拦截、辱骂、恐吓他人，强拿硬要或任意毁损、占用公私财物三次以上，每再增加一次，增加一个月至二个月刑期；在车站、码头、机场、医院、商场、公园、影剧院、展览会、运动场或者其他公共场所起哄闹事，造成公共场所秩序严重混乱，每增加一次，增加六个月至一年刑期；

（6）强拿硬要公私财物价值一千元以上的，数额每再增加一千元，增加一个月至二个月刑期；任意毁损、占用公私财物价值二千元以上的，数额再每增加二千元，增加一个月至二个月刑期；

（7）每增加刑法第二百九十三条第一款规定的四种情形之一的，增加六个月至一年刑期；

（8）其他可以增加刑罚量的情形。

2.法定刑在五年以上十年以下有期徒刑幅度的量刑起点和基准刑。

纠集他人三次实施寻衅滋事犯罪，严重破坏社会秩序的，在五年至七年有期徒刑幅度内确定量刑起点。

在量刑起点的基础上，根据寻衅滋事次数、伤害后果、强拿硬要他人财物或任意损毁、占用公私财物数额等其他影响犯罪构成的犯罪事实增加刑罚量，确定基准刑。有下列情形之一的，增加相应的刑罚量：

（1）每增加轻微伤一人，增加六个月以下刑期；

（2）每增加轻伤二级一人，增加六个月至一年刑期，每增加轻伤一级一人，增加一年至一年六个月刑期；

（3）每增加引起精神失常一人，增加六个月至一年六个月刑期；

（4）每增加引起自杀造成重伤、死亡一人，增加一年至二年刑期；

（5）纠集他人三次以上实施寻衅滋事犯罪，未经处理的，每再增加一次，增加六个月至一年刑期；

（6）强拿硬要公私财物价值一千元以上的，数额每再增加一千元，增加一个月至二个月刑期；任意毁损、占用公私财物价值二千元以上的，数额再每增加二千元，增加一个月至二个月刑期；

（7）寻衅滋事人数超过十人，每增加三人，增加一个月至二个月刑期；

（8）每增加刑法第二百九十三条规定的四种情形之一的，增加六个月至一年刑期；

（9）其他可以增加刑罚量的情形。

3. 有下列情形之一的，可以增加基准刑的20%以下：

（1）带有黑恶势力性质的；

（2）故意扩大事态，教唆他人实施针对医疗机构或者医务人员的寻衅滋事行为，或者以受他人委托处理医疗纠纷为名寻衅滋事的；

（3）纠集未成年人寻衅滋事的；

（4）其他可以从重处罚的情形。

4. 构成寻衅滋事罪，判处五年以上十年以下有期徒刑的，根据寻衅滋事的次数、危害后果、对社会秩序的破坏程度等犯罪情节，综合考虑被告人缴纳罚金的能力，决定罚金数额。

5. 构成寻衅滋事罪的，综合考虑寻衅滋事行为的具体情形、危害后果、对社会秩序的破坏程度等犯罪事实、量刑情节，以及被告人的主观恶性、人身危险性、认罪悔罪表现等因素，决定缓刑的适用。"

福建省高级人民法院、福建省人民检察院《〈关于常见犯罪的量刑指导意见（试行）〉实施细则（试行）》（闽高法发〔2021〕116号）第四章第（十五）节规定：

"1. 构成寻衅滋事犯罪的，可以根据下列不同情形在相应幅度内确定量刑起点：

（1）实施《中华人民共和国刑法》第二百九十三条第一款规定的寻衅滋事行为之一的，可以在六个月拘役至三年有期徒刑幅度内确定量刑起点。

（2）纠集他人多次实施寻衅滋事犯罪，严重破坏社会秩序的，可以在五年至七年有期徒刑幅度内确定量刑起点。

2. 在确定量刑起点的基础上，根据寻衅滋事次数、伤害后果、强拿硬要他人财物或任意毁损、占用公私财物数额等其他影响犯罪构成的犯罪事实增加刑罚量，确定基准刑。

（1）每增加一人轻微伤，可以增加一个月至三个月的刑期，确定量刑起点时已评价的除外；

（2）每增加一人轻伤，可以增加三个月至六个月的刑期，确定量刑起点时已评价的除外；

（3）每增加引起精神失常一人，可以增加六个月至一年六个月的刑期；

（4）每增加引起自杀造成重伤、死亡一人，可以增加一年至二年的刑期；

（5）每增加《中华人民共和国刑法》第二百九十三条第一款规定情形之一的，可以增加六个月至一年六个月的刑期；

（6）随意殴打他人，追逐、拦截、辱骂、恐吓他人，强拿硬要或任意损毁、占用公私财物三次以上，每再增加一次，可以增加一个月至二个月的刑期；在公共场所起哄闹事，造成公共场所秩序严重混乱，每增加一次，可以增加六个月至一年的刑期；

（7）强拿硬要公私财物数额达到1000元，每增加1000元，可以增加一个月至三个月的刑期；任意毁损、占用公私财物数额达到2000元，每增加2000元，可以增加一个月至三个月的刑期；

（8）纠集他人实施寻衅滋事犯罪三次以上，未经处理的，每再增加一次，可以增加六个月至一年的刑期。

3. 纠集未成年人寻衅滋事的，可以增加基准刑的20%以下。

4. 构成寻衅滋事罪，判处五年以上十年以下有期徒刑的，根据寻衅滋事的次数、危害后果、对社会秩序的破坏程度等犯罪情节，综合考虑被告人缴纳罚金的能力，决定罚金数额。一般可以并处五千元以上七万元以下罚金。其中：判处五年以上七年以下有期徒刑的，一般可以并处五千元至五万元罚金；判处七年以上十年以下有期徒刑的，一般可以并处一万元至七万元罚金。

5. 构成寻衅滋事罪的，综合考虑寻衅滋事行为的具体情形、危害后果、对社会秩序的破坏程度等犯罪事实、量刑情节以及被告人的主观恶性、人身危险性、认罪悔罪表现等因素，决定缓刑的适用。

具有下列情形之一，符合缓刑适用条件的，可以适用缓刑：

（1）因日常生活偶发矛盾纠纷，借故生非，寻衅滋事，被害人有一定过错，且被告人积极赔偿被害人损失或者取得被害人谅解的；

（2）因婚恋、家庭、邻里、债务等纠纷，寻衅滋事，被告人积极赔偿被害人损失或者取得被害人谅解的；

（3）未成年人向其他未成年人强行索要随身携带的生活、学习用品或者少量钱物，取得被害人谅解的；

（4）其他可以适用缓刑的情形。

具有下列情形之一的，一般不适用缓刑：

（1）实施刑法第二百九十三条第一款第（一）至（四）项规定中两项以上寻衅滋事行为的；

（2）纠集未成年人寻衅滋事的；

（3）寻衅滋事带有黑恶势力性质的；

（4）曾因寻衅滋事或其他扰乱社会管理秩序的行为受过刑事处罚或者一年内受过行政

拘留的；

（5）其他不适用缓刑的情形。"

除上述展示地区高级人民法院《关于常见犯罪的量刑指导意见（试行）实施细则》之外，各地均有地方司法文件对寻衅滋事罪的量刑标准进行规定。

10.2　典型案例

10.2.1　典型案例一：恶势力团伙为承包项目工程、销售建筑材料成立阻扰施工团体多次阻工构成寻衅滋事罪

【案情简介】

2017 年上半年，为承包长某项目工程、销售建筑材料，某组以张某、舒某、张某 1、舒某 2 为首的阻工团体，利用本组组民的微信群，实时发出阻工指令，要求各户村民参加。张某、舒某、张某 1、舒某 2 等成员多次召开内部会议就承揽工程、组织阻工等问题达成共识。张某鼓励成员积极阻工，承诺遇到问题由他利用镇政府协调员的身份来协调。为承包工程项目、销售建筑材料，张某、舒某、张某 1、舒某 2 组织村民以暴力、威胁手段多次阻工闹事，强揽工程并严重扰乱社会秩序。

2017 年 10 月下旬至 11 月期间，张某、舒某、张某 1、舒某 2 为承包长某项目工程，多次纠集舒某 3、张某 2 及当地村民以暴力、威胁方式大规模阻工，并推倒已建好的围挡，使长某项目的建设一直无法进行，又将长某项目工作人员从项目部和指挥部赶走，迫使员工无法正常工作、生产。舒某等人的行为造成损失共计人民币 84900 元。

2017 年 10 月下旬，尚某公司将长某项目桩基工程承包给顾某，顾某三次组织桩基队伍进场，张某、舒某、张某 1、舒某 2 邀集了舒某 3、张某 2 及部分村民以拦路、言语威胁等方式阻挠，致使工程一直无法施工。经鉴定，桩基队伍三次进场费用损失为 76500 元。

2017 年 11 月中旬，尚某公司正在进行围挡施工时，张某、舒某 2 带着十来个村民用暴力方式推倒砌好的围挡十余米，并对尚某公司施工人员进行言语威胁。

2017 年 11 月 23 日晚，因对尚某公司将桩基工程承包给他人心生不满，张某和二十余名村民手持棍棒、锄头等工具到尚某公司项目部闹事，对长某项目生产副经理宇某某实施暴力和言语威胁，并将尚某公司员工从项目部赶出去，持续吵闹一个多小时。2017 年 11 月 24 日凌晨，因张某被人打伤（另案处理），舒某、舒某 2、舒某 3、张某 1 等人认为与尚某公司有关，纠集村民持木棒来到尚某公司，将项目部、指挥部员工驱赶出去，将指挥部的电动门推倒。张某 1 驾驶铲车将项目部的临时围挡铲倒了十多米，并把泥土堆放在项目部门前，堵住进出口。次日早晨，张某 1 将指挥部大门上锁。导致尚某公司员工只能外出租房居住，造成租金损失人民币 8400 元。

舒某、张某分别于 2018 年 12 月 10 日、26 日主动投案；舒某 1、张某 1、舒某 3、张某 2 分别于 2018 年 12 月 5 日、12 日被抓获到案。

【法院观点】

被告人张某、舒某、张某 1、舒某 2 为达到强揽工程的目的，纠集被告人舒某 3、张某 2 强拿硬要、任意毁损他人财物，情节严重；威胁、恐吓他人，情节恶劣，严重破坏社会秩序。被告人张某、舒某、张某 1、舒某 2、舒某 3 构成寻衅滋事罪；被告人张某 2 构成寻衅滋事罪。被告人张某犯罪后主动投案，如实供述犯罪事实，是自首，对其犯寻衅滋事罪依法予以从轻处罚，其在寻衅滋事犯罪中为主要策划人，利用镇政府协调员的身份了解的情况煽动、组织村民阻工闹事，在共同犯罪中起主要作用，系主犯，应当按照其所参与的全部犯罪处罚。被告人舒某 2 作为该组的组长并与舒某、张某 1 作为村民选出的村民代表，在寻衅滋事共同犯罪中参与商量策划，组织村民以暴力、威胁方法阻工闹事，在共同犯罪中均起主要作用，均系主犯，应当按照其所参与的全部犯罪处罚。被告人舒某、张某 1 归案后，能如实供述犯罪事实，认罪态度好，依法予以从轻处罚。被告人舒某 2 犯罪后主动投案，如实供述犯罪事实，是自首，对其犯寻衅滋事罪予以从轻处罚。被告人舒某 3 在寻衅滋事共同犯罪中，积极参加阻工闹事，在共同犯罪中起主要作用，系主犯，应当按照其所参与的全部犯罪处罚。其在被判处有期徒刑刑满释放后五年内，再犯应当判处有期徒刑以上刑罚之罪，系累犯，依法予以从重处罚。被告人舒某 3 归案后，能如实供述犯罪事实，认罪态度好，依法予以从轻处罚。被告人张某、舒某、张某 1、舒某 2、舒某 3 均一人犯二罪，二罪并罚。被告人张某 2 在寻衅滋事共同犯罪中，积极参与阻工闹事，在共同犯罪中起主要作用，系主犯，应当按照其所参与的全部犯罪处罚。其归案后，能如实供述犯罪事实，认罪态度好，系坦白，依法予以从轻处罚。

【裁判结果】

一审法院判决：

一、被告人张某犯寻衅滋事罪，判处有期徒刑三年。

二、被告人舒某犯寻衅滋事罪，判处有期徒刑三年。

三、被告人张某 1 犯寻衅滋事罪，判处有期徒刑二年。

四、被告人舒某 2 犯寻衅滋事罪，判处有期徒刑一年六个月。

五、被告人舒某 3 犯寻衅滋事罪，判处有期徒刑二年。

六、被告人张某 2 犯寻衅滋事罪，判处有期徒刑一年三个月。

二审法院驳回上诉，维持原判。

10.2.2 典型案例二：在项目结算阶段，施工单位聚集多人在售楼处索要工程款构成寻衅滋事罪

【案情简介】

2017 年 8 月初至 25 日期间，林某因某工程款结算与他人发生纠纷后，即通过胡某介

绍找到被告人陈某，让陈某帮忙前去追讨工程款。陈某联系被告人王某，二人先后纠集多人多次前往某售楼部一楼大厅及二楼办公场所，采用滋扰、纠缠、威吓、聚众造势等手段索要债务，扰乱某售楼部的办公秩序，影响正常营业。事后陈某获取报酬 10000 元。

2017 年 9 月 16 日，盛某因工程款结算与谈某发生纠纷，遂找到被告人陈某，让陈某帮忙向谈某追讨工程款。陈某联系被告人王某，二人先后纠集多人，前往谈某办公室，采用滋扰、纠缠、恐吓、聚众造势等手段索要债务。事后陈某将谈某支付的款项中的 100000 元占为己有。

2017 年 10 月，周某（另案处理）因与黄某发生债务纠纷，遂找到被告人王某，让王某帮忙向黄某追讨欠款。王某指使多人前往黄某住宅，多次昼夜采用按门铃、蹲守、恐吓、威胁等方式，滋扰黄某家人正常生活。2017 年 10 月 13 日，黄某家人电话报警，民警出警制止后，被告人仍持续多日滋扰。事后周某向王某支付报酬 2000 元。

2017 年 11 月 24 日，杨某 1 因工程款结算与杨某 2 发生纠纷，遂通过郑某找到被告人陈某向杨某 2 追讨债务，陈某联系被告人王某，二人先后纠集多人前往杨某 2 办公室采取殴打、恐吓、威胁等手段索要该债务。

【法院观点】

被告人陈某、王某等有组织地采用滋扰、纠缠、哄闹、聚众造势等手段，非法讨要债务，严重破坏社会秩序及扰乱公共场所秩序，其行为均已构成寻衅滋事罪，依法应当判处五年以下有期徒刑、拘役或者管制。

【裁判结果】

1. 被告人陈某犯寻衅滋事罪，判处有期徒刑四年六个月。
2. 被告人王某犯寻衅滋事罪，判处有期徒刑四年六个月。

10.2.3　典型案例三：行为人为了索要工程保证金占据竣工建筑物妨碍其交付构成寻衅滋事罪

【案情简介】

2015 年 8 月，某建设公司承建某物流公司物流园项目，该公司负责人孙某将配送中心和 4 号、6 号厂房以"全包"的方式转包给黄某 2。2016 年 11 月 10 日，孙某与黄某 2 因工程款以及工程进度纠纷而解除合同。2016 年年底被告人李某向黄某 2 表示想承接厂房的建设，黄某 2 为将工程转包给李某，遂委托黄某 1 找孙某恢复合同。2016 年 12 月 19 日，黄某 2 将厂房工程转包给李某承建，黄某 2、黄某 1 收取李某缴纳的保证金 30 万元。同年 12 月 20 日，孙某与黄某 2 恢复合同，约定黄某 2 补交 30 万元保证金，黄某 1 为担保人。后孙某实收黄某 2 补交的 10 万元保证金。2017 年 3 月，配送中心竣工。黄某 2 承诺给李某建设的厂房一直未开工，2018 年 2 月全 2019 年 9 月，李某为向黄某 2 讨债，全家搬进配送中心居住，致使配送中心未能交付。2018 年 11 月 14 日李某将黄某 2、黄某 1 起诉至法院，2019 年 1 月 22 日经法院调解后，李某仍然不搬离配送中心。

【法院观点】

被告人李某任意占用他人财物，严重影响他人的生产、经营，破坏社会秩序，情节严重，其行为已触犯刑法，构成寻衅滋事罪。李某提出"是黄某2、孙某答应让其进去居住，是为了看管材料"的辩解意见，无相关证据予以证实，亦与常理不相符合。李某虽然没有拿到工程款，但应当通过合法的途径来维护自己的合法权利，而不能采取以长期占用他人财物的违法方法来达到自己的目的。

【裁判结果】

一审法院判决：被告人李某犯寻衅滋事罪，判处有期徒刑一年六个月。

二审法院裁定驳回上诉，维持原判。

10.2.4 典型案例四：行为人为使施工方退场采取暴力或者软暴力手段构成寻衅滋事罪

【案情简介】

2012 年至 2013 年间，东某公司与被害人周某因某房产工程项目承包一事发生纠纷，周某所属施工队滞留该项目施工工地，东某公司法定代表人巩某与李某商议由李某负责将周某赶出工地。2013 年 5 月至 7 月，李某伙同多人在该建设工地采用言语威胁、持械驱赶、随意殴打、驾车堵截、派人驻守工地等暴力或者软暴力手段逼迫被害人周某及其工人退出工地。

【法院观点】

被告人持凶器随意殴打、追逐、拦截、恐吓他人，情节恶劣，破坏社会秩序，其行为均已构成寻衅滋事罪。

【裁判结果】

一审法院判决：

1. 被告人巩某犯寻衅滋事罪，判处有期徒刑一年八个月；

2. 被告人李某犯寻衅滋事罪，判处有期徒刑二年。

二审法院裁定驳回上诉，维持原判。

10.3 辩护要点

10.3.1 无罪辩护

10.3.1.1 寻衅滋事罪与民事纠纷引发的闹事行为的区别

建设工程领域常见行为人因讨债、清场等在公共场所殴打、辱骂他人，在路上拦截、追逐他人，或为索要债务而强行拿走、毁坏、占有他人财产等行为，虽然在行为方式上与寻衅滋事犯罪相似，但都是事出有因，因此不作为本罪处理。可见寻衅滋事罪与民事纠纷引发的闹事行为的区别主要在于寻衅滋事罪需要以"寻求刺激、发泄情绪、逞强要横等，无事生非"为犯罪动机。因此行为人出于正当理由，就算实施了与《刑法》第二百九十三条规定相类似的行为，也应该从"主观动机"上切入组织无罪辩护。一些被侵权的受害者在维护自身权利中存在着一些不当的行为，已经被不少法院认定不构成寻衅滋事罪，这才是对寻衅滋事罪的正确理解。其实，寻衅滋事罪是用于打击"耍流氓"，而不是打击不规范的维权行为。例如在某案中，工地包工头找被告人要工程款，被告人指使他人对要工程款的包工头进行威胁，故意在外辱骂包工头，法院认为证言证人是证人对案件情况的感知，而不是证人的推测或分析判断意见，本案没有证人是如何听到或得知被告人指使他人对被害人辱骂、恐吓的内容，多是证人自己的猜测、评论性、推断性的内容，因此认定被告人的行为构成寻衅滋事罪的证据不足。而在另一案中，因为土地补偿款发放不及时、施工方毁坏水坝污染村民生活用水、村民生活生产用的便道被毁、群众出行困难等原因，村民拦路阻工，辩护人主张高速路施工直接侵害了水洞组村民的切身利益，村民拦路阻工是维权行为，不属于借故生非，不构成寻衅滋事罪，但法院认为村民连续实施拦路阻工，部分村民对施工工人追打、威胁，甚至将工地电闸总闸拉下，险些引发安全事故，严重影响高速公路工程建设，该行为已超出正常维权的范畴，其行为构成寻衅滋事罪。

10.3.1.2　对不构成"情节恶劣"的程度的辩护

《治安管理处罚法》第二十六条规定了寻衅滋事违法行为，《刑法》第二百九十三条规定了寻衅滋事罪，这说明只有"情节恶劣"的寻衅滋事行为，才会从违法升格为犯罪。那些没有严重情节的寻衅滋事行为，可以做无罪辩护。在某案中，因被告人拖欠包工头的工程款，工人到华厦中央广场工地找被告人要工资，被被告人用拳头殴打，辩护人称被告人对工人的殴打行为未达到情节恶劣的程度，不构成寻衅滋事罪，但法院在判断被告人行为时，结合其指使、授意犯罪集团成员多次对他人进行殴打行为，认为足以认定其随意殴打他人属情节恶劣的事实。

10.3.2　与其他罪的区别

寻衅滋事罪有时会与故意伤害罪、故意毁坏财物罪、聚众扰乱社会秩序罪、聚众斗殴罪等相近，辩方应对构成罪名予以正确区分。区分寻衅滋事与故意伤害需要分析：案件发生的场所，如果在公共场所更有可能构成寻衅滋事，如果行为人对伤害场所精心选择，甚至挑选人少、偏僻的场所，更可能构成故意伤害；被害对象的特定与否，如果被害对象是特定的更可能构成故意伤害，如果被害对象是不特定的，更可能构成寻衅滋事；行为人对伤害结果所持的态度，故意伤害的主观故意一般以直接故意为主，寻衅滋事行为人对致人伤害结果一般持放任态度。寻衅滋事罪与聚众扰乱社会秩序罪主要区别在于行为人的目的，后者行为人通常事出有因，要达成某种个人目的。寻衅滋事罪与聚众斗殴罪的区别主要在于犯罪动机和人员规模。辩方在辩护过程中应区分此罪和彼罪。如在某案中，被告人1在被告人2的纠集下，明知被告人2欲向工地负责人抽利，伙同他人对混凝土供应者的驾驶人员进行殴打，打砸混凝土供应者的车辆，其行为已构成敲诈勒索罪；被告人3在被告人1的纠集下，参与打砸车辆，帮助被告人2一伙完成敲诈勒索的犯罪事实，其行为亦构成敲诈勒索罪，公诉机关指控被告人1、被告人2的实施该行为构成寻衅滋事罪定性不妥，应予纠正。在另一案中，对于抗诉机关提出被告人被人纠集，殴打民工的行为应以聚众斗殴罪论处的抗诉意见，法院认为被告人殴打民工的事件是某人因为工地卸货问题及不给农民工结算工资的事宜与农民工产生矛盾，出于报复怠工人员及发泄不满情绪的动机，纠集了被告人殴打怠工的农民工，但是被告人的殴打对象并不确定，殴打行为主观目的和意图随意性较大，在打架事件的整个过程中，被害人一方始终处于消极被动的地位，因此被告人的行为不符合聚众斗殴罪的构成要件和行为特征，应被定性为寻衅滋事罪。

10.3.3 认罪悔罪，积极赔偿被害人，取得被害人谅解

如果行为人行为构成寻衅滋事罪的要件，则辩方可以从量刑情节上为其辩护。比如行为人及其近亲属赔偿被害人经济损失，并取得谅解，视为被告人具有悔罪表现，依法可酌情从轻处罚。在某案中，某小区的三位业主因为所购房屋出现裂缝、漏水等质量问题，先后到开发商、信访局、市住房和城乡建设局反映问题并进行维权未果，后被告人分别殴打三名被害人，造成三名被害人不同程度的受伤，法院认为被告人无视国家法律，多次殴打他人，致一人轻微伤，情节恶劣，其行为已构成寻衅滋事罪，但案发后，被告人及其近亲属赔偿被害人经济损失，并取得谅解，视为被告人具有悔罪表现，依法可酌情从轻处罚，宣告缓刑对其居住社区并无不良影响，符合适用缓刑的法定条件。

10.4 合规管理

10.4.1 防范涉黑涉恶与寻衅滋事罪的结合

（1）企业提高政治站位，应把扫黑除恶专项斗争工作作为重要政治任务，加大宣传，持续推进，进一步提高政治站位，充分认识开展扫黑除恶专项斗争的政治意义、现实意义、历史意义。各建筑企业主要负责人是扫黑除恶专项斗争第一责任人，要有高度的政治敏锐性，既要确保扫黑除恶专项斗争各项工作落到实处，又要积极扛起行业治理责任。

（2）企业应加强涉黑涉恶因素线索识别，在市场经济活动中，一旦发现或遇到涉黑涉恶因素线索，应加强识别能力，及早警觉。一方面消除可能的被侵害因素，另一方面也是履行社会责任、行业责任的具体表现。很多地方都设有专门的举报电话、举报邮箱和信箱，并成立了扫黑除恶专项斗争领导小组办公室。施工企业在线索排查的同时，也应积极向有关部门进行线索举报，使涉黑涉恶违法犯罪无所遁形。

（3）企业应加强自身涉黑涉恶因素的排查。除了要及时发现以上行业乱象并积极举报，施工企业也应按照中央及地方有关法律法规、政策的要求，在企业内部开展涉黑涉恶问题专项排查治理行动，并及时有效进行处理，有力遏制涉黑涉恶违法犯罪行为。

10.4.2　应加强企业员工防范意识

施工单位负责人应具备防范和化解矛盾的能力和素质，遇到问题多协商，多沟通，想对策。应充分利用好法律武器，通过调解、民事诉讼等多种合法手段解决问题，切不可逞一时之快。同时注意约束好员工，避免员工私自作出过激举动。更不能为了利益而教唆员工、煽动群众闹事。

10.4.3　应妥善处理他人犯罪行为

一旦有其他单位人员、社会闲散人员为达到"强揽工程""强卖材料""强行阻工"等不法目的而对施工企业办公场所、人员实施暴力或软暴力行为，应妥善处理，及早报警，切不可激化矛盾。当企业人员生命财产安全受到威胁时也要勇于与犯罪行为作斗争，进行正当防卫。但要注意避免超过必要限度。如果在制止他人暴力犯罪的过程中防卫过当也可能承担刑事责任。

第 11 章　伪造公司、企业、事业单位、人民团体印章罪

2015 年 1 月，被告人郑某作为黄山某工程的分包人，为经营便利，擅自对某建设工程公司的印章进行扫描并将其插入授权委托书电子文档伪造授权委托书，从而骗取黄山管委会会计核算中心 300 万元工程款，并转入其个人银行账户。随后，又利用虚假授权委托书调换的方式，再次骗取核算中心财务人员结算款项，并打入其个人账户，法院认定其构成伪造公司印章罪，并判处有期徒刑。

因为我国的建筑施工企业，一般具有多个分支公司和许多职能部门，再加上诸多事宜都需要分支机构独自进行业务往来，所以往往一个大型的施工企业都会有很多印章，难以分辨，而为了经营便利私刻印章的行为一直屡见不鲜。

11.1　伪造印章罪罪名分析

《刑法》

第二百八十条　伪造、变造、买卖或者盗窃、抢夺、毁灭国家机关的公文、证件、印章的，处三年以下有期徒刑、拘役、管制或者剥夺政治权利，并处罚金；情节严重的，处三年以上十年以下有期徒刑，并处罚金。

伪造公司、企业、事业单位、人民团体的印章的，处三年以下有期徒刑、拘役、管制或者剥夺政治权利，并处罚金。

伪造、变造、买卖居民身份证、护照、社会保障卡、驾驶证等依法可以用于证明身份的证件的，处三年以下有期徒刑、拘役、管制或者剥夺政治权利，并处罚金；情节严重的，处三年以上七年以下有期徒刑，并处罚金。

上述条款为选择性罪名，本文仅讨论伪造公司印章罪。

11.1.1　主体要件

本罪的主体属一般主体，凡年满 16 周岁，且具备刑事责任能力的自然人均能构成本罪。

11.1.2　客体要件

本罪所侵犯的直接客体是公司、企业、事业单位、人民团体的正常活动的声誉，同时构成对社会公共秩序的侵犯。

本罪的犯罪对象是公司、企业、事业单位、人民团体的印章。所谓印章，是指公司、企业、事业单位、人民团体刻制的以文字、图记表明主体同一性的公章、专用章，它是公司、企业、事业单位、人民团体从事民事活动、行政活动的符号和标记。作为本罪犯罪对象的印章，须是公司、企业、事业单位、人民团体的印章，侵犯国家机关的印章不构成本罪。

11.1.3　主观要件

本罪在主观方面是故意。即行为人明知自己无权制作上述单位的印章但为了某种目的而进行伪造。如行为人根本不知道所承制的印章是他人无权要求制作的，不构成本罪。

行为人犯罪的动机是多种多样的，有的是为了取得某种利益，有的是为了营利，有的是为了实施其他犯罪活动而做准备，等等。

11.1.4　客观要件

本罪在客观方面表现为行为人实施了伪造公司、企业、事业单位、人民团体印章的行为。所谓"印章"，是指上述单位依法刻制的以文字与图记表明主体同一性的公章或专用章，是上述单位行使管理本单位事务、对外承担法律规定的权利义务和法律后果的符号和标记。一般说来，公文要在加盖印章后始能生效。因此刑法第二百八十条仅对伪造上述单位印章的行为明确规定为犯罪。如果行为人实施了伪造上述单位公文、证件的行为的，则不构成本罪。所谓"伪造"是指无制作权的人，冒用名义，非法制作上述单位的印章的行为。本罪是选择性罪名，只要行为人实施了伪造印章的行为就可构成本罪。具体罪名可根据所伪造单位的印章来定，如伪造公司印章罪、伪造企业印章罪、伪造人民团体印章罪，等等。

11.1.5　追诉标准

11.1.5.1　立案标准

本罪是行为犯，只要行为人实施了伪造公司、企业、事业单位、人民团体印章的行为，原则上就构成犯罪，应当立案追究。伪造印章的数量不是伪造印章罪的犯罪构成要件，但可以作为量刑情节考虑。

同时，本罪是选择性罪名，只要行为人实施了伪造印章的行为，就可构成本罪。

11.1.5.2　量刑标准

一般情形处三年以下有期徒刑、拘役、管制或者剥夺政治权利，并处罚金。

11.2 典型案例

11.2.1 典型案例一：伪造电子印章与伪造实体印章同罪

【案情简介】

自 2017 年始，被告人洪某 1 与国大公司合作投标。2019 年 11 月，被告人洪某 1 受国大公司经营开发部经理的委托在广东省珠海市合作投标事宜。被告人洪某 1、庄某 2 未经国大公司同意，擅自将该公司的印鉴样式提供给同案人（姓名不详，在逃），以人民币 50 元让其伪造国大公司公章 1 枚（经鉴定，该印章盖印印迹与国大公司的印文样本印迹不是同一印章所盖），后洪某 1、庄某 2 在珠海市公共资源交易平台擅自以国大公司名义投标一个港区地下排水、排污管网修复工程项目（未中标）。2020 年初，国大公司发现该公司在珠海市公共资源交易平台被冒名投标遂报案处理。2020 年 7 月 7 日，公安机关将被告人洪某 1 抓获归案。2020 年 7 月 9 日，被告人庄某 2 投案自首。公安机关扣押红色印章 1 个、电子印章 1 个。案发后，被告人洪某 1、庄某 2 取得被害单位的谅解。

【法院观点】

法院认为，被告人洪某 1、庄某 2 伪造公司印章并予以使用，其行为均已构成伪造公司印章罪，依法应当在"处三年以下有期徒刑、拘役、管制或者剥夺政治权利，并处罚金"的量刑幅度内处罚。被告人洪某 1 归案后如实供述犯罪事实，自愿认罪认罚，且已取得被害单位的谅解，可以从轻处罚。被告人庄某 2 犯罪以后自动投案，如实供述自己的罪行，是自首，能够自愿认罪认罚且已取得被害单位的谅解，可以对其从轻处罚。根据被告人洪某 1、庄某 2 的犯罪事实和情节，适用缓刑确实不致再危害社会，可以对其宣告缓刑。缴获的作案工具印章 1 个及电子印章 1 个，依法予以没收。

【裁判结果】

1. 被告人洪某 1 犯伪造公司印章罪，判处有期徒刑七个月，缓刑一年，并处罚金人民币一千元。

2. 被告人庄某 2 犯伪造公司印章罪，判处有期徒刑六个月，缓刑一年，并处罚金人民币一千元。

3. 缴获的作案工具红色印章 1 个、电子印章 1 个，依法予以没收。

11.2.2 典型案例二：伪造印章罪可与其他罪名构成牵连犯罪

【案情简介】

2018 年 7 月 9 日，被告人郭某 1 为取得被害人周某 2 的信任，伪造"珠海市建铭建筑劳务有限公司合同专用章（2）"，并伪造该公司进场施工通知书、授权委托书及内部建设合作工程协议书，假借该公司名义与周某 2 签订劳务扩大承包合同，后郭某 1 取得周某

2 交付的保证金 20 万元。经陕西省西安市某中心鉴定：上述文件中"珠海市建铭建筑劳务有限公司合同专用章（2）"的印文与真实印文原件不统一。另查明，珠海市建铭建筑劳务有限公司并未与郭某 1 签订关于曲江观山悦的 3.3 期 39 号楼劳务工程合同，也没有委托郭某 1 办理相关业务及施工进场通知书。

【法院观点】

法院认为，被告人郭某 1 以非法占有为目的，冒用他人名义签订合同，骗取他人财物，且数额巨大，其行为已构成合同诈骗罪。西安市雁塔区人民检察院指控被告人所犯罪名成立。被告人辩称其行为仅构成伪造公司印章罪，经查，被告人郭某 1 在没有被"珠海市建铭建筑劳务有限公司"授权的情况下，伪造该公司印章及授权委托书、合同等文件，以该公司的名义与被害人周某 2 签订劳务扩大承包合同，并以该公司名义伪造进场施工通知，从而骗取被害人周某 2 交付的保证金 20 万元，其行为符合合同诈骗罪的构成要件，伪造公司印章只是其实施合同诈骗的行为手段，系牵连犯，故对被告人的辩解理由及辩护人关于被告人不构成合同诈骗罪的辩护意见不予采纳。

【裁判结果】

被告人郭某 1 犯合同诈骗罪，判处有期徒刑三年，宣告缓刑五年。

11.2.3　典型案例三：委托人和实际伪造人均构成伪造印章罪

【案情简介】

2017 年 11 月，李某 1 向刘某 2 发送了"南通华润建设工程有限公司"印章的图片，并支付 200 元让刘某 2 制作了伪造的印章。2017 年 12 月和 2018 年 3 月，李某 1 分别发送了"盐城市苏厦建设集团有限公司"和"江苏明华建设有限公司"的印章图片，支付了 150 元和 300 元来制作相应的伪造印章。此外，2019 年 9 月和 2019 年 11 月，李某 1 分别委托刘某 2 制作了"江苏沪港装饰有限公司"和"江苏铭城建筑设计院有限公司建筑消防设计自审专用章"等印章，并支付了 300 元和 600 元制刻假章的费用。2020 年 4 月，李某 1 再次向刘某 2 提供"盐城市规划局审批专用章（2）"的图片，并支付 300 元制作伪造印章的费用。

【法院观点】

法院认为，被告人刘某 2、李某 1 伪造国家机关印章，伪造公司、企业印章，被告人刘某 2、李某 1 的行为均已分别构成伪造国家机关印章罪，伪造公司、企业印章罪，其均系共同犯罪，应予科刑处罚。公诉机关指控被告人刘某 2、李某 1 犯伪造公司、企业印章罪的事实清楚，证据确实、充分，指控的罪名成立，法院予以支持；但指控二人犯买卖、伪造国家机关印章罪的罪名不当，根据查明的事实，二人共同实施伪造国家机关印章的犯罪行为，均应认定伪造国家机关印章罪，法院对公诉机关指控的罪名予以调整。被告人刘某 2、李某 1 均系一人犯数罪，应当数罪并罚。

【裁判结果】

1. 被告人刘某2犯伪造国家机关印章罪，判处有期徒刑八个月，并处罚金人民币二万元；犯伪造公司、企业印章罪，判处有期徒刑一年六个月，并处罚金人民币三万元；数罪并罚，决定执行有期徒刑二年，并处罚金人民币五万元。

2. 被告人李某1犯伪造国家机关印章罪，判处有期徒刑六个月，并处罚金人民币二万元；犯伪造公司、企业印章罪，判处有期徒刑一年四个月，并处罚金人民币三万元；数罪并罚，决定执行有期徒刑一年六个月，并处罚金人民币五万元。

11.2.4 典型案例四：主犯之间亦可以区分地位作用而分别量刑处理

【案情简介】

2019年上半年，骆某1和王某2得知贵州省有关脱贫攻坚政策扶持的文件，规定一级资质公司可以在特定地区注册成立独立法人子公司并申报相应资质。他们计划利用这一政策成立公司并申报资质。骆某1通过朋友介绍认识了黄某3，并商讨合作事宜。双方达成协议，黄某3提供金光道环境建设集团有限公司的相关资料，骆某1使用这些资料注册了多家公司，并伪造了金光道环境建设集团有限公司的印章。其间，骆某1将相关资料转发给了杨某4，并安排杨某4制作了一枚假的金光道环境建设集团有限公司印章。

2019年9月24日，金光道环境建设集团有限公司发现异常并报案。随后，公安机关对骆某1、王某2、黄某3和杨某4展开调查。2019年10月24日，骆某1、王某2被传唤归案；2019年10月30日，黄某2主动到公安机关投案；2019年11月13日，杨某3被抓获归案。随后，江西吉安司法鉴定中心作出司法鉴定意见书，确认五家公司资料中关于金光道环境建设集团有限公司的印文与公安局备案印章不符。

【法院观点】

法院认为，被告人骆某1、黄某3、王某2、杨某4为谋私利，擅自伪造被害单位金光道环境建设集团有限公司印章并使用，其行为均已触犯刑律，构成伪造公司印章罪。公诉机关指控的罪名成立。在该共同犯罪过程中，被告人骆某1和王某2擅自伪造被害单位印章并使用所伪造的印章注册、控股其他公司以牟取私利，系犯意提起者和主要实施者，辩护人所提被告人骆某1并非犯意提起者、被告人王某2是事后得知所起作用小的辩护意见与事实和法律不符，不予采信；被告人黄某3身为被害单位分公司负责人本应妥善保管相关文书、印鉴却擅自提供给他人伪造牟利，系主要实施者，该三被告人所起作用大、系主犯。被告人杨某4作为公司职员受被告人骆某1等人安排私刻了一枚被害单位印章并使用，起次要作用、系从犯，应从轻处罚。

【裁判结果】

1. 被告人骆某1犯伪造公司印章罪，判处拘役六个月，并处罚金人民币二万元。

2. 被告人黄某3犯伪造公司印章罪，判处拘役六个月，并处罚金人民币二万元。

3. 被告人王某 2 犯伪造公司印章罪，判处拘役六个月，并处罚金人民币一万五千元。

4. 被告人杨某 4 犯伪造公司印章罪，判处管制三个月，并处罚金人民币五千元。

11.3　辩护要点

11.3.1　伪造公司印章处以刑事处罚还是治安处罚的界限

《治安管理处罚法》第五十二条规定："有下列行为之一的，处十日以上十五日以下拘留，可以并处一千元以下罚款；情节较轻的，处五日以上十日以下拘留，可以并处五百元以下罚款：（一）伪造、变造或者买卖国家机关、人民团体、企业、事业单位或者其他组织的公文、证件、证明文件、印章的……"

《刑法》第二百八十条第二款规定："伪造公司、企业、事业单位、人民团体的印章的，处三年以下有期徒刑、拘役、管制或者剥夺政治权利，并处罚金。"

根据《刑法》的规定，犯罪是指一切危害国家主权、领土完整和安全，分裂国家、颠覆人民民主专政的政权和推翻社会主义制度，破坏社会秩序和经济秩序，侵犯国有财产或者劳动群众集体所有的财产，侵犯公民私人所有的财产，侵犯公民的人身权利、民主权利和其他权利，以及其他危害社会的行为，犯罪行为依照法律应当受刑法处罚，但是情节显著轻微危害不大的，不认为是犯罪。

虽然在《治安管理处罚法》和《刑法》中都对于伪造公司公章的行为规定了相应的处罚结果，对于情节显著轻微危害不大的违法行为不构成刑事犯罪，但何为情节显著轻微危害不大却并未详细载明予以量化，且在实务中两种责任的界限也较为模糊。

11.3.2　并非经过对方公司企业同意，就不构成伪造印章罪

为了保障经营活动正常而有序地进行，维护好社会公共秩序。根据《国务院关于国家行政机关和企业、事业单位印章的规定》《印铸刻字业暂行管理规则》的规定，未经许可的主体不得从事公章刻制业务，并且刻制印章的主体，必须要取得用章单位的委托书以及公安部门的许可，才能刻制印章。印章管理是重要的公司经营管理制度，很多公司对于印章的使用太过随意，没有规定具体的施行细则与审批流程，甚至有公司故意刻制多套印章以防万一，逃避经济纠纷的责任。但因为伪造印章罪的侵犯客体除去公司正常活动和声誉外，还有社会公共秩序，所以获得公司许可后进行印章的伪造行为依旧构成违法犯罪。

11.3.3　伪造印章罪可与其他更重罪名构成牵连犯罪

行为人伪造印章的违法行为，经常都是后续合同诈骗、骗取贷款等罪名的必经步骤，所以在法院实务审判中，往往都会择一重罪处罚。所以进行刑事辩护之时，也可以把辩护重心放在牵连犯罪方面。着重去证明当事人是为了实现诈骗目的而进行的伪造印章行为，

伪造印章罪与诈骗罪系牵连犯关系，可以引导法院择一重罪处罚，从而为当事人减少刑期处罚。

11.3.4 辩护着重于主从犯，从而获得量刑从宽的辩护效果

伪造印章的违法犯罪行为往往需要多个步骤，多个环节，也需要多人来完成。而在共同犯罪中，经常会有主犯和从犯的区别，区别的关键就是行为人在违法犯罪行为中的地位高低以及对于违法犯罪后果所起的作用力大小。辩护律师一定要从被告人之间的相互地位，是否存在明确分工还有对于违法所得的分配等进行细节上的主从犯辩护，从而为当事人争取从轻、减轻或者免于处罚。

11.3.5 仅仅使用伪造的印章并不能构成伪造印章罪

伪造印章罪中的"伪造"二字是指没有制作许可的人，非法制作印章的行为，由此可见，刑法罪名规定的是伪造这一行为的处罚结果，单纯地使用不能以伪造印章罪论处。律师在辩护的时候，也要着重去关注使用和伪造的区别，从而为当事人争取到最好的辩护结果。

11.4 合规管理

我国的大型建筑企业，由于施工活动的需要，经常会设置多级子公司和分支机构，而这些分支的职能部门都需要刻制印章在一定职权范围内代表施工企业和相关合作方进行业务的往来，所以施工企业往往拥有各式各样的印章，鳞次栉比。所以为了避免因为企业和员工法律意识的缺失而导致相应的刑事风险，笔者提出以下四点施工企业关于印章管理的合规意见。

11.4.1 建立全面的印章管理体系

公司要明确印章管理制度，由专门负责人员进行管理，保管人员进行人事变动时要记录在档，办理相关的移交手续，并在公司行政部门进行备案。

11.4.2 加强印章使用管理规定

制定完善的印章使用流程，明确公司管理人员的审批权限，以及各个环节的责任主体，注重对员工的培训。印章原则上不得随意使用，也不得带出公司，特殊情况需要外出携带时，应当填写审批表，经两名公司管理人员批准之后，由两名以上的工作人员共同携带，并且进行借出记录，确认责任主体，规避法律风险。

11.4.3 规范印章的刻制程序，以及收回、丢失和销毁的管理

公司在日常经营活动中需要刻制印章，应当在公安部门的指定下，找具备刻制资格的

主体刻制。在相关职能部门被裁撤或者关闭后，要及时收回和销毁印章，并且记录在案。在印章丢失之后，要及时让法定代表人携带相关身份证件去丢失地点所辖的派出所报案并领取报案证明。同时要及时作出印章丢失的公开声明，防止公司遭受损失。

11. 4. 4　"章"＋"人"的确认方式

与其他主体建立交易、往来关系时不能盲目相信"印章"，书面文件尽可能采取"章"＋"人"双重确认的方式，并综合判断签约人有无代表权或代理权。尽量避免董事长和法定代表人各有其人的情况发生，这样会导致公司对外表见代理的风险大幅增加。

第12章 行 贿 罪

2014年8月，山东省沂水县财政局对沂水县中小学信息化设备采购项目进行招标，被告人薛某某与四川虹某软件股份有限公司投标负责人刘某某（已判决），伙同沂水县财政局原副局长丁某某（已判决），通过协调评审专家修改分数、与其他投标公司围标等方式串通投标，后四川虹某软件股份有限公司中标该项目，中标金额9000余万元，严重损害国家及其他投标人利益。同年年底，被告人薛某某为感谢丁某某在该项目招投标中提供的帮助，给予丁某某人民币15万元。

2020年5月13日、18日，山东省沂水县公安局、县监察委员会分别将薛某某等人串通投标案、薛某某行贿案移送沂水县人民检察院审查起诉。沂水县人民检察院受理后并案审查，于6月12日向沂水县人民法院提起公诉。9月24日，沂水县人民法院以薛某某犯串通投标罪，判处有期徒刑两年，并处罚金人民币二十万元；以犯行贿罪，判处有期徒刑六个月，并处罚金人民币十万元，决定执行有期徒刑二年三个月，并处罚金人民币三十万元。后薛某某上诉，12月24日，临沂市中级人民法院裁定驳回上诉，维持原判。

12.1 行贿罪罪名分析

12.1.1 《刑法》

第三百八十九条 【行贿罪】为谋取不正当利益，给予国家工作人员以财物的，是行贿罪。

在经济往来中，违反国家规定，给予国家工作人员以财物，数额较大的，或者违反国家规定，给予国家工作人员以各种名义的回扣、手续费的，以行贿论处。

因被勒索给予国家工作人员以财物，没有获得不正当利益的，不是行贿。

第三百九十条 【对犯行贿罪的处罚；关联行贿罪】对犯行贿罪的，处五年以下有期徒刑或者拘役，并处罚金；因行贿谋取不正当利益，情节严重的，或者使国家利益遭受重大损失的，处五年以上十年以下有期徒刑，并处罚金；情节特别严重的，或者使国家利益遭受特别重大损失的，处十年以上有期徒刑或者无期徒刑，并处罚金或者没收财产。

行贿人在被追诉前主动交代行贿行为的，可以从轻或者减轻处罚。其中，犯罪较轻的，对侦破重大案件起关键作用的，或者有重大立功表现的，可以减轻或者免除处罚。

第三百九十条之一 【对有影响力的人行贿罪】为谋取不正当利益，向国家工作人员的近亲属或者其他与该国家工作人员关系密切的人，或者向离职的国家工作人员或者其近亲属以及其他与其关系密切的人行贿的，处三年以下有期徒刑或者拘役，并处罚金；情节严重的，或者使国家利益遭受重大损失的，处三年以上七年以下有期徒刑，并处罚金；情节特别严重的，或者使国家利益遭受特别重大损失的，处七年以上十年以下有期徒刑，并处罚金。

单位犯前款罪的，对单位判处罚金，并对其直接负责的主管人员和其他直接责任人员，处三年以下有期徒刑或者拘役，并处罚金。

12.1.2 立案标准

最高人民检察院《关于人民检察院直接受理立案侦查案件立案标准的规定（试行）》（高检发释字〔1999〕2号）一、贪污贿赂犯罪案件（五）行贿案（第389条、第390条）

行贿罪是指为谋取不正当利益，给予国家工作人员以财物的行为。

在经济往来中，违反国家规定，给予国家工作人员以财物，数额较大的，或者违反国家规定，给予国家工作人员以各种名义的回扣、手续费的，以行贿罪追究刑事责任。

涉嫌下列情形之一的，应予立案：

1. 行贿数额在1万元以上的；

2. 行贿数额不满1万元，但具有下列情形之一的：

（1）为谋取非法利益而行贿的；

（2）向3人以上行贿的；

（3）向党政领导、司法工作人员、行政执法人员行贿的；

（4）致使国家或者社会利益遭受重大损失的。

因被勒索给予国家工作人员以财物，已获得不正当利益的，以行贿罪追究刑事责任。

12.1.3 司法解释

1.《最高人民法院、最高人民检察院〈关于在办理受贿犯罪大要案的同时要严肃查处严重行贿犯罪分子的通知〉》

各省、自治区、直辖市高级人民法院、人民检察院，解放军军事法院、军事检察院：近一时期，各级人民法院、人民检察院依法严肃惩处了一批严重受贿犯罪分子，取得了良好的社会效果。但是还有一些大肆拉拢、腐蚀国家工作人员的行贿犯罪分子却没有受到应有的法律追究，他们继续进行行贿犯罪，严重危害了党和国家的廉政建设。为依法严肃惩处严重行贿犯罪，特作如下通知：

一、要充分认识严肃惩处行贿犯罪，对于全面落实党中央反腐败工作部署，把反腐败斗争引向深入，从源头上遏制和预防受贿犯罪的重要意义。各级人民法院、人民检察院要把严肃惩处行贿犯罪作为反腐败斗争中的一项重要和紧迫的工作，在继续严肃惩处受贿犯罪分子的同时，对严重行贿犯罪分子，必须依法严肃惩处，坚决打击。

二、对于为谋取不正当利益而行贿，构成行贿罪、向单位行贿罪、单位行贿罪的，必须依法追究刑事责任。"谋取不正当利益"是指谋取违反法律、法规、国家政策和国务院各部门规章规定的利益，以及要求国家工作人员或者有关单位提供违反法律、法规、国家政策和国务院各部门规章规定的帮助或者方便条件。

对于向国家工作人员介绍贿赂，构成犯罪的案件，也要依法查处。

三、当前要特别注意依法严肃惩处下列严重行贿犯罪行为：

1. 行贿数额巨大、多次行贿或者向多人行贿的；

2. 向党政干部和司法工作人员行贿的；

3. 为进行走私、偷税、骗税、骗汇、逃汇、非法买卖外汇等违法犯罪活动，向海关、工商、税务、外汇管理等行政执法机关工作人员行贿的；

4. 为非法办理金融、证券业务，向银行等金融机构、证券管理机构工作人员行贿，致使国家利益遭受重大损失的；

5. 为非法获取工程、项目的开发、承包、经营权，向有关主管部门及其主管领导行贿，致使公共财产、国家和人民利益遭受重大损失的；

6. 为制售假冒伪劣产品，向有关国家机关、国有单位及国家工作人员行贿，造成严重后果的；

7. 其他情节严重的行贿犯罪行为。

四、在查处严重行贿、介绍贿赂犯罪案件中，既要坚持从严惩处的方针，又要注意体现政策。行贿人、介绍贿赂人具有刑法第三百九十条第二款、第三百九十二条第二款规定的在被追诉前主动交代行贿、介绍贿赂犯罪情节的，依法分别可以减轻或者免除处罚；行贿人、介绍贿赂人在被追诉后如实交代行贿、介绍贿赂行为的，也可以酌情从轻处罚。

五、在依法严肃查处严重行贿、介绍贿赂犯罪案件中，要讲究斗争策略，注意工作方法。要把查处受贿犯罪大案要案同查处严重行贿、介绍贿赂犯罪案件有机地结合起来，通过打击行贿、介绍贿赂犯罪，促进受贿犯罪大案要案的查处工作，推动查办贪污贿赂案件工作的全面、深入开展。

六、各级人民法院、人民检察院要结合办理贿赂犯罪案件情况，认真总结经验、教训，找出存在的问题，提出切实可行的解决办法，以改变对严重行贿犯罪打击不力的状况。工作中遇到什么情况和问题，要及时报告最高人民法院、最高人民检察院。

2.《最高人民法院、最高人民检察院关于办理贪污贿赂刑事案件适用法律若干问题的解释》

为依法惩治贪污贿赂犯罪活动，根据刑法有关规定，现就办理贪污贿赂刑事案件适用法律的若干问题解释如下：

第一条　贪污或者受贿数额在三万元以上不满二十万元的，应当认定为刑法第三百八十三条第一款规定的"数额较大"，依法判处三年以下有期徒刑或者拘役，并处罚金。

贪污数额在一万元以上不满三万元，具有下列情形之一的，应当认定为刑法第三百八十三条第一款规定的"其他较重情节"，依法判处三年以下有期徒刑或者拘役，并处罚金：

（一）贪污救灾、抢险、防汛、优抚、扶贫、移民、救济、防疫、社会捐助等特定款物的；

（二）曾因贪污、受贿、挪用公款受过党纪、行政处分的；

（三）曾因故意犯罪受过刑事追究的；

（四）赃款赃物用于非法活动的；

（五）拒不交待赃款赃物去向或者拒不配合追缴工作，致使无法追缴的；

（六）造成恶劣影响或者其他严重后果的。

受贿数额在一万元以上不满三万元，具有前款第二项至第六项规定的情形之一，或者具有下列情形之一的，应当认定为刑法第三百八十三条第一款规定的"其他较重情节"，依法判处三年以下有期徒刑或者拘役，并处罚金：

（一）多次索贿的；

（二）为他人谋取不正当利益，致使公共财产、国家和人民利益遭受损失的；

（三）为他人谋取职务提拔、调整的。

第二条　贪污或者受贿数额在二十万元以上不满三百万元的，应当认定为刑法第三百八十三条第一款规定的"数额巨大"，依法判处三年以上十年以下有期徒刑，并处罚金或者没收财产。

贪污数额在十万元以上不满二十万元，具有本解释第一条第二款规定的情形之一的，应当认定为刑法第三百八十三条第一款规定的"其他严重情节"，依法判处三年以上十年以下有期徒刑，并处罚金或者没收财产。

受贿数额在十万元以上不满二十万元，具有本解释第一条第三款规定的情形之一的，应当认定为刑法第三百八十三条第一款规定的"其他严重情节"，依法判处三年以上十年以下有期徒刑，并处罚金或者没收财产。

第三条　贪污或者受贿数额在三百万元以上的，应当认定为刑法第三百八十三条第一款规定的"数额特别巨大"，依法判处十年以上有期徒刑、无期徒刑或者死刑，并处罚金或者没收财产。

贪污数额在一百五十万元以上不满三百万元，具有本解释第一条第二款规定的情形之一的，应当认定为刑法第三百八十三条第一款规定的"其他特别严重情节"，依法判处十年以上有期徒刑、无期徒刑或者死刑，并处罚金或者没收财产。

受贿数额在一百五十万元以上不满三百万元，具有本解释第一条第三款规定的情形之一的，应当认定为刑法第三百八十三条第一款规定的"其他特别严重情节"，依法判处十年以上有期徒刑、无期徒刑或者死刑，并处罚金或者没收财产。

第四条　贪污、受贿数额特别巨大，犯罪情节特别严重、社会影响特别恶劣、给国家和人民利益造成特别重大损失的，可以判处死刑。

符合前款规定的情形，但具有自首，立功，如实供述自己罪行、真诚悔罪、积极退赃，或者避免、减少损害结果的发生等情节，不是必须立即执行的，可以判处死刑缓期二年执行。

符合第一款规定情形的，根据犯罪情节等情况可以判处死刑缓期二年执行，同时裁判决定在其死刑缓期执行二年期满依法减为无期徒刑后，终身监禁，不得减刑、假释。

第五条　挪用公款归个人使用，进行非法活动，数额在三万元以上的，应当依照刑法第三百八十四条的规定以挪用公款罪追究刑事责任；数额在三百万元以上的，应当认定为刑法第三百八十四条第一款规定的"数额巨大"。具有下列情形之一的，应当认定为刑法第三百八十四条第一款规定的"情节严重"：

（一）挪用公款数额在一百万元以上的；

（二）挪用救灾、抢险、防汛、优抚、扶贫、移民、救济特定款物，数额在五十万元以上不满一百万元的；

（三）挪用公款不退还，数额在五十万元以上不满一百万元的；

（四）其他严重的情节。

第六条　挪用公款归个人使用，进行营利活动或者超过三个月未还，数额在五万元以上的，应当认定为刑法第三百八十四条第一款规定的"数额较大"；数额在五百万元以上的，应当认定为刑法第三百八十四条第一款规定的"数额巨大"。具有下列情形之一的，应当认定为刑法第三百八十四条第一款规定的"情节严重"：

（一）挪用公款数额在二百万元以上的；

（二）挪用救灾、抢险、防汛、优抚、扶贫、移民、救济特定款物，数额在一百万元以上不满二百万元的；

（三）挪用公款不退还，数额在一百万元以上不满二百万元的；

（四）其他严重的情节。

第七条　为谋取不正当利益，向国家工作人员行贿，数额在三万元以上的，应当依照刑法第三百九十条的规定以行贿罪追究刑事责任。

行贿数额在一万元以上不满三万元，具有下列情形之一的，应当依照刑法第三百九十条的规定以行贿罪追究刑事责任：

（一）向三人以上行贿的；

（二）将违法所得用于行贿的；

（三）通过行贿谋取职务提拔、调整的；

（四）向负有食品、药品、安全生产、环境保护等监督管理职责的国家工作人员行贿，实施非法活动的；

（五）向司法工作人员行贿，影响司法公正的；

（六）造成经济损失数额在五十万元以上不满一百万元的。

第八条　犯行贿罪，具有下列情形之一的，应当认定为刑法第三百九十条第一款规定

的"情节严重":

（一）行贿数额在一百万元以上不满五百万元的；

（二）行贿数额在五十万元以上不满一百万元，并具有本解释第七条第二款第一项至第五项规定的情形之一的；

（三）其他严重的情节。

为谋取不正当利益，向国家工作人员行贿，造成经济损失数额在一百万元以上不满五百万元的，应当认定为刑法第三百九十条第一款规定的"使国家利益遭受重大损失"。

第九条　犯行贿罪，具有下列情形之一的，应当认定为刑法第三百九十条第一款规定的"情节特别严重"：

（一）行贿数额在五百万元以上的；

（二）行贿数额在二百五十万元以上不满五百万元，并具有本解释第七条第二款第一项至第五项规定的情形之一的；

（三）其他特别严重的情节。

为谋取不正当利益，向国家工作人员行贿，造成经济损失数额在五百万元以上的，应当认定为刑法第三百九十条第一款规定的"使国家利益遭受特别重大损失"。

第十条　刑法第三百八十八条之一规定的利用影响力受贿罪的定罪量刑适用标准，参照本解释关于受贿罪的规定执行。

刑法第三百九十条之一规定的对有影响力的人行贿罪的定罪量刑适用标准，参照本解释关于行贿罪的规定执行。

单位对有影响力的人行贿数额在二十万元以上的，应当依照刑法第三百九十条之一的规定以对有影响力的人行贿罪追究刑事责任。

第十一条　刑法第一百六十三条规定的非国家工作人员受贿罪、第二百七十一条规定的职务侵占罪中的"数额较大""数额巨大"的数额起点，按照本解释关于受贿罪、贪污罪相对应的数额标准规定的二倍、五倍执行。

刑法第二百七十二条规定的挪用资金罪中的"数额较大""数额巨大"以及"进行非法活动"情形的数额起点，按照本解释关于挪用公款罪"数额较大""情节严重"以及"进行非法活动"的数额标准规定的二倍执行。

刑法第一百六十四条第一款规定的对非国家工作人员行贿罪中的"数额较大""数额巨大"的数额起点，按照本解释第七条、第八条第一款关于行贿罪的数额标准规定的二倍执行。

第十二条　贿赂犯罪中的"财物"，包括货币、物品和财产性利益。财产性利益包括可以折算为货币的物质利益如房屋装修、债务免除等，以及需要支付货币的其他利益如会员服务、旅游等。后者的犯罪数额，以实际支付或者应当支付的数额计算。

第十三条　具有下列情形之一的，应当认定为"为他人谋取利益"，构成犯罪的，应当依照刑法关于受贿犯罪的规定定罪处罚：

（一）实际或者承诺为他人谋取利益的；

（二）明知他人有具体请托事项的；

（三）履职时未被请托，但事后基于该履职事由收受他人财物的。

国家工作人员索取、收受具有上下级关系的下属或者具有行政管理关系的被管理人员的财物价值三万元以上，可能影响职权行使的，视为承诺为他人谋取利益。

第十四条　根据行贿犯罪的事实、情节，可能被判处三年有期徒刑以下刑罚的，可以认定为刑法第三百九十条第二款规定的"犯罪较轻"。

根据犯罪的事实、情节，已经或者可能被判处十年有期徒刑以上刑罚的，或者案件在本省、自治区、直辖市或者全国范围内有较大影响的，可以认定为刑法第三百九十条第二款规定的"重大案件"。

具有下列情形之一的，可以认定为刑法第三百九十条第二款规定的"对侦破重大案件起关键作用"：

（一）主动交待办案机关未掌握的重大案件线索的；

（二）主动交待的犯罪线索不属于重大案件的线索，但该线索对于重大案件侦破有重要作用的；

（三）主动交待行贿事实，对于重大案件的证据收集有重要作用的；

（四）主动交待行贿事实，对于重大案件的追逃、追赃有重要作用的。

第十五条　对多次受贿未经处理的，累计计算受贿数额。

国家工作人员利用职务上的便利为请托人谋取利益前后多次收受请托人财物，受请托之前收受的财物数额在一万元以上的，应当一并计入受贿数额。

第十六条　国家工作人员出于贪污、受贿的故意，非法占有公共财物、收受他人财物之后，将赃款赃物用于单位公务支出或者社会捐赠的，不影响贪污罪、受贿罪的认定，但量刑时可以酌情考虑。

特定关系人索取、收受他人财物，国家工作人员知道后未退还或者上交的，应当认定国家工作人员具有受贿故意。

第十七条　国家工作人员利用职务上的便利，收受他人财物，为他人谋取利益，同时构成受贿罪和刑法分则第三章第三节、第九章规定的渎职犯罪的，除刑法另有规定外，以受贿罪和渎职犯罪数罪并罚。

第十八条　贪污贿赂犯罪分子违法所得的一切财物，应当依照刑法第六十四条的规定予以追缴或者责令退赔，对被害人的合法财产应当及时返还。对尚未追缴到案或者尚未足额退赔的违法所得，应当继续追缴或者责令退赔。

第十九条　对贪污罪、受贿罪判处三年以下有期徒刑或者拘役的，应当并处十万元以上五十万元以下的罚金；判处三年以上十年以下有期徒刑的，应当并处二十万元以上犯罪数额二倍以下的罚金或者没收财产；判处十年以上有期徒刑或者无期徒刑的，应当并处五十万元以上犯罪数额二倍以下的罚金或者没收财产。

对刑法规定并处罚金的其他贪污贿赂犯罪，应当在十万元以上犯罪数额二倍以下判处罚金。

第二十条　本解释自 2016 年 4 月 18 日起施行。最高人民法院、最高人民检察院此前发布的司法解释与本解释不一致的，以本解释为准。

12.1.4　犯罪构成要件

12.1.4.1　客体要件

本罪的客体是复杂客体。其中，主要客体是国家工作人员职务的廉洁性；次要客体是国家经济管理的正常活动。另外，行贿罪的犯罪对象是财物。这里所说的财物，与受贿罪中的财物相同。

12.1.4.2　客观要件

本罪的客观方面表现为谋取不正当利益，给予国家工作人员以财物，或者在经济往来中，给予国家工作人员以各种名义的回扣、手续费的行为。上述行为须达到一定界限才能构成犯罪。

12.1.4.3　主体要件

本罪的主体是一般主体。

12.1.4.4　主观要件

本罪在主观方面表现为直接故意。即明知自己的行为是收买国家工作人员以及其他依法从事公务的人员利用职务上的便利为自己谋取不正当的利益而实施这种行为，意图谋取不正当利益。

12.1.4.5　量刑标准

（1）对犯行贿罪的，处五年以下有期徒刑或者拘役，并处罚金。

（2）因行贿谋取不正当利益，情节严重的，或者使国家利益遭受重大损失的，处五年以上十年以下有期徒刑，并处罚金。

（3）情节特别严重的，或者使国家利益遭受特别重大的损失的，处十年以上有期徒刑或者无期徒刑，并处罚金或者没收财产。

（4）"情节严重"：① 行贿数额在 100 万元以上不满 500 万元的；② 行贿数额在 50 万元以上不满 100 万元，并具有"其他具体表现形式"的情形之一的；③ 其他严重的情节。

为谋取不正当利益，向国家工作人员行贿，造成经济损失数额在 100 万元以上不满 500 万元的，应当认定为刑法第三百九十条第一款规定的"使国家利益遭受重大损失"。

"情节特别严重"：① 行贿数额在 500 万元以上的；② 行贿数额在 250 万元以上不满 500 万元，并具有"其他具体表现形式"的情形之一的；③ 其他特别严重的情节。

为谋取不正当利益，向国家工作人员行贿，造成经济损失数额在 500 万元以上的，应当认定为刑法第三百九十条第一款规定的"使国家利益遭受特别重大损失"。

12.2 典型案例

12.2.1 典型案例一：向相对方给付金钱

【案情简介】

2004 年至 2006 年的春夏之交，耿某 1 为感谢时任某县常务副县长、县委副书记鄢某 2，介绍安排其承揽某县新一高、某县新建行政中心部分装修工程，在鄢某 2 家里分三次送 30 万元现金。

时任 A 公司经理的耿某 1，经时任南召县县长（2007 年）、县委书记鄢某 2 介绍，在南阳市某项目中承担部分装修工程。鄢某 2 于 2007 年在房地产公司购房欠款 60 万元，被公司催要。2011 年 7 月，房地产公司董事长邢某 3（另案处理）为感谢鄢某 2 对项目的支持，耿某 1 为感谢鄢某 2 为其介绍承揽工程、催要工程款，邢某 3 与耿某 1 商量后，决定通过在耿某 1 的莲花温泉工程结算清单上虚开 60 万元的方式，将此款送鄢某 3 供其交纳剩余房款。2011 年 10 月 24 日，A 公司在其承揽的莲花温泉工程结算单中虚增费用578903.92 元，由房地产公司董事长邢某 3 签字后，于 2011 年 11 月 6 日入房地产公司财务账，耿某 1 于 2011 年 11 月 18 日领取 20 万元、于 2011 年 12 月 5 日领取 75 万元，后将 60 万元送给鄢某 2。

2017 年 7 月 21 日，河南省南阳市内乡县人民法院以行贿罪、单位行贿罪判处耿某 1 有期徒刑一年零三个月，并处罚金人民币 20 万元。

12.2.2 典型案例二：向相对方给予财产性利益包括可以折算为货币的物质利益

【案情简介】

包某 1 在担任 A 公司总经理期间，为了让 A 公司顺利承接某雨污分流改造工程第六标段项目，并在工程项目的承接、施工、验收、监管及结算等事宜上得到关照，在 2010年至 2015 年期间，先后多次向时任建设局局长的林某 2 贿送财物，价值合计约人民币380.4 万元。具体分述如下：

（1）2010 年 3 月 18 日，包某 1 按照林某 2 的指示，以其妹夫李某 3 的名义购买房屋并装修该房，并将该房交由林某 2 的父亲林某 4 居住。2012 年 12 月 19 日，包某指示李某 3 通过"假交易"的方式将房产无偿转让给林某 2 的父亲林某 4。包某 1 购买上述房产、缴纳契税及装修施工共计花费约人民币 140.4 万元。

（2）2010 年年底，包某 1 为林某 2 购买一辆全新丰某拉轿车，用于置换林某 2 于2007 年购买的丰某拉轿车，两车差价约为人民币 5 万元。

（3）2011 年，包某 1 无偿为林某 2 装修位于广州市天河区的房屋，装修施工和购置家电共计花费约人民币 50 万元。

（4）2012 年至 2013 年，包某 1 先后 2 次贿送共计人民币 125 万元给林某 2，为林某 2 岳母在广东省河源市建设房屋提供资金。

（5）2014 年底，包某 1 在广州市天河区科韵路附近送给林某 2 人民币 30 万元，用于林某 2 购买奥德赛小轿车。

（6）2010 年至 2015 年每年的春节前后，包某 1 贿送林某 2 人民币 5 万元，6 次共计人民币 30 万元。

2018 年 11 月 8 日，法院以单位行贿罪，判处 A 公司罚金人民币一百四十万元；以单位行贿罪判处包某 1 有期徒刑一年九个月。

12.2.3　典型案例三：向交易相对方及交易相关人员账外暗中给付佣金、回扣等

【案情简介】

经查，2010 年 3 月，江西省某电子围栏系统建设工程设备采购项目成立了协调小组，负责建设工作的组织、协调和执行，并成立了项目技术组，负责技术设备选型和性能参数制定工作，江西省某处三科科长廖某 1（已判刑）为该组成员。王某 2 在项目对外招投标期间，从董某 3 处得知，若 A 公司的产品中标，A 公司将指定王某 2 所在的公司作为产品采购的总销售代理商。王某 2 为顺利承接该项目，经董某 3 介绍结识了廖某 1，并承诺事成后给予廖某 1 回扣。

2011 年 8 月的一天，王某 2 按照事先的承诺联系董某 3 并由其引路，在地下车库内向廖某 1 行贿人民币 225 万元。当日廖某 1 将其中的 39 万元人民币给予董某 3。随后，廖某 1 又将其中的人民币 89 万元给予江西省某厅纪委书记（原六处处长）周某 4（已判刑）。

2015 年 2 月 12 日，武汉市武昌区人民法院以王某 2 犯行贿罪，判处有期徒刑二年三个月；犯对非国家工作人员行贿罪，判处有期徒刑六个月，决定执行有期徒刑二年七个月。以董某 3 犯介绍贿赂罪，判处有期徒刑十个月，缓刑一年。

12.2.4　典型案例四：向交易相对方及交易相关人员支付各种巧立名目的费用

【案情简介】

2012 上半年，南部县 A 公司法定代表人即本案周某 1 在得知该公司生产的节能环保材料"加砌砖"可以申请国家补助资金后，便通过南部县发展改革局向国家申报"新型绿色环保建材生产线建设项目"。为了申报成功，A 公司在申报资料中编造固定资产投资金额，伪造公司银行贷款和存款金额。南部县发展改革局未严格审查申报资料以及公司实际生产情况，遂按照 A 公司上报的资料签署了同意申报的文件后，上报至省发展改革委。2012 年 9 月份 A 公司申报的项目顺利地通过国家发展改革委审批并获得中央预算内补助资金 442 万元。此时南部县发展改革局局长何某 2 向周某 1 提出，要从这 442 万元补助资金中提 50 万元给发展改革局，作为 A 公司缴纳的会费和支付申报该项目开支的费用。南部县财政局于 2012 年、2013 年年底分两次向 A 公司拨付 390 万元、52 万元，共计 442

万元的国家补助资金。在 A 公司收到 390 万元补助资金的第二天，周某 1 便安排公司出纳敬某 3 取出 50 万元现金，按照何某 2 的安排将其中 20 万元作为会费缴纳给发展改革局价格协会，剩余的 30 万元支付了县发展改革局在南部县幸福路谯某某烟酒门市部赊欠的烟酒款。

2016 年 9 月 2 日，南部县人民法院以对单位行贿罪判处 A 公司罚金人民币十万元；以对单位行贿罪判处周某 1 免予刑事处罚。

12.2.5 典型案例五：向三人以上行贿的，构成行贿罪

【案情简介】

原审被告人王某 1 在参与南充升管局续建节水改造项目中，为谋取不正当利益，给予南充升管局时任副局长陈某 2、工程科科长黎某 3、工程科副科长周某 4 钱款共计 89.80 万元，其行为已构成行贿罪；在南充升管局 2016 年度续建节水改造项目招投标过程中，王某 1 还伙同周某 4、孙某 5 等人共谋采取设置招标条件，借用多家公司资质参与串标围标，损害了国家及其他投标人的利益，情节严重，其行为还构成串通投标罪，均应依法惩处。王某 1 一人犯有数罪，应当依法数罪并罚。王某 1 到案后除如实供述了办案机关已掌握的其向黎某 3 行贿的事实外，还主动交代了办案机关尚未掌握的其向周某 4、陈某 2 行贿的事实，依法可以从轻处罚。王某 1 主动退缴了违法所得 21 万元，有悔罪表现，可酌情从轻处罚。检察机关的抗诉意见依据充分，予以采纳。王某 1 的辩解与现已查明的事实和证据不符，且缺乏法律依据，不能成立。根据最高人民法院、最高人民检察院《关于办理贪污贿赂刑事案件适用法律若干问题的解释》第七条、第八条的规定，王某 1 向三人以上行贿，且行贿金额达到了 89.80 万元，属于《刑法》第三百九十条规定的"情节严重"，应当在五年以上十年以下判处刑罚，并处罚金。

12.3 辩护要点

12.3.1 "谋取不正当利益"的辩护

谋取不正当利益是行贿类犯罪必要的牟利要件，如果是为了谋取正当利益而行贿的，不论是向谁行贿，均不构成行贿类犯罪。对于谋取不正当利益，还要注意研判是否属于谋取职务提拔、调整等不正当利益，以及谋取不正当利益是否给国家和人民利益造成经济损失。

如在某案中，2010 年至 2018 年，为了谋取不正当利益，被告人向先后担任某市委常委、常务副市长，某市委副书记，某市委副书记、市长等职务的刘某提出请托，刘某通过向有关负责人打招呼等方式，为被告人在承揽工程建设项目、儿子安置工作等事项上提供帮助。2010 年至 2018 年，为感谢和继续求得刘某的帮助，被告人利用逢年过节、刘某生

日和住院等时机，以送现金、支付家电款、"干股"分红等方式送给刘某财物共计千余万元。2021 年 1 月，被告人因涉嫌单位行贿罪被移送司法机关依法处理。本案就是典型为谋取不正当利益而行贿。

12.3.2　"被索贿"行为的辩护

行贿类犯罪要求必须为了谋取不正当利益，至于不正当利益是否实际取得，是不影响犯罪成立的。但是有一种情况例外，那就是行为人因被勒索给予财物，又没有获得不正当利益的，不是行贿。需要注意的是，并不是所有被勒索给予财物的都不按行贿处理，如果行为人虽被勒索给予财物，但不正当利益最终也实现或者获取了，则仍旧构成行贿。

如在某案中，贵州某建工公司的陈某，向审计局两官员行贿 13 万元，最终法院判决他无罪。陈某在承建某民族风情街的看台和停车场工程项目后，为了能拿到审计报告而顺利结账，向审计局局长送了 8 万元；另外向审计局工作人员吴某送了 5 万元。案发后，一审法院以行贿罪判处陈某有期徒刑一年半，缓刑二年。宣判后，陈某不服，以吴某向其索贿为由，向上级法院提出上诉。二审查明，陈某在拿到审计报告时承诺给"好处"给吴某，但没在一个星期内"兑现"，吴某主动问陈某要钱，陈某便带吴某到银行取款，将 5 万元送给吴某。二审法院认为此行为应为"索贿"，而陈某没有谋取非法利益，不构成行贿。此外，陈某向局长行贿 8 万元的事实，仅有陈某的供述，没有其他证据印证，二审法院认定该行贿事实不成立。最终，法院撤销一审判决，宣告陈某无罪。

12.3.3　自首、立功情节的辩护

在代理行贿类案件时，还需要重点考察犯罪嫌疑人有无自首和立功情节，是不是主动投案并如实交代案件事实，是否同时系案件的举报人，有无揭发其他行受贿线索并具有查实可能的事实。一旦有该等事实，则需要积极的取证，申请办案单位调取相关的证据材料，积极做实从轻减轻情节。

最典型的为最高人民法院《刑事审判参考》总第 86 集第 787 号袁某行贿案指导案例。法院判决书认定：袁某在检察院立案前即已交代行贿 124000 元给刘某某的事实，符合刑法第三百九十条第二款规定，决定对袁某免于刑事处罚。最高人民法院指导性案例评析认为：行贿人在纪检监察部门查处他人受贿案时，交代（承认）向他人行贿的事实，亦应属于被追诉前主动交代行贿行为的情形。即使检察机关已经对受贿人立案查处，行贿人作为证人接受检察机关调查，只要检察机关对行贿人尚未立案查处，行贿人承认向受贿人行贿的事实，也应当认定为被追诉前主动交代行贿行为的情形。本案公诉机关未认定被告人具有被追诉前主动交代行贿行为的情形，但法院根据被告人在检察机关对其行贿行为立案查处前已经交代了向刘某某行贿的事实证据，认定被告人具有被追诉前主动交代行贿行为的情形，并结合本案的具体情况，决定对被告人免于刑事处罚是妥当的。

12.3.4　单位行贿罪的辩护

同等数额的行贿罪与单位行贿罪在量刑上可能会有巨大的区别，前者情节严重的在 5 到 10 年量刑，而后者仅在 5 年以下量刑。因此，司法实践中，比较可行的方案是将个人行贿辩为单位行贿罪。辩护时需要证明资金的来源、利益的归属等方面。

2011—2012 年，为了某建筑工程有限公司分公司能够承揽到某县委统办大楼灾后重建项目，杨某先后六次向该县县委书记高某行贿，包括银行卡 5 张（内有 400 万元存款）、黄金 2 千克等，行贿金额共计 457 万余元。案发后，杨某主动将 150 万元涉案款从公司的账户退缴至公诉机关。法院最后的判决为杨某犯单位行贿罪，判处有期徒刑三年，缓刑四年，并处罚金十万元。单位行贿罪名的量刑比行贿罪罪名轻很多。行贿 457 万元，在行贿罪中是犯罪情节特别严重，或致使国家利益损失特别重大的，判处十年以上有期徒刑或无期徒刑，并处罚金或没收财产。简单地通过行贿数额的对比，就能判定两罪中行贿罪重。

12.3.5　仅有"犯罪嫌疑人"自己的供述的辩护

在刑事诉讼中，只有被告人的供述，不得作为定案的依据。《刑事诉讼法》第五十五条规定，只有被告人供述，没有其他证据，不能认定被告人有罪和处以刑罚。刑法是规定犯罪、刑事责任和刑罚的法律。为了保证在刑事诉讼中，犯罪嫌疑人的人权，规定只有被告人的供述，没有其他证据，是不能被认定为犯罪的。仅凭被告人的供述，给被告人定罪，这对被告人是极不公平的。容易导致被告人轻易被定罪。要从孤证的角度去辩护。

以下案例就是从这一角度出发辩护，成功在二审中改判无罪。一审法院以行贿罪判处陈某有期徒刑一年半，缓刑二年。陈某上诉至二审，向局长行贿 8 万元的事实，仅有陈某的供述，没有其他证据印证，二审法院认定该行贿事实不成立。二审法院撤销一审判决，宣判陈某无罪。

12.3.6　主犯和从犯的辩护

行贿罪中的共同犯罪，是指二人以上为谋取不正当利益，故意给予国家工作人员以财物的行为。对主犯判处五年以下有期徒刑或者拘役，并处罚金；因行贿谋取不正当利益，情节严重的，或者使国家利益遭受重大损失的，处五年以上十年以下有期徒刑，并处罚金。对从犯应减轻、从轻或免除处罚。这是行贿罪中对共同犯罪的主犯和从犯的规定。从犯的刑罚要轻于主犯。两个人以上共同行贿的，要从从犯的角度去辩护。

12.3.7　诉讼时效的辩护

刑法中规定诉讼时效制度，是为了更好地保障被告人的合法权利。刑法中规定，超过一定时间即不再追究犯罪嫌疑人的犯罪。按照刑法规定，追诉时效的档次分为：五年、十年、十五年与二十年。

（1）法定最高刑不满五年有期徒刑的，经过五年就不能再追诉。

（2）法定最高刑为五年以上不满十年的，经过十年后就不再追诉。

（3）法定最高刑为十年以上的有期徒刑的，经过十五年的不再追诉。

（4）法定最高刑为无期徒刑、死刑的，经过二十年的不再追诉。如果二十年后认为必须追诉的，必须报请最高人民检察院核准。

诉讼时效制度更好地保障了被告人的合法权利。

12.4 合规管理

12.4.1 加强企业的员工素质教育

对企业员工进行素质教育，在企业内部加强宣传教育。企业应组织全体员工学习反商业贿赂相关制度，安排特定岗位的员工定期接受合规培训，组织员工签署《反商业贿赂承诺书》。企业要持续关注相关法律法规、政策的变化，要求员工学习并遵守新的法律法规，实现合法经营管理，合理规避风险的目标。

12.4.2 搭建合理、高效的合规制度体系

合规制度的建设是整个反腐败合规机制运行的重心。通过合理、有效的合规体系搭建，企业可以用制度规范约束企业与员工的行为，防范出现行贿行为的刑事风险，达到一般预防效果的责任切割，避免牵一发而动全身，给企业造成不必要的损失。企业要结合自身规模、经营产品、具体客户、上下游流程等各方面情况量身定做适用于本企业的合规制度，在规避风险的同时尽量满足企业的效率、经济需求。

12.4.3 加强企业合规自查

行贿罪虽然是个人犯罪，但其与单位行贿罪之间的界限可能有模糊地带，对企业来讲，加强合规自查是执行合规制度的一种检验与升级，也能够提前防范员工的商业贿赂对企业整体带来负面影响。如对于员工涉及腐败的可疑行为进行分析汇总，给予关注、反馈、处理留痕；依法合理收集、固定相关证据，保证证据的客观性、关联性等；必要时，将证据材料等提交相关机关，及时切断单位责任，避免受到波及。

第13章　重大责任事故罪

2020年，东南沿海某省某市，位于闹市区的一座酒店所在建筑物发生坍塌事故，造成29人死亡、42人受伤，直接经济损失高达5794万元。后查明因为酒店管理人员违法增加建筑夹层，将4层改为7层，导致地基不稳，建筑失衡，整体坍塌的严重危害结果。法院最终判决酒店实际控制人、承包经营人、违法施工者、设计／勘察／检测单位等12人被逮捕，49名公职人员受处分。

建设工程领域环节众多，层层相扣，在工程施工活动中，往往由多个部门相互衔接，共同作战。也导致了管理机制生硬，不灵活，很容易产生问题。再加上建筑领域的普通施工人员要求门槛低，往往很难具备非常健全的安全防护意识，所以在建设工程领域发生重大责任事故罪的刑事风险非常之高。

13.1　重大责任事故罪罪名分析

《刑法》

第一百三十四条　【重大责任事故罪】在生产、作业中违反有关安全管理的规定，因而发生重大伤亡事故或者造成其他严重后果的，处三年以下有期徒刑或者拘役；情节特别恶劣的，处三年以上七年以下有期徒刑。

13.1.1　主体要件

最高人民法院、最高人民检察院《关于办理危害生产安全刑事案件适用法律问题若干问题的解释》明确将本罪的主体限定为自然人，第一条规定："刑法第一百三十四条第一款规定的犯罪主体，包括对生产、作业负有组织、指挥或者管理职责的负责人、管理人员、实际控制人、投资人等人员，以及直接从事生产、作业的人员。"因此本罪的主体是自然人，单位不能成为本罪的主体。

《刑法》原第一百三十四条规定重大责任事故罪的主体是工厂、矿山、林场、建筑企业或其他企业、事业单位的职工，2006年《刑法修正案（六）》对上述主体部分进行了删除、不再对重大责任事故罪的主体作具体规定，体现出本罪可广泛运用于大部分生产行业。

具体到建设工程领域，建设单位负责人、勘察员、工程监理、项目经理、安全质量管理员、施工作业人员等所有与建设工程安全生产相关的责任主体均可能成为本罪的犯罪主体。

13.1.2　主观要件

本罪的主观方面是过失。这种过失表现在行为人应当预见到自己的行为可能发生重大人身伤亡事故或者造成其他严重后果，因为疏忽大意没有预见或者已经预见而轻信能够避免而没有采取相应的预防措施以致发生这种结果的主观心理状态。这也要求行为人客观上对事件有一定的预见性。

13.1.3　客体要件

本罪侵犯的客体是公司、企业、事业单位的生产安全。

13.1.4　客观要件

本罪的客观方面表现为在生产、作业中违反有关安全管理的规定，因而发生重大伤亡事故或造成严重后果。其主要有三个方面：一是在生产、作业中违反了有关安全管理的规定。行为人必须具有违反安全管理规定的行为，如不服从管理，不听从指挥，不遵守操作规程和工艺设计要求，擅离岗位，盲目蛮干等，可以作为和不作为方式实施。二是行为人违反安全管理规定的行为必须发生在生产过程中并与生产、作业有直接联系。三是必须引起了重大伤亡事故或造成其他严重后果。

13.1.5　追诉标准

13.1.5.1　立案标准

《最高人民检察院、公安部关于公安机关管辖的刑事案件立案追诉标准的规定（一）》

第八条　【重大责任事故案（刑法第一百三十四条第一款）】在生产、作业中违反有关安全管理的规定，涉嫌下列情形之一的，应予立案追诉：（一）造成死亡一人以上，或者重伤三人以上；（二）造成直接经济损失五十万元以上的；（三）发生矿山生产安全事故，造成直接经济损失一百万元以上的；（四）其他造成严重后果的情形。

13.1.5.2　量刑标准

1. 最高人民法院印发《关于进一步加强危害生产安全刑事案件审判工作的意见》的通知（法发〔2011〕20 号）

认定相关人员是否违反有关安全管理规定，应当根据相关法律、行政法规，参照地方性法规、规章及国家标准、行业标准，必要时可参考公认的惯例和生产经营单位制定的安全生产规章制度、操作规程。

2. 最高人民法院、最高人民检察院《关于办理危害生产安全刑事案件适用法律若干问题的解释》（法释〔2015〕22 号）

第一条　刑法第一百三十四条第一款规定的犯罪主体，包括对生产、作业负有组织、指挥或者管理职责的负责人、管理人员、实际控制人、投资人等人员，以及直接从事生产、作业的人员。

第六条　实施刑法第一百三十二条、第一百三十四条第一款、第一百三十五条、第一百三十五条之一、第一百三十六条、第一百三十九条规定的行为，因而发生安全事故，具有下列情形之一的，应当认定为"造成严重后果"或者"发生重大伤亡事故或者造成其他严重后果"，对相关责任人员，处三年以下有期徒刑或者拘役：

（一）造成死亡一人以上，或者重伤三人以上的；

（二）造成直接经济损失一百万元以上的；

（三）其他造成严重后果或者重大安全事故的情形。

第七条　实施刑法第一百三十二条、第一百三十四条第一款、第一百三十五条、第一百三十五条之一、第一百三十六条、第一百三十九条规定的行为，因而发生安全事故，具有下列情形之一的，对相关责任人员，处三年以上七年以下有期徒刑：

（一）造成死亡三人以上或者重伤十人以上，负事故主要责任的；

（二）造成直接经济损失五百万元以上，负事故主要责任的；

（三）其他造成特别严重后果、情节特别恶劣或者后果特别严重的情形。

第十二条　实施刑法第一百三十二条、第一百三十四条至第一百三十九条之一规定的犯罪行为，具有下列情形之一的，从重处罚：

（一）未依法取得安全许可证件或者安全许可证件过期、被暂扣、吊销、注销后从事生产经营活动的；

（二）关闭、破坏必要的安全监控和报警设备的；

（三）已经发现事故隐患，经有关部门或者个人提出后，仍不采取措施的；

（四）一年内曾因危害生产安全违法犯罪活动受过行政处罚或者刑事处罚的；

（五）采取弄虚作假、行贿等手段，故意逃避、阻挠负有安全监督管理职责的部门实施监督检查的；

（六）安全事故发生后转移财产意图逃避承担责任的；

（七）其他从重处罚的情形。

实施前款第五项规定的行为，同时构成刑法第三百八十九条规定的犯罪的，依照数罪并罚的规定处罚。

第十三条　实施刑法第一百三十二条、第一百三十四条至第一百三十九条之一规定的犯罪行为，在安全事故发生后积极组织、参与事故抢救，或者积极配合调查、主动赔偿损失的，可以酌情从轻处罚。

13.2　典型案例

13.2.1　典型案例一：为了更好解决纠纷，可以为当事人争取缓刑

【案情简介】

2018 年 10 月，为规避个人不得承揽市政工程的规定，被告人尹某 1 冒用金某 2 公司名义承接了大厂、盘城街道片区雨污分流工程，实际施工和管理却并非由金某 2 公司负责，而是由尹某 1 自行组织安排。然而在 2019 年 6 月 14 日的施工中发生了严重的事故，导致一名工人陈某 3 遭受意外伤害后不幸身亡。在事故调查期间，尹某 1 和尹某 4 多次企图掩盖真相，故意隐瞒尹某 1 实际负责施工、何某 5 仅为挂名项目经理的事实以及事后补签部分施工材料的情况。

事故调查组查明，尹某 1 借用金某 2 公司资质非法承揽工程，并对施工安全漠视不顾，管理疏于监督，允许缺乏资质的人员从事危险作业。尹某 4 作为现场负责人也违反了施工要求，未对超过 2 米深度的沟槽采取边坡支护措施，直接导致了事故的发生。

在事故发生后，尹某 1 赔偿了受害人陈某 3 近亲属的损失，并得到了其家属的谅解。经公安机关侦查，尹某 1 及尹某 4 的犯罪事实清楚，两人均在不同阶段承认了自己的罪行。后南京市江北新区管理委员会撤销了之前的调查报告，建议司法机关依法追究尹某 1、尹某 4 的刑事责任，由相关部门对涉案人员进行查处。

【一审法院观点】

原审法院认为，被告人尹某 1、尹某 4 在生产、作业中违反有关安全管理的规定，因而发生一人死亡事故，其行为均已构成重大责任事故罪。被告人尹某 1、尹某 4 分别因涉嫌犯伪证罪、重大责任事故罪被公安机关电话传唤到案，被告人尹某 1 归案后作如实供述，被告人尹某 4 归案初期如实供述，后翻供，审查起诉阶段和庭审中又能作如实供述，均系自首，依法分别予以从轻处罚。被告人尹某 1 赔偿被害人近亲属损失，取得谅解，酌情对二被告人分别予以从轻处罚。

【一审裁判结果】

依照《刑法》第一百三十四条、第二十五条第一款、第六十七条第三款之规定，以重大责任事故罪分别判处被告人尹某 1 有期徒刑八个月，被告人尹某 4 有期徒刑七个月。

【二审法院观点】

法院认为，上诉人（原审被告人）尹某 1、原审被告人尹某 4 在生产、作业中违反有关安全管理的规定，因而发生一人死亡事故，其行为均已构成重大责任事故罪。尹某 1、尹某 4 系自首，并积极赔偿，取得谅解，法院予以确认。关于上诉人尹某 1 及其辩护人提出"上诉人尹某 1 系自首，积极赔偿被害人近亲属经济损失取得谅解，现作为万家安公司实际控制人，公司雇佣工人较多，请求判处缓刑，年关将至，其在监外更有利于解决公司

工人工资问题"的上诉理由和辩护意见，经查，上诉人尹某1系过失犯罪，案发后自首，积极赔偿被害人近亲属损失，并取得谅解，上诉人无前科劣迹，一贯表现尚好，认罪并真诚悔罪，没有再犯罪危险，其所居住社区同意接收其为社区矫正对象，对其判处缓刑不致再危害社会，综合考虑其作为万家安公司实际控制人，公司正常经营及很多名员工的情况，可对其适用缓刑。该辩护意见法院予以采纳。

综上，原审判决认定的事实清楚，证据确实充分，定罪准确，量刑适当。审判程序合法。鉴于二审出现新的证据，法院决定予以改判。

【二审裁判结果】

1. 维持南京市某区人民法院（2020）苏0116刑初293号刑事判决的定罪部分及对原审被告人尹某1的量刑部分，即被告人尹某1犯重大责任事故罪；被告人尹某4犯重大责任事故罪，判处有期徒刑七个月。

2. 撤销南京市某区人民法院（2020）苏0116刑初293号刑事判决对上诉人尹某1的量刑部分，即判处有期徒刑八个月。

3. 判处上诉人尹某1有期徒刑八个月，缓刑一年。

13.2.2 典型案例二：事故发生多因一果，可酌情处理

【案情简介】

2012年9月13日，武汉市东湖生态旅游风景区发生了一起严重的建筑施工事故。施工升降机在使用过程中发生了失控倾翻，并导致19人死亡的惨剧。经过相关部门的调查，事故的直接原因是施工升降机部分连接处存在问题，而施工过程中存在的安全管理漏洞也是事故发生的重要原因之一。

被告人王某1作为项目管理方未按规定进行施工管理，违规组织施工并忽视安全管理，对施工升降机的检查和管理不力。魏某2作为提供施工升降机的公司负责人，未能落实起重机械安装维护制度，安装过程存在严重问题。易某3作为施工单位负责人，违规分包工程并未落实安全管理制度，肖某4作为施工工程负责人，也存在安全管理方面的失职。杜某5作为施工升降机维护人员，未能及时发现和处理安全隐患。

综合来看，施工管理方面存在管理不规范、安全隐患排查不到位等问题，施工升降机提供方、施工单位负责人、工程负责人以及维护人员等多方面责任共同导致了这场悲剧的发生。

【一审法院观点】

原审法院认为，被告人王某1、魏某2、易某3、易某6、丁某7、肖某4、杜某5在生产、作业中违反有关安全管理的规定，因而发生重大伤亡事故，致19人死亡，情节特别恶劣，其行为均已构成重大责任事故罪。公诉机关指控的犯罪事实清楚，证据确实、充分，罪名准确。被告人王某1、易某3、易某6、丁某7、肖某4、杜某5系过失犯罪，按照其所犯罪行分别处罚。被告人王某1、易某3、易某6、丁某7、肖某4、杜某5在事故

发生后明知他人报警或请求他人报警，在现场积极参与救援，配合公安机关进行事故调查，如实供述自己的罪行，是自首，可以从轻处罚。被告人魏某 2 虽在事故发生后明知他人报警或请求他人报警，在现场积极参与救援，配合公安机关进行事故调查，但其到案后供述其作为电梯提供方已严格按照维护要求对事故电梯进行了每个月一次保养、每三个月一次大保养的维护，且维护检修人员都经过正规培训，此次事故的发生是因民工私自操作升降机才造成的。被告人魏某 2 的辩解与审理查明的事实和证据不符，其并未如实供述自己的犯罪事实，且将事故发生的原因归结于他人。

【一审裁判结果】

被告人王某 1 犯重大责任事故罪，判处有期徒刑四年六个月；被告人魏某 2 犯重大责任事故罪，判处有期徒刑五年；被告人易某 3 犯重大责任事故罪，判处有期徒刑四年六个月；被告人易某 6 犯重大责任事故罪，判处有期徒刑四年六个月；被告人丁某 7 犯重大责任事故罪，判处有期徒刑四年；被告人肖某 4 犯重大责任事故罪，判处有期徒刑四年；被告人杜某 5 犯重大责任事故罪，判处有期徒刑四年。

【二审法院观点】

二审法院认为，上诉人王某 1 在生产、作业中违背其监督、管理工程生产安全运行的重要职责，上诉人魏某 2、易某 3、易某 6、丁某 7、肖某 4、杜某 5 在生产、作业中违反有关安全管理规定，对已经发现施工升降机的重大安全隐患，未采取有效措施，未能及时排除，因而发生重大伤亡事故，致 19 人死亡，情节特别恶劣，其行为均已构成重大责任事故罪。上述七人均是事故发生的主要责任者，其中，上诉人魏某 2、王某 1、易某 3、易某 6 责任相对较大，上诉人丁某 7、肖某 4、杜某 5 责任相对较小。上诉人王某 1、易某 3、易某 6、丁某 7、肖某 4、杜某 5 于事故发生后在现场积极参与救援，配合公安机关进行事故调查，到案后如实供述自己罪行，均可视为自首，可以从轻处罚。上诉人魏某 2 在事故发生现场积极参与救援，在法院审理期间自愿认罪，可以酌情从轻处罚。原审法院判决认定犯罪事实清楚，证据确实、充分，定罪准确，审判程序合法。综合考虑事故发生系多个原因行为导致，案发后施工单位积极挽回并赔偿死者家属经济损失，对七名上诉人还可以分别酌情从轻处罚。对七名上诉人及各自辩护人请求全面考虑量刑情节、从轻处罚的上诉理由和辩护意见，二审法院予以采纳。

【二审裁判结果】

1. 撤销湖北省武汉东湖新技术开发区人民法院（2013）鄂武东开刑初字第 00222 号刑事判决。

2. 上诉人（原审被告人）王某 1 犯重大责任事故罪，判处有期徒刑三年六个月。

3. 上诉人（原审被告人）魏某 2 犯重大责任事故罪，判处有期徒刑四年。

4. 上诉人（原审被告人）易某 3 犯重大责任事故罪，判处有期徒刑三年六个月。

5. 上诉人（原审被告人）易某 6 犯重大责任事故罪，判处有期徒刑三年六个月。

6. 上诉人（原审被告人）丁某 7 犯重大责任事故罪，判处有期徒刑三年。

7. 上诉人（原审被告人）肖某4犯重大责任事故罪，判处有期徒刑三年。

8. 上诉人（原审被告人）杜某5犯重大责任事故罪，判处有期徒刑三年。

13.2.3 典型案例三：直接从事生产、作业的人员，对事故负主要责任，负有安全监督防范义务的人员，应负次要责任

【案情简介】

2017年11月14日，在南岳路陶瓷仓库的一次施工中，由于搭建隔层并进行电焊作业时存在严重的安全隐患，导致仓库发生火灾，共有21个仓库受到波及，造成了巨大的财产损失。涉案人员李某1、唐某2、郑某3、马某4等在施工过程中未遵守相关消防安全规定，未采取必要的防火措施，导致了火灾的发生。同时，钟某5、苏某6、肖某7等对仓库的消防安全监管存在严重疏忽，未能有效履行管理责任，对事故负有不可推卸的责任。

在事故发生后，李某1支付了255万元的赔偿金，而鼎某公司的钟某5、苏某6、肖某7也支付了211.6万元的赔偿金。事故揭示了管理者和工作人员对于消防安全管理的疏忽，以及对火灾隐患处理不力所带来的严重后果。

【一审法院观点】

原审法院认为，被告人唐某2、郑某3、马某4、李某1、钟某5、肖某7、苏某6在生产、作业中违反有关安全管理的规定，导致发生火灾事故，造成严重后果，其行为均构成重大责任事故罪，公诉机关指控罪名成立。被告人唐某2、马某4、郑某3作为本次施工的直接从事生产、作业的人员，对本次火灾事故负主要责任，被告人李某1、钟某5、肖某7、苏某6为负有安全监督防范义务的人员，应负次要责任。被告人李某1、唐某2经公安机关电话传唤后主动到案，马某4接电话通知后原地等候公安机关抓捕，三人如实供述其犯罪事实，系自首，可从轻或减轻处罚。被告人李某1、钟某5、肖某7、苏某6积极赔偿被害人部分经济损失，可酌情从轻处罚。

【一审裁判结果】

一、被告人唐某2犯重大责任事故罪，判处有期徒刑二年六个月。

二、被告人郑某3犯重大责任事故罪，判处有期徒刑三年。

三、被告人马某4犯重大责任事故罪，判处有期徒刑二年六个月。

四、被告人李某1犯重大责任事故罪，判处有期徒刑一年六个月，缓刑二年。

五、被告人钟某5犯重大责任事故罪，判处有期徒刑一年，缓刑一年六个月。

六、被告人肖某7犯重大责任事故罪，判处有期徒刑一年，缓刑一年六个月。

七、被告人苏某6犯重大责任事故罪，判处有期徒刑一年，缓刑一年六个月。

【二审法院观点】

法院认为，上诉人唐某2、郑某3、马某4、李某1、钟某5、肖某7、苏某6在生产、作业中违反有关安全管理的规定，导致发生火灾事故，造成严重后果，其行为均构成重大责任事故罪。上诉人唐某2、马某4、郑某3作为本次施工的直接从事生产、作业的人员，

对本次火灾事故负主要责任，被告人李某 1、钟某 5、肖某 7、苏某 6 为负有安全监督防范义务的人员，应负次要责任。上诉人唐某 2、李某 1、钟某 5、肖某 7、苏某 6 经公安机关电话传唤后主动到案，郑某 3、马某 4 接电话通知后原地等候公安机关抓捕，七人到案后如实供述其犯罪事实，系自首，依法可从轻处罚。上诉人李某 1、钟某 5、肖某 7、苏某 6 积极赔偿被害人部分经济损失，可酌情从轻处罚。

【二审裁判结果】

一、维持湖北省十堰市茅箭区人民法院（2018）鄂 0302 刑初 728 号刑事判决第一项（即"一、被告人唐某 2 犯重大责任事故罪，判处有期徒刑二年六个月"）、第三项（即"三、被告人马某 4 犯重大责任事故罪，判处有期徒刑二年六个月"）、第四项（即"四、被告人李某 1 犯重大责任事故罪，判处有期徒刑一年六个月，缓刑二年"）。

二、撤销湖北省十堰市茅箭区人民法院（2018）鄂 0302 刑初 728 号刑事判决第二项（即"二、被告人郑某 3 犯重大责任事故罪，判处有期徒刑三年"）、第五项（即"五、被告人钟某 5 犯重大责任事故罪，判处有期徒刑一年，缓刑一年六个月"）、第六项（即"六、被告人肖某 7 犯重大责任事故罪，判处有期徒刑一年，缓刑一年六个月"）、第七项（即"七、被告人苏某 6 犯重大责任事故罪，判处有期徒刑一年，缓刑一年六个月"）。

三、上诉人郑某 3 犯重大责任事故罪，判处有期徒刑二年六个月。

四、上诉人钟某 5 犯重大责任事故罪，判处有期徒刑十个月，缓刑一年四个月。

五、上诉人肖某 7 犯重大责任事故罪，判处有期徒刑十个月，缓刑一年四个月。

六、上诉人苏某 6 犯重大责任事故罪，判处有期徒刑十个月，缓刑一年四个月。

13.2.4　典型案例四：被告人没有申请办理施工图备案和建设工程规划许可证；将工程委托给不具备施工资质的单位施工，构成重大责任事故罪

【案情简介】

在 2014 年 6 月 30 日发生的石油泄漏燃烧事故中，由于施工单位岳林公司在施工过程中未按照施工图和施工说明要求的深度进行作业，盲目冒险施工，导致原油管道钻漏，进而引发石油泄漏。泄漏的石油进入了市政雨水管网和污水管网，造成了雨水管网的石油在雨水排水出口处燃烧，引发火灾。事故造成直接经济损失达 553.42 万元。

此次事故的间接原因包括施工单位无资质进行施工、盲目冒险施工，建设单位 A 公司未办理施工图备案和建设工程规划许可证，委托无资质单位施工，设计单位提供的设计文件存在缺陷，政府相关职能部门履职不到位等多个方面。被告人刘某 1 作为 A 公司的总经理，未按规定申请施工图备案和建设工程规划许可证，委托无资质单位施工，在此次事故中负有重要责任。

在案发后，被告人刘某 1 等人积极采取措施挽回了部分因事故给国家造成的经济损失，其中刘某 1 自行挽回了 3 万元，而另案处理的李某 2 和谢某 3 分别自行挽回了 41 万元和 2 万元，上述款项已交至法院。事故的发生揭示了施工单位和相关管理者在施工过程

中安全管理不到位、违规操作等问题，导致了严重的经济损失和环境污染。

【一审法院观点】

原审法院认为，被告人刘某1在生产、作业中违反有关安全管理的规定，因而发生重大责任事故且情节特别恶劣，其行为构成重大责任事故罪。被告人刘某1在事故发生后，主动到公安机关接受调查，如实供述主要犯罪事实，系自首，依法可从轻或减轻处罚；积极协调铲车，配合止漏，参与事故抢险救援，对其可酌情从轻处罚；自行挽回因本次事故给国家造成的部分经济损失，有一定的悔罪表现，可酌情从轻处罚。综合考虑以上量刑情节，对被告人刘某1减轻处罚。

【一审裁判结果】

被告人刘某1犯重大责任事故罪，判处有期徒刑一年六个月；被告人刘某1自行挽回的经济损失人民币三万元，上缴国库。

【二审法院观点】

法院认为，上诉人刘某1在生产、作业中违反有关安全管理规定，因而发生重大责任事故，造成严重后果，其行为构成重大责任事故罪。其系自首，依法从轻处罚。其案发后积极参与事故抢险救援，审理期间与另案处理上诉人共同赔偿全部直接经济损失，确有悔罪表现，对其酌情从轻处罚并可适用缓刑。

【二审裁判结果】

1. 维持辽宁省大连经济技术开发区人民法院（2017）辽0291刑初234号刑事判决对被告人刘某1的定罪部分和第二项，即"被告人刘某1犯重大责任事故罪；被告人刘某1自行挽回的经济损失人民币三万元，上缴国库"。

2. 撤销辽宁省大连经济技术开发区人民法院（2017）辽0291刑初234号刑事判决对被告人刘某1的量刑部分，即"判处有期徒刑一年六个月"。

3. 上诉人刘某1犯重大责任事故罪，判处有期徒刑一年，缓刑一年六个月。

4. 上诉人刘某1缴纳的115万元赔偿款，上缴国库。

13.3 辩护要点

13.3.1 本罪与他罪的区分

（1）本罪与重大劳动安全事故罪

两个罪名的相同点是主体都是生产经营活动的从业者，行为人对于发生的事故都是一种过失的心理状态，且法定的最高刑都是七年以下有期徒刑。

两个罪名的不同点是对企业安全生产负有责任的人员，在生产经营活动中违反有关安全管理的规定，应认定为重大责任事故罪；如若提供的安全生产设施或安全生产条件不符合国家的规定，应认定为重大劳动安全事故罪。如果导致事故发生的原因同时包括上述两方面，具体问题具体分析，但通常为了全面评价，会认定为重大责任事故罪。

（2）本罪与以危险方法危害公共安全罪

重大责任事故罪的主观要件是对危害后果持过失心理的，而以危险方法危害公共安全罪是对危害后果持故意心理的。要严格把握两罪的界限，因为后者量刑更重，严重的会判处无期徒刑或死刑。重大责任事故罪的行为人，往往在生产、作业活动中会故意违反国家规定的标准，从而减少工期或者成本，但在辩护中我们要强调，这种故意不能直接认定为对于危害后果的故意。而是因为疏忽大意没有预见或者预见之后轻信可以避免的过失心理，在诉讼活动中，我们一定要把握好这些案件细节，于"细微之处见真章"。

13.3.2　自然原因或技术因素导致事故发生

重大责任事故罪是因为行为人在生产、作业活动中违反了国家规定，如若导致重大事故发生的原因是自然原因或者是技术因素，那行为人则不能被追究刑事责任。

首先，我们要去判定行为人是否实施了违反规定的生产、作业行为，如果没有违反规定的行为，自然也就可以排除重大责任事故罪的认定。再者，在实践当中，有很多重大事故的发生都是因为意外事件和不可抗力导致的，这时我们也要深究其中的因果关系，是行为人违反规定的行为导致了重大事故的发生，还是因为自然因素。

大型施工企业往往会使用许多施工设备，而在履行定期维护的职责之外，也会因为设备条件不良而发生意外，此类情况就应当认定为技术事故。

13.3.3　确认主体

重大责任事故罪的主体范围限制在对生产、作业负有组织、指挥或者管理职责的负责人、管理人员、实际控制人、投资人等人员，以及直接从事生产、作业的人员。具体到建设工程领域，建设单位负责人、勘察员、工程监理员、项目经理、安全质量管理员、施工作业人员等所有与建设工程安全生产相关的责任主体均能成为本罪的犯罪主体。

所以辩护人在为行为人辩护时，也要注意认定行为人是否对于生产、作业负有组织、指挥或管理的职责，如果对相关事故发生的现场不具有上述职责，即便行为人参与了发生事故的现场作业，也不能被认定为本罪的适格主体。

还有一点值得注意的是，因为很多施工企业的管理制度不规范，经常会出现一些工程项目的挂名负责人和实际负责人并不是同一人的情况，虽然挂名负责人在明显文件记录上是工程的负责人，但实际上并未参与管理指挥、组织，而是实际负责人在工程项目的施工现场进行监工、管理。所以我们在诉讼活动中应当以事实为准绳，注意挂名和实际控制主体的区别。

13.3.4　不具有预见风险的可能性

重大责任事故罪本质上属于过失犯罪，但这要求行为人有应当预见危害结果发生的可能。但如果行为人连预见的可能性都没有的话，那就不应该追究行为人的刑事责任。

法律中有规定施工企业应当制定相关的安全操作规范，一是为了限制企业违规操作的可能，也是预防企业发生生产、作业风险；二是防范企业员工在施工操作的时候可能的危险性。如果在企业生产、作业的过程中，因为员工没有遵守相关的安全操作指引，不规范作业导致了重大事故的发生，是员工自身作业行为导致的，施工企业和相关工程项目的负责人已经尽到了应尽的预防义务和采取了避免措施，在此类情况下就不应该继续追究相关负责人的刑事责任。

13.4　合规管理

13.4.1　组织合规培训，提升管理人员和普通员工的法治意识

重大责任事故罪的主体包括了各类生产、作业活动中从事生产或指挥的人员，既包括管理人员也包括普通职工。实践中，很多施工企业之所以发生了重大事故，不是因为没有制定相关的安全操作指引，而是企业员工法治安全意识太过淡薄，意识不到违规操作有可能带来的巨大风险。因此企业应当定期组织企业合规培训，加强考核，将考核成绩与职称、薪资相关联，努力调动企业员工参加培训的积极性。

13.4.2　完善企业安全管理制度

施工企业应当根据法律法规和相关行业标准，结合企业自身具体情况，打造完善的安全管理制度。更要做好贯彻落实，不要让安全制度成为"一纸空文"。企业使用的施工安全设施应当符合标准。企业也应当建立定期检查制度，并做好记录和备案，定期对安全设施进行维护检修，保证安全措施不出现"关键时刻"掉链子的情况。

13.4.3　做好施工人员岗前安全培训

施工企业应当做好施工人员上岗前的安全施工培训，每个人都要落实安全防护措施，确保直接施工人员对于企业安全操作指引烂熟于心，提高施工人员的安全意识也能防范施工风险，在源头上努力避免违章行为，防止重大事故的发生。

13.4.4　设立专门的安全生产部门

很多企业为了节省人力成本，没有设置安全生产部门，或者说没有专门的负责人员，由其他部门员工兼职负责。但企业安全工作的投入是保障施工企业安全生产、作业的一道很重要的防线，一些小型施工企业经常会忽视相关安全工作的投入，导致安全部门形同虚设，企业很难有效规避刑事风险。

第14章 敲诈勒索罪

2013年，海口市政府对江东地区进行大开发之后，甘某1以亲属、同乡、狱友关系为纽带，网罗大批刑满释放人员、社会闲散人员充当打手和帮凶，形成以甘某1为组织领导者，陆某2等19人为积极参加者，陈某3等13人为一般参加者的黑社会性质组织，盘踞江东一带。为了争夺地盘、增强威慑力，甘某1、陈某4等人非法购买并长期持有枪支。在寻衅滋事、敲诈勒索、强迫交易等违法犯罪活动中，该组织成员经常随意在公共场所使用钢管、砍刀、斧头、枪支打砸施工机械、伤害施工人员，给当地的工程建设及人民群众的生产生活造成严重威胁。2013年8月，海南A工程有限公司承揽海口市"江东大道一期"项目工程。甘某1指使陆某2等人，多次到工地捣乱。随后，甘某1等人接手该工程，并非法获利1660万元。2014年2月，海口市"东海岸滨海路二期"项目开工后，甘某1为承揽该项目土方工程，多次指使十几人到该项目工地恐吓、威胁施工人员，阻拦施工。同年2月25日下午，陈某4等人携带钢管和改装射钉枪，到工地打砸了两辆挖掘机。4月中旬，施工方为使项目能顺利施工，被迫接受陆某2提供的高价原材料，甘某1等人通过强揽该工程非法获利400万元。2014年6月，B港航局承建的海口市东海岸"如意岛"项目集散场工程准备开工。甘某1又纠集李某5等人持凶器围堵该项目工地，将施工人员一人打致轻伤，损毁轿车一辆。事后，B港航局被迫退出集散场地平整工程。开发商被迫将该项目的集散地平整工程等均交给甘某1承揽，甘某1为此非法获利1600万元。几年时间里，该组织通过暴力、威胁、滋扰等手段强揽了"江东大道一期""滨海路二期""如意岛"等多个工程，对海口市江东地区的工程建设行业形成非法控制。2014年初，陆某2为强揽"华侨城椰海蓝天公寓"项目的土方工程，指使他人阻挠施工，威胁工程承揽人李某6，强行索要工地清表费10万元，李某6被迫支付7万元给陆某2。2014年8月，陆某2要求承揽海口市"椰海大道C段2标"项目土石方工程的房某7、陈某8接受其供应的原材料。为了避免再次被滋扰，房某7、陈某8被迫同意，陆某2安排张某9负责。陆某2、张某9通过该项目非法获利6098334元。其间，陆某2要求每立方米材料加价30元，被房某7拒绝后，陆某2、张某9遂停止供应，导致项目停工。房某7另找他人供应，陆某2、张某9又进行威胁、阻拦，后房某7被迫同意每立方米材料给陆某2支付20元的提成。2016年8月至2017年12月，陆某2、张某9从房某7处索取提成款共计379556元。

2018年6月，陈某4在强揽足球学校土方工程期间，发现有工人在该工地内挖砂用于施工，便与林某10合谋向工地负责人敲诈勒索。林某10指使唐某11以本地村民的名义去阻拦挖砂，唐某11便纠集唐某12、唐某13四次到工地进行阻挠。工地负责人孙某

14 被迫请求陈某 4 帮忙，陈某 4 乘机向孙某 14 索取 2 万元"辛苦费"。

2017 年 10 月，吴某 15 为强揽海口市滨海路"江海汇"项目的土方工程，指使林某 16、林某 17 用车堵住工地门口。工程负责人刘某 18 得知阻挠者是甘某 1 的帮凶，遂到东头咖啡馆与甘某 1 等人协商，甘某 1 要求刘某 18 将部分工程交给吴某 15 承揽。经协商，刘某 18 被迫同意按每立方米土方 4 元的"好处费"付给吴某 15。李某 19 又趁机要求低价购买该工地内的砂，刘某 18 被迫同意。吴某 15 从刘某 18 处共索取"好处费"20 余万元，陈某 4、李某 19 再将低价从刘某 18 处购买的约 20 万元的砂转卖他人。

自 2013 年 8 月以来，该组织通过强迫交易、敲诈勒索、强揽工程、非法采矿、开设赌场、非法占用农用地、非法经营码头、砂场等违法犯罪活动，聚敛 6700 多万元的巨额非法经济利益用于供养组织成员，甘某 1 和骨干成员参与分红，一般成员发放工资报酬。

2018 年 12 月 21 日下午 3 时，海口市中级人民法院对甘某 1 等 54 名被告人犯组织、领导黑社会性质组织罪、敲诈勒索罪等多项罪行一案进行一审，当庭宣判。

本章对本案涉及的建设工程领域敲诈勒索罪详细介绍。

14.1 相关法律法规

14.1.1 《刑法》

第二百七十四条 【敲诈勒索罪】规定："敲诈勒索公私财物，数额较大或者多次敲诈勒索的，处三年以下有期徒刑、拘役或者管制，并处或者单处罚金；数额巨大或者有其他严重情节的，处三年以上十年以下有期徒刑，并处罚金；数额特别巨大或者有其他特别严重情节的，处十年以上有期徒刑，并处罚金。"

注：本条被 2011 年《刑法修正案（八）》第四十四条修订。原《刑法（1997 修订）》条文为："敲诈勒索公司财物，数额较大的，处三年以下有期徒刑、拘役或者管制；数额巨大或者有其他严重情节的，处三年以上十年以下有期徒刑。"

14.1.2 司法解释及其他

14.1.2.1 2013 年 4 月 23 日最高人民法院、最高人民检察院《关于办理敲诈勒索刑事案件适用法律若干问题的解释》

第一条 敲诈勒索公私财物价值 2000 元至 5000 元以上、3 万元至 10 万元以上、30 万元至 50 万元以上的，应当分别认定为刑法第二百七十四条规定的"数额较大"、"数额巨大"、"数额特别巨大"。

各省、自治区、直辖市高级人民法院、人民检察院可以根据本地区经济发展状况和社会治安状况，在前款规定的数额幅度内，共同研究确定本地区执行的具体数额标准，报最高人民法院、最高人民检察院批准。

第二条　敲诈勒索公私财物，具有下列情形之一的，"数额较大"的标准可以按照本解释第一条规定标准的 50% 确定：

（一）曾因敲诈勒索受过刑事处罚的；

（二）1 年内曾因敲诈勒索受过行政处罚的；

（三）对未成年人、残疾人、老年人或者丧失劳动能力人敲诈勒索的；

（四）以将要实施放火、爆炸等危害公共安全犯罪或者故意杀人、绑架等严重侵犯公民人身权利犯罪相威胁敲诈勒索的；

（五）以黑恶势力名义敲诈勒索的；

（六）利用或者冒充国家机关工作人员、军人、新闻工作者等特殊身份敲诈勒索的；

（七）造成其他严重后果的。

第三条　2 年内敲诈勒索 3 次以上的，应当认定为刑法第二百七十四条规定的"多次敲诈勒索"。

第四条　敲诈勒索公私财物，具有本解释第二条第三项至第七项规定的情形之一，数额达到本解释第一条规定的"数额巨大""数额特别巨大"80% 的，可以分别认定为刑法第二百七十四条规定的"其他严重情节""其他特别严重情节"。

第五条　敲诈勒索数额较大，行为人认罪、悔罪，退赃、退赔，并具有下列情形之一的，可以认定为犯罪情节轻微，不起诉或者免予刑事处罚，由有关部门依法予以行政处罚：

（一）具有法定从宽处罚情节的；

（二）没有参与分赃或者获赃较少且不是主犯的；

（三）被害人谅解的；

（四）其他情节轻微、危害不大的。

第六条　敲诈勒索近亲属的财物，获得谅解的，一般不认为是犯罪；认定为犯罪的，应当酌情从宽处理。

被害人对敲诈勒索的发生存在过错的，根据被害人过错程度和案件其他情况，可以对行为人酌情从宽处理；情节显著轻微危害不大的，不认为是犯罪。

第七条　明知他人实施敲诈勒索犯罪，为其提供信用卡、手机卡、通讯工具、通讯传输通道、网络技术支持等帮助的，以共同犯罪论处。

第八条　对犯敲诈勒索罪的被告人，应当在 2000 元以上、敲诈勒索数额的 2 倍以下判处罚金；被告人没有获得财物的，应当在 2000 元以上 10 万元以下判处罚金。

14.1.2.2　2013 年 9 月 6 日最高人民法院、最高人民检察院《关于办理利用信息网络实施诽谤等刑事案件适用法律若干问题的解释》

第六条　以在信息网络上发布、删除等方式处理网络信息为由，威胁、要挟他人，索取公私财物，数额较大，或者多次实施上述行为的，依照刑法第二百七十四条的规定，以敲诈勒索罪定罪处罚。

14.1.2.3 2018 年 1 月 16 日最高人民法院、最高人民检察院、公安部、司法部《关于办理黑恶势力犯罪案件若干问题的指导意见》

黑恶势力以非法占有为目的强行索取公私财物，有组织地采用滋扰、纠缠、哄闹、聚众造势等手段扰乱正常的工作、生活秩序，同时符合《刑法》第二百七十四条规定的其他犯罪构成条件的，应当以敲诈勒索罪定罪处罚。同时由多人实施或者以统一着装、显露纹身、特殊标识以及其他明示或者暗示方式，足以使对方感知相关行为的有组织性的，应当认定为《关于办理敲诈勒索刑事案件适用法律若干问题的解释》第二条第（五）项规定的"以黑恶势力名义敲诈勒索"。

采用上述手段，同时又构成其他犯罪的，应当依法按照处罚较重的规定定罪处罚。

14.1.2.4 2020 年 9 月 22 日最高人民法院、最高人民检察院、公安部《关于依法办理"碰瓷"违法犯罪案件的指导意见》

实施"碰瓷"，具有下列行为之一，敲诈勒索他人财物，符合刑法第二百七十四条规定的，以敲诈勒索罪定罪处罚：

1. 实施撕扯、推搡等轻微暴力或者围困、阻拦、跟踪、贴靠、滋扰、纠缠、哄闹、聚众造势、扣留财物等软暴力行为的；

2. 故意制造交通事故，进而利用被害人违反道路通行规定或者其他违法违规行为相要挟的；

3. 以揭露现场掌握的当事人隐私相要挟的；

4. 扬言对被害人及其近亲属人身、财产实施侵害的。

14.1.2.5 【量刑指导】2021 年 6 月 16 日最高人民法院、最高人民检察院《关于常见犯罪的量刑指导意见（试行）》

1. 构成敲诈勒索罪的，根据下列情形在相应的幅度内确定量刑起点：

（1）达到数额较大起点的，或者二年内三次敲诈勒索的，在一年以下有期徒刑、拘役幅度内确定量刑起点。

（2）达到数额巨大起点或者有其他严重情节的，可以在三年至五年有期徒刑幅度内确定量刑起点。

（3）达到数额特别巨大起点或者有其他特别严重情节的，在十年至十二年有期徒刑幅度内确定量刑起点。

2. 在量刑起点的基础上，根据敲诈勒索数额、次数、犯罪情节严重程度等其他影响犯罪构成的犯罪事实增加刑罚量，确定基准刑。

多次敲诈勒索，数额达到较大以上的，以敲诈勒索数额确定量刑起点，敲诈勒索次数可作为调节基准刑的量刑情节；数额未达到较大的，以敲诈勒索次数确定量刑起点，超过三次的次数作为增加刑罚量的事实。

14.1.3　犯罪构成要件

14.1.3.1　主体要件

本罪的主体是一般犯罪主体。达到刑事责任年龄并具有刑事责任能力的自然人均可构成此罪。公司不构成本罪的犯罪主体。工程各类从业人员均可能构成此罪。

14.1.3.2　主观要件

主观方面表现为故意，并且行为人具有非法占有他人财物的目的。如果行为人为了追回自己合法的债务而实施上述行为，不能构成敲诈勒索罪。

14.1.3.3　客体要件

本罪侵犯的客体是复杂客体，包括公私财产的所有权和公民的人身财产权利。

14.1.3.4　客观要件

客观方面表现为对公私财物的所有人、管理人实施威胁或者要挟，迫使其交出数额较大的财物或者多次进行敲诈勒索的行为。

威胁和要挟，是指通过对被害人及其关系密切的人精神上的强制，造成对方心理上的恐惧，产生压力，如以将要实施暴力，揭发隐私、违法犯罪活动，毁坏名誉相威胁等。

威胁或者要挟的方法多种多样，可以是实施暴力、揭露违法犯罪活动、披露隐私毁坏名誉相威胁等，可以当时实施，也可以威胁将来实施。

14.2　具体表现

敲诈勒索罪，是指以非法占有为目的，对公私财物的所有人、管理人实施威胁或者要挟的办法，强行索取数额较大的公私财物或者多次敲诈勒索的行为。

在建设工程领域，本罪的具体表现形式：

1. 以非法占有为目的，以工程存在质量问题进行举报为由进行威胁和要挟，强行索取数额较大的公私财物或者多次敲诈勒索的，构成敲诈勒索罪；

2. 以非法占有为目的，以中标人不具备中标条件进行举报为由进行威胁和要挟，强行索取数额较大的公私财物或者多次敲诈勒索的，构成敲诈勒索罪；

3. 以非法占有为目的，以阻止工人上访、围堵的方式进行威胁和要挟，强行索取数额较大的公私财物或者多次敲诈勒索的，构成敲诈勒索罪；

4. 以非法占有为目的，以停工、阻碍施工等暴力的方式进行威胁和要挟，强行索取数额较大的公私财物或者多次敲诈勒索的，构成敲诈勒索罪；

5. 以非法占有为目的，以收卫生费、环境污染费等巧立名目的费用为由，以阻挠施工企业正常施工为威胁和要挟，强行索取数额较大的公私财物或者多次敲诈勒索的，构成敲诈勒索罪；

6. 以非法占有为目的，以散发传单有损他人声誉的方式进行威胁和要挟，强行索取数额较大的公私财物或者多次敲诈勒索的，构成敲诈勒索罪；

7. 以非法占有为目的，通过发恐吓微信短信、照片的方式进行威胁和要挟，强行索取数额较大的公私财物或者多次敲诈勒索的，构成敲诈勒索罪；

8. 以非法占有为目的，以在工地现场爬塔式起重机等自杀自残的方式进行威胁和要挟，强行索取数额较大的公私财物或者多次敲诈勒索的，构成敲诈勒索罪；

9. 以非法占有为目的，以施工单位负责人存在行贿等违法违规行为进行举报为由进行威胁和要挟，强行索取数额较大的公私财物或者多次敲诈勒索的，构成敲诈勒索罪；

10. 以非法占有为目的，通过非正常上访、在网络发表不实文章给地方政府造成影响、制造压力等方式进行威胁和要挟，强行索要虚假债务的，构成敲诈勒索罪；

11. 其他：

工程结算过程中，有时候建设单位拖延结算、不予结算，施工单位以工程质量等问题要挟建设单位限期结算或者必须结算达到一定数额的行为，就需要区分施工单位所要求的结算数额是否为合法债务，只有在认定为非合法债务时，施工单位才可能构成此类犯罪。

14.3 辩护要点

14.3.1 犯罪主体的辩护

构成敲诈勒索罪的犯罪主体为一般主体，已满 16 周岁且具备刑事责任能力的自然人均能构成本罪，但不包括单位。

14.3.2 犯罪主观方面的辩护

在敲诈勒索罪中，被告人主观上必须具备以非法占有为目的。何谓"非法占有"？根据我国民事法律的相关规定，物权受法律保护，要取得他人财物，要么依照法律规定取得，要么通过民事法律行为取得。同一财物，不同的人往往可以基于不同的原因主张权利并由此产生权利冲突，进而导致民事诉争。基于不同的原因对财物主张权利，本身体现了对法规范和法秩序的尊重。与此相反，行为人对他人财物没有事实依据和法律依据，又不支付相应对价，违背法规范和法秩序的要求，规避正当市场行为，以零成本的方式，强行获取他人财物，即属于非法占有。因此，要注意核实被告人向被害人索取财物的原因，双方之间是否存在合法的债权债务关系，或是协议等合法安排。在这些情况下，被告人与被害人之间存在合法的民事法律关系，被告人有与对方进行协商、要价的权利。如果被告人当时的行为只是在行使自身的合法权益，则其主观目的并非是为了非法占有他人财物。

14.3.3　犯罪客观方面的辩护

对公私财物的所有人、管理人实施威胁或者要挟，如以将要实施暴力；揭发隐私、违法犯罪活动；毁坏名誉相威胁等。其形式可以是口头的，也可以是书面的，还可以通过第三者转达；可以是明示，也可以是暗示。在取得他人财物的时间上，既可以迫使对方当场交出，也可以限期交出。总之，是通过对公私财物的所有人、保管人实施精神上的强制，使其产生恐惧、畏惧心理，不得已而交出财物。因此，在客观上，注意辨别被告人是否有实施敲诈勒索行为。即使实施了，需要看被告人的行为是否达到使被害人基于恐惧心理交付财物的程度，若无法达到，则可以认定被告人不存在敲诈勒索的行为。

敲诈勒索的财物数额较大或者多次敲诈勒索的。数额较大，是敲诈勒索行为构成犯罪的基本要件。如果敲诈勒索的财物数额较小，一般应当依照《治安管理处罚法》的规定予以处罚，不需要动用刑罚。多次敲诈勒索，是《刑法修正案（八）》增加规定的构成犯罪的条件。有的被告人，特别是黑社会性质组织和恶势力团伙成员，凭借其组织或团伙的非法控制或影响，频繁实施敲诈勒索行为，欺压群众，扰乱社会治安，具有严重的社会危害性。对多次敲诈勒索的行为，即使敲诈勒索的财物数额没有达到较大的标准，也应当依法定罪处罚。在涉黑涉恶领域，应注意从组织特征、经济特征、行为特征和危害性特征等方面，辨析是否为黑社会性质的组织犯罪。

14.3.4　犯罪情节方面的辩护

《关于办理敲诈勒索刑事案件适用法律若干问题的解释》第五条规定，敲诈勒索数额较大，行为人认罪、悔罪、退赃、退赔，并具有下列情形之一的，可以认定为犯罪情节轻微，不起诉或者免予刑事处罚，由有关部门依法予以行政处罚：（一）具有法定从宽处罚情节的；（二）没有参与分赃或者获赃较少且不是主犯的；（三）被害人谅解的；（四）其他情节轻微、危害不大的。被告人虽然涉嫌敲诈勒索，但是涉案金额属于数额较大，又认罪、悔罪，退赃、退赔，且具有《关于办理敲诈勒索刑事案件适用法律若干问题的解释》规定的从宽处罚情节之一的，可不起诉或者免予刑事处罚。

14.4　合规管理

在建设工程领域，敲诈勒索罪同强迫交易罪一样往往会伴随着涉黑涉恶的因素。建筑业是国民经济的支柱产业，在建设行业内部进行扫黑除恶专项斗争，对于净化建设行业、促进行业健康发展有积极作用。

对于从事建设行业的企业和人员来说，一方面，对于扫黑除恶专项斗争要大力支持、积极行动。施工企业在市场经济活动中，一旦发现或遇到涉黑涉恶线索，应加强识别能力，及早警觉。一方面消除可能的被侵害因素，另一方面也是履行社会责任、行业责任的具体表现。很多地方都设有专门的举报电话、举报邮箱和信箱，并成立了扫黑除恶专项斗争领导小组办公室。施工企业在线索排查的同时，也应积极向有关部门进行线索举报。

另一方面也要善于同违法犯罪行为作斗争，维护企业自身合法权益。施工单位负责人应具备防范和化解矛盾的能力和素质，遇到问题多协商，多沟通，想对策。应充分利用好法律武器，通过调解、民事诉讼等多种合法手段解决问题。同时注意约束好员工，避免员工私自作出过激举动。更不能为了利益而教唆员工、煽动群众闹事。一旦有其他单位人员、社会闲散人员为达到"强揽工程""强卖材料""强行阻工"等不法目的而对施工企业办公场所、人员实施暴力或软暴力行为时，应妥善处理，固定证据，及早报警，切不可激化矛盾。

同时，建筑施工企业在施工过程中，因工程违约补偿、质量赔偿、工程结算、工程损害赔偿等情形经常发生争议和纠纷。对于从事建设行业的企业和人员一旦采取的维权方式、方法错误，就有可能构成敲诈勒索罪。因此，施工企业和人员在日常经营管理中，应当树立风险意识，完善企业制度，规范管理，在主张权益时应注意可能存在的风险，采取合法的手段进行主张。

第 15 章 强迫交易罪

被告人王某 1 经营廊坊 A 市政工程有限公司，其想承接霸州市东一村棚户改造项目。2017 年 8 月 30 日晚，被告人冯某 2 受被告人王某 1 指使，纠集被告人刘某 3 等人在霸州市益津宾馆 305 房间内，以扇耳光殴打、威胁等方式阻止被害人张某 4 参与霸州市东一村棚户改造项目的招投标工作，致使张某 4 退出竞标。2017 年 9 月 11 日霸州市霸州镇政府将东一村棚户改造洽谈保证金 5000 万元退还给被害人张某 4 经营的 B 房地产开发公司。案发后，双方达成调解协议，被告人王某 1 赔偿被害人张某 4 经济损失三百一十万元，取得了被害人谅解。

法院认为，在强迫交易罪情节特别严重没有法律具体规定的情况下，在案证据尚不足以证实王某 1 等人强迫交易的手段特别恶劣、非法获利数额特别巨大、造成特别严重后果，认定王某 1、冯某 2 等人犯强迫交易罪属情节特别严重的法律依据和证据不足。原审判决认定王某 1、冯某 2 等人犯强迫交易罪情节特别严重属适用法律不当，依法应予纠正。最终认定被告人王某 1 等人以暴力、威胁手段强迫他人退出投标，情节严重，其行为均已构成强迫交易罪。

本案被告人涉及的强迫交易罪是建设工程领域常出现的刑事罪名，本章对此详细介绍。

15.1 强迫交易罪罪名分析

15.1.1 《刑法》

第二百二十六条 【强迫交易罪】规定："以暴力、威胁手段，实施下列行为之一，情节严重的，处三年以下有期徒刑或者拘役，并处或者单处罚金；情节特别严重的，处三年以上七年以下有期徒刑，并处罚金：（一）强买强卖商品的；（二）强迫他人提供或者接受服务的；（三）强迫他人参与或者退出投标、拍卖的；（四）强迫他人转让或者收购公司、企业的股份、债券或者其他资产的；（五）强迫他人参与或者退出特定的经营活动的。"

第二百三十一条 【单位犯扰乱市场秩序罪的处罚规定】："单位犯本节第二百二十一条至第二百三十条规定之罪的，对单位判处罚金，并对其直接负责的主管人员和其他直接责任人员，依照本节各该条的规定处罚。"

15.1.2　立案标准

《最高人民检察院、公安部关于公安机关管辖的刑事案件立案追诉标准的规定（一）的补充规定》第五条："以暴力、威胁手段强买强卖商品，强迫他人提供服务或者接受服务，涉嫌下列情形之一的，应予立案追诉：（一）造成被害人轻微伤的；（二）造成直接经济损失2千元以上的；（三）强迫交易3次以上或者强迫3人以上交易的；（四）强迫交易数额1万元以上，或者违法所得数额2千元以上的；（五）强迫他人购买伪劣商品数额5千元以上，或者违法所得数额1千元以上的；（六）其他情节严重的情形。"

同时该规定明确："以暴力、威胁手段强迫他人参与或者退出投标、拍卖，强迫他人转让或者收购公司、企业的股份、债券或者其他资产，强迫他人参与或者退出特定的经营活动，具有多次实施、手段恶劣、造成严重后果或者恶劣社会影响等情形之一的，应予立案追诉。"

15.1.3　司法解释

15.1.3.1　最高人民法院、最高人民检察院、公安部、司法部《关于办理恶势力刑事案件若干问题的意见》（法发〔2019〕10）

8.恶势力实施的违法犯罪活动，主要为强迫交易、故意伤害、非法拘禁、敲诈勒索、故意毁坏财物、聚众斗殴、寻衅滋事，但也包括具有为非作恶、欺压百姓特征，主要以暴力、威胁为手段的其他违法犯罪活动。

恶势力还可能伴随实施开设赌场、组织卖淫、强迫卖淫、贩卖毒品、运输毒品、制造毒品、抢劫、抢夺、聚众扰乱社会秩序、聚众扰乱公共场所秩序、交通秩序以及聚众"打砸抢"等违法犯罪活动，但仅有前述伴随实施的违法犯罪活动，且不能认定具有为非作恶、欺压百姓特征的，一般不应认定为恶势力。

9.办理恶势力刑事案件，"多次实施违法犯罪活动"至少应包括1次犯罪活动。对于反复实施强迫交易、非法拘禁、敲诈勒索、寻衅滋事等单一性质的违法行为，单次情节、数额尚不构成犯罪，但按照刑法或者有关司法解释、规范性文件的规定累加后应作为犯罪处理的，在认定是否属于"多次实施违法犯罪活动"时，可将已用于累加的违法行为计为1次犯罪活动，其他违法行为单独计算违法活动的次数。

15.1.3.2　最高人民法院、最高人民检察院、公安部、司法部《关于办理利用信息网络实施黑恶势力犯罪刑事案件若干问题的意见》

5.利用信息网络威胁他人，强迫交易，情节严重的，依照刑法第二百二十六条的规定，以强迫交易罪定罪处罚。

……

8.侦办利用信息网络实施的强迫交易、敲诈勒索等非法敛财类案件，确因被害人人数众多等客观条件的限制，无法逐一收集被害人陈述的，可以结合已收集的被害人陈述，以及经查证属实的银行账户交易记录、第三方支付结算账户交易记录、通话记录、电子数据等证据，综合认定被害人人数以及涉案资金数额等。

15.1.3.3 《最高人民检察院关于强迫借贷行为适用法律问题的批复》（高检发释字〔2014〕1号）

以暴力、胁迫手段强迫他人借贷，属于刑法第二百二十六条第二项规定的"强迫他人提供或者接受服务"，情节严重的，以强迫交易罪追究刑事责任；同时构成故意伤害罪等其他犯罪的，依照处罚较重的规定定罪处罚。以非法占有为目的，以借贷为名采用暴力、胁迫手段获取他人财物，符合刑法第二百六十三条或者第二百七十四条规定的，以抢劫罪或者敲诈勒索罪追究刑事责任。

15.1.4 犯罪构成要件

15.1.4.1 主体要件

本罪主体为一般主体，即达到刑事责任年龄且具备刑事责任能力的自然人均能构成本罪，单位也可构成本罪，如单位犯本罪的，实行双罚制，即对单位判处罚金，对其直接负责的主管人员和其他直接责任人员依具体规定追究刑事责任。

15.1.4.2 主观要件

本罪在主观方面表现为直接故意。间接故意及过失均不构成本罪。

15.1.4.3 客体要件

本罪不仅侵犯了交易相对方的合法权益，而且侵犯了商品交易市场秩序。商品交易是在平等民事主体之间发生的法律关系，应当遵循市场交易中的自愿与公平原则。但在现实生活中，交易双方强买强卖、强迫他人接受服务的现象时有发生，这种行为违背了市场交易原则，破坏了市场交易秩序，侵害了消费者或经营者的合法权益。如果行为人以暴力、威胁手段强行交易，就具有了严重的社会危害性，情节严重的，应依法追究刑事责任。

本罪属于刑法中破坏社会主义市场经济秩序罪章节中的扰乱市场秩序罪部分，其保护的法益是社会主义市场经济秩序。市场经济秩序包括：正当竞争秩序、对外贸易秩序、企业管理秩序、金融管理秩序、税收征管秩序、市场活动秩序等。

15.1.4.4 客观要件

本罪在客观方面表现为：（1）强买强卖商品的；（2）强迫他人提供服务或强迫他人接受服务；（3）强迫他人参与或者退出投标、拍卖的；（4）强迫他人转让或者收购公司、企业的股份、债券或者其他资产的；（5）强迫他人参与或退出特定的经营活动的。

本罪的强迫主要包括以下几种情况：一是在他人不愿意从事某种活动时，强迫他人从事某种活动；二是在他人不愿意以某种方式从事某种活动时，强迫他人以某种方式从事活动；三是在他人不愿意以某种价格从事活动时，强迫他人以某种价格从事活动。

暴力、威胁手段都意在使其不敢反抗而被迫答应交易，如果采取引诱、欺骗等非暴力威胁方法要求交易，不以本罪论处；如果暴力、威胁不是为了促使交易实现，如在交易活动之外实施暴力、威胁行为的，不以本罪论处。

违背他人意志，强迫他人与己或者第三人交易是本罪的本质特征。所谓违背他人意志，是指他人不想向其购买商品而强行其购买，他人不愿出卖商品强迫其出卖，他人不肯提供服务强迫他人提供，他人不愿意接受服务则强迫其接受等。

根据法律规定，强迫交易的行为，除需具备上述构成要件外，还必须达到"情节严重"的程度，才构成犯罪。所谓情节严重，在司法实践中，一般是指多次强迫交易；强迫交易的数额巨大，以强迫交易手段推销伪劣产品，造成被强迫者人身伤害后果；强迫外国人交易的；造成恶劣影响或者其他严重后果的情形。

15.2 具体表现

强迫交易罪，是指自然人或者单位，以暴力、胁迫手段强买强卖商品，强迫他人提供或者接受服务，强迫他人参与或者退出投标、拍卖，强迫他人转让或者收购公司、企业的股份、债券或者其他资产，强迫他人参与或者退出特定的经营活动，情节严重的行为。

原《刑法（1997修订）》生效施行以前，刑法和单行刑法均没有规定此罪名，司法实践中，对这种犯罪一般是按照投机倒把罪处理，本罪是原《刑法（1997修订）》增设的罪名。本罪侵犯的客体是正常的市场商品交易秩序。市场商品交易秩序应当是在公平、自由、平等的原则下进行的，买卖双方应是基于自由意志进行等价有偿的交易活动，但本罪的行为人却使用暴力、威胁手段强买强卖，强迫他人提供服务或者他人接受服务等，这不仅破坏了市场交易的基本准则，而且侵害了对方的合法权益。《刑法修正案（八）》针对市场交易中出现的新情况、新问题，对刑法原规定作了修改。

一是补充了三种新的犯罪形式，将强迫他人参与或者退出投标、拍卖，强迫他人转让或者收购公司、企业股份、债券或者其他资产，强迫他人参与或者退出特定的经营活动，具体列举增加规定为犯罪。

二是增加了一个量刑档次，加大了处罚力度，最高刑由3年有期徒刑提高到7年有期徒刑。从而得以维护市场交易秩序，保护交易双方的合法权益。

强迫交易罪往往会伴随着涉黑涉恶的因素。为严厉打击建筑市场涉黑涉恶行为，有效遏制建筑市场强揽工程违法犯罪，规范工程承发包行为，净化建筑市场环境，各地住房和城乡建设局先后开展了关于深入推进房屋建筑和市政基础设施工程领域专项整治行动。建设工程领域是涉黑涉恶犯罪的重点领域，扫黑除恶专项斗争在此领域取得了很好的成果。

在建设工程领域，本罪的具体表现形式为：

（1）以暴力、胁迫手段煽动民众、组织人员阻拦工程施工，强揽工程，情节严重的，构成强迫交易罪。

（2）以阻挠施工为手段，联合政府官员等具有特殊身份的人员胁迫发包方以高于市场价格将工程发包给承包人。

（3）用车辆堵路等方式强迫他人到指定地点购买建筑材料，或威胁他人雇其运输水泥、砖等施工原料，强迫他人接受服务，扰乱市场管理秩序，情节严重的，构成强迫交易罪。

（4）以暴力、胁迫方式阻止他人参与项目招标、阻拦投标人员进入投标现场等方式强迫退出投标，增加自己或利益关联方中标的概率，情节严重的，构成强迫交易罪。

（5）未直接使用暴力手段，但利用特殊身份（如业主方代表及村委会主任）威胁、强迫他人接受服务的行为，构成强迫交易罪。

15.3　辩护要点

15.3.1　犯罪主体的辩护

构成强迫交易罪的主体为一般主体，包括自然人和单位。已满16周岁且具备刑事责任能力的自然人均能构成本罪，根据《刑法》第二百三十一条的规定，单位亦能构成本罪。单位犯本罪的，实行两罚制，即对单位判处罚金，对其直接负责的主管人员和其他直接责任人员依《刑法》第二百三十一条规定追究刑事责任。

15.3.2　犯罪主观方面的辩护

强迫交易罪在主观方面表现为故意，过失不构成本罪。在强迫交易罪中，行为人的犯罪目的，即主观上通过犯罪行为想要达到的结果系完成交易，通过交易收取较高售价或支付较低购价，以获取在公正、平等的市场交易中无法得到的暴利，交易完成则目的实现。这种获取暴利的方式虽然违背了公平交易的市场原则，但其获得的利润仍然属以交易为基础而获取。如果行为人的主观目的只是以"交易"的形式，通过暴力、威胁的方式获取他人财物，从其主观愿望来看，其是为了获取财物，而不是促成交易，不符合强迫交易罪的犯罪构成。

15.3.3　犯罪客观方面的辩护

在强迫交易罪中，行为人在交易活动过程中的强迫行为破坏了平等自愿和等价有偿的市场秩序基本原则，存在违背对方真实意愿和牟取不平等利益的特征。

首先，具有强迫性，违背交易一方的自愿。典型表现就是强买强卖，行为人以暴力、威胁等手段使被害人违背真实意愿进行交易。正常的交易活动中，交易双方主观上具有自愿性，是出于自由意志对交易客体进行让渡。意思自治是民法的基石，即使存在不等价，如果双方均出于自愿，则民法并不干预，自然也不构成犯罪。而强迫交易罪中，被害人不是出于自愿，其自由意志受到了强迫。对被害人的强迫程度并不要求达到抢劫罪中不敢或不能反抗的程度，而是使被害人无法根据自己的意志进行自由选择，以至于本不想交易而不得不交易，或只能接受明显不合理的低价或以其不同意的方式交易等。

其次，具有暴利性，违反交易的公平性。正常的交易活动中，交易内容具有平等互利性，而强迫交易罪中的对价往往不合理，行为人通常具有牟取超额利润的特征。值得注意的是，强迫交易虽是不等价，但必须有偿，即行为人必须支付了一定的代价。如若相差悬殊的支付则完全不具有对价性，不属于强迫交易罪，视情形可能构成敲诈勒索等罪名。

最后，关于"暴力""威胁"手段的界定。"暴力"的形式，既包括殴打、捆绑、伤害等直接侵害人身安全的行为，也包括阻拦等限制人身自由的方法。暴力手段可以达到致人轻伤程度，不应达到重伤程度。"威胁"的形式，既包括当面直接的语言或行为威胁，也包括间接的电话或文字等威胁；"威胁"的内容，包括加害人身、毁坏财物、揭露隐私、破坏名誉等的精神强制；"威胁"的对象，包括交易相对方及其亲友或其他关联人。威胁的程度应当以足以使被害人产生恐惧心理不得不进行交易为度，否则不构成威胁；威胁必须是现实存在的，而非被害人的假想。

15.4 合规管理

本罪的犯罪目的是达成交易，主要犯罪手段是采取暴力、威胁等方式，以利诱方式的，不构成本罪（有可能涉嫌其他犯罪如行贿罪等）。应注意，被强迫的一方，可以是交易方，如工程发包人；也可能是正常参与交易的一方，如投标人等。应从其强迫的目的分析，如最终目的系为达到与自己或自己指定人交易的，就有可能触犯本罪。

从承揽工程的角度来说，企业不应使用暴力、威胁等手段强揽工程，虽然《刑法》第二百二十六条明确规定"情节严重的应当予以立案"，并不意味着情节不严重的，就一定不立案。情节严重本身系比较含糊的概念，如何认定情节严重在司法界一向存有争议。故不能心存侥幸，若使用了暴力、威胁等手段，即便不构成本罪，也有可能构成其他犯罪。纠集老弱村民采取堵路、拦截等阻工方式等进行所谓的"维权"，实际提出交易要求，实质上也是一种胁迫。

在招投标过程中，企业以各种手段阻止他人参与投标，即便该行为并非传统意义上的暴力，但只要其行为客观上达到了阻止他人参与投标，主观上是为了确保自己或指定的人中标，就有可能触犯本罪。如老弱村民堵路、纠结人员阻止他人准点进入投标现场等，都不算传统意义上的暴力或威胁，但结合具体案情，就有可能触犯本罪。

因此，企业应当加强内部管理，合法合规参与工程建设全过程。

第16章 虚开发票罪

2012年5月，李光某（系被告人张某舅舅）挂靠广东甲园林集团有限公司承接了江阴乙置业有限公司景观环境工程，被告人张某经李光某安排担任该项目财务负责人。其间，被告人张某为结算工程款到税务机关开具发票，经向税务机关了解需要缴纳的税款税率为开票金额的6.5%左右（自陈）。2012年7月至8月，被告人张某通过施某，以支付人民币19万元开票费的方式从章文某（另案处理）处开具票面金额共计为人民币300余万元的江苏省地方税务局通用机打发票多份，并将发票交广东甲园林集团有限公司及江阴乙置业有限公司，因广东甲园林集团有限公司反映发票缺少税收缴款书无法入账，被告人张某提出发票无法使用，章文某将所收取的开票费退还给被告人张某。

2012年8月至10月，被告人张某为少缴纳税款，与章文某商定以支付低于应缴纳税款数额开票费的方式，先后3次通过章文某开具了票面金额为人民币503.16万元的江苏省地方税务局通用机打发票8份。其间，被告人张某经上网查询得知所开具发票的用票方系其他单位，发票可能系假发票，即要求章文某出具税务机关的证明，后章文某向被告人张某提供了加盖伪造的税务机关印章的证明一份以证明发票系在税务机关开具。而后，被告人张某将所开具的发票及税收缴款书交广东甲园林集团有限公司及江阴乙置业有限公司用于入账，并支付章文某开票费人民币16万元。经无锡市地方税务局征管和科技发展处鉴定，涉案8份江苏省地方税务局通用机打发票系假发票。

2014年7月14日，被告人张某经公安机关电话通知后到案接受调查，归案后如实供述了自己的罪行。案发后，广东甲园林集团有限公司已至税务机关重新开具相应数额的发票（税率为开票金额的6.19%）给江阴乙置业有限公司。

本案所涉发票的付款方与收款方之间存在实际经营活动，被告人张某为逃避缴纳税款找他人代开发票，但辩称不知系假发票，其行为是否构成虚开发票罪。

江苏省江阴市人民法院经审理认为：1.被告人张某在开具发票前曾到地税部门咨询，得知开具发票须缴纳票面金额6.5%左右的税费，其为少缴纳税款采用支付开票费的方式通过非正常途径让他人为自己代开发票；2.被告人张某在取得直接找章文某开具的8份发票后，经上网查询用票方系其他单位，此时其已明知该8份发票可能系假发票，而上述发票经鉴定确均系假发票，即针对发票所对应的经营活动并未实际缴纳税款；3.被告人张某支付给章文某人民币16万元让章文某开具了票面金额达人民币503.16万元的发票，所支付的开票费数额既远低于应缴纳的税款数额，又远低于所开具发票的税收缴款书载明的税款数额，其行为具有虚开发票性质。综上，被告人张某主观上具有逃避缴纳税款的故意，客观上造成了国家税款的损失，其行为既扰乱了发票管理秩序，又破坏了税收征管制度，应当以虚开发票罪追究其刑事责任。鉴于被告人张某有自首情节，当庭自愿认罪，予以从轻处罚。

本案被告人涉及的虚开发票罪也是建设工程领域常出现的刑事罪名，本章对此详细介绍。

16.1 虚开发票罪罪名分析

16.1.1 《刑法》

第二百零五条 【虚开增值税专用发票、用于骗取出口退税、抵扣税款发票罪】虚开增值税专用发票或者虚开用于骗取出口退税、抵扣税款的其他发票的，处三年以下有期徒刑或者拘役，并处二万元以上二十万元以下罚金；虚开的税款数额较大或者有其他严重情节的，处三年以上十年以下有期徒刑，并处五万元以上五十万元以下罚金；虚开的税款数额巨大或者有其他特别严重情节的，处十年以上有期徒刑或者无期徒刑，并处五万元以上五十万元以下罚金或者没收财产。

单位犯本条规定之罪的，对单位判处罚金，并对其直接负责的主管人员和其他直接责任人员，处三年以下有期徒刑或者拘役；虚开的税款数额较大或者有其他严重情节的，处三年以上十年以下有期徒刑；虚开的税款数额巨大或者有其他特别严重情节的，处十年以上有期徒刑或者无期徒刑。

虚开增值税专用发票或者虚开用于骗取出口退税、抵扣税款的其他发票，是指有为他人虚开、为自己虚开、让他人为自己虚开、介绍他人虚开行为之一的。

第二百零五条之一 【虚开发票罪】虚开本法第二百零五条规定以外的其他发票，情节严重的，处二年以下有期徒刑、拘役或者管制，并处罚金；情节特别严重的，处二年以上七年以下有期徒刑，并处罚金。

单位犯前款罪的，对单位判处罚金，并对其直接负责的主管人员和其他直接责任人员，依照前款的规定处罚。

16.1.2 部门规章及文件

16.1.2.1 最高人民检察院、公安部关于印发《最高人民检察院、公安部关于公安机关管辖的刑事案件立案追诉标准的规定（二）》的通知（2022修订）

第五十六条 【虚开增值税专用发票、用于骗取出口退税、抵扣税款发票案（刑法第二百零五条）】虚开增值税专用发票或者虚开用于骗取出口退税、抵扣税款的其他发票，虚开的税款数额在十万元以上或者造成国家税款损失数额在五万元以上的，应予立案追诉。

第五十七条　【虚开发票案（刑法第二百零五条之一）】虚开刑法第二百零五条规定以外的其他发票，涉嫌下列情形之一的，应予立案追诉：

（一）虚开发票金额累计在五十万元以上的；

（二）虚开发票一百份以上且票面金额在三十万元以上的；

（三）五年内因虚开发票受过刑事处罚或者二次以上行政处罚，又虚开发票，数额达到第一、二项标准百分之六十以上的。

16.1.2.2　公安部关于印发《公安机关办理危害税收征管刑事案件管辖若干问题的规定》的通知

四、虚开增值税专用发票、用于骗取出口退税、抵扣税款发票案（刑法第 205 条）

为他人虚开案件，由开票企业税务登记机关所在地县级以上公安机关管辖；为自己虚开案件、让他人为自己虚开案件，由受票企业税务登记机关所在地县级以上公安机关管辖；介绍他人虚开案件，可以与为他人虚开案件、让他人为自己虚开案件并案处理。

对于自然人实施的前款规定的虚开案件，由虚开地县级以上公安机关管辖。如果几个公安机关都有权管辖的，由最初受理的公安机关管辖；必要时，可以由主要犯罪地县级以上公安机关管辖。

对为他人虚开、为自己虚开、让他人为自己虚开、介绍他人虚开等几种情况交织在一起，且几个公安机关都有权管辖的，由最初受理的公安机关管辖；必要时，由票源集中地或虚开行为集中企业的税务登记机关所在地县级以上公安机关管辖。

16.1.2.3　《公安部经济犯罪侦查局关于对购买非法制造的用于抵扣税款的其他发票又虚开的行为适用法律问题的批复》（公经〔2003〕1448 号）

行为人购买非法制造的用于抵扣税款的其他发票又虚开的行为，根据刑法第二百零五条的规定，构成犯罪的，以虚开用于抵扣税款发票罪追究刑事责任。因此，犯罪嫌疑人彭大达购买非法制造的运输业发票后又虚开的行为，已经构成犯罪，应以虚开用于抵扣税款发票罪追究其刑事责任。

16.1.3　司法解释及文件

16.1.3.1　《最高人民法院关于审理骗取出口退税刑事案件具体应用法律若干问题的解释》

第一条　刑法第二百零四条规定的"假报出口"，是指以虚构已税货物出口事实为目的，具有下列情形之一的行为：

（一）伪造或者签订虚假的买卖合同；

（二）以伪造、变造或者其他非法手段取得出口货物报关单、出口收汇核销单、出口货物专用缴款书等有关出口退税单据、凭证；

（三）虚开、伪造、非法购买增值税专用发票或者其他可以用于出口退税的发票；

（四）其他虚构已税货物出口事实的行为。

第二条　具有下列情形之一的，应当认定为刑法第二百零四条规定的"其他欺骗手段"：

（一）骗取出口货物退税资格的；

（二）将未纳税或者免税货物作为已税货物出口的；

（三）虽有货物出口，但虚构该出口货物的品名、数量、单价等要素，骗取未实际纳税部分出口退税款的；

（四）以其他手段骗取出口退税款的。

第三条　骗取国家出口退税款 5 万元以上的，为刑法第二百零四条规定的"数额较大"；骗取国家出口退税款 50 万元以上的，为刑法第二百零四条规定的"数额巨大"；骗取国家出口退税款 250 万元以上的，为刑法第二百零四条规定的"数额特别巨大"。

第四条　具有下列情形之一的，属于刑法第二百零四条规定的"其他严重情节"：

（一）造成国家税款损失 30 万元以上并且在第一审判决宣告前无法追回的；

（二）因骗取国家出口退税行为受过行政处罚，两年内又骗取国家出口退税款数额在 30 万元以上的；

（三）情节严重的其他情形。

第五条　具有下列情形之一的，属于刑法第二百零四条规定的"其他特别严重情节"：

（一）造成国家税款损失 150 万元以上并且在第一审判决宣告前无法追回的；

（二）因骗取国家出口退税行为受过行政处罚，两年内又骗取国家出口退税款数额在 150 万元以上的；

（三）情节特别严重的其他情形。

第六条　有进出口经营权的公司、企业，明知他人意欲骗取国家出口退税款，仍违反国家有关进出口经营的规定，允许他人自带客户、自带货源、自带汇票并自行报关，骗取国家出口退税款的，依照刑法第二百零四条第一款、第二百一十一条的规定定罪处罚。

第七条　实施骗取国家出口退税行为，没有实际取得出口退税款的，可以比照既遂犯从轻或者减轻处罚。

第八条　国家工作人员参与实施骗取出口退税犯罪活动的，依照刑法第二百零四条第一款的规定从重处罚。

第九条　实施骗取出口退税犯罪，同时构成虚开增值税专用发票罪等其他犯罪的，依照刑法处罚较重的规定定罪处罚。

16.1.3.2 《最高人民法院关于政协十三届全国委员会第三次会议第 2334 号（政治法律类 294 号）提案答复的函》

……实践中出现了一些不以骗取税款为目的的虚开增值税专用发票的行为，这些行为客观上也未造成国家税款损失。对以上行为，是否应认定为虚开增值税专用发票罪，各地公检法确实出现了认识上的不统一。

您提出，"给国家造成税款损失"不是虚开发票类犯罪定罪处罚的必要条件；有必要根据虚开发票数额、份数的多少、是否造成税款损失等区别不同情形，统一明确立案追诉标准、定罪量刑标准的建议。我们认为，诚如您所言，给国家造成税款损失不是虚开发票类犯罪的构成要件。现行刑法关于虚开发票类犯罪的规定，根据发票的不同类型和行为侵害的客体，分别规定了虚开增值税专用发票、用于骗取出口退税、抵扣税款发票罪和虚开发票罪两个罪名。不同罪名的构成要件不同。刑法第 205 条规定的是虚开增值税专用发票、用于骗取出口退税、抵扣税款发票罪，即本罪的对象是增值税专用发票、用于骗取出口退税、抵扣税款的发票；刑法第 205 条之一规定的是虚开发票罪，其对象是刑法第 205 条规定的发票之外的发票。无论是上述哪种虚开类犯罪，都没有要求给国家税款造成损失这一实际危害结果。对于刑法第 205 条规定的虚开增值税专用发票、用于骗取出口退税、抵扣税款发票罪，因其法定刑重，虚开的对象都是可以抵扣税款的发票，因此，根据主客观相统一原则，只要行为人主观上有通过虚开该类发票进行抵扣从而骗取税款的目的，就符合该类犯罪的构成要件，而不要求其非法目的得以实现。刑法第 205 条之一规定的虚开发票罪，因其对象是不能抵扣的普通发票，虚开这类发票一般也不存在给国家造成税款损失的实际危害结果，因此，更不能以"给国家造成税款损失"作为定罪处罚的条件。对该罪的"情节严重"，所依据的就是虚开发票的数额、份数，以及个别情况下是否造成税损失等情形……

16.1.3.3　《最高人民检察院法律政策研究室关于税务机关工作人员通过企业以"高开低征"的方法代开增值税专用发票的行为如何适用法律问题的答复》（高检研发〔2004〕6号）

税务机关及其工作人员将不具备条件的小规模纳税人虚报为一般纳税人，并让其采用"高开低征"的方法为他人代开增值税专用发票的行为，属于虚开增值税专用发票。对于造成国家税款损失，构成犯罪的，应当依照刑法第二百零五条的规定追究刑事责任。

16.2　具体表现及典型案例

16.2.1　虚开发票的四种情形

根据《中华人民共和国发票管理办法》第二十一条的规定："任何单位和个人不得有下列虚开发票行为：（一）为他人、为自己开具与实际经营业务情况不符的发票；（二）让他人为自己开具与实际经营业务情况不符的发票；（三）介绍他人开具与实际经营业务情况不符的发票。"《刑法》第二百零五条："虚开增值税专用发票或者虚开用于骗取出口退税、抵扣税款的其他发票，是指有为他人虚开、为自己虚开、让他人为自己虚开、介绍他人虚开行为之一的。"根据规定，为他人虚开、为自己虚开、让他人为自己虚开、介绍他人虚开四种情形，均要求"与实际经营业务情况不符"。

16.2.2　"与实际经营业务情况不符"是"虚开"的主要特征

根据《最高人民法院关于适用〈全国人民代表大会常务委员会关于惩治虚开、伪造和非法出售增值税专用发票犯罪的决定〉的若干问题的解释》第一条第二款规定，虚开发票指："（1）没有货物购销或者没有提供或接受应税劳务而为他人、为自己、让他人为自己、介绍他人开具增值税专用发票；（2）有货物购销或者提供或接受了应税劳务，但为他人、为自己、让他人为自己、介绍他人开具数量或者数额不实的增值税专用发票；（3）进行了实际经营活动，但让他人为自己代开增值税专用发票。"可见，虚开行为不仅包括没有商品购销或者没有提供、接受劳务、服务，却虚构经济活动的项目、数量、单价、收取金额或者有关税率、税额开具发票，还包括虽有商品购销或者提供、接受了劳务、服务，但变更经营项目的名称、数量、单价、税额、税率及税额等，使发票不能反映出交易双方进行经营活动以及应纳或已纳税款的真实情况的行为。

目前税务机关与司法机关在判定是否有真实交易时，依据的是国税发〔1995〕192号文件第一条第（三）款："纳税人购进货物或应税劳务，支付运输费用，所支付款项的单位，必须与开具抵扣凭证的销货单位、提供劳务的单位一致，才能够申报抵扣进项税额，否则不予抵扣。"这就是通常所说的"三流一致"，即资金流、货物流与发票流只能发生在买方与卖方之间，只要其中有一项的流向与要求不符，就会被认定为不存在真实交易，发票会被认定为虚开，不能用来抵扣进项税。虽然国税发〔1995〕192号文件其他条款在二十多年间逐渐被废止，但"三流一致"的理论目前仍然被用为判断真实交易的标尺。

【典型案例】

2018年3月，被告人陈某1开始为A公司在铁岭县工业园区建厂时提供机械设备与人工劳务，至2018年7月A公司为其结账时，被告人陈某1通过张某2联系购买长春市B建筑工程有限公司虚开增值税普通发票8组，涉案金额73.27万元。2019年4月28日，为其虚开增值税发票的长春市B建筑工程有限公司的相关被告人被哈尔滨市公安局以虚开增值税发票罪、虚开发票罪向哈尔滨市人民检察院移送审查起诉。

法院认为，尽管被告人陈某1与A公司签订的合同已真实履行，但开票方却是长春市B建筑工程有限公司，其行为已构成虚开发票罪，公诉机关指控罪名成立。

在本案中，虽然被告人存在真实交易行为，但是发票流与资金流、货物流并不一致，不符合"三流一致"的要求，所以同样构成虚开发票罪。

因此，是否存在"真实交易"并非构成虚开发票罪的要件，关键在于开具发票是否属实，是否存在发票与物或经营项目不符、票面金额与实际收取的金额不一致的情形。

16.2.3 虚开发票犯罪主观上须具有骗税之目的

成立该罪必须要求有骗取国家税款的主观目的，而以虚增营业额、扩大销售收入或者为制造企业虚假繁荣，相互对开或循环虚开增值税专用发票等行为，主观上不以偷逃、骗取国家税款为目的，客观上不会造成国家税款流失，不构成虚开增值税专用发票罪。

【典型案例】

在李某甲一案中，李某甲在没有任何交易的情况下，以板厂沟煤矿的名义为丰原集团开具增值税专用发票 38 份, 虚开金额高达 60 多万元。分院集团将 60 多万元抵扣了进项税, 但板厂沟煤矿按虚开金额如实缴纳了增值税。二审法院认为, "严重的社会危害性是任何犯罪都具有的本质特征。一行为如果没有严重的社会危害性, 则不属于犯罪的范畴, 虚开增值税专用发票罪也不例外。"因李某甲的虚开行为没有给国家增值税税款造成任何损失, 二审法院判定其不构成犯罪。

16.2.4　虚开普通发票罪保护的法益是发票管理制度

普通发票往往也具有冲抵成本或其他的目的, 如为了赚取手续费, 可以是通过虚开发票少报收入偷税骗税, 也可以用于非法经营、贪污贿赂、侵占等违法犯罪活动, 骗取税款并非其唯一的目的。从司法裁判来看, 并不要求虚开普通发票的行为人有骗取税款的目的。

【典型案例】

在汪某合同诈骗罪一案中, 行为人为了获取信托贷款, 应信托公司提供设备抵押的要求, 通过购买 1300 余万元旧设备, 并以虚开增值税普通发票和增值税专用发票给他人的方式将旧设备的购买金额虚假提高到 1.28 亿元, 把旧设备按虚假金额抵押给信托公司。此后, 为了掩盖财务账中只有出项而没有进项的问题, 又虚开购买设备的 6633 万元发票以做平账目。该案判决指出, 尽管行为人为了做平账目而虚开发票目的是虚增抵押物价值, 并没有骗税的故意, 但行为人在无实际货物购销的情况下, 让他人为自己虚开增值税普通发票, 其行为构成虚开发票罪, 与合同诈骗罪数罪并罚。

16.3　辩护要点

16.3.1　不以骗税为目的、未造成税款损失的行为不成立虚开犯罪

本罪主观上是直接故意, 即行为人明知虚开普通发票行为违反国家发票管理制度, 会造成国家税款的流失, 而希望这种结果发生的一种主观心理态度。但是如果行为人不是故意, 而是因为工作疏漏而错开, 或者缺乏专业知识而错开, 或者上当受骗而虚开的, 不宜以本罪论处。

2018 年 12 月 4 日, 最高人民法院召开新闻发布会, 发布第二批人民法院充分发挥审判职能作用保护产权和企业家合法权益典型案例, 本批案例共 6 个, 其中首个案例即为"张某强虚开增值税专用发票案"。张某强为某龙骨厂的经营管理人, 因龙骨厂为小规模纳税人, 无法开具增值税专用发票, 因此, 张某强以鑫源公司名义代签合同、代收款并代开具发票, 某州市检察院以虚开增值税专用发票罪将张某强提起公诉。某州市人民法院一审认定被告人张某强构成虚开增值税专用发票罪。宣判后, 某州市人民法院依法逐级报请最高人民法院核准。最高人民法院经复核认为, 被告人张某强以其他单位名义对外签订销售合同, 由该单位收取货款、开具增值税专用发票, 不具有骗取国家税款的目的, 未造成国

家税款损失，其行为不构成虚开增值税专用发票罪，某州市人民法院认定张某强构成虚开增值税专用发票罪属适用法律错误，最终此案改判张某强无罪。

本案中，张某强的"虚开"行为，并未造成增值税税款的流失，其行为不应当由刑法第二百零五条予以评价。张某强虽然存在"介绍他人开具与实际经营业务情况不符的发票"的虚开行为，但是该行为并没有产生国家税款因此遭受损失的结果，因此，根据最高院最新指导案例的裁判逻辑，该行为不符合虚开发票罪的要件。故此，对张某强违反增值税专用发票管理秩序的虚开行为，应当根据《中华人民共和国发票管理办法》进行行政处罚，由税务机关没收违法所得并处以罚款。

16.3.2　无法证明骗取抵扣税款或帮助他人骗取抵扣税款的故意，或者不能排除合理的怀疑不构成虚开犯罪

在某案中，崔某某经营的运输车队，在山东某新型面料公司内部设立。2010年起，崔某某每年与面料公司签订货物运输承揽合同，负责面料公司的货物运送。因与面料公司结算运费需运输发票，崔某某遂在当地地税局开具运输发票提供给面料公司，开票税率为5.8%。后崔某某得知沂源某物流公司可以低于地税局的税率开具运输发票，遂于2010年6月至2011年3月，陆续在该公司开具票面金额共计为1608270元的运输发票，崔某某向该公司按4.6%税率交纳开票费。崔某某将这些运输发票交与面料公司用于结算运费，面料公司用上述发票抵扣了112578.9元税款（按运费金额的7%扣除率计算进项税额抵扣）。面料公司与沂源某物流公司之间没有实际业务往来。2014年12月11日，检察院以崔某某涉嫌犯虚开用于抵扣税款发票罪向人民法院提起公诉。

一审法院认为，崔某某在与沂源某物流公司无实际运输业务的情况下，多次让该公司为自己开具用于抵扣税款的运输发票，致使国家税款11万余元被非法抵扣，造成税款流失。虽进行了实际经营活动，但让他人为自己或他人虚开用于抵扣税款发票，其行为已构成虚开用于抵扣税款发票罪，应当追究刑事责任。

最终，一审法院以崔某某犯虚开用于抵扣税款发票罪，判处其有期徒刑3年，缓刑3年，并处罚金5万元；对崔某某非法抵扣税款，依法予以追缴。

崔某某不服一审判决，提起上诉。

二审法院认为，上诉人崔某某在无真实货物交易的情况下，虚开用于抵扣税款的运输发票，虚开税款数额较大，其行为已构成虚开用于抵扣税款发票罪。崔某某虽与他人进行了实际运输经营活动，但其与沂源某物流公司无实际运输业务。在此情况下，多次让沂源某物流公司为其开具用于抵扣税款的运输发票，致使国家税款被非法抵扣，其行为已构成虚开用于抵扣税款发票罪。裁定驳回崔某某上诉，维持原判。

经山东省高院指令再审，青岛市中院再审认为，虚开用于抵扣税款发票是指以骗取抵扣税款为目的，并实施为他人虚开、为自己虚开、让他人为自己虚开、介绍他人虚开的行为。对虚开用于抵扣税款发票的理解和认定，应当适用刑法的有关规定。

根据刑法的具体规定，具有骗取抵扣税款的故意应当是认定此类犯罪的构罪要件之一。最高人民法院研究室《〈关于如何认定以"挂靠"有关公司名义实施经营活动并让有关公司为自己虚开增值税专用发票行为的性质〉征求意见的复函》进一步明确"行为人利用他人的名义从事经营活动，并以他人名义开具增值税专用发票的，即便行为人与该他人之间不存在挂靠关系，但如行为人进行了实际的经营活动，主观上并无骗取抵扣税款的故意，客观上也未造成国家增值税款损失的，不宜认定为刑法第二百零五条规定的'虚开增值税专用发票'"。

本案中，没有证据证明崔某某有骗取抵扣税款或帮助他人骗取抵扣税款的故意，仅以崔某某找其他公司代开发票的行为不能认定其构成此类犯罪。至于检察机关认为崔某某到税率低的公司开具发票的行为可能造成税款流失的问题，该可能流失的税款并非指本案应涉及的抵扣税款，且该数额不大。

青岛市中院再审据此认定崔某某犯虚开用于抵扣税款发票罪的事实不清、证据不足，改判被告人崔某某无罪。

根据《刑事诉讼法》第五十五条的规定，一切案件的有罪判决均是在证据确实、充分的前提下。证据确实、充分，主要包含了定罪量刑的事实有证据证明；据以定案的证据均经法定程序查证属实；综合全案证据，对所认定事实已排除合理怀疑三方面。在侦查终结时，犯罪事实清楚、证据确实充分的，才能移送审查起诉。在审查起诉阶段，对二次补充侦查的案件，检察院仍然认为证据不足，不符合起诉条件的，应当作出不起诉决定，本案就属于这种情形。

16.3.3 多开数额较小、情节轻微、社会危害性不大的，不构成虚开犯罪

根据《刑事诉讼法》第十六条的规定，对于犯罪情节显著轻微，危害性不大的，检察院应当不起诉。同时，根据第一百七十三条的规定，对于犯罪情节轻微，依照刑法规定不需要判处刑罚或者免除刑罚的，检察院可以不起诉。在超出实际交易金额的情形下，如果多开数额较小，情节显著轻微，危害性不大的，不构成虚开犯罪，检察院对此也不应起诉。如果多开数额较小、情节轻微、社会危害性不大的，当事人具有自首、立功、认罪认罚等从轻、减轻情形的，不构成虚开犯罪，检察院可以对此不起诉。

司法实践中，虚开发票的数量和数额的多少是决定虚开普通发票行为是否构成犯罪的主要依据。当然，份数和数额不是绝对标准，"情节严重"还可以从虚开普通发票造成的后果，是否因虚开普通发票而受到行政处罚情节等予以考虑。

16.4 合规管理

虚开发票是企业在经营管理过程中面临的主要税务风险之一，也是企业刑事合规的主要风险之一。一方面企业经营者税务风险意识不强，追逐利润忽视税务风险；另一方面企

业内部财务管理制度不规范，上行下效，企业员工只关注经营利润和业绩，弄虚作假。随着现代企业越来越走向规模化、综合化和专业化，政府在加强"严刑峻法"监管方式的同时，大力推动企业建立有效的合规体系，意在通过预防、识别和纠正内部违法犯罪机制以实现自我意识、自我管理的公司治理。

16.4.1　企业必须树立税务合规意识

当今我国建立了较为完善的税收制度，随着金税四期的上线，税务部门掌握企业涉税信息更加准确、快捷，税务申报更加透明、公开。作为企业，根据实际经营情况依法纳税是义务。企业经营者应当高度重视企业税务风险，经营者以身作则，企业自上而下，避免在经营中虚开、逃税，甚至骗取退税等问题的发生，从而避免企业受到税务部门涉税问题的行政调查，以及公安部门的刑事调查。

企业应当建立完善的内部财务管理合规制度，尤其是涉税事务的经营管理和审批流程，做到权责清晰、分工明确；合规培训常态化，定期对企业高管、财务工作人员开展税法、行政法、刑法等相关法律知识培训，提升合规意识。

16.4.2　事前严格依据"三流一致"审查票据

审查票据应当严格依据"三流一致"，严审票据的资金流、货物流、发票流，销货方、购货方与付款方是否与发票开具方、付款方、收款方分别对应，降低收到虚开的发票的风险。

16.4.3　事后及时补缴税款，配合司法机关完成合规管理

若存在虚开发票、接收虚开的发票的情况，及时配合税务机关、司法机关完成税款补缴工作，完成企业合规管理，降低行政及刑事风险。

第17章 职务侵占罪

某工程项目部的名义合伙人是马某1、杜某2、卢某3和伍某4，实际控制人系马某5，人员、资金、工程均由马某5联络和主导。马某1、杜某2是代马某5出面处理工程相关事宜（马某1、杜某2负责参股和分红，不具体负责工程管理）。项目部工程所需启动资金主要由马某5负责（伍某4和卢某3曾以借款形式投入少量资金，已经结算利息退回）。伍某4由马某5安排管理工程项目，具体负责联系挂靠公司并签署相关合同，负责与甲方（发包方）对接和拨付工程款事宜。卢某3系马某5安排的项目部现场管理人员，负责工地现场管理。伍某4和卢某3均由项目部按月发放工资。在2014年准备承接工程时，马某5曾口头承诺伍某4，待工程完成后，按25%的利润分红给伍某4。2014年7月，卢某3加入后，马某5又当面给伍某4和卢某3口头承诺，工程股份由马某1、杜某2、伍某4和卢某3各占25%，最后工程结算后也按此比例分红。但合作各方没有签订任何书面协议。

2014年至2016年期间，伍某4按安排作为华A公司经办人（实际是挂靠华A公司，华A公司对外签约的手续均由华A公司贵州分公司遵义办事处肖某6处出具）与发包人传B公司签订了本案的三个案涉工程施工合同。具体如下：① 2014年5月9日，伍某4作为华A公司经办人与大C物流公司签订案涉工程施工合同。（2014年9月6日，案涉工程投资主体变更后，该项目变更名称为传B公司工程，并由被告人伍某4作为华A公司的经办人与传B公司重新签订了案涉工程施工合同。）② 2016年9月22日，伍某4又作为华A公司委托代理人与传B公司签订了传B公司项目的停车场扩建、修补工程施工合同。③ 2016年4月20日，伍某4再次作为华A公司委托代理人与传B公司签订了绿化工程施工合同。承接上述三个工程后，华A公司于2015年7月即成立"华A公司传B公路港物流项目部"，由公司提供项目部印章，实际由挂靠方合作人员组织人员成立项目部以大包干方式具体负责传B公路港项目的施工事宜，并进行独立核算。项目部在实施大C现代物流产业园土石方平场工程中（后因业主主体变更，工程名称变为传B公司土石方平场工程），又将其中部分土石方挖方分项工程以内部工班组形式承包给梁某7，约定按图施工，包干价3.7元／立方米。挖方工程量的确认，是以梁某7和项目部的工程现场负责人卢某3双方签字结算为准。项目部承建的上述三个传B公司物流项目于2014年5月动工，至2016年10月结束，项目部所有管理人员（含伍某4）工资发放到2016年11月20日。后期扫尾工程于2016年12月底结束，扫尾人员（含卢某3）工资发放至2017年1月20日。在施工期间，伍某4作为乙方（合作方）与甲方华A公司（代表人为肖某6）

于 2016 年 5 月 20 日签订了工程联营合同。原始建筑工程联营合同载明，合作期间，乙方以甲方名义承建工程项目。乙方实行大包干施工。甲方负责提供工程报建所需有关资料、负责办理工程协议签订以及收支工程款等，期间产生的一切费用由乙方承担。合同第九条约定："管理费（不含税），按实际总价的 1% 收取。"第十条约定："回款：按进度款拨付。每笔进度款，甲方在扣除管理费及其他费用后，汇入乙方账户或经乙方书面同意的其他账户。"第十一条约定："由于本协议的乙方即是施工方，以后乙方与工程发包方所签订的建设工程承包合同如与本协议相冲突时，以本协议为准。"本项目启动后，由甲乙双方共同组建项目部，项目部严格执行甲方公司的管理制度。同时，为了华 A 公司贵州分公司遵义办事处办理业务方便，在时任华 A 公司贵州分公司副总经理王某 8 的安排下，肖某 6 以"华 A 公司"名义在某银行开设了某账号，传 B 公路港物流有限公司的工程进度款即汇入该账户。

　　一审法院基于上述事实及公诉机关当庭出示的相关证据，认为被告人伍某 4 串通肖某 6，利用肖某 6 划拨、管理工程款的职务便利，将本应划拨给传 B 公司项目部的工程款划拨给了伍某 4 个人，并由伍某 4 非法占为己有，侵占财物数额达到巨大。伍某 4 和肖某 6 的行为已触犯《刑法》第二百七十一条第一款之规定，构成职务侵占罪。被告陈某 9 为伍某 4 非法占有工程款在事前出主意，事中帮助伍某 4 劝说肖某 6，提供所谓"法律服务"，积极参与谋划和提起虚假诉讼意图通过诉讼"合法"占有款项，积极帮助提取款项和处分部分款项，其行为已经构成共同犯罪。虽无证据表明被告人梁某 7 参与了"肖某 6 直接将工程款打到伍某 4 个人账户"的共谋，但在明知伍某 4 欲将该款占为己有的情形下，其还积极参与谋划和提起虚假诉讼，帮助伍某 4 通过诉讼实现"合法"占有款项意图，并且在伍某 4 提取款项时实施帮助，其行为亦构成共同犯罪。被告人伍某 4、肖某 6 共同犯罪系主犯；被告人陈某 9、被告人梁某 7 系从犯。被告人伍某 4 虽经公安机关电话通知到案，但未如实交代犯罪主要事实，不应认定为自首。根据本案各被告人的犯罪事实、情节、认罪态度及退还部分赃款等情节，依法予以从轻处罚。鉴于被告人肖某 6 具有自首情节、系初犯，且全部退还个人所得赃款，依法予以减轻处罚；被告人陈某 9 系从犯、系初犯，事后全部退还所得赃款，依法予以减轻处罚；被告人梁某 7 在本案中所起犯罪作用较轻，事后积极主动和配合全部退赃，认罪悔罪，依法予以减轻处罚，对其适用缓刑不致危害社会。所涉非法侵占赃款 2699805.24 元，其中已由公安机关追回并发还 146 万元，剩余赃款应继续追缴返还。梁某 7 所获赃款共计 71 万元，已经主动退回 58 万元，现由公安机关冻结，并从梁某 7 实际所有的银行账户上再追缴 13 万元。

　　本案被告人涉及的职务侵占罪是建设工程领域常出现的刑事罪名，本章对此详细介绍。

17.1　职务侵占罪罪名分析

17.1.1　《刑法》

第二百七十一条　【职务侵占罪】公司、企业或者其他单位的人员，利用职务上的便利，将本单位财物非法占为己有，数额较大的，处三年以下有期徒刑或者拘役并处罚金；数额巨大的，处三年以上十年以下有期徒刑，并处罚金；数额特别巨大的，处十年以上有期徒刑或无期徒刑，并处罚金。

【贪污罪】国有公司、企业或者其他国有单位中从事公务的人员和国有公司、企业或者其他国有单位委派到国有公司、企业以及其他单位从事公务的人员有前款行为的，依照本法第三百八十二条、第三百八十三条的规定定罪处罚。

17.1.2　司法解释和部门文件

17.1.2.1　最高人民法院、最高人民检察院《关于办理贪污贿赂刑事案件适用法律若干问题的解释》（法释〔2016〕9 号）

第十一条　刑法第一百六十三条规定的非国家工作人员受贿罪、第二百七十一条规定的职务侵占罪中的"数额较大""数额巨大"的数额起点，按照本解释关于受贿罪、贪污罪相对应的数额标准规定的二倍、五倍执行。

17.1.2.2　最高人民法院《关于如何认定国有控股、参股股份有限公司中的国有公司、企业人员的解释》（法释〔2005〕10 号）

国有公司、企业委派到国有控股、参股公司从事公务的人员，以国有公司、企业人员论。

17.1.2.3　最高人民法院《关于在国有资本控股、参股的股份有限公司中从事管理工作的人员利用职务便利非法占有本公司财物如何定罪问题的批复》（法释〔2001〕17 号）

在国有资本控股、参股的股份有限公司中从事管理工作的人员，除受国家机关、国有公司、企业、事业单位委托从事公务的以外，不属于国家工作人员。对其利用职务上的便利，将本单位财物非法占为己有，数额较大的，应当依照刑法第二百七十一条第一款的规定，以职务侵占罪定罪处罚。

17.1.2.4　最高人民法院《关于村民小组组长利用职务便利非法占有公共财物行为如何定性问题的批复》（法释〔1999〕12 号）

对村民小组组长利用职务上的便利，将村民小组集体财产非法占为己有，数额较大的行为，应当依照刑法第二百七十一条第一款的规定，以职务侵占罪定罪处罚。

17.1.2.5 最高人民法院《关于审理贪污、职务侵占案件如何认定共同犯罪几个问题的解释》（法释〔2000〕15号）

第一条 行为人与国家工作人员勾结，利用国家工作人员的职务便利，共同侵吞、窃取、骗取或者以其他手段非法占有公共财物的，以贪污罪共犯论处。

第二条 行为人与公司、企业或者其他单位的人员勾结，利用公司、企业或者其他单位人员的职务便利，共同将该单位财物非法占为己有，数额较大的，以职务侵占罪共犯论处。

第三条 公司、企业或者其他单位中，不具有国家工作人员身份的人与国家工作人员勾结，分别利用各自的职务便利，共同将本单位财物非法占为己有的，按照主犯的犯罪性质定罪。

17.1.2.6 最高人民法院、最高人民检察院《关于办理妨害预防、控制突发传染病疫情等灾害的刑事案件具体应用法律若干问题的解释》（法释〔2003〕8号）

贪污、侵占用于预防、控制突发传染病疫情等灾害的款物或者挪用归个人使用，构成犯罪的，分别依照刑法第三百八十二条、第三百八十三条、第二百七十一条、第三百八十四条、第二百七十二条的规定，以贪污罪、侵占罪、挪用公款罪、挪用资金罪定罪，依法从重处罚。

17.1.2.7 最高人民法院《全国法院维护农村稳定刑事审判工作座谈会纪要》（法〔1999〕217号）

（三）关于村委会和村党支部成员利用职务便利侵吞集体财产犯罪的定性问题

为了保证案件的及时审理，在没有司法解释规定之前，对于已起诉到法院的这类案件，原则上以职务侵占罪定罪处罚。

17.1.2.8 最高人民法院、最高人民检察院《关于办理国家出资企业中职务犯罪案件具体应用法律若干问题的意见》（法发〔2010〕49号）

国家工作人员或者受国家机关、国有公司、企业、事业单位、人民团体委托管理、经营国有财产的人员利用职务上的便利，在国家出资企业改制过程中故意通过低估资产、隐瞒债权、虚设债务、虚构产权交易等方式隐匿公司、企业财产，转为本人持有股份的改制后公司、企业所有，应当依法追究刑事责任的，依照刑法第三百八十二条、第三百八十三条的规定，以贪污罪定罪处罚。贪污数额一般应当以所隐匿财产全额计算；改制后公司、企业仍有国有股份的，按股份比例扣除归于国有的部分。

所隐匿财产在改制过程中已为行为人实际控制，或者国家出资企业改制已经完成的，以犯罪既遂处理。

第一款规定以外的人员实施该款行为的，依照刑法第二百七十一条的规定，以职务侵占罪定罪处罚；第一款规定以外的人员与第一款规定的人员共同实施该款行为的，以贪污罪的共犯论处。

17.1.2.9　公安部经侦局《关于对非法占有他人股权是否构成职务侵占罪问题的工作意见》2005 年 6 月 24 日

近年来，许多地方公安机关就公司股东之间或者被委托人采用非法手段侵占股权，是否涉嫌职务侵占罪问题请示我局。对此问题，我局多次召开座谈会并分别征求了高检、高法及人大法工委《刑法》室等有关部门的意见。近日，最高人民法院刑事审判第二庭书面答复我局：对于公司股东之间或者被委托人利用职务便利，非法占有公司股东股权的行为，如果能够认定行为人主观上具有非法占有他人财物的目的，则可对其利用职务便利，非法占有公司管理中的股东股权的行为以职务侵占罪论处。

17.1.2.10　全国人民代表大会常务委员会法制工作委员会《对关于公司人员利用职务上的便利采取欺骗等手段非法占有股东股权的行为如何定性处理的批复的意见》（法工委发函〔2005〕105 号）

最高人民检察院：

你院法律政策研究室 2005 年 8 月 26 日来函收悉。经研究，答复如下：

根据刑法第九十二条的规定，股份属于财产。采用各种非法手段侵吞、占有他人依法享有的股份，构成犯罪的，适用刑法有关非法侵犯他人财产的犯罪规定。

17.1.2.11　最高人民法院、最高人民检察院《关于办理虚假诉讼刑事案件适用法律若干问题的解释》（法释〔2018〕17 号）

第四条　实施刑法第三百零七条之一第一款行为，非法占有他人财产或者逃避合法债务，又构成诈骗罪、职务侵占罪，拒不执行判决、裁定罪，贪污罪等犯罪的，依照处罚较重的规定定罪从重处罚。

17.1.3　犯罪构成要件

职务侵占罪四个构成要件分别如下。

17.1.3.1　客体要件

本罪的犯罪客体是公司、企业或者其他单位的财产所有权。

17.1.3.2　客观要件

本罪在客观方面表现为利用职务上的便利，侵占本单位财物，数额较大的行为。具体而言，包括以下三个方面：

（1）必须是利用自己的职务上的便利；

（2）必须有侵占的行为；

（3）必须达到数额较大的程度。

17.1.3.3　主体要件

本罪主体为特殊主体，包括公司、企业或者其他单位的人员。

17.1.3.4　主观要件

本罪在主观方面是直接故意，且具有非法占有公司、企业或其他单位财物的目的。

即行为人妄图在经济上取得对本单位财物的占有、收益、处分的权利。至于是否已经取得或行使了这些权利，并不影响犯罪的构成。

17.2 典型案例

17.2.1 典型案例一：收取公司款项据为己有

【案情简介】

被告人于某 1 代表某社会诚信协会与阿某 2 代表的江西建工 A 公司签订合同，依合同所收取的 50 万元保证金本应交给某社会诚信协会，由协会管理，但被告人于某 1 据为己有，该 50 万元应当认定为单位资金；被告人于某 1 隐瞒了收取江西建工 A 公司保证金的事实，又向协会申请报销，使协会会长乔某 3 认为其报销的 484897 元均为于某 1 个人垫付，于某 1 又称欠许某 4 债务，债权债务相互抵顶，从而乔某 3 给许某 4 出具了欠条，于某 1 得以用单位的资金抵顶了其个人债务，故被告人于某 1 的行为构成职务侵占罪。

17.2.2 典型案例二：通过做假账的方式以掩饰其占有公司资金

【案情简介】

苏某某在侦查阶段的供述与现有证据即其指使相关人员伪造 10 份建筑工程预算书，预算总额为 12147817.55 元，伪造 3 份合同总造价为 820 万元、伪造 3 份委托书委托付款金额共 820 万元、伪造 3 份收据共 820 万元，相互印证，足以证实其将公司资金 820 万元转入其个人账户，通过伪造证据、做假账的方式以掩饰其占有公司资金，其有故意侵占公司资金的目的，且至今未归还，其行为已构成职务侵占罪。

17.2.3 典型案例三：利用虚假合同将公司财产占为己有

【案情简介】

朱某 1 与枢纽公司之间未有过石灰交易，朱某 1、詹某 2 也从未合伙一起与枢纽公司有交易往来，落款日期为 2013 年 3 月 10 日的枢纽公司石灰采购合同上作为乙方（卖方）"朱某 1、詹某 2"的签名均不是朱某 1、詹某 2 本人签字，被告人季某 3 以此采购合同入账，虚构了公司石灰款支付事项，指使公司财务人员从枢纽公司转账 28 万元至朱某 1 个人银行账户，再对该款进行分配，让朱某 1 将其中的 20 万元转至其本人的银行账户，将其中 8 万元转入詹某 2 的账户。上述事实有被告人季某 3 的部分供述以及证人朱某 1、詹某 2、王某 4、任某 5 等人证言以及银行账户明细、相关记账凭证等书证在卷证实，足以认定。被告人季某 3 作为枢纽公司的实际负责人，使用虚构的采购合同，利用职务之便，将枢纽公司的钱款打入与该公司无任何交易往来的他人账户，并将该款项占为己有，符合职务侵占罪的构成要件。

17.3　辩护要点

17.3.1　犯罪主体不适格的辩护

例如，关于挂靠人侵占工程款是否构成职务侵占罪，可从以下方面辩护：

（1）挂靠双方是平等的法律主体关系，非管理与被管理的关系，挂靠人不属于被挂靠单位人员，不符合职务侵占罪的主体要件；

（2）从主观意图方面来看，挂靠人对整个工程自负盈亏，其不能对他人财产产生类似于贪污或侵占的危害行为，等同于自我独立经营管理，主观上不存在侵占的故意；

（3）工程款性质是动产，所有权应当以交付为准，谁占有谁支配，工程款虽是以被挂靠人的名义领取，但实际是属于挂靠人，挂靠人支配具有合法依据，因此，不存在侵占他人财产的可能。

如薛某职务侵占案（〔2013〕武刑初字第 52 号）中，法院认为武强县人民检察院对被告人薛某犯职务侵占罪的指控不能成立：被告人薛某在武强县某某小区的开发建设中虽确有指使项目部财务人员刘某甲将某公司武强项目部的工程款近 300 万元支取和转走的事实。但其行为不具备职务侵占罪的犯罪构成要件。武强县某开发公司开发的某某小区的工程建设形式上虽然是由某公司中标承建的，某公司也组建了武强项目部。可实际上中标该某某小区工程建设的某公司并没有投入人力、物力，某公司武强项目部也未与某公司有任何的账目往来关系。武强项目部实行的是独立核算，自负盈亏。某某小区的工程建设工作全部是由武强项目部来承担的，只是按协议项目部要向某公司的法定代表人交纳 50 万元的管理费。另武强项目部也没有自己的工程队，其所进行的工程建设也是采用再次分包的方式。因此某公司武强项目部从其职责范围和管理权限上讲，与某公司并非是隶属关系，而是一种挂靠关系，属于自然人、合伙组织经营的范畴。所以，被告人薛某指使项目部财务人员刘某甲转支项目部的工程款项，也并不应该认定为是支取某公司的工程款项。因此，无论是从刘某甲的主体身份上，还是从其行为侵犯的客体上，本案都不符合职务侵占罪的犯罪构成要件。由此，被告人薛某也就不能构成职务侵占罪的共犯。

17.3.2　"利用职务便利"的辩护

利用职务便利是指利用自己管理、经手单位财物的便利条件，与利用工作机会有所区别。这里的"管理、经手"应与"主管"进行同类解释，限定为对本单位财物进行支配或控制的决定权，在认定职务侵占中利用职务便利的管理、经手时，仅限于对单位的财物有处分权限。仅仅因行为人"经手"时窃取单位财物的，这并不是利用职务之便，而是单纯地利用其工作机会窃取他人财物的，不应当成立职务侵占罪。要注意的是若是在职权范围内的支出符合公司正常的生产经营及公司规定，则不属于非法侵占单位财物行为。

如在宋某案中，被告人宋某于 2014 年至 2016 年在王某强（上海）影视文化工作室任职期间，利用担任总经理及王某强经纪人的职务便利，单独或伙同被告人修某，采用虚报演出、广告代言费的手段，侵占王某强工作室演出、广告代言等业务款共计人民币 232.5 万元。法院经审理认为，被告人宋某身为公司人员，利用职务上的便利侵占单位财物；被告人修某在宋某犯罪过程中与之形成合意，为其提供帮助，构成宋某的共犯。二人均构成职务侵占罪，且犯罪数额巨大。本案被告人行为正是典型利用职务便利进行职务侵占。

17.3.3　"本单位财物"的辩护

职务侵占罪侵犯的是公司、企业等单位的财产所有权，仅仅是使用权，不构成职务侵占罪，但有可能构成挪用资金罪；若侵犯的是个人财物，则有可能构成侵占罪，但侵占罪属于"告诉才处理"，未给本单位的财物造成损失的，不属于职务侵占行为。

如在某案中，被告人李某某系依法登记的某某县鑫达煤矿的投资人，该煤矿经工商登记为个人独资企业，依照合伙企业法规定，合伙企业的营业执照签发日期，为合伙企业成立日期。合伙企业领取营业执照前，合伙人不得以合伙企业名义从事合伙业务。经查证，至今没有企业登记机关将鑫达煤矿登记为合伙企业，发给合伙企业营业执照。因此，某某县鑫达煤矿不是合伙企业。即使广源公司按照约定实际"入股"，双方也只是根据约定对煤矿的盈亏按协议约定的"入股"比例进行分配，不能改变煤矿的所有权性质。李某某是个人独资企业的投资人，依照相关法律规定，个人独资企业投资人对本企业的财产依法享有所有权，其有关权利可以依法进行转让或继承。所以，本案不存在李某某侵占其自己所有的鑫达煤矿财产的情形，虽然与他人有投资约定，但仍不能对抗法律规定即该企业经过法定程序注册登记的"个人独资企业"的法律事实。另外，职务侵占的对象是本单位的财产，而侵占合伙人的股权并非本单位的财产，也就是说，如果将股权视为广义上的财产，广源公司以合伙人的身份入股鑫达煤矿，广源公司在鑫达煤矿的股权也是广源公司的私有财产，如果侵占，也是侵占他人财产，而非本单位鑫达煤矿的财产，何况李某某在广源公司并没有任何职务。综上，对于职务侵占罪的犯罪构成要件，必须达到完全符合，缺一不可，即本案被告人李某某只要不具备职务侵占犯罪的犯罪构成要件之一，便不构成本罪。

17.3.4　非法占有财物犯罪的辩护

间接故意和过失都不构成本罪，若工程企业的项目经理或包工头将截留款项用于集体支出（如作为奖金发给大家），行为人主观上不具有非法将财物占有的目的，不具有职务侵占罪或其他侵犯财产之犯罪的主观要件。如在（2017）辽 08 刑再 1 号一案中，法院认为行为人既没有非法占有的目的，也没有实际占有公司钱款，不符合职务侵占罪的犯罪构成。

17.3.5　诉讼时效的辩护

刑法中规定诉讼时效制度，是为了更好地保证被告人的。刑法中规定，超过一定时间即不再追究犯罪嫌疑人的犯罪。按照刑法规定，追诉时效的档次分为：五年、十年、十五年与二十年。（1）法定最高刑不满五年有期徒刑的，经过五年就不能再追诉。（2）法定最高刑为五年以上不满十年的，经过十年后就不再追诉。（3）法定最高刑为十年以上的有期徒刑的，经过十五年的不再追诉。（4）法定最高刑为无期徒刑、死刑的，经过二十年：如果二十年后认为必须追诉的，必须报请最高人民检察院核准。诉讼时效制度更好地保证了被告人的权利。

17.4　合规管理

建立合规机制。民营企业经营者法律观念淡漠，对单位行贿的行为没有正确的认识，在国家高压反腐态势的趋势下，民营企业及企业家应该及早建立企业合规机制，将反腐败和反商业贿赂作为合规管理工作的重中之重。企业需要做到如下几个方面。

17.4.1　加强企业财务管理

企业财务管理制度不健全是诱发职务侵占犯罪的主要因素。企业应当加强财务管理，提升运营资金的会计系统控制，严格规范资金的收支制度。如企业在与客户签合同时，优先以银行转账等非现金方式结算，企业财务人员要经常核对公司财务状况，掌握收款情况。

17.4.2　加强对重点人员的监督

企业涉及建设工程过程的重点人员是企业涉嫌犯罪的高发区，企业应当定期组织相关部门对单位的采购、工程、仓储、材料、销售、检查、验收等岗位的重点人员进行检查监督。建立管理台账，详细记录重点人员的姓名、职务、岗位职责等信息。加强对重点人员的培训，提高其合规意识，降低职务犯罪发生的风险。

17.4.3　建立完善举报制度

美国注册舞弊审核师协会（ACFE）《2020 年舞弊防范与调查报告》显示：通过举报发现企业舞弊的案例比例约为 44%，而对于设置举报热线的组织，该比例更是高达 53%。可见，举报制度是发现舞弊行为最有效的方法。因此，企业应当建立起有效的内部举报制度，比如，设置举报邮箱或者举报电话，并定时监督其是否有效运行。同时，要建立举报人保护制度，为员工创造安全的举报环境，这也是举报制度有效运行的前提。

第 18 章 单位行贿罪

2015 年，为便于基石公司将来承揽工程，其法定代表人蔡某 1 通过西安市市场监督管理局食品稽查分局副局长高某 2 认识市人防办主任唐某 3，随后被告人蔡某 1 通过高某 2 送给唐某 3 现金 20 万元。2016 年，为了基石公司承揽某工程，被告人蔡某 1 通过高某 2 向唐某 3 承诺，如承揽到该工程，愿意给唐某 3 该工程总造价 2% 的提成。唐某 3 同意帮忙并向时任曲江新区管委会主任陈某 4、曲江建设集团时任总经理聂某 5 打招呼。2017 年 2 月，基石公司以陕西某有限公司名义顺利中标某工程，工程总造价约 2.8 亿元。被告人蔡某 1 为感谢唐某 3 在承揽某工程中提供的帮助，在 2017 年 4—5 月，以支持唐某 3 换车为由，在唐某 3 所住新某家园小区门口送给唐某 3 现金 50 万元。2017 年 11 月，在唐某 3 授意下，被告人蔡某 1 在唐某 3 同学程某 6 担任法定代表人的某公司，以蔡某 1 侄子司某 7 的名义为唐某 3 购买了 400 万元该公司发行的基金。2019 年上半年，被告人蔡某 1 以支持唐某 3 买房为名，在唐某 3 所住文某小区家中送给唐某 3 现金 100 万元。2016 年 11 月，按照唐某 3 要求，被告人蔡某 1 代其向燕某 8 退款 10 万元。以上蔡某 1 前后分 5 次送给唐某 3 共计 560 万元。

后为基石公司承揽某项目工程，其法定代表人蔡某 1 前后分 4 次送给邓某 9 共计 50 万元。2016 年 11 月，该工程项目经理郭某 10 在人防工程施工总包招标资格预审过程中，通过打高分及暗示专家等方式，帮助蔡某 1 提供的 12 家投标施工单位通过资格预审。2017 年 2 月，基石公司以陕西某建设集团有限公司名义顺利中标某工程。被告人蔡某 1 为感谢郭某 10 提供的帮助，分别于 2017 年 5 月、2018 年春节前、2018 年中秋节前、2019 年春节前，在人防工程施工现场项目部办公室，先后 4 次送给郭某 10 现金 0.5 万元、0.5 万元、1.5 万元、0.5 万元。

法院认为，被告人蔡某 1 身为公司的直接负责的主管人员，为单位谋取不正当利益，向国家工作人员行贿，情节严重，其行为已构成《刑法》第三百九十三条规定的单位行贿罪；西安市临潼区人民检察院指控被告人所犯罪名成立，依法应予刑罚。

本案被告人涉及的单位行贿罪是建设工程领域常出现的刑事罪名，本章对此详细介绍。

18.1　单位行贿罪罪名分析

18.1.1　法律规定

18.1.1.1　《刑法》

第三百九十三条　【单位行贿罪】单位为谋取不正当利益而行贿，或者违反国家规定，给予国家工作人员以回扣、手续费，情节严重的，对单位判处罚金，并对其直接负责的主管人员和其他直接责任人员，处五年以下有期徒刑或者拘役，并处罚金。因行贿取得的违法所得归个人所有的，依照本法第三百八十九条、第三百九十条的规定定罪处罚。

18.1.1.2　《刑事诉讼法》

第二百九十八条　对于贪污贿赂犯罪、恐怖活动犯罪等重大犯罪案件，犯罪嫌疑人、被告人逃匿，在通缉一年后不能到案，或者犯罪嫌疑人、被告人死亡，依照刑法规定应当追缴其违法所得及其他涉案财产的，人民检察院可以向人民法院提出没收违法所得的申请。

公安机关认为有前款规定情形的，应当写出没收违法所得意见书，移送人民检察院。

没收违法所得的申请应当提供与犯罪事实、违法所得相关的证据材料，并列明财产的种类、数量、所在地及查封、扣押、冻结的情况。

人民法院在必要的时候，可以查封、扣押、冻结申请没收的财产。

18.1.2　司法解释

18.1.2.1　最高人民法院、最高人民检察院《关于适用犯罪嫌疑人、被告人逃匿、死亡案件违法所得没收程序若干问题的规定》（法释〔2017〕1 号）

第一条　下列犯罪案件，应当认定为刑事诉讼法第二百八十条第一款规定的"犯罪案件"：

（一）贪污、挪用公款、巨额财产来源不明、隐瞒境外存款、私分国有资产、私分罚没财物犯罪案件；

（二）受贿、单位受贿、利用影响力受贿、行贿、对有影响力的人行贿、对单位行贿、介绍贿赂、单位行贿犯罪案件；

……

18.1.2.2　最高人民法院、最高人民检察院《关于办理贪污贿赂刑事案件适用法律若干问题的解释》（法释〔2016〕9 号）

第七条　为谋取不正当利益，向国家工作人员行贿，数额在三万元以上的，应当依照刑法第三百九十条的规定以行贿罪追究刑事责任。

行贿数额在一万元以上不满三万元，具有下列情形之一的，应当依照刑法第三百九十条的规定以行贿罪追究刑事责任：

（一）向三人以上行贿的；

（二）将违法所得用于行贿的；

（三）通过行贿谋取职务提拔、调整的；

（四）向负有食品、药品、安全生产、环境保护等监督管理职责的国家工作人员行贿，实施非法活动的；

（五）向司法工作人员行贿，影响司法公正的；

（六）造成经济损失数额在五十万元以上不满一百万元的。

第八条　犯行贿罪，具有下列情形之一的，应当认定为刑法第三百九十条第一款规定的"情节严重"：

（一）行贿数额在一百万元以上不满五百万元的；

（二）行贿数额在五十万元以上不满一百万元，并具有本解释第七条第二款第一项至第五项规定的情形之一的；

（三）其他严重的情节。

为谋取不正当利益，向国家工作人员行贿，造成经济损失数额在一百万元以上不满五百万元的，应当认定为刑法第三百九十条第一款规定的"使国家利益遭受重大损失"。

第九条　犯行贿罪，具有下列情形之一的，应当认定为刑法第三百九十条第一款规定的"情节特别严重"：

（一）行贿数额在五百万元以上的；

（二）行贿数额在二百五十万元以上不满五百万元，并具有本解释第七条第二款第一项至第五项规定的情形之一的；

（三）其他特别严重的情节。

为谋取不正当利益，向国家工作人员行贿，造成经济损失数额在五百万元以上的，应当认定为刑法第三百九十条第一款规定的"使国家利益遭受特别重大损失"。

第十二条　贿赂犯罪中的"财物"，包括货币、物品和财产性利益。财产性利益包括可以折算为货币的物质利益如房屋装修、债务免除等，以及需要支付货币的其他利益如会员服务、旅游等。后者的犯罪数额，以实际支付或者应当支付的数额计算。

第十四条　根据行贿犯罪的事实、情节，可能被判处三年有期徒刑以下刑罚的，可以认定为刑法第三百九十条第二款规定的"犯罪较轻"。

根据犯罪的事实、情节，已经或者可能被判处十年有期徒刑以上刑罚的，或者案件在本省、自治区、直辖市或者全国范围内有较大影响的，可以认定为刑法第三百九十条第二款规定的"重大案件"。

具有下列情形之一的，可以认定为刑法第三百九十条第二款规定的"对侦破重大案件起关键作用"：

（一）主动交待办案机关未掌握的重大案件线索的；

（二）主动交待的犯罪线索不属于重大案件的线索，但该线索对于重大案件侦破有重要作用的；

（三）主动交待行贿事实，对于重大案件的证据收集有重要作用的；

（四）主动交待行贿事实，对于重大案件的追逃、追赃有重要作用的。

第十八条　贪污贿赂犯罪分子违法所得的一切财物，应当依照刑法第六十四条的规定予以追缴或者责令退赔，对被害人的合法财产应当及时返还。对尚未追缴到案或者尚未足额退赔的违法所得，应当继续追缴或者责令退赔。

第十九条　对贪污罪、受贿罪判处三年以下有期徒刑或者拘役的，应当并处十万元以上五十万元以下的罚金；判处三年以上十年以下有期徒刑的，应当并处二十万元以上犯罪数额二倍以下的罚金或者没收财产；判处十年以上有期徒刑或者无期徒刑的，应当并处五十万元以上犯罪数额二倍以下的罚金或者没收财产。

对刑法规定并处罚金的其他贪污贿赂犯罪，应当在十万元以上犯罪数额二倍以下判处罚金。

第二十条　本解释自 2016 年 4 月 18 日起施行。最高人民法院、最高人民检察院此前发布的司法解释与本解释不一致的，以本解释为准。

18.1.2.3　最高人民法院、最高人民检察院《关于办理商业贿赂刑事案件适用法律若干问题的意见》（法发〔2008〕33 号）

一、商业贿赂犯罪涉及刑法规定的以下八种罪名：（1）非国家工作人员受贿罪（刑法第一百六十三条）；（2）对非国家工作人员行贿罪（刑法第一百六十四条）；（3）受贿罪（刑法第三百八十五条）；（4）单位受贿罪（刑法第三百八十七条）；（5）行贿罪（刑法第三百八十九条）；（6）对单位行贿罪（刑法第三百九十一条）；（7）介绍贿赂罪（刑法第三百九十二条）；（8）单位行贿罪（刑法第三百九十三条）。

18.1.3　犯罪构成要件

18.1.3.1　客体要件

本罪侵犯的客体主要是国家机关、公司、企业、事业单位和团体的正常管理活动、职能活动和声誉，犯罪对象是财产。

18.1.3.2　客观要件

本罪在客观方面表现为公司、企业、事业单位、机关、团体为谋取不正当利益而行贿，或者违反国家规定，给予国家工作人员回扣、手续费，情节严重的行为。

18.1.3.3　主体要件

本罪的主体是单位，包括公司、企业、事业单位、机关和团体。

18.1.3.4　主观要件

在主观方面是直接故意。

18.2 典型案例

18.2.1 典型案例一：建设单位为了获得规划许可证或顺利办理工程项目审批手续等目的而给予规划部门工作人员现金或其他财物

【案情简介】

2013年8月份，阳谷A公司为获取聊城市江北水城旅游度假区天然气特许经营权，出资成立了B天然气有限公司，该公司的所有业务均由被告人崔某1实际负责，财务方面的工作亦由被告人张某2负责。在B天然气有限公司获取水城度假区天然气特许经营权的过程中，崔某1请求时任水城度假区党工委书记、管委会主任的胡某3，时任水城度假区住房和城乡建设局局长的周某4提供帮助。同年9月2日，B天然气有限公司获取水城度假区天然气特许经营权，在后续经营上亦获得胡某3、周某4的帮助。为表示感谢，2014年至2015年期间，崔某1给付胡某3现金8万元；2015年12月，被告人崔某1在胡某3向其提出购买奥迪轿车时，安排被告人张某2提取现金，花费35.5万元购车并送予胡某3。2014年至2016年期间，崔某1分5次给付周某4现金6万元。

被告单位阳谷A公司为谋取不正当利益，由被告人崔某1、张某2向国家工作人员行贿，情节严重，其行为已构成单位行贿罪。

18.2.2 典型案例二：建设单位为了获得建筑企业资质或者完成承包资质的升级等目的而给予建设行政主管部门工作人员现金或其他财物

【案情简介】

2015年至2018年，时任浙江省台州市环保局工作人员林某1（另案处理）、仙居县环保局工作人员王某2（已判决）等有关国家工作人员接受贵某公司法定代表人李某3的请托，为贵某公司在办理危险废物经营许可证、生产经营、逃避环保执法检查等方面提供帮助。2015年底，李某3送给林某1一件黄金制品，价值人民币37940元，林某1收受。2018年，李某3以人民币40万元的价格购买一辆二手大众辉腾牌汽车送给王某2，王某2收受；贵某公司将非法提炼金属铑所得的一半利润送给王某2，王某2先后收受人民币635万元，后将其中545万元出借给李某3用于资金周转。

2020年10月30日，浙江省仙居县人民检察院以被告单位贵某公司、被告人李某3等人犯污染环境罪向仙居县人民法院提起公诉。2021年3月26日，仙居县监察委员会以李某3涉嫌行贿犯罪立案调查，9月8日以贵某公司涉嫌单位行贿犯罪立案调查。9月14日，仙居县监察委员会以贵某公司、李某3涉嫌单位行贿罪向检察机关移送审查起诉，检察机关于10月19日补充起诉。10月30日，仙居县人民法院作出一审判决，以被告单位贵某公司犯污染环境罪，判处罚金人民币十五万元，犯单位行贿罪，判处罚金人民币八十万元，数罪并罚决定执行罚金人民币九十五万元；以被告人李某 3 犯污染环境罪，判处有期徒刑一年二个月，并处罚金人民币十万元，犯单位行贿罪，判处有期徒刑二年，并处罚金人民币三十万元，数罪并罚决定执行有期徒刑二年十个月，并处罚金人民币四十万元；对被告单位贵某公司的违法所得人民币一千八百五十万元，向被告单位贵某公司、被告人李某 3 追缴，上缴国库。

18.2.3　典型案例三：一些施工单位为了保证某一项目的成功中标而贿赂其他企业进行陪标、串标，或者干脆对发包方、评标委员会委员、发包方委托的招标代理机构等直接贿赂

【案情简介】

2006 年 7 月至 2012 年间，被告人 W 某某担任某建工集团 A 分公司项目经理期间，先后以某建工集团、某市教育基建公司、某建工集团汇鑫建筑有限公司名义与某市朝鲜族中学、某市第二实验小学、某市第十二中学、某职业技术学院、某汽车高等专科学校异地新建项目领导小组办公室、某市第二中学等单位签订了建设工程施工合同，被告人 W 某某为使上述单位在招标过程中顺利中标，谋取到工程项目，多次向时任某市教育局局长 M 某某（另案处理）行贿人民币共计 270 万元。

【裁判结果】

一、被告单位某建工集团 A 分公司犯单位行贿罪，判处罚金人民币一百万元。二、被告人 W 某某犯单位行贿罪，判处有期徒刑三年，缓刑四年。

18.3　辩护要点

18.3.1　行贿资金、财物来源及名义

要看行贿资金、财物的来源。考察行贿人究竟是以什么主体的名义给付贿赂的。如果以单位的名义利用单位的资金、财物给予有关国家工作人员的，可以认定为单位行贿。如 18.2.1 的典型案例一。

18.3.2　行贿的决定

要看行贿的决定是谁作出的。如果行贿的决定是经单位集体研究决定或有关负责人在其职权范围内作出的，则可以认定为单位行贿。

如在某案中，被告单位在开发某小区项目申请贷款时额度受限，经时任中国建设银行青海省分行党委书记、行长郭某的帮助，顺利获得建设银行西宁城中支行 1.1 亿元贷款。为表示对郭某的感谢，2013 年，被告单位负责人从其掌控的汇通公司内部账户支付了郭某在本市锦绣江南小区认购的两套团购房房款并办理了房产证。上述两套房屋的团购房款

共计 71.27142 万元；2015 年春节前，被告单位负责人为感谢郭某在贷款融资等事宜上提供的帮助和今后公司其他银行业务上的需要，在深圳以拜年的名义送给郭某 5 万美元，折合人民币 30.5395 万元。被告人是被告单位的负责人，行贿行为是在职权范围内做出的，被认定为单位行贿行为。

18.3.3　行贿所得的不正当利益的归属

要看行贿所得的不正当利益的归属。单位行贿罪的实质就是为了单位整体的利益而行贿，因此，不正当利益的归属是区分单位行贿和自然人行贿的关键所在。如果行为人事先出于为个人谋取不正当利益的目的，而以单位名义行贿并个人获取违法所得的，或者在进行单位行贿过程中临时起意而将获取的违法所得归个人所有的，应以个人行贿罪论处。

如在 18.2.1 典型案例一中，被告人崔某 1、张某 2 利用分别担任阳谷 A 公司总经理和财务总监的职务便利，将本单位财物非法据为己有，用于个人承揽工程施工使用，数额巨大，其行为均已构成职务侵占罪；被告单位阳谷 A 公司为谋取不正当利益，由被告人崔某 1、张某 2 向国家工作人员行贿，情节严重，其行为已构成单位行贿罪；被告人崔某 1、张某 2 为谋取不正当利益，给予国家工作人员以财物，情节严重，其行为均已构成行贿罪。

18.3.4　自首和立功情节的辩护

在代理单位行贿类案件时，还需要重点考察犯罪嫌疑人有无自首和立功情节，是不是主动投案并如实交代案件事实，是否同时系案件的举报人，有无揭发其他行受贿线索并具有查实可能的事实。一旦有该等事实，则需要积极地取证，申请办案单位调取相关的证据材料，积极做实从轻减轻情节。如在前述典型案例三中，法院认为被告单位长春建工集团 A 分公司为谋取不正当利益，经直接负责的主管人员被告人 W 某某之手，先后多次向国家工作人员行贿，情节严重，其单位及被告人 W 某某的行为均已构成单位行贿罪，公诉机关指控的罪名成立，应依法对单位判处罚金，并对单位直接负责的主管人员处以刑罚。鉴于被告人 W 某某能主动投案自首，且无犯罪记录，审理中自愿认罪，可依法从轻处罚。

18.4　合规管理

建立合规机制。建设工程领域企业经营者法律观念淡漠，对单位行贿的行为没有正确的认识，在国家高反腐态势的趋势下，企业应该及早建立企业合规机制，将反腐败和反商业贿赂作为合规管理工作的重中之重。

在建设工程领域，很多企业负责人员法治意识淡薄，将为获取工程而行贿当作潜规则，为了企业发展选择实施该犯罪行为。因此企业应当定期组织对企业负责人员的培训，提高其法治意识及合规意识，降低职务犯罪发生的风险。

第 19 章　非国家工作人员受贿罪

2013 年至 2020 年，某村党支部书记在任书记期间，利用职务便利，为他人在工程承揽、工程款结算等事项上谋取利益，收受钱款共计人民币 12.5 万元。

其中，某工程公司老板请托该村党支部书记将该村排水排污道路硬化工程给其承揽，该村党支部书记允诺并提出要求获得该工程项目一半的利润，在未公开招投标的情况下，该党支部书记违规将该村排水排污道路硬化工程项目拆分为"道路硬化工程""道路硬化工程、路基及管道工程"，并直接将上述两个工程交给该工程公司老板承揽。后，该村支付给工程公司老板上述两个工程的工程款 44 万元。工程公司老板按照该村书记要求，将 10 万元现金放在其儿子的手机店内，由其儿子转交给村书记。

法院审查认为，当事人在担任党支部书记期间，利用职务便利，非法收受他人财物，为他人谋取利益，数额较大，其行为构成非国家工作人员受贿罪。

非国家工作人员受贿罪这类特殊主体的犯罪在建设工程领域多发，对行业风气及社会法治都有不良影响，并可能造成工程质量出现问题等严重后果，在建设工程领域要加强对此类问题的关注。同时，施工企业内部做好规范化管理，严格遵守法律法规，可以在一定程度上避免此类犯罪的频繁发生。

19.1　非国家工作人员受贿罪罪名分析

非国家工作人员受贿罪，是指公司、企业或者其他单位的工作人员利用职务上的便利，索取他人财物或非法收受他人财物，为他人谋取利益，数额较大的行为。

《刑法》第一百六十三条规定："公司、企业或者其他单位的工作人员，利用职务上的便利，索取他人财物或者非法收受他人财物，为他人谋取利益，数额较大的，处三年以下有期徒刑或者拘役，并处罚金；数额巨大或者有其他严重情节的，处三年以上十年以下有期徒刑，并处罚金；数额特别巨大或者有其他特别严重情节的，处十年以上有期徒刑或者无期徒刑，并处罚金。

公司、企业或者其他单位的工作人员在经济往来中，利用职务上的便利，违反国家规定，收受各种名义的回扣、手续费，归个人所有的，依照前款的规定处罚。

国有公司、企业或者其他国有单位中从事公务的人员和国有公司、企业或者其他国有单位委派到非国有公司、企业以及其他单位从事公务的人员有前两款行为的，依照本法第三百八十五条、第三百八十六条的规定定罪处罚。"

《刑法》第一百八十四条规定："银行或其他金融机构的工作人员在金融业务活动中索取他人财物或者非法收受他人财物，为他人谋取利益的，或者违反国家规定，收受各种名义的回扣、手续费，归个人所有的，依照本法第一百六十三条的规定定罪处罚。"

2016年4月18日最高人民法院、最高人民检察院发布的《关于办理贪污贿赂刑事案件适用法律若干问题的解释》中第十三条规定："具有下列情形之一的，应当认定为'为他人谋取利益'，构成犯罪的，应当按照刑法关于受贿犯罪的规定定罪处罚：（一）实际或者承诺为他人谋取利益的；（二）明知他人有具体请托事项的；（三）履职时未被请托，但事后基于该履职事由收受他人财物的。"

19.1.1　主体要件

本罪的犯罪主体系特殊主体，即公司、企业或者其他单位的工作人员。最高人民法院、最高人民检察院《关于办理商业贿赂刑事案件适用法律若干问题的意见》中对"其他单位"进行了解释，"其他单位"既包括事业单位、社会团体、村民委员会、居民委员会、村民小组等常设性组织，也包括为组织体育赛事、文艺演出或者其他正当活动而成立的组委会、筹委会、工程承包队等非常设性的组织。最高人民法院、最高人民检察院《关于办理商业贿赂刑事案件适用法律若干问题的意见》中还具体对医疗机构中的非国家工作人员受贿，学校及教育机构中的非国家工作人员受贿，依法组建的评标委员会、竞争性谈判采购中谈判小组、询价采购中询价小组的组成人员的受贿行为作了详细说明。

总体而言，非国家工作人员主要包括：（一）非国有公司、企业的工作人员，包括董事、经理、监事、管理人员和职工；（二）国有公司、企业以及其他国有单位中的非国家工作人员；（三）"其他单位"中的非国家工作人员。

值得注意的是，特定情形下，行为人可能构成《刑法》第九十三条第二款规定的"其他依照法律从事公务的人员"，此时他们应当以国家工作人员论。

19.1.2　主观要件

本罪的主观方面只能是故意，不能是过失，系明知利用职务上的便利为他人谋取利益而索取或收受贿赂的行为。

19.1.3　客体要件

本罪的客体为公司、企业或者其他单位的正常管理活动和社会主义市场经济公平竞争的交易秩序。犯罪对象为索取或非法收受他人的"财物"，既包括金钱和实物，也包括财产性利益，即可以折算为货币的物质利益和需要支付货币的其他利益。

19.1.4　客观要件

本罪是一种常见的职务犯罪，表现为以职务行为或者承诺职务行为为条件，索取他人财物或者非法收受他人财物为他人谋取利益，或者在经济往来中违反规定收受回扣、手续费归个人所有。本罪第一款的犯罪行为系本罪的典型行为，即行为人必须实施利用职务上的便利，索取他人财物或非法收受他人财物，为他人谋取利益，数额较大的行为。所谓"利用职务上的便利"，是指公司、企业或者其他单位的工作人员利用自己职务上组织、领导、监管、主管、经管、负责某项工作的便利条件。"索取他人财物"，主要是指公司、企业或者其他单位的工作人员以为他人谋取利益为条件，向他人索取财物。"非法收受他人财物"，主要指公司、企业或者其他单位的工作人员利用其职务上的便利或权力，接受他人主动送予的财物。"为他人谋取利益"，从谋利的性质上看，既包括他人应当得到的合法的、正当的利益，也包括他人不应当得到的非法的、不正当的利益；从利益的实现方面来看，包括已为他人谋取的利益；意图谋取或者正在谋取，但尚未谋取到的利益。如果非法收受他人财物，没有利用职务之便或者没有谋取利益，不构成本罪。[①]

本罪第二款的犯罪行为是行为人在经济往来中，利用职务上的便利，违反国家规定，收受各种名义的回扣、手续费，归个人所有的行为。所谓的"回扣"，是指在商品或者劳务活动中，由卖方从所收到的价款中，按照一定比例扣除一部分返还给买方或者其经办人的款项。"手续费"，是指在经济活动中，除回扣以外，其他违反国家规定支付给公司、企业或者其他单位的工作人员的各种名义的钱，如信息费、顾问费、劳务费、辛苦费、好处费等。值得注意的是，只有违反国家规定，将收取的回扣、手续费归个人所有的，才构成本罪的行为要件。[②]

19.1.5　追诉标准

19.1.5.1　立案标准

《最高人民检察院　公安部关于公安机关管辖的刑事案件立案追诉标准的规定（二）》（公通字〔2022〕12 号）第十条（刑法第一百六十三条）规定："公司、企业或者其他单位的工作人员利用职务上的便利，索取他人财物或者非法收受他人财物，为他人谋取利益，或者在经济往来中，利用职务上的便利，违反国家规定，收受各种名义的回扣、手续费，归个人所有，数额在三万元以上的，应予立案追诉。"

19.1.5.2　量刑标准

《刑法》第一百六十三条规定："公司、企业或者其他单位的工作人员，利用职务上的便利，索取他人财物或者非法收受他人财物，为他人谋取利益，数额较大的，处三年以下有期徒刑或者拘役，并处罚金；数额巨大或者有其他严重情节的，处三年以上十年以下有期徒刑，并处罚金；数额特别巨大或者有其他特别严重情节的，处十年以上有期徒刑或者无期徒刑，并处罚金。

公司、企业或者其他单位的工作人员在经济往来中，利用职务上的便利，违反国家规

[①]　郎胜. 中华人民共和国刑法释义［M］. 北京：法律出版社，2011：235.

[②]　郎胜. 中华人民共和国刑法释义［M］. 北京：法律出版社，2011：236.

定，收受各种名义的回扣、手续费，归个人所有的，依照前款的规定处罚。

国有公司、企业或者其他国有单位中从事公务的人员和国有公司、企业或者其他国有单位委派到非国有公司、企业以及其他单位从事公务的人员有前两款行为的，依照本法第三百八十五条、第三百八十六条规定的受贿罪定罪处罚。"

2016 年 4 月 18 日最高人民法院、最高人民检察院发布的《关于办理贪污贿赂刑事案件适用法律若干问题的解释》中第一条规定："贪污或者受贿数额在三万元以上不满二十万元的，应当认定为刑法第三百八十三条第一款规定的'数额较大'，依法判处三年以下有期徒刑或者拘役，并处罚金。

贪污数额在一万元以上不满三万元，具有下列情形之一的，应当认定为刑法第三百八十三条第一款规定的'其他较重情节'，依法判处三年以下有期徒刑或者拘役，并处罚金：

（一）贪污救灾、抢险、防汛、优抚、扶贫、移民、救济、防疫、社会捐助等特定款物的；

（二）曾因贪污、受贿、挪用公款受过党纪、行政处分的；

（三）曾因故意犯罪受过刑事追究的；

（四）赃款赃物用于非法活动的；

（五）拒不交待赃款赃物去向或者拒不配合追缴工作，致使无法追缴的；

（六）造成恶劣影响或者其他严重后果的。

受贿数额在一万元以上不满三万元，具有前款第二项至第六项规定的情形之一，或者具有下列情形之一的，应当认定为刑法第三百八十三条第一款规定的'其他较重情节'，依法判处三年以下有期徒刑或者拘役，并处罚金：

（一）多次索贿的；

（二）为他人谋取不正当利益，致使公共财产、国家和人民利益遭受损失的；

（三）为他人谋取职务提拔、调整的。"

第二条规定："贪污或者受贿数额在二十万元以上不满三百万元的，应当认定为刑法第三百八十三条第一款规定的'数额巨大'，依法判处三年以上十年以下有期徒刑，并处罚金或者没收财产。

贪污数额在十万元以上不满二十万元，具有本解释第一条第二款规定的情形之一的，应当认定为刑法第三百八十三条第一款规定的'其他严重情节'，依法判处三年以上十年以下有期徒刑，并处罚金或者没收财产。

受贿数额在十万元以上不满二十万元，具有本解释第一条第三款规定的情形之一的，应当认定为刑法第三百八十三条第一款规定的'其他严重情节'，依法判处三年以上十年以下有期徒刑，并处罚金或者没收财产。"

第三条规定："贪污或者受贿数额在三百万元以上的，应当认定为刑法第三百八十三条第一款规定的'数额特别巨大'，依法判处十年以上有期徒刑、无期徒刑或者死刑，并处罚金或者没收财产。

......

受贿数额在一百五十万元以上不满三百万元，具有本解释第一条第三款规定的情形之一的，应当认定为刑法第三百八十三条第一款规定的'其他特别严重情节'，依法判处十年以上有期徒刑、无期徒刑或者死刑，并处罚金或者没收财产。"

第十一条规定："刑法第一百六十三条规定的非国家工作人员受贿罪、第二百七十一条规定的职务侵占罪中的'数额较大''数额巨大'的数额起点，按照本解释关于受贿罪、贪污罪相对应的数额标准规定的二倍、五倍执行。"

19.2　典型案例

19.2.1　典型案例一：在承接工程阶段，负责人员利用职务之便非法收受他人财物，为他人谋利的行为，构成非国家工作人员受贿罪

【案情简介】

2018 年 12 月至 2021 年 1 月，被告人庄某利用担任某市某镇某村股份经济合作社法定代表人、旧村改造指挥部负责人等职务便利，承诺为某 1 建筑工程有限公司、某 2 建设有限公司在承接某村旧村改造项目工程等事项上提供帮助，并非法收受某 1 建筑工程有限公司股东赵某、某 2 建设有限公司股东叶某（均另案处理）等人所送的财物，共计人民币 710 万元，具体分述如下：

（1）2018 年 12 月至 2020 年年初，被告人庄某在某镇数码城顶楼停车场先后 4 次收受赵某等人所送的现金，共计 310 万元。

（2）2020 年 12 月，被告人庄某在某村村委会办公楼附近先后 2 次收受叶某所送的现金，共计 400 万元。2021 年 5 月，B 公司成功承接了前庄村旧村改造项目工程。

2021 年年初，被告人庄某因担心赵某承接项目失败后会向相关部门举报，遂将 300 万元现金退还给赵某。

2021 年 6 月 18 日，被告人庄某接到监察机关电话后主动到案接受调查，并陆续如实供述了全部犯罪事实。

【法院观点】

被告人庄某作为单位的工作人员，利用职务上便利，非法收受他人财物，为他人谋取利益，数额巨大，其行为已触犯刑律，构成非国家工作人员受贿罪。公诉机关指控的罪名成立。被告人庄某能主动投案，归案后能如实供述自己的罪行，系自首，依法从轻处罚；退出部分违法所得，酌情从轻处罚；自愿认罪认罚，予以从宽处理。公诉机关的量刑建议适当，法院予以采纳。辩护人提出相关从轻处罚的辩护意见，予以采纳，提出受贿数额的意见，不予采纳。

【裁判结果】

一、被告人庄某犯非国家工作人员受贿罪，判处有期徒刑三年十个月，并处罚金人民币二十万元。

二、追缴被告人庄某违法所得人民币 410 万元，予以没收，上缴国库。

19.2.2 典型案例二：在工程款结算阶段，非国家工作人员利用职务便利，为他人在工程结算事项上谋取利益，收受贿赂的行为，构成非国家工作人员受贿罪

【案情简介】

2013 年至 2020 年，毕某为某村党支部书记，2017 年 1 月，工程老板章某、叶某和严某 3 人合伙承揽了某村发包的某区职工服务中心一期建设工程项目（审定价 501 万余元）。2017 年 9 月 13 日，章某为与毕某搞好关系，确保工程顺利实施和工程款及时结算，在饭店送给毕某 0.5 万元现金，毕某予以收受。

2018 年春节前，为感谢毕某及时结算某区职工服务中心一期建设工程项目部分工程款，章某在村里送给毕某 1 万元现金，毕某予以收受。

【法院观点】

法院认为，被告人毕某在担任某村党支部书记期间，利用职务便利，通过虚构事实、隐瞒真相的方式将集体资金占为己有，数额较大，其行为已构成职务侵占罪。被告人毕某利用其担任村党支部书记的便利，非法收受他人财物，为他人谋取利益，数额较大，其行为已构成非国家工作人员受贿罪。公诉机关的指控成立，法院予以支持。被告人毕某如实供述非国家工作人员受贿部分的犯罪事实，系坦白，对该部分犯罪依法予以从轻处罚。被告人毕某归案后供述了职务侵占部分中第二起、第三起的基本犯罪事实，酌情予以从轻处罚。被告人毕某已退出涉案赃款，酌情予以从轻处罚。被告人毕某一人犯数罪，依法应当数罪并罚。

【裁判结果】

一、被告人毕某犯职务侵占罪，判处有期徒刑一年二个月，并处罚金人民币十万元；犯非国家工作人员受贿罪，判处有期徒刑十个月，并处罚金人民币十万元，决定执行有期徒刑一年七个月（刑期自判决执行之日起计算，判决执行以前先行羁押的，羁押一日折抵刑期一日，即自 2021 年 7 月 6 日起至 2023 年 2 月 5 日止），并处罚金人民币二十万元（罚金限判决生效后十日内缴纳）。

二、追缴被告人毕某违法所得人民币 36.3214 万元，予以没收并上缴国库。

19.2.3 典型案例三：在施工阶段，利用职务便利，化解施工方与被征地群众之间的矛盾纠纷，为人谋利，收受感谢费和车位的行为，构成非国家工作人员受贿罪

【案情简介】

1. 2011 年至 2017 年，王某安利用担任社区党委书记、居委会主任的职务便利，协调

化解了某小区部分楼盘主体工程承包商李某、王某宗在施工中与被征地群众因拆迁补偿问题产生的矛盾纠纷，为李某、王某宗顺利施工提供了帮助。为表示感谢，2017 年 3 月，李某、王某宗到某医院，看望住院治疗的王某安，送给王某安现金 21 万元，王某安妻子刘某珍收下后告诉王某安，并将该款用于支付王某安的住院费用。

2. 2007 年至 2018 年，王某安利用担任村党委书记、村委会（居委会）主任的职务便利，促成了某置业公司董事长师某与村委会联合开发建设商务楼，协调化解了师某施工中的矛盾纠纷，为师某顺利开发建设商务楼提供了帮助。为表示感谢，师某于 2010 年中秋节前至 2020 年春节前、王某安在武汉住院期间，多次给王某安送现金共计 52 万元，王某安收受用于个人使用。

3. 王某安担任村党委书记、村委会（居委会）主任期间，协调化解了某房地产开发有限公司在开发建设某小区征地拆迁过程中的矛盾纠纷，为某小区顺利开发建设提供了帮助。2014 年 6 月，王某安在该小区以 12 万元的价格购买车位一个，经某房地产开发有限公司负责对接协调某村当地关系的经理涂某（已故）协调，某房地产开发有限公司鉴于王某安的职务身份及对开发建设某小区的支持和帮助，送给王某安车位一个。2018 年 2 月，王某安找到涂某，提出便宜购买两个车位。经涂某协调，某房地产开发有限公司，以 10 万元的价格卖给王某安车位两个。经价格认定，王某安在某小区占有并使用四个车位，与同期市场差价为 30 万元。

【一审法院观点】

根据以上事实和证据，人民法院认为被告人王某安身为某村党支部、村委会负责人，利用职务上的便利，挪用村资金 310 万元给他人进行营利活动，数额较大，其行为已构成挪用资金罪；王某安为牟取利益，非法转让、倒卖土地使用权 58.0758 亩，情节特别严重，其行为已构成非法转让、倒卖土地使用权罪；王某安利用职务上的便利为他人谋取利益，非法收受他人财物共计 103 万元，数额巨大，其行为已构成非国家工作人员受贿罪。王某安到案后如实供述犯罪事实，自愿认罪认罚，并退缴全部违法所得，可予以从轻处罚。

【一审裁判结果】

根据本案犯罪事实、性质、情节和对于社会的危害程度，判决被告人王某安犯挪用资金罪，判处有期徒刑一年零六个月；犯非法转让、倒卖土地使用权罪，判处有期徒刑三年，并处罚金人民币三十万元；犯非国家工作人员受贿罪，判处有期徒刑三年，并处罚金人民币二十五万元；数罪并罚，决定执行有期徒刑六年零六个月，并处罚金人民币五十五万元；扣押在案的涉案赃款，由扣押机关予以没收，上缴国库。

【二审上诉理由】

针对非国家工作人员受贿方面，一审法院认定受贿证据不足，车位差价应以车位实际成交价格为准。

【二审法院观点】

王某安利用职务上的便利为他人谋取利益，非法收受他人财物，数额巨大，其行为已构成非国家工作人员受贿罪。

【二审裁判结果】

驳回上诉，维持原判。

19.2.4　典型案例四：在招投标阶段，利用职务便利，帮助他人中标并收取感谢费的行为，构成非国家工作人员受贿罪

【案情简介】

被告人刘某在某房地产开发有限公司（以下简称"A 公司"），担任公司成本部总监、总裁助理期间，负责成本管理、招投标、工程结算、造价管理等工作。2017 年 6 月份，刘某将某建设工程集团有限公司（以下简称"B 集团公司"）介绍给了 A 公司。2017 年 7 月初，在刘某的帮助下，B 公司中标了 A 公司项目二期三标段的总承包。2017 年 8 月份，B 集团公司第十一分公司总经理许某（另案处理）为感谢刘某，通过其下属张某的建设银行账户将人民币 50 万元转到了刘某的妻子赵某 1 的建设银行账户。

2018 年 6 月份，许某在某地参与 A 公司的另一个项目的招投标工作，为了得到刘某的帮助，许某于 2018 年 6 月 19 日让其财务人员刘某用其建设银行账户向刘某的岳父赵某 2 的建设银行卡转了人民币 20 万元。但许某最终没有中标，刘某也没有将人民币 20 万元退还给许某。

【一审法院观点】

被告人刘某身为公司工作人员，利用职务上的便利，非法收受他人财物共计人民币 70 万元，为他人谋取利益，数额较大，其行为已构成非国家工作人员受贿罪。公诉机关指控的犯罪事实清楚，证据确实充分，指控的罪名成立。辩护人所提对其适用缓刑的意见理由不充分，不予采纳；辩护人所提其他量刑意见有理，应予采纳。被告人刘某主动投案并如实供述自己的罪行且自愿认罪认罚，系自首，依法可从轻处罚；其已退缴全部赃款，并取得被害单位谅解，可酌情从轻处罚。

【一审裁判结果】

一、被告人刘某犯非国家工作人员受贿罪，判处有期徒刑一年八个月。

二、扣押在案的赃款人民币 70 万元，依法予以没收，上缴国库。由扣押机关执行。

【二审上诉理由】

1. 上诉人刘某没有为他人谋取利益，其只是按公司工作需求推荐单位，对方的中标完全合法合规。2. 上诉人刘某犯罪后自动投案，坦白交代自己的罪行，认罪态度好，具有自首情节，且认罪认罚；其家属已退缴赃款 70 万元并取得了被害单位的谅解；刘某系初犯、偶犯，没有犯罪前科，一贯表现良好；刘某是家庭经济支柱，全家老小都依靠其养活。一审判决量刑过重，请求对其适用缓刑。

【二审法院观点】

上诉人刘某身为公司工作人员，利用职务上的便利，非法收受他人财物共计人民币

70 万元，为他人谋取利益，数额较大，其行为已构成非国家工作人员受贿罪。原判认定的事实清楚，证据确实、充分，定罪准确，量刑适当。审判程序合法。上诉人刘某的上诉理由及其辩护人的辩护意见不成立，法院不予采纳。

【二审裁判结果】

驳回上诉，维持原判。

19.2.5　典型案例五：负责对工程进行监理的工作人员利用职务便利进行索取、收受贿赂，为他人谋利的行为，构成非国家工作人员受贿罪

【案情简介】

2018 年 9 月至 2020 年 7 月，被告人谢某在担任某工程监理有限责任公司项目总监理工程师代表期间，利用职务上的便利，索取、收受其被监理对象承建方某装饰设计有限公司、土建方承包人、项目承建方某建设工程有限公司及下属施工班组的好处费共计 187700 元。其中 1600 元系蒙某向其请教私人问题而支付的感谢费。

【法院观点】

法院认为，被告人谢某身为公司工作人员，利用职务上的便利，索取或者非法收受他人现金及转账共计 186100 元，为他人谋取利益，数额较大，其行为构成非国家工作人员受贿罪。蒙某因咨询私人问题而向被告人谢某支付的 1600 元感谢费，不是被告人谢某利用职务便利收取的贿赂款，不应计算为犯罪金额。公诉机关指控的事实和罪名成立，指控的金额不当，法院予以变更。被告人谢某经公安机关传唤后自行到案，如实供述了自己的犯罪事实，系自首，依法可以从轻处罚。被告人谢某的亲属代其积极退赃，量刑时酌情从轻处罚。退缴的赃款 186100 元系被告人谢某违法所得，依法应当予以追缴。

【裁判结果】

一、被告人谢某犯非国家工作人员受贿罪，判处有期徒刑一年，缓刑一年六个月。（缓刑考验期从判决确定之日起计算。）

二、对被告人谢某的违法所得 186100 元（已退缴）予以追缴，上缴国库。

19.2.6　典型案例六：在工程交付验收阶段，建设单位负责人非法收受财物，在验收工作中为施工方提供帮助的行为，构成非国家工作人员受贿罪

【案情简介】

被告人：王某，担任某自然村业主代表。2015 年 9 月，某村作为业主方将道路硬化（污水管网预埋）工程对外招标，该村村民王某 1、洪某以挂靠浙江某建设有限公司的方式，中标承接该工程。2015 年 10 月 20 日，王某作为业主代表签订施工合同。工程承接后，王某 1、洪某为了获得被告人王某在该工程验收、工程款结算等方面的照顾，与被告人王某商定，许诺给予王某工程利润款的三分之一作为回报，且无须为工程提供资金和劳务。在工程施工期间，被告人王某利用其管理村级事务的职务便利，在政策处理推进、项目验

收、工程款结算等方面为王某1、洪某谋取利益。2017年8月8日，王某1按照事先约定，以银行转账方式将13.9万元送给王某，王某予以收受，占为己有。

【法院观点】

1. 被告人王某作为基层组织工作人员，利用其担任某自然村业主代表的职务便利，非法收受建设项目施工方现金共计人民币13900元，为他人谋取利益，数额较大，其行为触犯刑律，构成非国家工作人员受贿罪。

2. 被告人王某已退出全部违法所得，认罪认罚，可对其从轻处罚。

【裁判结果】

被告人王某犯非国家工作人员受贿罪，判处有期徒刑七个月。

19.2.7 典型案例七：在勘察设计阶段，负责人利用职务便利，收受施工方贿赂，为施工方提供帮助的行为，构成非国家工作人员受贿罪

【案情简介】

2010年12月20日，某市政设计研究院有限公司与某地建设指挥部签订勘察设计合同，由该公司为工程提供勘察设计服务。2014年至2016年期间，被告人王某作为某市政设计研究院有限公司员工，利用担任某地设计工作后期服务负责人的职务便利，收受施工方所送的财物金额共计人民币26.7万元，并为上述施工方在建议某路建设指挥部保留软基工程、采纳桥梁梁片质量缺陷弥补方案，以及加快出设计图纸等方面提供帮助，具体情况如下：

1. 2014年3月的一天，被告人王某接受路基施工方陈某3、陈某2（均另案处理）的请托，建议某路建设指挥部保留首占部分软基处理工程，后被告人王某在位于某市政设计院有限公司的办公室内，收受陈某3、陈某2经手所送的人民币5万元。

2. 2014年上半年的一天，被告人王某接受某路首占标段桥梁施工方陈某4、潘某2（均另案处理）的请托，为施工方尽快设计桥梁图纸，并在上述办公室内收受陈某4、潘某2经手所送的人民币1万元。

3. 2014年10月14日，某路建设指挥部研究决定，针对某路首占标段的路基坍塌段进行修复，由设计方某市政设计研究院有限公司出具修复方案及图纸。后被告人王某接受某标段施工方李某（另案处理）的请托，为其尽快出具修复设计图纸，并在上述办公室内收受李某经手所送的人民币1万元。

4. 2015年的一天，被告人王某接受某路江田标段施工方潘某3（另案处理）的请托，对某路在江田标段与某村村道连接设计变更予以支持，并在某某小区门口收受潘某3所送的人民币5000元。

5. 2016年1月5日，某路建设指挥部办公室工作人员发现某路首占标段双峰大桥桥头两侧水泥挡墙沉降位移，同时桥台也发生位移现象。后被告人王某受某路首占标段桥梁施工方潘某1（另案处理）的请托，接受潘某1提出的对路基进行整改，让桥台自然回位

的节约成本方案，并在上述办公室内收受潘某 1 所送的人民币 10 万元。

6. 2016 年年初的一天，被告人王某受某路首占标段桥梁施工方潘某 1 的请托，为首占标段双峰大桥桥梁梁片出现裂纹问题提出不更换梁片的建议，并在上述办公室内收受潘某 1 所送的人民币 2 万元。

7. 2016 年年初的一天，被告人王某接受某路首占标段桥梁施工方李某的请托，在日常工作中给予施工方照顾，并在上述办公室内收受李某所送的价值人民币 1000 元的超市购物卡 2 张，共计价值人民币 2000 元。

8. 2016 年年初的一天，被告人王某接受某路首占标段路基施工方李某的请托，为首占标段双峰大桥桥梁梁片出现裂缝问题提出有利于施工方的方案，并在上述办公室收受李某所送的人民币 2 万元。

9. 2016 年 6 月 6 日，某路建设指挥部办公室发函某市政设计研究院有限公司，要求对某路营前标段双峰大桥桥头变更设计。2016 年下半年的一天，被告人王某接受某路营前标段施工方肖某、林某 1（均另案处理）的请托，较快为某路营前标段施工方出具了变更设计方案图纸，并在其上述办公室内，收受肖某、林某 1 所送的人民币 5 万元。

2019 年 6 月 14 日晚，被告人王某在某市某区被办案人员、某区公安民警抓获。

【法院观点】

被告人王某利用担任某路设计服务负责人的职务便利，收受某路首占、营前标段施工方贿送的财物金额计人民币 26.7 万元，为施工方提供帮助，数额较大，其行为构成非国家工作人员受贿罪。某市某区人民检察院指控的罪名成立，应依法追究王某的刑事责任。王某到案后如实供述自己的犯罪事实，依法可以从轻处罚。审理期间，王某主动退出全部犯罪所得，酌情可从轻处罚。

【裁判结果】

一、被告人王某犯非国家工作人员受贿罪，判处有期徒刑十一个月。

（刑期从判决执行之日起计算，判决执行以前先行羁押的，羁押一日折抵刑期一日，即自 2019 年 6 月 16 日起至 2020 年 5 月 15 日止。）

二、被告人王某退出犯罪所得人民币 26.7 万元，予以没收，上缴国库。

三、禁止被告人王某自刑罚执行完毕之日起从事道路与桥梁设计及相关业务活动，期限五年。

19.2.8　典型案例八：在工程交付验收过程中，承担审计工作的审计人员为施工方承揽的工程决算给予帮助，收受感谢费、购物券等财物的行为，构成非国家工作人员受贿罪。

【案情简介】

2015 年 7 月，被告人辛某某所供职的某公司接受某市政府投资审计中心委托，对某市桂中水城江北片区水环境整治工程（环境整治部分）引水渠建设工程项目进行工程造价结算审计，因相某公司和施工方存在造价争议，相某公司一直没能作出工程结算审核报告，施工方急于要验收工程、结算工程款，施工方利益关联人黄某（另案处理）在获知辛某某负责该工程造价结算审计工作后，便委托许某1（另案处理）去找辛某某商谈，许某1许诺给辛某某20万元"好处费"。2016年3—4月的一天，许某1在某某市梦之岛水晶城附近的路边送给辛某某"好处费"10万元。随后，辛某某指点施工方如何补充相关工程造价材料并加班加点作出结算审计报告。2016年8月，辛某某按约作出工程结算审计报告材料，2016年8月的一天，许某1在广西某工程管理有限公司某分公司附近的路边送给辛某某"好处费"10万元。

2018年1月的一天，许某1约请被告人辛某某在某市市区一茶庄内喝茶，许某1提出要求请辛某某加快速度，在2018年春节前出具对某市某水城某某片区水环境整治工程高速东渠工程结算价审核报告，辛某某答应，后许某1送给辛某某"好处费"10万元。辛某某收到钱后加班加点工作，在春节前如期按对方要求出具了某工程结算价审核报告材料。

2019年1月16日，某某县公安局经侦大队收到辛某某退赃款30万元。

【法院观点】

被告人辛某某身为公司工作人员，利用职务上的便利，非法收受他人财物，为他人谋取利益，数额较大，其行为已触犯刑律，构成非国家工作人员受贿罪。公诉机关指控被告人辛某某犯非国家工作人员受贿罪罪名成立，依法应处五年以下有期徒刑或者拘役。被告人辛某某虽于2018年10月11日接到电话通知后主动到案接受调查，但其未能在到案时及时供述自己的犯罪事实，在侦查机关掌握其主要犯罪事实后于2018年12月19日才供述自己的犯罪事实，不符合自首的构成要件，不构成自首，公诉机关关于被告人辛某某构成自首的公诉意见理由不成立，法院不予采纳。被告人辛某某归案后能如实供述其受贿的事实，可以从轻处罚；被告人辛某某主动退出全部赃款，可以酌情从轻处罚。综上，法院决定对被告人辛某某从轻处罚并宣告缓刑。

【裁判结果】

一、被告人辛某某犯非国家工作人员受贿罪，判处有期徒刑一年，缓刑一年。

（缓刑考验期限，从判决确定之日起计算。在缓刑考验期限内，实行社区矫正。）

二、被告人辛某某退出的违法所得30万元，予以没收，由某某县公安局上缴国库。

19.3 辩护要点

19.3.1 对不构成该罪的辩护

19.3.1.1 贿赂对象的辩护

贿赂对象涉及的有：财物和回扣、手续费，回扣和手续费也可以统称为财物。具体包括：

1. 货币

"货币"，本质上是所有者之间关于交换权的契约，也就是俗称的"金钱"。根据不同分类标准，可以分为纸币和硬币，也可以分为现金和储蓄货币，还可以分为本国货币或外国货币。货币是非国家工作人员受贿罪中常见的财物之一。

2. 物品

物品通常可以折算为货币或者需要支付货币才能取得。物品也是非国家工作人员受贿罪中常见的财物之一。

3. 财产性利益

在"两高"《关于办理贪污贿赂刑事案件适用法律若干问题解释》中进一步明确了"财物"的范围包括财产性利益，还对"财产性利益"的范围进行了说明，包括可以折算为货币的物质利益，如此前典型案例中出现的车位；需要支付货币的其他利益，如会员服务。①

考虑此种辩护时需要判定涉及的财物及财产性利益的性质，如为正常经济往来中的钱款流动或合法取得的报酬，则不构成非国家工作人员受贿罪。

19.3.1.2 不属于利用职务上的便利

非国家工作人员受贿罪为职务犯罪，必须以"利用职务上的便利"为条件。"利用职务上的便利"是指利用本人在公司、企业或者其他单位中组织、领导、监督、管理等职权以及利用与上述职权有关的便利条件，通常包括资产管理、资本运作、经济活动的支配、管理、控制等职权。针对非国家工作人员受贿罪，利用职务上的便利不包括间接利用本人职权，仅指直接利用本人职权。非国家工作人员在离职后收受贿赂，或者利用原职权或地位形成的便利条件，索取或收受贿赂，不能以非国家工作人员受贿罪论处。同时，也要与"工作上的便利"进行区分。

19.3.1.3 未为他人谋利

非国家工作人员受贿罪中无论是索取他人财物还是收受他人财物都以为他人谋利为成立犯罪的条件。可以从当事人并未为他人牟利的角度进行辩护。

19.3.2 对证据的辩护

在实践情况中，可以针对控方提出证明犯罪事实的证据体系找出漏洞、指出证据的缺陷，否定控方证据的证明力，推论控方指控的犯罪事实不清、证据不足。②

主要分为两类：

一类为有关犯罪事实的证据存在缺陷。如存在经济纠纷，在案证据并不能证明款项是行为人索贿，证据不足；现有证据不足以证实款项为收受的行贿款；认定行为人将收取的回扣、手续费归个人所有的证据不足。

---

① 娄秋琴. 常见刑事案件辩护要点（第二版）[M]. 北京：北京大学出版社，2016：189.

② 高明，赵栋. 贪污贿赂犯罪辩护要点 [M]. 北京：法律出版社，2016：99.

在（2016）津 011 刑初 291 号中，被告被公诉机关指控在亲属丧事期间，以收受礼金的名义，非法收受齐某 12 万元，但法院查明该钱款为他人（已死亡）委托齐某所赠，该指控不能证明款项为收受的行贿款，被告不构成非国家工作人员受贿罪。

另一类为有关量刑事实的证据存在缺陷。如证据不能认定公诉机关指控的受贿数额，该指控证据不清。

19.3.3 对自首等情节的辩护

在实践中，多主张受贿人有如实供述、自首、积极退赃等行为。

19.3.3.1 自首

在《刑法》中规定，对于任何犯罪，只要构成自首，都可以适用总则条款进行罪轻辩护。对于非国家工作人员受贿罪，要在实践中围绕"自动投案"和"如实供述"两个自首的构成要件。

自动投案是指犯罪事实或犯罪嫌疑人未被司法机关发觉，或虽被发觉，但犯罪嫌疑人尚未收到讯问、未被采取强制措施时，主动、直接向公安机关、人民检察院或者人民法院投案。

如实供述是指犯罪嫌疑人自动投案后，如实供述自己的主要犯罪事实，辩护时要把握当事人如实供述的时间点。

19.3.3.2 坦白

《刑法》第六十七条规定，犯罪嫌疑人如实供述自己罪行的，可以从轻处罚；因其如实供述自己罪行，避免特别严重后果发生的，可以减轻处罚。

19.3.3.3 立功

根据《刑法》第六十八条规定，犯罪分子有揭发他人犯罪行为，查证属实的，或者提供重要线索，从而得以侦破其他案件等立功表现的，可以从轻或者减轻处罚；有重大立功表现的，可以减轻或者免除处罚。

19.3.4 其他情节

积极退赃

根据最高人民法院、最高人民检察院《关于办理职务犯罪案件认定自首、立功等量刑情节若干问题的意见》的规定，受贿案件中赃款赃物全部或者大部分追缴的，视具体情况可以酌定从轻处罚。犯罪分子及其亲友主动退赃或者在办案机关追缴赃款赃物过程中积极配合的，在量刑时应当与办案机关查办案件过程中依职权追缴赃款赃物的有所区别。职务犯罪案件立案后，犯罪分子及其亲友自行挽回的经济损失，司法机关或者犯罪分子所在单位及其上级主管部门挽回的经济损失，不予扣减，但可以作为酌情从轻处罚的情节。根据上述司法解释，积极退赃可以作为辩护时重点考虑的思路，这也是实际辩护中常出现的辩护理由之一。

19.4 合规管理

19.4.1 建工领域应开展必要法律专题培训，落实相关制度

行为人犯非国家工作人员受贿罪可能是因自身法律意识不强，应在建设工程领域组织开展对必要的行业法律知识如相关罪名及责任的学习普及活动，提升工程中人员的法律意识，使其能够判断行为是否合法及识别行为的法律后果。并定期开展宣传活动，向相关人员敲响警钟，防止非国家工作人员受贿情况的发生。同时，建设工程领域负责人及工作人员应提高维权意识。出现相关情况时，及时组织业务和法务人员研判，向律师、法官、仲裁员等法律人士咨询请教，及时预警、报告、研究、处置，依法报警、起诉、仲裁维权。

在管理过程中，企业需要落实制定的相关规章制度和相关工作流程并及时进行查漏改进和制度的提升。施工企业要把贿赂行为列为严重违反规章制度的行为，进行处罚。

19.4.2 建设工程领域应明确每一阶段的责任人，并建立健全监督检查机制

在建设工程领域，应对工程的每一阶段制定严格的制度措施，明确每一阶段的责任人，并建立健全监督检查机制，定期开展自查。当有非国家工作人员受贿情况发生时，能及时发现并采取措施，并对每一阶段的财务情况进行证据留存。

非国家工作人员受贿罪，是特殊主体进行的犯罪。结合实践，针对不同的人员应有不同的应对措施。具体如下：

作为建设单位负责人，其收到建设工程竣工验收报告后，在组织勘察、设计、施工、监理等有关单位进行竣工验收的时间上、对建设工程实体交付上、完整的工程竣工图纸等工程技术经济资料和质量保修书等移交上、竣工验收合格后支付工程款上均存在一定风险。在工程验收交付阶段，建设单位负责人主要有如下职责：其一，在建设工程竣工后，应当根据施工图纸及说明书、国家颁发的施工验收规范和质量检验标准及时进行验收；其二，验收合格的，应当按照约定支付价款，并接收该建设工程；其三，在审核交付竣工验收的建筑工程时，必须要求符合规定的建筑工程质量标准，有完整的工程技术经济资料和质量保修书，并具备国家规定的其他竣工条件。若建设单位负责人在工程验收阶段，利用职务便利索取或非法收受财物，数额较大，则可能被以本罪追究刑事责任。

作为工程的施工总负责人，在准备竣工验收时与各分包单位进行交接其负责编制的分包范围内的竣工图等工程技术经济资料上、分包工程的实体验收和分包工程款的支付上存在一定风险。在工程验收交付阶段，施工责任人主要有如下职责：其一，对自行施工的工程质量负责，同时对其合法分包出去的工程质量负连带责任；其二，建设项目的总包单位除应编制自行施工的竣工图等工程技术经济资料外，还负责汇总整理各分包单位编制的竣

工图等工程技术经济资料；其三，支付分包项目的工程款。若总包人在分包项目的交接过程中，利用职务便利索取或非法收受财物，数额较大，则可能被以本罪追究刑事责任。

作为设计责任人，其在收到建设单位负责人组织竣工验收通知后，对工程施工中出现的设计变更均需要确认，故在竣工验收阶段对竣工图的确认和变更说明方面存在一定风险。在工程交付验收阶段，设计责任人主要有如下职责：其一，对工程竣工图的确认；其二，对工程的确认。若设计责任人在工程验收阶段，利用职务便利索取或非法收受财物，数额较大，则可能被以本罪追究刑事责任。

作为监理责任人，其在收到建设单位组织竣工验收通知后，在对工程竣工交付的见证、工程验收以及工程款支付方面存在一定风险。在工程验收交付阶段，监理责任人主要有如下职责：其一，见证施工单位向建设单位移交工程实体及完整的竣工图等工程技术经济资料、保修书等表明工程竣工交付的交接资料；其二，严格按照竣工图、技术规范、法律规定等对工程进行监督检查；其三，对施工人提交的竣工结算申请以及结算资料进行审查；其四，向建设单位提交审查后的竣工结算单及结算资料；其五，签发竣工付款证书。若监理责任人在工程验收阶段，利用职务便利索取或非法收受财物，数额较大，则可能被以本罪追究刑事责任。

第 20 章　挪用资金罪

刘某文于 2018 年 3 月 27 日进入新疆 A 公司，出资 60% 成为股东、法定代表人、总经理。2018 年 6 月至 2019 年 5 月期间，刘某文利用担任 A 公司总经理的职务便利，以个人借款名义挪用 A 公司账户资金人民币 150.286 万元归个人使用，超过三个月未还。

2020 年 10 月 9 日，被害单位 A 公司因刘某文挪用公司资金向公安机关报案。2020 年 11 月 4 日，刘某文经办案民警口头传唤至公安机关后如实供述了犯罪事实。案件审理期间，刘某文已向原审法院退缴案款人民币 20 万元。一审判决刘某文犯挪用资金罪，判处有期徒刑一年六个月。刘某文不服，提出上诉称实刑量刑过重，二审改判为有期徒刑一年六个月，缓期二年执行。

挪用资金罪是常见的侵犯财产的犯罪，在建设工程领域更是高发。该罪多发生于建筑企业地方分公司负责人（总经理）、分公司会计、工程项目部负责人（项目经理）等职务身上，他们在公司经营过程中未经法定程序，随意将公司资产进行拆借或挪用，更有甚者会认为自己拥有公司所有的资金，因而肆意使用，将自己与公司的财产混为一谈，忽略了法人的独立人格。这实际上是非常危险的，往往就侵犯了公司的独立人格与独立财产，进而使公司丧失独立责任，不仅可能对公司债务与公司承担连带赔偿责任，更有可能触犯有关的犯罪。

20.1　挪用资金罪罪名分析

挪用资金罪是指公司、企业或者其他单位的工作人员，利用职务上的便利，挪用本单位资金归个人使用或者借贷给他人，数额较大、超过三个月未还的，或者虽未超过三个月，但数额较大、进行营利活动的，或者进行非法活动的犯罪行为。

《刑法》第二百七十二条规定："公司、企业或者其他单位的工作人员，利用职务上的便利，挪用本单位资金归个人使用或者借贷给他人，数额较大、超过三个月未还的，或者虽未超过三个月，但数额较大、进行营利活动的，或者进行非法活动的，处三年以下有期徒刑或者拘役；挪用本单位资金数额巨大的，处三年以上七年以下有期徒刑；数额特别巨大的，处七年以上有期徒刑。"第一百八十五条规定："商业银行、证券交易所、期货交易所、证券公司、期货经纪公司、保险公司或者其他金融机构的工作人员利用职务上的便利，挪用本单位或者客户资金的，依照本法第二百七十二条的规定定罪处罚。"

20.1.1 主体要件

本罪的主体为特殊主体，即公司、企业或者其他单位的工作人员。具体包括三种不同身份的自然人，一是股份有限公司、有限责任公司的董事、监事。二是上述公司的工作人员，是指除公司董事、监事之外的经理、部门负责人和其他一般职工。上述的董事、监事和职工必须不具有国家工作人员身份。三是上述企业以外的企业或者其他单位的职工，包括集体性质的企业、私营企业、外商独资企业的职工，另外在国有公司，国有企业，中外合资、中外合作股份制公司、企业中不具有国家工作人员身份的所有其他职工以及受国家机关、国有公司、企业、事业单位、人民团体委托，管理、经营国有财产的非国家工作人员。具有国家工作人员身份的人，不能成为本罪的主体，只能成为挪用公款罪的主体。

20.1.2 主观要件

本罪在主观方面只能出于故意，即行为人明知自己在挪用或借贷本单位资金，并且利用了职务上的便利，而仍故意为之。

20.1.3 客体要件

本罪所侵害的客体是公司、企业或者其他单位资金的使用收益权，对象则是本单位的资金。所谓本单位的资金，是指由单位所有或实际控制使用的一切以货币形式表现出来的财产。包括单位"小金库"资金，虽然不直接体现在单位正常的财务账上，属于违规资金，但仍属于单位资金，如果挪用，同样会引发本罪。

20.1.4 客观要件

本罪在客观方面表现为行为人利用职务上的便利，挪用本单位资金归个人使用或者借贷给他人，数额较大、超过三个月未还的，或者虽未超过三个月，但数额较大、进行营利活动的，或者进行非法活动的行为，具体地说，它包含以下两种行为：

挪用本单位资金归个人使用或者借贷给他人，数额较大、超过三个月未还的。这是较轻的一种挪用行为，其构成特征是行为人利用职务上主管、经手本单位资金的便利条件而挪用本单位资金，其用途主要是归个人使用或者借贷给他人使用，例如消费、还贷、娱乐等活动，但未用于从事不正当的经济活动，而且挪用数额较大，且时间上超过三个月而未还。

挪用本单位资金归个人使用或者借贷给他人，虽未超过三个月，但数额较大，进行营利活动的，或者进行非法活动的。这种行为没有挪用时间是否超过三个月以及超过三个月是否退还的限制，只要数额较大，且进行营利活动或非法活动的就构成犯罪。所谓"营利活动"主要是指进行经商，投资，购买股票、基金或债券，借给他人收取利息等活动。所谓"非法活动"。就是指将挪用来的资金用来进行走私、赌博、嫖娼、行贿、购买毒品等活动。

行为人只要具备上述两种行为中的一种就可以构成本罪，而不需要同时具备，上述挪用资金行为必须是利用职务上的便利，所谓利用职务上的便利，是指公司、企业或者其他单位中具有管理、经营或者经手财物职责的经理、厂长、财会人员、购销人员等，利用其具有的管理、调配、使用、经手本单位资金的便利条件，将资金挪作他用。

20.1.5　追诉标准

20.1.5.1　立案标准

《最高人民检察院、公安部关于公安机关管辖的刑事案件立案追诉标准的规定（二）》的通知（2022 修订）第七十七条规定："公司、企业或者其他单位的工作人员，利用职务上的便利，挪用本单位资金归个人使用或者借贷给他人，涉嫌下列情形之一的，应予立案追诉：

（一）挪用本单位资金数额在五万元以上，超过三个月未还的；

（二）挪用本单位资金数额在五万元以上，进行营利活动的；

（三）挪用本单位资金数额在三万元以上，进行非法活动的。

具有下列情形之一的，属于本条规定的'归个人使用'：

（一）将本单位资金供本人、亲友或者其他自然人使用的；

（二）以个人名义将本单位资金供其他单位使用的；

（三）个人决定以单位名义将本单位资金供其他单位使用，谋取个人利益的。"

司法实践中，在认定挪用资金犯罪时，还应注意：根据《最高人民检察院关于挪用尚未注册成立公司资金的行为适用法律问题的批复》（高检发研字〔2000〕19 号），筹建公司的工作人员在公司登记注册前，利用职务上的便利，挪用准备设立的公司在银行开设的临时账户上的资金，归个人使用或者借贷给他人，数额较大、超过三个月未还的，或者虽未超过三个月，但数额较大、进行营利活动的，或者进行非法活动的，应当根据刑法第二百七十二条的规定，追究刑事责任。

20.1.5.2　量刑标准

最高人民法院、最高人民检察院《关于办理贪污贿赂刑事案件适用法律若干问题的解释》第五条规定："挪用公款归个人使用，进行非法活动，数额在三万元以上的，应当依照刑法第三百八十四条的规定以挪用公款罪追究刑事责任；数额在三百万元以上的，应当认定为刑法第三百八十四条第一款规定的'数额巨大'。具有下列情形之一的，应当认定为刑法第三百八十四条第一款规定的'情节严重'：

（一）挪用公款数额在一百万元以上的；

（二）挪用救灾、抢险、防汛、优抚、扶贫、移民、救济特定款物，数额在五十万元以上不满一百万元的；

（三）挪用公款不退还，数额在五十万元以上不满一百万元的；

（四）其他严重的情节。"

第六条规定："挪用公款归个人使用，进行营利活动或者超过三个月未还，数额在五万元以上的，应当认定为刑法第三百八十四条第一款规定的'数额较大'；数额在五百万元以上的，应当认定为刑法第三百八十四条第一款规定的'数额巨大'。具有下列情形之一的，应当认定为刑法第三百八十四条第一款规定的'情节严重'：

（一）挪用公款数额在二百万元以上的；

（二）挪用救灾、抢险、防汛、优抚、扶贫、移民、救济特定款物，数额在一百万元以上不满二百万元的；

（三）挪用公款不退还，数额在一百万元以上不满二百万元的；

（四）其他严重的情节。"

第十一条中规定："刑法第二百七十二条规定的挪用资金罪中的'数额较大''数额巨大'以及'进行非法活动'情形的数额起点，按照本解释关于挪用公款罪'数额较大''情节严重'以及'进行非法活动'的数额标准规定的二倍执行。"

20.2 典型案例

20.2.1 典型案例一：挪用本单位资金归个人使用或者借贷给他人，数额较大、超过三个月未还的

这是较轻的一种挪用行为。其构成特征是行为人利用职务上主管、经手本单位资金的便利条件而挪用本单位资金，其用途主要是归个人使用或者借贷给他人使用，但未用于从事不正当的经济活动，而且挪用数额较大，且时间上超过三个月而未还。

【案情简介】

2015 年 4 月至 2017 年 1 月间，被告人刘某 1 利用担任某建设有限公司经营科负责人的职务便利，在与温州市某建设工程有限公司、温州市某建设有限公司、陈某 2 等公司或者个人接洽收取工程预算款过程中，让对方将工程预算款转入自己掌控的私人账户，金额共计人民币 99433.8 元，未按规定将上述款项转入专用账户或者公司负责人处，也未向公司报备作入账登记，后将上述钱款用于个人消费等。

2016 年 3 月至 5 月间，被告人刘某 1 利用担任某公司经营科负责人的职务便利，在与李某 3 等人接洽收取经营押金过程中，让对方将上交给某公司的经营押金人民币 30 万元转入自己私人账户，后将其中人民币 20 万元按照公司负责人指定用途使用，将剩余人民币 10 万元用于个人消费等。

2015 年 4 月至 2018 年 4 月间，被告人刘某 1 利用担任公司经营科负责人的职务便利，在管理、使用自己名下一张公私混用银行卡的过程中，将部分转入该银行卡的金达公司款

项用于个人消费等。

经审计，2015 年 4 月至 2018 年 4 月间，被告人刘某 1 名下账户收入和支出相抵后，公司应得款项为人民币 688589.4 元。刘某使用该款项进行个人消费，金额累计达人民币 33 万余元，该部分钱款至今未归还。

【法院观点】

被告人刘某 1 利用职务上的便利，挪用本单位资金归个人使用，数额较大、超过三个月未还，其行为已构成挪用资金罪，应予处罚。公诉机关的指控成立。鉴于被告人刘某 1 归案后如实供述自己罪行，系坦白，且认罪认罚，同时其已退出全部违法所得，可从轻、从宽处罚。公诉机关基于被告人认罪认罚而建议判处刘某 1 有期徒刑八个月的量刑意见以及辩护人就刘某 1 具有上述情节请求对其从轻处罚的辩护意见，均可予采纳，但辩护人提出对被告人刘某 1 适用缓刑的意见，与本案的情节、性质不符，不予采纳。

【裁判结果】

一、被告人刘某 1 犯挪用资金罪，判处有期徒刑八个月；

二、退缴在案的违法所得人民币 33 万元，返还被害单位。

20.2.2 典型案例二：挪用本单位资金归个人使用或者借贷给他人，虽未超过三个月，但数额较大，进行营利活动的

这种行为没有挪用时间是否超过三个月以及超过三个月是否退还的限制，只要数额较大，且进行营利活动，就构成本罪。所谓"营利活动"主要是指进行经商、投资、购买股票或债券等活动。

【案情简介】

盛某公司 2011 年 11 月 28 日成立，经营范围为房地产开发经营，2013 年 10 月取得泰宁县凤凰名城建设项目开发权。因建设资金不足，时任盛某公司法定代表人姜某 1 邀请卓某 2、曹某 3 入股共同开发凤凰名城项目。2013 年 11 月 14 日盛某公司法定代表人变更为被告人卓某 2，2014 年 12 月 5 日法定代表人由卓某 2 变更为黄某 4。2014 年 3 月，被告人卓某 2 利用其为盛某公司法定代表人并掌管公司公章、营业执照等职务便利，在未经过公司股东及股东会同意的情况下，私自以盛某公司的名义与中某福建分公司签订建设工程施工合同及补充协议，约定将盛某公司凤凰名城项目承包给中某福建分公司施工建设，中某福建分公司预交履约保证金 700 万给盛某公司。2014 年 4 月 1 日至 2014 年 4 月 9 日，中某福建分公司按约将 700 万元保证金转入卓某 2 私自以盛某公司名义在中国工商银行福州鼓楼支行开立的一般存款账户中。卓某 2 从盛某公司账户于 2014 年 4 月 1 日、2 日、4 日、9 日分别转出 20 万元、50 万元、30 万元、20 万元，共计 120 万元，转入福建永某建设集团公司某铁路安置房项目部账户，用于归还卓某 2 尚欠吴某 5 个人借款。同时，2014 年 4 月 1 日至 2014 年 5 月 5 日期间，卓某 2 还通过亿某房地产开发有限公司、仓某贸易有限公司、盛某公司、黑龙江亿某房地产开发有限公司等多家公司账户走账，私自将这

580 万元保证金转出用于个人收购哈某房地产开发有限公司。后来，卓某 2 通过其母亲王某 6 账户向中某福建分公司法人张某 7 转账归还了 120 万元。

【一审法院观点】

被告人卓某 2 利用担任盛某公司法定代表人的职务便利，挪用本单位资金人民币 700 万元归个人使用且超过三个月未还以及个人用于投资营利性活动，数额巨大，其行为符合挪用资金罪的构成要件，构成挪用资金罪。公诉机关指控罪名成立。

【一审裁判结果】

被告人卓某犯挪用资金罪，判处有期徒刑三年二个月。

【二审上诉理由】

卓某具有坦白、认罪认罚，全额退赔等从宽处罚情节，并积极委托家属与盛某公司协商，希望赔偿盛某公司损失取得盛某公司谅解，加之其尚有近 9000 万元债权债务纠纷需要处理，请求二审改判对其适用缓刑。

【二审法院观点】

法院认为，上诉人卓某利用职务便利，挪用本单位资金人民币 700 万元归个人用于投资营利性活动，超过三个月未还，数额巨大，其行为已构成挪用资金罪。卓某到案后如实供述自己的罪行，承认指控的犯罪事实，可以从轻处罚；卓某积极退还所有挪用资金及利息，酌情从轻处罚。原审综合卓某犯罪的事实、性质、情节和社会危害程度，在原公诉机关量刑建议幅度内依法判处相应的刑罚，量刑规范、适当。卓某挪用资金数额巨大，时间长达数年，卓某及其辩护人请求二审改判并对卓某适用缓刑的意见，不予采纳。

【二审裁判结果】

驳回上诉，维持原判。

20.2.3 典型案例三：挪用本单位资金进行非法活动的

这种行为没有挪用时间是否超过三个月以及超过三个月是否退还的限制，也没有数额较大的限制，只要挪用本单位资金进行了非法活动，就构成了本罪。所谓"非法活动"就是指将挪用来的资金用来进行走私、赌博等活动。

【案情简介】

2018 年 11 月至 2019 年 7 月，被告人熊某利用担任锦某建设工程有限公司邵阳分公司负责人的职务便利，通过转账方式多次从其持有的公司基本存款账户挪用公款共计人民币 3049800 元，用于个人赌博活动。经鉴定，其本人账户支出的赌博金额为 12631400 元。

在 2019 年度邵阳县五峰铺镇界牌道路改造项目中，锦某建设工程有限公司将水泥材料款共计 2 万元支付给水泥经销商邓某。被告人熊某以不再需要水泥为由，要求邓某退还上述材料款。邓某通过银行转账方式将上述款项退回被告人熊某指定的个人账户内。被告人熊某谎称没有收到款项，要求邓某再次转账 2 万元至被告人熊某指定的个人账户。

【法院观点】

被告人熊某利用担任锦某建设工程有限公司邵阳县分公司负责人的职务便利，从其掌控的邵阳分公司基本账户中直接转出本单位资金或利用他人退还应属本单位的资金到其私人账户的方式，挪用本单位资金 3049800 元用于违法赌博活动，数额巨大，其行为构成挪用资金罪。公诉机关指控被告人熊某犯挪用资金罪的事实清楚，证据确实、充分，指控的罪名成立，依法应追究被告人熊某的刑事责任，在三至十年的区间内量刑。

被告人熊某就到案问题向公诉机关的交代，与时任锦某建设工程有限公司经理的证人帅某在公诉机关的陈述一致，均认可在 2019 年 5 月 17 日熊某到案之前，锦某建设工程有限公司没有向熊某告知公司已经报警，故 2019 年 5 月 17 日熊某接受传唤到案的行为不能认定为自首。被告人熊某到案后如实供述了自己的罪行，应认定为坦白，依法可以从轻处罚。

自 2018 年 6 月 28 日至 2019 年 6 月 24 日期间，被告人熊某是锦某建设工程有限公司邵阳分公司的登记负责人，在其任职期间，熊某对内负责邵阳分公司的管理及与总公司的工作衔接，对外以锦某建设工程有限公司的名义从事经营活动，产生的民事责任亦由锦某建设工程有限公司承担，应当认定熊某为锦某建设工程有限公司的工作人员；该辩护意见缺乏事实及法律依据，法院不予采纳。

在案证据不能证实被告人熊某虚构事实、隐瞒真相，谎称其未收到第一笔 2 万元后再次要求邓某支付第二笔 2 万元，公诉机关指控熊某犯诈骗罪的证据不足，法院不予支持。但被告人熊某利用职务之便，要求邓某将应退给公司的资金 2 万元汇入其个人账户，属于利用他人实施挪用资金行为的间接正犯，其行为构成挪用资金罪。被告人熊某在收到邓某的第二笔 2 万元汇款后，明知该款是错汇却仍然即行转出，至今仍未返还，其主观上体现了占有的故意，客观上利用了邓某对其职务身份的信任，其行为属于职务侵占，因未达到职务侵占罪的入罪数额，只认定为职务侵占的违法犯罪行为类型，在本案量刑时予以考虑。

【法院裁判结果】

一、被告人熊某犯挪用资金罪，判处有期徒刑五年；

二、追缴被告人熊某的违法所得 3069800 元返还被害单位锦某建设工程有限公司。

20.3　辩护要点

20.3.1　量刑的辩护要点：在提起公诉前退还挪用资金

《刑法修正案（十一）》第三十条第三款规定"有第一款行为，在提起公诉前将挪用的资金退还的，可以从轻或者减轻处罚。其中，犯罪较轻的，可以减轻或者免除处罚"，这一规定赋予了退赃退赔从轻、减轻甚至免除处罚的量刑功能。因此，行为人是否及时将挪用的资金退还，将直接影响其量刑幅度。一直以来，在我国的刑法中"退赃退赔"作为酌定的量刑情节，只能从轻处罚，而不能单独作为减轻处罚的情节。但《刑法修正案（十一）》新增该从宽处罚情节，将酌定量刑情节变成法定减轻情节，一方面不仅促进了行为人及其近亲属退赃退赔的积极性，减少单位的损失；另一方面也更有利于当前认罪认罚从宽制度的贯彻落实，为挪用资金案件的认罪认罚提供了充分的实体法依据。

20.3.2 无罪辩护的辩护要点：主观上不具有挪用资金的故意，不构成挪用资金罪

挪用资金罪要求行为人主观上存在挪用资金的故意，如果不具有，则其行为不构成挪用资金罪。

在某案中，2012年1月1日，银川某设计院与其二分院院长贾某伟签订合同约定：院与分院收入按照签订的工程合同进行比例分成，院20%，分院80%。2013年10月底，被告人贾某伟与某建设工程咨询有限公司张某商议，以虚假测绘合同的形式从银川某设计院套出资金使用，并承诺给张某8%的手续费。随后，贾某伟按编造的四份银川某设计院与某建设工程咨询有限公司签订的贾某伟测绘合同，开具了四张总额共120万元的税务发票。张某扣除8%手续费后，将95.68万元转入贾某伟个人账户。贾某伟使用53万元在宁夏银行办理一张其本人的定活两便存单，42.68万元加上自有资金在中国建设银行股份有限公司银川兴庆府支行购买了76万元的理财产品。法院认为，本案中贾某伟自始至终认为二分院收益的20%上缴总院后，对于剩下80%的收益其作为二分院院长有自由支配的权利，其主观上不存在擅自挪用、用后归还的故意，贾某伟占有的是资金的所有权，而挪用资金罪主观要件在于非法取得本单位的资金的使用权，并不企图永久性将资金占为己有。故贾某伟犯罪时主观故意要件不符合挪用资金罪主观构罪条件。其次，挪用资金罪的行为方式为挪用，贾某伟主观认为80%的收益由其个人所有，其行为表现是直接对财物所有权的占有，故贾某伟的行为，不符合挪用资金罪的客观表现形式。故法院判决被告人贾某伟无罪。

20.3.3 客观上不符合挪用资金的行为

比如没有挪用资金归个人使用或者无证据证明被告人挪用资金归个人使用、挪用公司钱款用于发展本公司业务或者公司开支、所挪用资金性质并不属于单位资金或资金性质不明、现有证据尚不足以认定行为人的行为构成挪用资金罪等。

如在某案中，被告人彭某1于2008年11月起任陈贵镇官堂垴村党支部书记。2010年下半年，彭某2、彭某3等人承建陈贵镇新农村建设中的官堂垴村办公楼等建设工程。2011年1月28日，彭某1在明知该村城乡一体化建设工程应由镇政府统一拨付工程款的情况下，要求时任村财经委员杨某4将官堂垴村集体资金借支10万元给彭某3、彭某2（被告人彭某1的弟弟）用于工程建设。杨某4将村集体资金10万元转至彭某1个人账户。2011年1月30日，彭某3等人办理了10万元借支手续。彭某1在领款单上签字同意付款。

后彭某 1 将 10 万元付给彭某 2。一审法院认为被告人彭某 1 担任陈贵镇官堂垴村党支部书记期间，利用职务之便，个人决定将村集体资金 10 万元借给他人进行营利活动，其行为已构成挪用资金罪。

二审中，被告人上诉称：① 彭某 1 以借支方式预付 10 万元工程款是镇政府拨付到官堂垴村的城乡一体化建设专项资金，不是村集体资金；② 彭某 1 主观上没有挪用资金的故意，客观上同意预付彭某 3 新村办公楼工程款 10 万元系履行职务的正当行为，不符合挪用资金罪的客观构成要件；③ 镇政府拨款 35 万元，村集体分三笔实际支出了 45 万元，但不能认定涉案 10 万元系挪用资金；④ 鄂荆师（2018）鉴字会计鉴定意见书直接认定涉案 10 万元系挪用资金，超出鉴定范围；⑤ 彭某 1 被羁押期间，家属退赃 75 万元。

二审法院认为，原判认定上诉人彭某 1 身为原官堂垴村党支部书记，利用职务上的便利，个人决定将村集体资金 10 万元借给他人进行营利活动的证据不足，原公诉机关指控的犯罪不能成立。故改判为无罪。

20.3.4　挂靠人不构成挪用资金罪

在建设工程领域，被挂靠人（承建商）以其名义竞标成功后，将工程转包给挂靠人，挂靠人成立项目部以被挂靠人的名义开展建设，被挂靠人向挂靠人收取管理费获利，挂靠人则自负盈亏。在工程建设过程中，挂靠人往往没有规范的财务制度，在被挂靠人处领取工程款后即将其视为自有资金，挪作他用，以致无法按时支付工程材料费和人工费。对于挂靠经营者的此类行为是否可以挪用资金罪追究其刑事责任争议颇多，以下为经典的无罪案例。

【案情简介】

御东园住宅小区项目系某 A 公司开发建设的项目。2010 年 10 月 15 日，某 B 公司与某 A 公司签订了《建设工程施工协议书》。在此前后，上诉人张某 1 经人介绍向某 B 公司承诺可以缴纳资金完成该项目。某 B 公司决定参加该项目招投标，并派张某 1 安排项目班子进驻现场进行项目前期准备工作。

2011 年 1 月至 2 月间，某 A 公司经过招投标确定某 B 公司为该项目施工中标人，双方签订了《北京市房屋建筑和市政基础设施工程施工总承包合同》，约定承包人应具有相关建设工程施工总承包主体资格，不得将此工程转包。

2011 年 3 月 17 日，某 B 公司与张某 1 任法定代表人的泰州某 C 公司签订了《御东园住宅小区项目目标责任书》，该责任书约定：承包方式为“大包”，即包工包料；以某 B 公司与某 A 公司签订的建设工程施工合同中约定的责任范围为责任内容；泰州某 C 公司负责前期准备工作及有关资金筹集，所签采购和租赁合同均不得以某 B 公司名义进行；某 B 公司收取合同约定 2% 的管理费，对该项目进行跟踪管理；泰州某 C 公司代表某 B 公司履行全部权利和义务，利润由泰州某 C 公司自主支配，亏损部分由该公司全额承担；工程款必须先打入某 B 公司指定账户，到账后根据财务管理制度给泰州某 C 公司支付，泰州某 C 公司应保证项目专款专用。

某 A 公司自 2011 年 1 月至 11 月拨付工程款共计 7430 万元，其中直接拨付给某 B 公司 5800 万元。某 B 公司在扣除相应的税费和管理费后，通过转账方式于 2011 年 1 月至 8 月间向张某 1 指定的北京某 D 装饰工程有限责任公司账户和泰州某 C 公司账户支付工程款共计 5508.04 万元。

在此期间，张某 1 使用某 B 公司拨付的工程款以个人名义借款给张某 2 共 20 万元；支付个人购车款 137.68 万元；支付个人别墅和办公楼装修费 50 万元；支付其以江苏某 E 建设工程有限公司连云港分公司名义承揽的山东吉祥某豪庭项目工程款 140 万元；支付偿还欠款 265 万元及广告费 7 万元，以上合计 619.68 万元。

【一审法院观点】

北京市密云县人民法院认为，被告人张某 1 在某 B 公司总承包的御东园住宅小区建设工程中，利用负责工程施工并管理、支配工程资金的职务便利，挪用工程资金归个人使用超过三个月未还，挪用工程资金进行营利活动，数额巨大，其行为已构成挪用资金罪，依法应予惩处。

【一审裁判结果】

被告人张某 1 犯挪用资金罪，判处有期徒刑五年；继续追缴被告人张某 1 人民币 5996800 元，发还某 B 公司。

【二审上诉理由】

① 张某 1 不具备挪用资金罪的主体要件。证明张某 1 系某 B 公司工作人员的证据的真实性和法律效力有待核实，在案缺乏证明张某 1 是某 B 公司工作人员的直接证据。② 本案系一起单纯的民事纠纷。泰州某 C 公司从某 B 公司接手涉案工程，张某 1 作为泰州某 C 公司的法定代表人参与其中。泰州某 C 公司与某 B 公司签订的《御东园住宅小区项目目标责任书》约定了施工时间、地点、工程造价、发包方式，证明两公司实际上存在转发包关系。③ 张某 1 的行为不符合挪用资金罪的客体要件。泰州某 C 公司与某 B 公司系工程承包关系，某 B 公司每次向泰州某 C 公司所打款项实际是承包费的一部分，应由泰州某 C 公司全权支配。张某 1 作为该公司的法定代表人有权支配该款项。

【二审法院观点】

北京市密云县人民检察院指控张某 1 犯挪用资金罪的证据不足，指控罪名不成立。判决如下：一、撤销北京市密云县人民法院（2013）密刑初字第 247 号刑事判决；二、上诉人张某 1 无罪。

20.4 合规管理

企业刑事合规所关注的刑事犯罪风险，整体上可以分为企业内部人员和机构的刑事合规风险、企业整体的单位犯罪刑事合规风险、企业被害主体的刑事合规风险，挪用资金罪是企业内部人员刑事风险中的常见风险。

20.4.1　从建设工程领域企业角度看，防范挪用资金的方法

首先，企业内部要建立完善严格的财务制度、监管体系，对财务信息进行定期稳固的审查机制，做到有人管理、有人负责、有人监督，明确责任，加强控制。避免账目不清或长期挂账的情况，降低企业风险。对重点部门加强监督，掌握其重大资金流转情况；加强对重大建设项目的日常审计工作。必须坚持定期上级部门查账制度，重点检查有无账外账、私设"小金库"现象。

其次，完善企业风险防控机制以及进行配套的刑事合规审查，杜绝民营企业对"人治"的依赖，使民营企业熟知风险事项及危害后果，远离风险敞口，建立健全规章制度。

再次，企业的管理者应定期或者不定期在企业内部开展宣传教育活动，聘请专业法律人员对员工进行法律教育，尤其是最容易接触到现金流的三类人员：销售、采购、财务，提高法律素养，提前规避犯罪行为。应建立完善的用工制度，及时掌握员工信息，签订劳动合同，保证归责到人，避免出现管理制度混乱，财务人员欺上瞒下，导致企业损失的情况。

最后，建立综合可靠的审查机制，及与其配套的成熟的审查人员、法务人员，熟知企业内部运营情况，及时发现规避相关风险点。

20.4.2　建设工程领域企业的控股股东、实际控制人出于财务需求使用公司资金的，如何做到合法合规

实务中，控股股东、实际控制人占用公司资金，在关联公司之间拆借、转移资金的情况十分普遍，在资金划拨的时候，习惯于和财务人员"说一声"就进行操作，不履行必要的手续也是司空见惯。从最大化资金利用价值的角度，该行为在财务方面有一定合理性。但是，为了避免被认定为"挪用资金"的不法行为，使用公司资金时应注意：

首先，转移资金在双方主体间必须有合法依据，诸如借贷、投资、预付款、业务往来关系。

其次，资金流动要避免基于个人意志，公司是独立法人，具有拟制人格。所以应在有合法依据的基础上，将该事项交董事会乃至股东会表决，将其转化为公司意志。

再次，在公司内部的操作上，财务行为受其会计准则及管理制度的约束，谁也不得违反。

最后，该笔资金必须是公司未来相应期间内可自由支配的，不得是客户预付款，保证金，专项款，准备用于清偿债务、支付货款、缴纳税金或者有其他必要用途的资金。

20.4.3　建设工程领域企业的小股东如何避免大股东任意使用公司资金

小股东为了防止大股东任意拆借公司资金，侵犯公司及自身权益，可以在入股公司的

谈判阶段，要求在公司章程中设置如下规定：关于向股东关联方拆借资金事项，必须经公司董事会、股东会表决，与该拆借有利益关系、关联关系的一方股东或其委派的董事须回避表决。一旦大股东绕过股东会，直接指示财务人员或者亲自转移上述资金，则可能构成"挪用资金罪"，如此该机制则有效地起到威慑大股东的作用。

第21章 伪造、变造、买卖国家机关公文、证件、印章罪

　　被告人张某1、吴某2在东丰县大阳镇增产村二组齐某3建造房屋的过程中，于2018年6月至7月间，在互联网上找人制作了虚假的"某建设有限公司"资质及"某建设有限公司"假印章，并将假资质和假印章用于申请办理房屋建设审批手续。一审法院认为，被告人张1、吴某2伪造国家机关证件、伪造公司印章，犯罪事实清楚，证据确实充分，其行为均已构成伪造国家机关证件罪和伪造公司印章罪，公诉机关指控事实和罪名成立，法院予以支持。被告人张某1、吴某2不服，提出上诉。二审法院认为原审被告人张某1、吴某2伪造国家机关证件、伪造公司印章，其行为均已构成伪造国家机关证件罪和伪造公司印章罪，应数罪并罚。张某1、吴某2如实供述，当庭认罪、悔罪，依法可对其从轻处罚。裁定驳回上诉，维持原判。

　　本案被告人涉及的伪造、变造、买卖国家机关公文、证件、印章罪是建设工程领域常出现的刑事罪名，本章对此详细介绍。

21.1 伪造、变造、买卖国家机关公文、证件、印章罪罪名分析

21.1.1 刑法典和单行刑法

21.1.1.1 《刑法》

　　第二百八十条 【伪造、变造、买卖国家机关公文、证件、印章罪】【盗窃、抢夺、毁灭国家机关公文、证件、印章罪】伪造、变造、买卖或者盗窃、抢夺、毁灭国家机关的公文、证件、印章的，处三年以下有期徒刑、拘役、管制或者剥夺政治权利，并处罚金；情节严重的，处三年以上十年以下有期徒刑，并处罚金。

21.1.1.2 《全国人民代表大会常务委员会关于惩治骗购外汇、逃汇和非法买卖外汇犯罪的决定》

　　二、买卖伪造、变造的海关签发的报关单、进口证明、外汇管理部门核准件等凭证和单据或者国家机关的其他公文、证件、印章的依照刑法第二百八十条的规定定罪处罚。

21.1.2 法律与行政法规

21.1.2.1 《治安管理处罚法》

　　第五十二条 有下列行为之一的，处十日以上十五日以下拘留，可以并处一千元以下

罚款；情节较轻的，处五日以上十日以下拘留，可以并处五百元以下罚款：

（一）伪造、变造或者买卖国家机关、人民团体、企业、事业单位或者其他组织的公文、证件、证明文件、印章的；

（二）买卖或者使用伪造、变造的国家机关、人民团体、企业、事业单位或者其他组织的公文、证件、证明文件的；

（三）伪造、变造、倒卖车票、船票、航空客票、文艺演出票、体育比赛入场券或者其他有价票证、凭证的；

（四）伪造、变造船舶户牌，买卖或者使用伪造、变造的船舶户牌，或者涂改船舶发动机号码的。

21.1.2.2 《中华人民共和国技术进出口管理条例》（2020 修订）

第四十五条　伪造、变造或者买卖技术进出口许可证或者技术进出口合同登记证的，依照刑法关于非法经营罪或者伪造、变造、买卖国家机关公文、证件、印章罪的规定，依法追究刑事责任；尚不够刑事处罚的，依照海关法的有关规定处罚；国务院外经贸主管部门并可以撤销其对外贸易经营许可。

21.1.2.3 《中华人民共和国军品出口管理条例》（2002 修订）

第二十二条　军品贸易公司在军品出口经营活动中，不得有下列行为：

（一）危害国家安全或者社会公共利益；

（二）以不正当竞争手段排挤竞争对手；

（三）侵害中华人民共和国法律保护的知识产权；

（四）伪造、变造、骗取或者转让军品出口项目批准文件、合同批准文件、许可证和接受国的有效证明文件等单证；

（五）超越核定的经营范围经营；

（六）违反法律和行政法规规定的其他行为。

第二十五条　军品贸易公司违反本条例第二十二条第（四）项、第（五）项规定，触犯刑律的，依照刑法关于非法经营罪，伪造、变造、买卖国家机关公文、证件、印章罪或者其他罪的规定，依法追究刑事责任；尚不够刑事处罚的，由国家军品出口主管部门予以警告，没收违法所得，并处违法所得 1 倍以上 3 倍以下的罚款，没有违法所得或者违法所得不足 10 万元的，处 10 万元以上 30 万元以下的罚款，暂停直至撤销其军品出口经营权。

军品贸易公司违反本条例第二十二条第（一）项、第（二）项、第（三）项规定或者其他法律、行政法规规定的，由国家有关主管部门依照有关法律和行政法规的规定予以处罚，国家军品出口主管部门并可以暂停直至撤销其军品出口经营权；触犯刑律的，依照刑法有关规定，依法追究刑事责任。

21.1.2.4 《中华人民共和国生物两用品及相关设备和技术出口管制条例》

第十九条　伪造、变造或者买卖生物两用品及相关设备和技术出口许可证件的，依照刑法关于非法经营罪或者伪造、变造、买卖国家机关公文、证件、印章罪的规定，依法追究刑事责任；尚不够刑事处罚的，依照海关法的有关规定处罚；国务院外经贸主管部门并可以撤销其对外贸易经营许可。

21.1.2.5　《互联网上网服务营业场所管理条例》（2022 修订）

第二十九条　互联网上网服务营业场所经营单位违反本条例的规定，涂改、出租、出借或者以其他方式转让《网络文化经营许可证》，触犯刑律的，依照刑法关于伪造、变造、买卖国家机关公文、证件、印章罪的规定，依法追究刑事责任；尚不够刑事处罚的，由文化行政部门吊销《网络文化经营许可证》，没收违法所得；违法经营额 5000 元以上的，并处违法经营额 2 倍以上 5 倍以下的罚款；违法经营额不足 5000 元的，并处 5000 元以上 1 万元以下的罚款。

21.1.2.6　《中华人民共和国导弹及相关物项和技术出口管制条例》

第十九条　伪造、变造或者买卖导弹相关物项和技术出口许可证件的，依照刑法关于非法经营罪或者伪造、变造、买卖国家机关公文、证件、印章罪的规定，依法追究刑事责任；尚不够刑事处罚的，依照海关法的有关规定处罚；国务院外经贸主管部门并可以撤销其对外贸易经营许可。

21.1.2.7　《危险化学品安全管理条例》（2013 修订）

第九十三条　伪造、变造或者出租、出借、转让危险化学品安全生产许可证、工业产品生产许可证，或者使用伪造、变造的危险化学品安全生产许可证、工业产品生产许可证的，分别依照《安全生产许可证条例》、《中华人民共和国工业产品生产许可证管理条例》的规定处罚。

伪造、变造或者出租、出借、转让本条例规定的其他许可证，或者使用伪造、变造的本条例规定的其他许可证的，分别由相关许可证的颁发管理机关处 10 万元以上 20 万元以下的罚款，有违法所得的，没收违法所得；构成违反治安管理行为的，依法给予治安管理处罚；构成犯罪的，依法追究刑事责任。

21.1.3　司法解释

21.1.3.1　《最高人民法院关于审理骗购外汇、非法买卖外汇刑事案件具体应用法律若干问题的解释》（法释〔1998〕20 号）

第二条　伪造、变造、买卖海关签发的报关单、进口证明、外汇管理机关的核准件等凭证或者购买伪造、变造的上述凭证的，按照刑法第二百八十条第一款的规定定罪处罚。

21.1.3.2　《最高人民法院关于审理破坏森林资源刑事案件适用法律若干问题的解释》（法释〔2023〕8 号）

第十条　伪造、变造、买卖林木采伐许可证，森林、林地、林木权属证书以及占用或者征用林地审核同意书等国家机关批准的林业证件、文件构成犯罪的，依照刑法第二百八十条第一款的规定，以伪造、变造、买卖国家机关公文、证件罪定罪处罚。

买卖允许进出口证明书等经营许可证明，同时构成刑法第二百二十五条、第二百八十条规定之罪的，依照处罚较重的规定定罪处罚。

21.1.4 司法解释性质文件

21.1.4.1 《最高人民检察院法律政策研究室关于买卖伪造的国家机关证件行为是否构成犯罪的问题的答复》(〔1999〕高检研发第5号)

对于买卖伪造的国家机关证件的行为，依法应当追究责任的，可适用刑法第二百八十条第一款的规定，以买卖国家机关证件罪追究刑事责任。

21.1.4.2 《最高人民法院研究室〈关于伪造、变造、买卖民用机动车号牌行为能否以伪造、变造、买卖国家机关证件罪定罪处罚问题的请示〉的答复》(法研〔2009〕68号)

伪造、变造、买卖民用机动车号牌行为不能以伪造、变造、买卖国家机关证件罪定罪处罚。

21.1.4.3 《最高人民检察院法律政策研究室关于伪造、变造、买卖政府设立的临时性机构的公文、证件、印章行为如何适用法律问题的答复》(高检研发〔2003〕第17号)

伪造、变造、买卖各级人民政府设立的行使行政管理权的临时性机构的公文、证件、印章行为，构成犯罪的，应当依照刑法第二百八十条第一款的规定，以伪造、变造、买卖国家机关公文、证件、印章罪追究刑事责任。

21.1.5 地方性法规

21.1.5.1 《关于印发〈关于本市办理部分刑事犯罪案件标准的意见〉的通知》(沪公发〔2013〕201号)

伪造、变造、买卖国家机关公文、证件、印章罪

1. 伪造、变造、买卖国家机关公文、证件、印章三件以上的。

2. 伪造、变造、买卖国家机关公文、证件、印章一件以上，且具有下列情形之一的：

(1) 曾因上述行为受过刑事处罚或者受过二次以上行政处罚，或者二年内因上述行为受过行政处罚，又伪造、变造、买卖国家机关公文、证件、印章的；

(2) 造成直接经济损失五千元以上的；

(3) 伪造、变造、买卖的国家机关公文、证件、印章被用作违法犯罪的；

(4) 其他情节严重的情形。

伪造、变造、买卖国家机关公文、证件、印章未遂的，按上述标准执行，但可以从轻或者减轻处罚。

21.1.5.2 浙江省高级人民法院、浙江省人民检察院、浙江省公安厅印发《关于办理虚假诉讼刑事案有关问题的解答》的通知(浙高法〔2020〕3号)

为了提起虚假诉讼，或者在虚假诉讼过程中，指使他人提供虚假的物证、书证、陈述、证言、鉴定意见等伪证，或者受指使参与伪造证据，分别按照刑法第三百零七条妨害

作证罪，帮助毁灭、伪造证据罪处罚。

在虚构事实、伪造证据过程中，伪造、变造、买卖或者盗窃、抢夺、毁灭国家机关公文、证件、印章的，或者伪造公司、企业、事业单位、人民团体印章的，或者伪造、变造依法可以用于证明身份的证件的，分别按照刑法第二百八十条伪造、变造、买卖国家机关公文、证件、印章罪，盗窃、抢夺、毁灭国家机关公文、证件、印章罪，伪造公司、企业、事业单位、人民团体印章罪，伪造、变造居民身份证件罪处罚。

21.1.5.3　温州市中级人民法院、温州市人民检察院、温州市公安局《关于印发〈2013年温州市公检法刑事执法工作联席会议纪要〉的通知》

五、关于伪造、变造、买卖国家机关公文、证件、印章罪，伪造公司、企业事业单位、人民团体印章罪，伪造、变造居民身份证罪的认定

刑法第二百八十条对伪造、变造、买卖国家机关公文、证件、印章罪，伪造公司、企业事业单位、人民团体印章罪，伪造、变造居民身份证罪定罪没有数量要求，为打击该类犯罪，一份（枚、个）即可定罪。

21.1.5.4　江苏省高级人民法院《关于办理制贩假证犯罪案件具体应用法律若干问题的意见》

一、行为人实施伪造、变造、买卖国家机关公文、证件、印章行为的，以刑法第二百八十条第一款规定的伪造、变造、买卖国家机关公文、证件、印章罪定罪处罚。具有下列情形之一的，应当认定为"情节严重"：

（一）伪造、变造、买卖国家机关公文、证件 10 件以上的或者伪造、变造、买卖国家机关印章 5 枚以上的；

（二）伪造、变造、买卖国家机关公文、证件、印章非法获利在 5000 元以上的；

（三）因伪造、变造、买卖国家机关公文、证件、印章被依法予以行政拘留一次或者其他行政处罚两次后又伪造、变造、买卖国家机关公文、证件、印章的；

（四）伪造、变造、买卖国家机关公文、证件、印章造成恶劣政治影响或者重大经济损失，或者造成其他严重后果的；或者具有其他严重情节的。

21.1.5.5　江苏省高级人民法院、江苏省人民检察院、江苏省公安厅、江苏省司法厅关于印发《关于防范和查处虚假诉讼的规定》的通知

第二十五条　对实施虚假诉讼构成刑事犯罪的案件，人民法院、人民检察院、公安机关应当根据具体情形，按照《中华人民共和国刑法》的相关规定追究犯罪行为人的刑事责任：

（一）以暴力、威胁、贿买等方法阻止证人作证或者指使他人作伪证，或者帮助当事人等毁灭、伪造证据等的，分别按照妨害作证罪、帮助毁灭、伪造证据罪处理。

（二）伪造、变造、买卖或者盗窃、抢夺、毁灭国家机关公文、证件、印章的，或者伪造公司、企业、事业单位、人民团体印章的，或者伪造、变造居民身份证的，分别按照伪造、变造、买卖国家机关公文、证件、印章罪，盗窃、抢夺、毁灭国家机关公文、证件、印章罪，伪造公司、企业、事业单位、人民团体印章罪，伪造、变造居民身份证罪处理。

21.1.6 犯罪构成要件

21.1.6.1 客体要件

本罪侵犯的对象是公文、证件、印章，且仅限于国家机关的公文、证件和印章。

根据《宪法》的规定，国家机关包括立法机关、行政机关、司法机关、监察机关、中国共产党的各级机关和中国人民政治协商会议的各级机关，如各级人大、各级人民政府及其部门、各级法院检察院等。

所谓公文，一般是指国家机关制作的，用以联系事务、指导工作、处理问题的书面文件，如命令、指示、决定、通知、函电等。某些以负责人名义代表单位签发的文件，也属于公文。公文的文字可以是中文，也可以是外文；可以是印刷，也可以是书写的，都具有公文的法律效力。

所谓证件，是指国家机关制作、颁发的，用以证明身份、职务、权利义务关系或其他有关事实的凭证，如结婚证、工作证、学生证、护照、户口迁移证、营业执照、驾驶证等。对于伪造、变造护照、签证等出入境证件和居民身份证的行为，因《刑法》或其第二百八十条另有规定，不以伪造、变造、买卖国家机关公文、证件罪论处。

所谓印章，是指国家机关刻制的以文字与图记表明主体同一性的公章或专用章，他们是国家机关行使职权的符号和标记，公文在加盖公章后始能生效。用于国家机关事务的私人印鉴、图章也应视为上述所称印章。

21.1.6.2 客观要件

本罪在客观方面表现为伪造、变造、买卖国家机关公文、证件、印章的行为。

所谓伪造，是指无权制作者制作假的公文、证件或印章，既包括根本不存在某一公文、证件或印章而非法制作出一种假的公文、证件和印章，又包括在存在某一公文、证件或印章的情况下而模仿其特征而复印、伪造另一假的公文、证件或印章。既包括非国家机关工作人员的伪造或制作，又包括国家机关工作人员未经批准而擅自制造。另外，模仿有权签发公文、证件的负责人的手迹签发公文、证件的，亦应以伪造论处。

所谓变造，则是对真实的公文、证件或印章利用涂改、擦消、拼接等方法进行加工、改制，以改变其真实内容。

所谓买卖，即对国家机关公文、证件或者印章实行有偿转让，包括购买和销售两种行为。至于买卖的公文、证件或印章，既可以是真实的，也可以是伪造或者变造的。

21.1.6.3 主体要件

伪造、变造、买卖国家机关公文、证件、印章罪的主体是一般主体，即凡是达到法定刑事责任年龄、具有刑事责任能力的人均可构成伪造、变造、买卖国家机关公文、证件、印章罪。

21.1.6.4 主观要件

伪造、变造、买卖国家机关公文、证件、印章罪往主观方面只能出于直接故意，间接故意和过失不构成伪造、变造、买卖国家机关公文、证件、印章罪。如行为人盗窃李甲的手提包，意图盗窃钱财，没想到包中装有李甲单位的公文及李甲的证件。如此，行为人只构成盗窃罪，不构成伪造、变造、买卖国家机关公文、证件、印章罪。

21.2　典型案例

典型案例：行为人篡改建设工程许可证的，构成伪造、变造国家公文、证件、印章罪

【案件简介】

2002 年 5 月，被告人鲁某某以其妻子姚某某的名义向稷山县城乡建设局申请在稷王路北段东侧建设商住楼。2003 年 2 月，稷山县城乡建设局向被告人鲁某某发放了编号为"2002043×××"号的建设工程规划许可证，规划许可证许可其建设规模为"1586m² 共 5 层"。之后，被告人鲁某某将建设工程规划许可证上的建设规模篡改为"6586m² 共 15 层"，并将建设规划许可证申请审批表中建筑面积"1586m²"篡改为"6586m²"，将总投资"22 万元"，篡改为"622 万元"。

2009 年 8 月，被告人鲁某某申请稷山县住房和城乡建设局为其建设工程放线，稷山县住房和城乡建设局向其发放了编号为"20090×××"的工程建设规划放线单。之后，被告人鲁某某另行伪造了一份工程规划放线单，将北邻"城关法庭"改为北邻"杨某某"，出檐"1.3 米"改为"1.5 米"。

2010 年，被告人鲁某某又伪造了一份"关于延期'建设工程规划许可证'有效期的申请书"，在申请书上印上伪造的"稷山县城乡规划建设局"印文及"同意，梁某某，6/4"字样。

2014 年 9 月，稷山县住房和城乡建设局规划监察执法队在巡查中发现被告人鲁某某在稷王北路东侧施工，在对其检查时，被告人鲁某某向执法人员提供了上述其伪造、变造的建设工程规划许可证、建设工程规划许可证申请审批表、工程建设规划放线单、关于延期"建设工程规划许可证"有效期的申请书等文件证件，在随后稷山县住房和城乡建设局规划股进行调查时，被告人鲁某某又将以上伪造、变造的文件证件提供给稷山县住房和城乡建设局。

【裁判结果】

法院认为，被告人鲁某某在建设商住房过程中私自变造国家机关的证件，并伪造国家机关印章，侵害了国家机关的正常管理活动，其行为构成伪造、变造国家机关证件、印章罪，公诉机关指控的罪名成立。被告人鲁某某在庭审中能够自愿认罪，如实供述自己的犯罪事实，对其辩护人主张对被告人从轻处罚的辩护意见予以采纳。依照《刑法》第二百八十条第一款之规定，判决被告人鲁某某犯伪造、变造国家机关证件、印章罪，判处有期徒刑六个月，并处罚金人民币一万元。

【案件分析】

（1）客体要件：在鲁某某犯伪造、变造国家公文、证件、印章案中，稷山县城乡建设局建设工程规划许可证属于国家机关公文，为伪造、变造、买卖国家机关公文、证件、印章罪的客体要件。

（2）客观要件：在鲁某某犯伪造、变造国家公文、证件、印章案中，鲁某某私自篡改建设工程规划许可证上建设规模，以及伪造"关于延期'建设工程规划许可证'有效期的申请书"的行为属于伪造、变造国家机关公文。

（3）主观要件：在鲁某某犯伪造、变造国家公文、证件、印章案中，鲁某某出于故意，为了牟取不法利益，在明知的情况下伪造变造国家公文印章，属于直接故意。

21.3 辩护要点

21.3.1 本罪主观上要具有非法目的，并且综合考虑主观故意、危害后果、违法情节

（1）伪造公文行为人需要具备特定目的作为主观要件，对于衡量伪造公文行为具有重要意义。如果行为人主观上并没有意识到其行为的社会危害性，没有侵害公文公信力的主观故意，由于缺乏非法目的，其行为的违法性将被排除。

（2）被告人制造公文都是出于一定目的，如果行为人能够合理可信地说明其主观目的，则行为将没有违法性。法官将根据日常生活经验、结合客观情况判断其辩解是否合理可信。除非犯罪嫌疑人有证据证明其纯属基于个人爱好，或者具有某种非使用的目的，其制造假公文本身被推定具有使用的目的。

（3）如果被告人主观上具有非法目的，也要综合考虑主观故意、危害后果、违法情节。对于主观恶性较小，危害后果较小，违法情节较小的可以从轻处罚或免于处罚。

如唐某军伪造国家机关印章罪一案。

【案件简介】

湖南省道县人民检察院指控并经法院审理查明：2020年6月15日，道县公安局民警在唐某军经营的环球艺术照相馆内搜缴公章十五枚，分别是道县教育局（二枚）、湖南省道县国土资源局、道县民政局婚姻登记处、道县房屋产权产籍档案馆、湖南省某县第一中学、湖南某某农村商业银行股份有限公司营业部、永州某电梯有限公司、湖南某建筑工程有限公司、湖南某项目管理有限公司、永州某水泥制品有限公司、某（中国）销售有限公司等印章。经查，上述印章系被告人唐某军自2014年以来在自己的某艺术照相馆内伪造的。

另查明，2014年以来，被告人唐某军还帮万某福（另案处理）伪造了六枚印章。

被告人唐某军2020年6月15日被公安民警抓获归案。

公诉机关提供了物证及照片、户籍资料、扣押物品清单等，证人万某福、何某等人的

证言，辨认、搜查笔录等，视听资料、电子数据、被告人唐某军的供述与辩解等证据材料，认为被告人其行为已构成伪造国家机关印章，伪造公司、企业、事业单位印章罪。提请法院依照《刑法》第二百八十条第一款和第二款、第六十七条第三款、第六十九条第二款和《刑事诉讼法》第十五条之规定对被告人唐某军依法判决，公诉机关认为被告人唐某军犯数罪，依法可以从重处罚，被告人唐某军到案后如实供述自己的犯罪事实，依法可以从轻处罚；被告人唐某军自愿认罪认罚，依法可以从宽处理。公诉机关认为被告人唐某军犯伪造国家机关印章罪，综上建议判处拘役四个月；被告人唐某军犯伪造公司、企业、事业单位印章罪，综上建议判处有期徒刑九个月，并处罚金；数罪并罚，决定执行有期徒刑九个月，并处罚金。如经社区矫正机构评估能适用缓刑，可适用缓刑。

被告人唐某军对公诉机关指控的犯罪事实、罪名及量刑建议没有异议且签字具结，在开庭审理过程中亦无异议。

被告人唐某军的辩护人提出"被告人唐某军系初犯，社会危害性不大，主观恶性小，被告人唐某军案发后能够积极主动、全部、彻底地向司法机关交待自己的犯罪事实，认罪悔罪态度较好，给被告人唐某军一个改过自新的机会，重新做人的良好愿望，依法可以从轻处罚；被告人唐某军自愿认罪认罚，依法可以从宽处理"的辩护意见。

【法院观点】

被告人唐某军伪造国家机关印章，伪造公司、企业、事业单位印章，其行为已构成伪造国家机关印章罪，伪造公司、企业、事业单位印章罪，应按所犯罪行，数罪并罚。公诉机关指控被告人唐某军犯伪造国家机关印章罪，伪造公司、企业、事业单位印章罪的事实清楚，证据确实充分，指控的罪名成立，法院予以确认。被告人唐某军的辩护人提出"被告人唐某军系初犯，社会危害性不大，主观恶性小，被告人唐某军案发后向司法机关交待自己的犯罪事实，认罪悔罪，且自愿认罪认罚，请求法庭从宽处罚"的辩护意见，与审理查明的事实相符，法院予以采纳。被告人唐某军一人犯数罪，依法予以数罪并罚；被告人唐某军到案后能够如实供述自己的罪行，认罪态度较好，有坦白情节，依法予以从轻处罚；被告人唐某军自愿认罪认罚，依法予以从宽处理。被告人唐某军的犯罪情节较轻，其所在地社区矫正机关亦建议适用缓刑，依法可以适用缓刑。综上，对于公诉机关的量刑建议，法院予以采纳。

【裁判结果】

被告人唐某军犯伪造国家机关印章罪，判处拘役四个月，缓刑四个月，并处罚金人民币三千元；被告人唐某军犯伪造公司、企业、事业单位印章罪，判处有期徒刑九个月，缓刑一年，并处罚金人民币三千元；数罪并罚，决定执行有期徒刑九个月，缓刑一年，并处罚金人民币六千元。

21.3.2 无形伪造也应当构成本罪

无形伪造指的是有制作权限的人，擅自以国家机关的名义制作与事实不相符的公文、证件。我国的传统学理解释倾向于只承认有形伪造，但越来越多的学者认可将无形伪造行为纳入到本罪的处罚范围。具体有几点理由：第一，从本罪所侵犯的客体来看，公共信用包括国家层面的信誉与公众对国家机关的合理依赖两个层次，而有权机关制作不真实的公文、证件，既破坏了国家机关对印章使用与公文、证件的管理，同时因其形式真实而内容虚假的强烈反差而更具欺骗性，对于公众对国家机关的合理依赖的破坏甚至大于有形伪造，因此无形伪造行为同样也侵犯了本罪所保护的法益。第二，从语义上理解，伪造即制造虚假事物，而公文、证件是国家机关意思表示的一种外化，有权制作的机关出具非真实的公文、证件，属于制造虚假公文证件的意思表示，同样属于伪造的语义范围。第三，从处罚必要性上看，实践中行为人违规、违法使用公章或专用章出具内容不真实但形式合法的证明、公文的情况层出不穷，如医院工作人员出具虚假出生证明、国家机关工作人员违背事实出具虚假身份证明、法院出具虚假诉讼文书等，同样危害了国家机关公文、证件、印章的公共信用。对这类行为若不处罚，无异于放纵犯罪。

如赵某甲伪造国家机关印章案。

【案情简介】

2010年12月，被告人赵某甲承诺为常某、王某乙违法建房办理移位手续并收受贿赂后，在到十堰市张湾区汉江路街道办事处六堰社区居委会、十堰市张湾区人民政府汉江路街道办事处、十堰市规划局张湾分局办理移位手续过程中，因无法将建房地点移位至常某、王某乙欲建房位置，遂伙同赵某乙联系制作假公章的人，伪造了"十堰市张湾区汉江路街道办事处六堰社区居委会""十堰市张湾区人民政府汉江路街道办事处""十堰市规划局张湾分局"印章各一枚，在《关于建房移位申请说明》上加盖并模仿上述单位人员签字后，将该《关于建房移位申请说明》先后提供给常某和十堰市张湾区城市管理综合执法局。经鉴定，上述《关于建房移位申请说明》上所盖"十堰市规划局张湾分局"系伪造。

【公诉机关观点】

被告人赵某甲身为国家工作人员，利用本人职权、地位形成的便利条件，通过其他国家工作人员职务上的行为，为他人谋取不正当利益，非法收受他人财物人民币30万元；违反国家规定，采取非法买卖他人建房手续并办理移位以获取补偿的方式，及在没有经过相关部门审批，未办理用地审批手续、建设工程规划许可证等相关证件的情况下，利用联合建房的手段，非法牟利共计人民币142万元，扰乱市场秩序，情节严重；私自伪造国家机关印章并使用，其行为触犯了《刑法》第三百八十八条、第三百八十五条第一款、第二百二十五条第（四）项、第二百八十条第一款、第六十九条第一款，犯罪事实清楚，证据确实充分，应当以受贿罪、非法经营罪、伪造国家机关印章罪追究其刑事责任，并数罪并罚。公诉机关就起诉书指控的犯罪事实，向法庭提交了相关证据予以证明。

【法院观点】

被告人赵某甲在与常某、王某乙达成建房补偿合同后，因无法将建房地点移位至常某、王某乙欲建房位置，遂伙同赵某乙联系制作假公章的人伪造印章并使用，其行为构成伪造国家机关印章罪。公诉机关指控被告人赵某甲犯伪造国家机关印章罪的事实清楚，证据确实充分，罪名成立，法院予以确认。但起诉书指控被告人赵某甲构成受贿罪、非法经营罪不成立，经查，被告人赵某甲出资 3 万元以其侄儿赵某乙的名义从胡某处取得建房手续，并且签订了买卖合同及办理建房地点转移的委托手续，所取得的建房手续合法。开发商常某、王某乙与被告人赵某甲和赵某乙双方达成联合建房补偿合同，补偿 30 万元现金和 3 套住房，交易过程中被告人赵某甲没有利用职权和自身的工作影响力，所取得的 30 万元现金及实际获得 2 套住房变卖的 45 万元的行为，既不构成受贿罪，也不构成非法经营罪。被告人赵某甲归案后有悔改表现，积极退款，其具有酌定从轻处罚情节。辩护人提出"被告人赵某甲不构成受贿罪、非法经营罪"的辩护意见，与庭审查明的事实相符，法院对此予以采纳；其提出的其他辩护意见，与庭审查明的事实不符，法院不予采纳。

【裁判结果】

被告人赵某甲犯伪造国家机关印章罪，判处有期徒刑一年六个月。

21.3.3　部门颁发的、具有行政管理职能的证件仍应作为国家机关证件对待

在《最高人民检察院法律政策研究室关于伪造、变造、买卖政府设立的临时性机构的公文、证件、印章行为如何适用法律问题的答复》中，明确"伪造、变造、买卖各级人民政府设立的行使行政管理权的临时性机构的公文、证件、印章行为，构成犯罪的，应当依照刑法第二百八十条第一款的规定，以伪造、变造、买卖国家机关公文、证件，印章罪追究刑事责任"。临时性机构的证件都可按国家机关证件处理，作为经过法定授权的事业单位，其证件也应作为国家机关证件对待。

承担行政管理职能的事业单位，除了运输管理部门外还有很多。如一些省份的无线电管理局、农业机械管理局、农业资源开发局、文物局、测绘地理信息局等。事业单位承担行政职能，是特殊历史条件下形成的。目前，这些部门颁发的，且有行政管理职能的证件仍应作为国家机关证件对待。

例如黄某庆等伪造国家机关公文、证件、印章案。

【案情简介】

北京市顺义区人民法院审理北京市顺义区人民检察院指控原审被告人黄某庆犯伪造国家机关公文、证件、印章罪，伪造公司、事业单位印章罪，伪造身份证件罪，姜某杰犯伪造国家机关公文、证件、印章罪，伪造公司印章罪，伪造身份证件罪，李某亮犯伪造国家机关公文、印章罪，伪造公司印章罪，刘某犯伪造国家机关证件罪，于 2019 年 4 月 19 日作出（2019）京 0113 刑初 39 号刑事判决，原审被告人黄某庆对判决不服，提出上诉。法院依法组成合议庭，经过阅卷，讯问上诉人黄某庆，认为本案事实清楚，故依法不开庭审理。现已审理终结。

【一审法院查明】

北京市顺义区人民法院判决认定：

一、2018年4月，在北京市顺义区南彩镇，被告人黄某庆在未取得刻制印章资质的情况下，制作、出售假的居民身份证5个、驾驶证1个、不动产权证2个、机动车登记证1个、居民户口本2个、结婚证1个、离婚证2个、特种作业操作证13个、"中央广播电视大学"等毕业证3个、"北京市公安局朝阳分局新源里派出所"等国家机关印章3枚、"北京某投资管理有限公司"等印章12枚。

被告人黄某庆于2018年5月7日被查获，其随身携带用于作案的手机1部被起获，从其暂住处起获大量空白印章、带字印章及用于伪造各种证件、公文、印章的工具、材料等物品，上述物品均已扣押。

二、2018年4月至5月，被告人黄某庆伙同孙某凤（另案处理）在没有资质的情况下，由孙某凤负责联络，黄某庆负责制作及发货、送货，共同伪造并出售假的居民身份证3个、驾驶证1个、行驶证2个、不动产权证2个、居民户口本1个、离婚证1个、道路运输证1个、道路运输从业人员从业资格证2个、营业执照2个、特种作业操作证2个、"北京市顺义区人民政府土地登记专用章"等国家机关印章4枚、"北京市顺义区医院体检专用章"1枚、"北京邮电大学"毕业证1个及"北京某科技有限公司"等公司印章21枚。其中包括：2018年4月18日，被告人李某亮经微信联系孙某凤，在提供相应信息后从孙某凤处购买黄某庆制作的"某1人民政府""某2人民政府""某3人民政府""北京某物业管理有限公司""某物业服务有限公司"及"某酒店管理有限公司"印章各1枚。

2018年4月，被告人李某亮收到以上伪造的5枚印章后，盖印在空白授权委托书上，伪造北京市顺义区某1人民政府、某2人民政府、某3人民政府授权委托书共3份。被告人李某亮经民警电话通知到案。

三、2018年4月，被告人姜某杰通过微信居间联络，黄某庆负责制作及发货，共同伪造、出售假的"北京市平谷区看守所"印章1枚、释放证明书1份、不动产权证1个、居民身份证1个、"北京金通远建筑工程公司"等公司印章3枚。被告人姜某杰后被查获，涉案释放证明书、不动产权证书（权利人：王某5）已扣押。

四、2018年3月至4月，被告人刘某通过微信联系黄某庆，提供需要的信息后购买黄某庆伪造的危险化学品经营许可证1个、道路运输经营许可证1个、特种作业操作证4个、特种设备作业人员证2个。被告人刘某经民警电话通知到案，上述物品已扣押。

【一审法院观点】

根据上述事实和证据，北京市顺义区人民法院认为，被告人黄某庆伪造国家机关公文、证件、印章，伪造公司、事业单位印章，伪造身份证件，其行为已构成伪造国家机关公文、证件、印章罪，伪造公司、事业单位印章罪，伪造身份证件罪，应予惩处；被告人姜某杰伪造国家机关公文、证件、印章，伪造公司印章，伪造身份证件，其行为已构成伪造国家机关公文、证件、印章罪，伪造公司印章罪，伪造身份证件罪，应予惩处；被告人李某亮伪造国家机关公文、印章，伪造公司印章，其行为已构成伪造国家机关公文、印章罪，伪造公司印章罪，应予惩处；被告人刘某伪造国家机关证件，其行为已构成伪造国家机关证件罪，应予惩处。被告人黄某庆、姜某杰、李某亮在判决宣告前一人犯数罪，均应数罪并罚。鉴于被告人黄某庆到案后如实供述犯罪事实，被告人姜某杰当庭认罪，被告人李某亮主动到案，到案后虽在司法机关掌握其主要犯罪事实之前未能如实供述犯罪事实，但在其后能够如实供述主要犯罪事实，被告人刘某经民警电话传唤到案，到案后如实供述犯罪事实，系自首，故对被告人黄某庆、李某亮、刘某依法从轻处罚，对被告人姜某杰酌情从轻处罚，并对被告人姜某杰、李某亮、刘某宣告缓刑。据此，判决：一、被告人黄某庆犯伪造国家机关公文、证件、印章罪，判处有期徒刑一年六个月，并处罚金人民币一万五千元；犯伪造公司、事业单位印章罪，判处有期徒刑一年六个月，并处罚金人民币一万元；犯伪造身份证件罪，判处有期徒刑一年，并处罚金人民币八千元；决定执行有期徒刑三年，并处罚金人民币三万三千元。二、被告人姜某杰犯伪造国家机关公文、证件、印章罪，判处有期徒刑十个月，并处罚金人民币六千元；犯伪造公司印章罪，判处有期徒刑八个月，并处罚金人民币四千元；犯伪造身份证件罪，判处有期徒刑六个月，并处罚金人民币二千元；决定执行有期徒刑一年六个月缓刑二年，并处罚金人民币一万二千元。三、被告人李某亮犯伪造国家机关公文、印章罪，判处有期徒刑九个月，并处罚金人民币六千元；犯伪造公司印章罪，判处有期徒刑六个月，并处罚金人民币二千元；决定执行有期徒刑一年缓刑一年，并处罚金人民币八千元。四、被告人刘某犯伪造国家机关证件罪，判处有期徒刑八个月缓刑一年，并处罚金人民币四千元。五、随案移送的作案工具等物品，予以没收。

【原审被告人诉称】

上诉人黄某庆的上诉理由是：原判对其量刑重。

【二审法院查明】

经二审审理查明的事实、证据与一审法院认定的事实、证据相同，法院经审核予以确认。

对于上诉人黄某庆所提上诉理由，经查，原判对黄某庆量刑时已充分考虑其具有的情节，量刑并无不当，综合考虑黄某庆犯罪的事实、性质、情节等，均不能再对其予以从轻处罚，黄某庆所提上诉理由无事实及法律依据，法院不予采纳。

【二审法院观点】

原审法院根据各被告人犯罪的事实、犯罪的性质、情节、对于社会的危害程度等所作出的判决，定罪及适用法律正确，量刑及在案物品处理均适当，审判程序合法，应予维持。

【裁判结果】

驳回上诉，维持原判。

21.3.4　伪造制作内容真实的国家机关证件是否构成本罪

乔某伪造国家机关证件案。

【案情简介】

2005 年 7 月，某建筑公司部门经理乔某为在同一时间内能多处投标，决定制作一份本公司项目经理肖某的"建筑企业项目经理资质证书"（以下简称"资质证书"）备用（肖某系该公司高级工程师，全国、全省优秀项目经理，获得多项荣誉，用其资质证可在评标中多得分，故该公司 90% 以上工程都以肖某作为项目经理进行投标）。乔某向制售假证的人提供了肖某的姓名、出生年月、证书号、发证日期、资质等级和照片，制贩假证的人为其制作了假的肖某"资质证书"。2006 年初，该公司参加某市一工程招标，乔某代表公司参与了投标的前期工作。此后，乔某携带招标所需的有关资料（包括肖某项目经理证的原件）多次到该市行政服务中心的招投标办进行招标登记、资质审验工作。2006 年 3 月 23 日，乔某考虑到该项目前期已多次验证，即携带伪造的肖某的"资质证书"参与上述工程的开标大会。该市招投标办经查验核实后认定，项目经理肖某的"资质证书"系伪造。该市招标办由此决定封标，导致该工程未能及时开工。

关于本案如何处理，形成了两种截然不同的意见。第一种意见认为乔某的行为触犯了刑法第二百八十条，构成了伪造国家机关证件罪。第二种意见认为，乔某的行为不构成伪造国家机关证件罪。虽然乔某指使造假证者违法制作了一份肖某的"资质证书"，但是该"资质证书"的内容却是真实的，与国家有权机关制作的"资质证书"原件内容相符，而刑法第二百八十条规定的"伪造"本质上是一种违背内容真实属性的造假行为。乔某造假的"资质证书"，不是为了欺骗工程单位，让不具有相关等级项目经理资质的本企业中标，而是为了对多个项目同时投标，该行为并未扰乱国家机关的正常管理活动，也未对工程单位造成任何实际损失，不具有严重的社会危害性，因此不构成犯罪。

目前司法实践中此类典型案例较少，学术界对此也就具有较大争议，因此辩护人在遇到类似案件时可以将其造成的社会危害性大小作为其中一个辩护要点进行辩护。《注册建造师管理规定》第二十一条规定"注册建造师不得同时在两个及两个以上建设工程项目上担任施工单位项目负责人"也在某种程度上避免企业伪造"资质证书"。

21.3.5 伪造虚构的"国家机关"文件也可成立本罪

伪造国家机关公文罪的客体——国家机关公文的信誉，不仅仅是概括的、抽象的国家机关公文的信誉，更主要是具体、特定的国家机关公文的信誉。如果虚构的机构在现实中有着与其名称近似、职能对应的国家机关或者其所属单位系真实的国家机关，使得一般社会公众信以为真，由此对特定的国家机关公文的信誉产生直接影响，则可以伪造国家机关公文罪论处。

例如张某波伪造国家机关公文案。

【案情简介】

北京市朝阳区人民法院经审理查明，被告人张某波于 2008 年 4 月间，在北京市朝阳区劲松南路 2 号楼 201 号，以"国务院扶贫开发办公室"（真实机构名称为"国务院扶贫开发领导小组办公室"，规范的简称为"国务院扶贫办"）及"中国教育扶贫慈善协会"（不存在，属虚构单位）的名义，伪造《全国在职党政机关领导干部献爱心救助贫苦地区失学儿童》的文件，寄往全国各地县级单位扶贫办公室，进行诈骗活动。案发时部分单位已汇款共计人民币 2600 余元，张某波尚未到邮局取款即被抓获归案。北京市朝阳区人民检察院指控被告人张某波犯伪造国家机关公文罪，向北京市朝阳区人民法院提起公诉。

被告人张某波在开庭审理过程中对公诉机关的指控不持异议。

【审判结果】

北京市朝阳区人民法院认为，被告人张某波目无国法，为谋私利，故意伪造国家机关公文，其行为已构成伪造国家机关公文罪。鉴于张某波当庭自愿认罪，有悔罪表示，故对其所犯伪造国家机关公文罪，酌予从轻处罚。据此，依照《刑法》第二百八十条第一款，第六十一条之规定，判决被告人张某波犯伪造国家机关公文罪，判处有期徒刑六个月。

一审宣判后，张某波未上诉，检察院亦未抗诉，判决发生法律效力。

21.4　合规管理

国家机关的公文、证件、印章是国家机关管理社会与公共事务的重要载体和认证依据，任何人不得非法制作和使用。国家机关公文、文件、证件、印章代表国家的公信力；企业、事业单位的印章（及使用）是企业作为市场经济主体参与市场经济活动的企业授权行为和标志，代表的是企业诚实信用，意味着企业经营权利的行使和企业义务的履行。

建设工程领域，涉及规划、建设、土地、环保等国家行政机关的各项审批（公文、文件），涉及各种合同用印（章），而在施工过程中和工程款结算中又涉及产权方、发包方、承包方、施工方、材料供应方、监理方等需要使用印章的环节，现行刑法规定下，伪造上述公文、文件、证件以及印章，均可能构成本罪。

21.4.1　学习关于国家机关公文、证件、印章的管理规定

根据我国法律规定，任何单位和个人禁止买卖国家机关公文、证件、印章，不得非法制作和使用国家机关公文、证件、印章。因此，建设工程企业要组织有关员工学习并了解关于国家机关公文、证件、印章的法律规定，尤其熟悉建设工程相关行政机关审批环节常见的公文、证件、印章方面的法律规定。

21.4.2　严格企业对国家机关公文、文件、证件申报、办理制度，严格企业用印管理制度

建设工程企业经营者应当守法经营、合规经营，不应当为了谋取眼前利益，不正当利益，弄虚作假，蒙混过关，"骗取"国家机关公文、文件、证件，甚至铤而走险，伪造国

家机关行政许可、行政审批文件；应当严格遵守国家行政机关的各项行政许可、审批的报批制度，在建设工程的各个环节严格落实印章使用制度。

实践中，一些施工企业，尤其是从事特种作业的企业，为了降低成本，应付检查会伪造、变造相关国家机关证件。如电工作业、登高架设作业、制冷与空调作业、煤矿安全作业、金属非金属矿山安全作业、危险化学品安全作业、烟花爆竹安全作业等。根据法律规定，从事上述特种作业的人员必须经专门的安全技术培训并考核合格，取得特种作业操作证后，方可上岗作业。企业应当严格执行安全生产制度，核查员工是否取得国家规定的作业/技能证书，确保员工依法持证上岗。

21.4.3 刑事合规的价值

刑事合规是企业家通过企业内部法治实现自我保护、终身保护的盾牌；是企业家保护自己人身、财产安全不受非法权力侵害的终极武器；是企业家防止本企业人员刑事犯罪的最有效手段；是企业核心人员涉嫌刑事犯罪时不予批捕、不予起诉或量刑从轻、减轻的决定性条件；是企业的防火墙，也是企业健康、可持续性发展的根本保障。

第 22 章　非法占用农用地罪

被告人系石某公司董事长兼总经理、法定代表人,石某公司于 2011 年以 3000 万元的竞标价取得仁和区中坝石墨矿勘查探矿权后,为尽快探明石墨矿存量,取得采矿权,在向仁和区林业局申请临时占用林地 13.074 亩尚未取得审批手续前,就提前通知施工单位 A 地质勘查工程公司和攀枝花市 B 工程公司进场施工,且未提供已设计的施工图纸等资料,施工单位亦未索要相关资料,自行按照利用原有便道和"就近修道"的方式,随意修建探矿公路和机台场地。至该工程被叫停时,已实际占用林地面积 29.87 亩。

攀枝花市仁和区法院一审判决被告单位和被告人无罪,仁和区检察院于 2014 年 12 月 3 日以原判采信证据及认定事实确有错误为由提出抗诉,攀枝花市检察院经审查于 2015 年 3 月 23 日派员出庭支持抗诉,攀枝花市中级人民法院二审于 2015 年 5 月 26 日依法改判三个原审被告单位和五名原审被告人有罪。

此案属于保护生态环境的典型案件。原审被告单位和被告人非法占用农用地的行为引起水土流失,当地农民多次到当地党委政府要求解决,案件影响较大。该案抗诉后无罪改判为有罪,打击了非法占用农用地等违法犯罪行为,促进了生态环境资源保护,取得了较好的社会效果。

本案被告人涉及的非法占用农用地罪是建设工程领域常出现的刑事罪名,本章对此详细介绍。

22.1　非法占用农用地罪罪名分析

22.1.1　刑法规定与分析

《刑法》第三百四十二条规定:"违反土地管理法规,非法占用耕地、林地等农用地,改变被占用土地用途,数量较大,造成耕地、林地等农用地大量毁坏的,处五年以下有期徒刑或者拘役,并处或者单处罚金。"

非法占用农用地罪是破坏环境资源保护罪的一项罪名,正确理解该罪名,需要把握以下几点:

(一)违反土地管理法规是构成本罪的前提条件。本条中所指的"土地管理法规"含义非常广泛,包括土地管理法、森林法、草原法、矿产资源法等法律,国务院颁布的有关土地管理的行政法规以及部门规章、地方有关法规等。

（二）只有非法占用耕地、林地等农用地才可能构成本罪，非法侵占其他土地的不构成本罪。"农用地"，是指直接用于农业生产的土地，包括耕地、林地、草地、农田水利地、养殖水面等。"耕地"，是指种植农作物的土地，也包括菜地、园地。"林地"主要包括郁闭度 0.2 以上的乔木林地以及竹林地、灌木林地、疏林地、采伐迹地、火烧迹地、未成林造林地、苗圃地和县级以上人民政府规划的宜林地。非法占用建设用地、荒地等属于违法违规行为，可能承担相应的行政法律责任，但不构成犯罪。

（三）"改变土地用途"是构成本罪的要件之一。根据土地管理法的规定，土地按用途分为农用地、建设用地和未利用地。非法改变土地用途，是指未依法办理农用地转用批准手续，土地征用、占用审批手续，非法占用耕地、林地、草地等农用地，在被占用的农用地上从事非农建设、采矿、养殖等活动，改变土地利用总体规划规定的农用地的原用途等行为。

（四）本罪是结果犯，只有非法占用的土地数量较大，造成耕地、林地大量毁坏的才可能构成犯罪。

22.1.2 司法解释

《最高人民法院关于审理破坏土地资源刑事案件具体应用法律若干问题的解释》（法释〔2000〕14 号）

第三条 违反土地管理法规，非法占用耕地改作他用，数量较大，造成耕地大量毁坏的，依照刑法第三百四十二条的规定，以非法占用耕地罪定罪处罚：

（一）非法占用耕地"数量较大"，是指非法占用基本农田五亩以上或者非法占用基本农田以外的耕地十亩以上。

（二）非法占用耕地"造成耕地大量毁坏"，是指行为人非法占用耕地建窑、建坟、建房、挖沙、采石、采矿、取土、堆放固体废弃物或者进行其他非农业建设，造成基本农田五亩以上或者基本农田以外的耕地十亩以上种植条件严重毁坏或者严重污染。

22.1.3 具体表现

非法占用农用地罪主要表现为非法占用耕地进行非农建设改造，改变被占土地用途，造成耕地大量毁坏。

22.2 典型案例

22.2.1 典型案例一：在没有行政批准的情况下，擅自对农用地进行非农建设改造并对外出租，造成严重危害的，构成非法占用农用地罪

【案情简介】

2016 年 3 月，被告人刘某 1 经人介绍以人民币 1000 万元的价格与春某种植专业合作

社（以下简称"合作社"）的法定代表人池某 2 商定，受让合作社蔬菜大棚 377 亩集体土地使用权。同年 4 月 15 日，刘某 1 指使其司机刘某 3 与池某 2 签订转让意向书，约定将合作社土地使用权及地上物转让给刘某 3。同年 10 月 21 日，合作社的法定代表人变更为刘某 3。其间，刘某 1 未经国土资源部门批准，以合作社的名义组织人员对蔬菜大棚园区进行非农建设改造，并将园区命名为"紫薇庄园"。截至 2016 年 9 月 28 日，刘某 1 先后组织人员在园区内建设鱼池、假山、规划外道路等设施，同时将原有蔬菜大棚加高、改装钢架，并将其一分为二，在其中各建房间，每个大棚门口铺设透水砖路面，外垒花墙。截至案发，刘某 1 组织人员共建设"大棚房"260 余套（每套面积 350 平方米至 550 平方米不等，内部置橱柜、沙发、藤椅、马桶等各类生活起居设施），并对外出租。经北京市规划和国土资源局延庆分局组织测绘鉴定，该项目占用耕地 28.75 亩，其中含永久基本农田 22.84 亩，造成耕地种植条件被破坏。

截至 2017 年 4 月，北京市规划和国土资源管理委员会、延庆区延庆镇人民政府先后对该项目下达《行政处罚决定书》《责令停止建设通知书》《限期拆除决定书》，均未得到执行。2017 年 5 月，延庆区延庆镇人民政府组织有关部门将上述违法建设强制拆除。

【指控与证明犯罪】

2017 年 5 月 10 日，北京市规划和国土资源局延庆分局向北京市公安局延庆分局移送刘某 3 涉嫌非法占用农用地一案，5 月 13 日，北京市公安局延庆分局对刘某 3 涉嫌非法占用农用地案立案侦查，经调查发现刘某 1 有重大嫌疑。2017 年 12 月 5 日，北京市公安局延庆分局以刘某 1 涉嫌非法占用农用地罪，将案件移送北京市延庆区人民检察院审查起诉。

审查起诉阶段，刘某 1 拒不承认犯罪事实，辩称：① 自己从未参与紫薇庄园项目建设，没有实施非法占地的行为。② 紫薇庄园项目的实际建设者、经营者是刘某 3。③ 自己与紫薇庄园无资金往来。④ 蔬菜大棚改造项目系设施农业，属于政府扶持项目，不属于违法行为。刘某 3 虽承认自己是合作社的法定代表人、项目建设的出资人，但对于转让意向书内容、资金来源、大棚内施工建设情况语焉不详。

为进一步查证紫薇庄园的实际建设者、经营者，北京市延庆区人民检察院将案件退回公安机关补充侦查，要求补充查证：① 调取刘某 1、刘某 3、池某 2、张某 4（工程承包方）之间的资金往来凭证，核实每笔资金往来的具体操作人，对全案账目进行司法会计鉴定，了解资金的来龙去脉，查实资金实际出让人和受让人。② 寻找关键证人会计李某 5，核实合作社账目与刘某 1 个人账户的资金往来，确定刘某 1、刘某 3 在紫薇庄园项目中的地位作用。③ 就测量技术报告听取专业测量人员的意见，查清所占耕地面积。

经补充侦查，北京市公安局延庆分局收集到证人李某 5 的证言，证实了合作社是刘某 1 出资从池某 2 手中购买，李某 5 受刘某 1 邀请负责核算合作社的收入和支出。会计师事务所出具的司法鉴定意见书，证实了资金往来去向。在补充侦查过程中，侦查机关调取了紫薇庄园临时工作人员胡某 6 等人的证言，证实刘某 3 是刘某 1 的司机；刘某 3 受刘某 1

指使在转让意向书中签字，并担任合作社法定代表人，但其并未与刘某1共谋参与非农建设改造事宜。针对辩护律师对测量技术报告数据的质疑，承办检察官专门听取了参与测量人员的意见，准确掌握所占耕地面积。

2018年5月23日，北京市延庆区人民检察院以刘某1犯非法占用农用地罪向北京市延庆区人民法院提起公诉。7月2日，北京市延庆区人民法院公开开庭审理了本案。

法庭调查阶段，公诉人宣读起诉书，指控被告人刘某1违反土地管理法规，非法占用耕地进行非农建设改造，改变被占土地用途，造成耕地大量毁坏，其行为构成非法占用农用地罪。针对以上指控的犯罪事实，公诉人向法庭出示了四组证据予以证明：

一是现场勘测笔录、《测量技术报告书》《非法占用耕地破坏程度鉴定意见》、现场照片78张等，证明紫薇庄园园区内存在非法占地行为，改变被占土地用途且数量较大，造成耕地大量毁坏。

二是合作社土地租用合同，设立、变更登记材料，转让意向书，合作社大棚改造工程相关资料，延庆镇政府、北京市规划和国土资源局延庆分局提供的相关书证等证据，证明合作社土地使用权受让相关事宜，以及未经国土资源部门批准，刘某1擅自对园区土地进行非农建设改造，并拒不执行行政处罚。

三是司法鉴定意见书、案件相关银行账户的交易流水及凭证、合作社转让改造项目的参与人证言及被告人的供述与辩解等证据材料，证明刘某1是紫薇庄园非农建设改造的实际建设者、经营者及合作社改造项目资金来源、获利情况等。

四是紫薇庄园宣传材料、租赁合同、大棚房租户、池某2、李某5证人证言等，证明刘某1修建大棚共196个，其中东院136个，西院60个，每个大棚都配有耳房，面积约10至20平方米；刘某1将大棚改造后，命名为"紫薇庄园"对外宣传，"大棚房"内有休闲、娱乐、居住等生活设施，对外出租，造成不良社会影响。

被告人刘某1对公诉人指控的上述犯罪事实没有异议，当庭认罪。

法庭辩论阶段，公诉人发表了公诉意见，指出刘某1作为合作社的实际建设者、经营者，在没有行政批准的情况下，擅自对园区内农用地进行非农建设改造并对外出租，造成严重危害，应当追究刑事责任。

辩护人提出：① 刘某1不存在主观故意，社会危害性小。② 建造蔬菜"大棚房"符合设施农业政策。③ 刘某1认罪态度较好，主动到公安机关投案，具有自首情节。④ 起诉书中指控的假山、鱼池等设施，仅在测量报告中有描述且描述模糊。⑤ 相关设施已被有关部门拆除。请求法庭对被告人刘某1从轻处罚。

公诉人针对辩护意见进行答辩：

第一，刘某1受让合作社时指使司机刘某3代其签字，证明其具有规避法律责任的行为，主观上存在违法犯罪的故意，刘某1非法占用农用地，造成大量农用地被严重毁坏，其行为具有严重社会危害性。

第二，关于符合国家政策的说法不实，农业大棚与违法建造的非农"大棚房"存在本质区别，刘某 1 建设的"大棚房"集休闲、娱乐、居住为一体，对农用地进行非农改造，严重违反《土地管理法》永久基本农田保护政策。该项目因违法建设受到行政处罚，但刘某 1 未按照处罚决定积极履行耕地修复义务，直至案发，也未缴纳行政罚款，其行为明显违法。

第三，刘某 1 直到开庭审理时才表示认罪，不符合自首条件。

第四，测量技术报告对案发时合作社建设情况作了详细的记录和专业说明，现场勘验笔录和现场照片均证实了蔬菜大棚改造的实际情况，另有相关证人证言也能证实假山、鱼池存在。

第五，违法设施应由刘某 1 承担拆除并恢复原状的责任，有关行政部门进行拆除违法设施，恢复耕地的行为，不能成为刘某 1 从轻处罚的理由。

【裁判结果】

法庭经审理，认为公诉人提交的证据能够相互印证，予以确认。对辩护人提出的被告人当庭认罪态度较好的辩护意见予以采纳，其他辩护意见缺乏事实依据，不予采纳。2018 年 10 月 16 日，北京市延庆区人民法院作出一审判决，以非法占用农用地罪判处被告人刘某 1 有期徒刑一年六个月，并处罚金人民币五万元。一审宣判后，被告人刘某 1 未上诉，判决已生效。

刘某 3 在明知刘某 1 是合作社非农建设改造的实际建设者、经营者，且涉嫌犯罪的情况下，故意隐瞒上述事实和真相，向公安机关做虚假证明。经北京市延庆区人民检察院追诉，2019 年 3 月 13 日，北京市延庆区人民法院以包庇罪判处被告人刘某 3 有期徒刑六个月。一审宣判后，被告人刘某 3 未上诉，判决已生效。

本案中，延庆镇规划管理与环境保护办公室虽然采取了约谈、下发《责令停止建设通知书》和《限期拆除决定书》等方式对违法建设予以制止，但未遏制住违法建设，履职不到位，北京市延庆区监察委员会给予延庆镇副镇长等 3 人行政警告处分，1 人行政记过处分，广积屯村村党支部给予该村党支部书记党内警告处分。

【指导意义】

十分珍惜、合理利用土地和切实保护耕地是我国的基本国策。近年来，随着传统农业向产业化、规模化的现代农业转变，以温室大棚为代表的设施农业快速发展。一些地区出现了假借发展设施农业之名，擅自或者变相改变农业用途，在耕地甚至永久基本农田上建设"大棚房""生态园""休闲农庄"等现象，造成土地资源被大量非法占用和毁坏，严重侵害农民权益和农业农村的可持续发展，在社会上造成恶劣影响。2018 年，自然资源部和农业农村部在全国开展了"大棚房"问题专项整治行动，推进落实永久基本农田保护制度和最严格的耕地保护政策。在基本农田上建设"大棚房"予以出租出售，违反《土地管理法》，属于破坏耕地或者非法占地的违法行为。非法占用耕地数量较大或者造成耕地大量毁坏的，应当以非法占用农用地罪追究实际建设者、经营者的刑事责任。

该类案件中，实际建设者、经营者为逃避法律责任，经常隐藏于幕后。对此，检察机关可以通过引导公安机关查询非农建设项目涉及的相关账户交易信息、资金走向等，辅以相关证人证言，形成严密证据体系，查清证实实际建设者、经营者的法律责任。对于受其操控签订合同或者作假证明包庇，涉嫌共同犯罪或者伪证罪、包庇罪的相关行为人，也要一并查实惩处。对于非法占用农用地面积这一关键问题，可由专业机构出具测量技术报告，必要时可申请测量人员出庭作证。

22.2.2 典型案例二：未经林业主管部门审批许可，擅自在林区审批范围外开挖道路，严重破坏原有地表植被的，构成非法占用农用地罪

【案情简介】

2020年10月至2020年12月，被告人陈某、方某在承建淳安县屏门乡整乡推进佛岭后茶叶联户联片基地建设道路工程期间，为采石和赶工程进度，未经林业主管部门审批许可，擅自在佛岭后村"小林中高塔"林区审批范围外开挖道路，造成山体裸露，原有地表植被严重破坏。经建德市某勘察设计有限公司现场鉴定，非法占用林地面积47.05亩，其中公益林面积1.5亩，商品林面积45.55亩，受损环境修复所需费用207645元。案发后，两被告采购苗木进行原地补植。

【裁判结果】

浙江省淳安县人民法院经审理认为，被告人陈某、方某违反土地管理法规，非法占用林地数量较大，改变被占林地用途，造成林地大量毁坏，其行为已构成非法占用农用地罪。同时，结合两被告人自首、认罪认罚，通过种树复绿、预缴修复费用的方式积极弥补生态损害后果的情节，对二人作出从宽处罚的决定。两被告人非法占用林地的行为直接造成了林地原有植被严重毁坏，给生态环境造成了损害，应依法承担相应的生态损害赔偿责任，遂以非法占用农用地罪判处两被告人有期徒刑一年八个月，缓刑二年，并处罚金人民币一万元，判决两被告人支付生态环境修复费用合计人民币159835.2元，在"检察日报正义网"上刊登声明，公开赔礼道歉。

22.3 辩护要点

22.3.1 是否有非法占有农用地的主观故意

土地犯罪案件辩护通常涉及被告人主观上是否认识到土地用途，即有无犯罪故意的辩护。犯罪故意，指明知自己的行为会发生危害社会的结果，并且希望或者放任这种结果发生，包含认识因素和意志因素两个方面。作为构成要件的犯罪故意，是指对适合于犯罪构成要件的违法事实的认识，这些事实包括行为、行为的性质、行为的时间与地点、行为的情节、行为的客体、行为的结果、因果关系、身份等刑法规定的犯罪构成要件事实。

非法占用农用地罪，作为构成要件的犯罪故意，应当是明知自己的行为会改变被占用农用地用途、毁坏农用地，希望或者放任这种结果发生。一方面，认识因素上要求被告人认识到被占用农用地的用途、存在改变土地用途行为、结果将毁坏该农用地等事实；另一方面，意志因素上要求被告人希望或者放任这种毁坏土地结果的发生。例如，被告人非法占有并硬化基本农田 8 亩，但现有证据确实充分证明其自始至终认为该 8 亩土地用途为基本农田以外的耕地，则对其应适用"基本农田以外的耕地十亩以上"的立案标准并进而使其出罪。判定被告人主观上是否"知道或应当知道"，应当结合被告人讯问笔录、证人询问笔录、改变土地用途前土地状态外观、土地承包背景及主体、是否存在伪造申报材料等综合认定，而不能仅以事后甚至案发后才知晓为由认定存在犯罪故意。

22.3.2　犯罪的对象是否属于农用地

本罪的犯罪对象是农用地，农用地是指直接用于农牧业生产的土地，包括耕地、园地、林地、牧草地及其他农用地。

《土地管理法》所规定的农用地、建设用地和未利用地属于法定的土地三大用途地类。在土地管理实践中，为了便于土地利用和管理，土地相关管理部门在三大用途地类基础上对土地用途做了更为具体的分类。比如 2001 年国土资源部印发试行的《土地分类》（国土资发〔2001〕255 号）中统一了城乡土地分类的标准，将农用地划分为耕地、园地、林地、牧草地以及其他农用地。2007 年国家质量监督检验检疫总局、中国国家标准化管理委员会发布《土地利用现状分类》GB/T 21010—2007，又于 2017 年修订实施了《土地利用现状分类》GB/T 21010—2017，该标准将土地利用现状划分为一级地类 12 个，二级地类 73 个，并明确将 23 个二级地类划入农用地范畴，其中包括耕地、林地、草地和园地 4 个一级地类项下的 17 个二级地类，以及交通运输用地项下的农村道路，水域及水利设施用地项下的水库水面、坑塘水面、沟渠，其他土地项下的设施农用地、田坎等 6 个二级地类。所以，从农用地范围界定的角度讲，虽然法律条文对农用地规定是非穷尽的列举方式，但农用地的概念并不是开放或者不确定的，土地管理的政策及技术标准对农用地范围的规定是明确且具体的，应当作为界定农用地范围的依据。

在涉嫌非法占用农用地罪案件的辩护中关于地类的认定问题，辩护人不仅要从认定依据、认定主体以及认定方法等角度对地类认定的真实性、合法性进行审查，还要从所占用土地是否取得了审批手续（包括占地行为发生时和发生后）以及所占用土地在占地行为发生时的实际用途等方面入手积极收集有力证据。必要时还可以借助专家辅助人制度，通过专家向法庭阐述地类认定的专业性和技术性问题，强化辩护意见的针对性，以提高辩护效果，实现有效辩护。

如在何某、钟某、肖某犯非法占用农用地案（〔2018〕湘 1129 刑初 148 号）中，案涉占用的土地类别属性应当采信国土部门和鉴定机构的意见。本案三被告人开办采石场占用的土地根据国土部门和鉴定机构的鉴别和计算，包括采矿区占用裸岩石砾地 13374.19 平方米，工业广场占用裸岩石砾地 1628.78 平方米、其他草地 1136.40 平方米，堆土场占用裸岩石砾地 1644.91 平方米、旱地 3041.13 平方米，无论占用土地的类别还是占用土地的面积均未到达定罪入刑的标准。因为，裸岩石砾地不是土地管理法法律意义上的农用地，其他草地和旱地在面积上没有达到数额较大 .（十亩）。公诉机关指控三被告人犯非法占用农用地罪，证据不足。

22.3.3　是否造成占用地毁坏

非法占地行为对农用地的毁坏很明显指的是破坏或者降低土壤质量，即将被占用土地土壤质量由适合农业生产改变为不适合农业生产。如在耕地管理中破坏了耕地的耕作层，将该宗耕地土壤质量改变为不适合农作物耕种，包括改变为林地、草地或者建设用地等，都属于破坏或者降低该宗耕地的土壤质量，均应当认定为毁坏耕地的范畴。

对于认定农用地毁坏的主要标准应当是被占用农用地土壤质量的改变或降低，即由适合农业生产用地改变为不能作为农业生产用地，或者由适合农作物耕种变更为仅适合林草业用途。

根据《刑法》第三百四十二条之规定，非法占用农用地犯罪构成须具备"非法占用农用地""改变农用地用途""造成农用地毁坏"三个要件，而非法占用草原破坏草原植被的行为并不会必然导致草地土壤质量破坏或降低。如开垦草原的行为，一般是指将草原转为耕地，在这一行为中仅存在"非法占用农用地""改变农用地用途"两个要件，并不存在造成农用地毁坏的结果，因为除非认定因开垦行为导致该草地荒漠化、盐渍化，否则将草原开垦为耕地不会发生破坏或者降低该宗草地土壤质量的结果，所以不能认定构成非法占用农用地。

同样，对于《最高人民法院关于审理破坏森林资源刑事案件适用法律若干问题的解释》中规定的造成林地原有植被严重毁坏，也不能直接等同于造成林地毁坏，若认为该违法行为需要纳入刑法范围调整的，可以适用破坏森林资源或环境资源的罪名。例如，某起非法占用农用地案中，当事人杨某擅自将林地上的林木砍伐，改种核桃树，被法院以非法占用农用地罪判处一年有期徒刑。本案中核桃树所占土地的地类可能会被认定林地或者园地，无论如何杨某将一般林木砍伐改种核桃树的行为，都没有破坏或者降低该宗林地土壤质量，不存在造成农用地毁坏的后果，不应该被判处非法占用农用地罪。如果需要追究杨某刑事责任，可以考虑判处滥伐林木罪。

例如王某非法占用农用地案（〔2016〕冀刑再 2 号）中：2010 年 5 月 13 日，保定市国土资源局出具了《耕地破坏鉴定不予受理通知书》，该通知书认为"经现场核实，发现部分巨大石块已移出压占的耕地，部分承包地的种植条件有所改变，种植面积也有所增加。目前已不具备耕地破坏认定的前提条件，决定不予受理"。本案属于无罪判例。

22.4　合规管理

耕地和林地等农用地是我国最重要的自然资源。国家保障和保护农业耕地、林地是国家农业农村工作和自然资源保护工作的红线和底线，不得触碰。施工过程中，施工企业要防止施工作业对于土地资源的破坏，亦需加强对土地和自然资源的保护。

22.4.1　建设施工企业应当建立和完善施工合同审查制度

施工企业应当对施工场地所占土地进行风险评估，审查土地建设施工方面的审批文件，如农用地转用批准手续、土地征用和占用审批等，重点审查是否存在违法占用耕地、林地，改变土地用途等风险。

22.4.2　加强对土地和自然资源的保护，加强与施工监管部门的联系和沟通

施工企业对施工作业可能破坏周边土地资源以及周边生态环境往往认识不足，缺少风险意识。例如违规建设、违规排放、倾倒施工垃圾等行为，很可能构成与土地、自然资源相关的违法和犯罪，例如，污染环境罪、破坏自然保护地罪。因此施工企业要强化施工环保意识，采取相应施工环保措施。

第23章　挪用公款罪

北京市第一中级人民法院认为李某于2008年1月至2010年12月间,利用担任北京某工程建设局宝特工程分局局长、全面负责宝特工程分局工作的职务便利,以宝特工程分局的名义与惠州大亚湾某实业发展有限公司签订《借款合同》,后将所借公款人民币800万元打入其个人实际控制的惠州市某置业投资有限公司,并陆续将其中750万元供个人使用。案发前归还北京某工程建设局106.99万元。故,判决被告人李某犯挪用公款罪,判处有期徒刑十四年,责令被告人李某退赔人民币6430100元,发还北京某工程建设局。

建设工程领域因其产业链长、参与主体复杂、建筑市场管理不规范等原因,成为职务类犯罪高发领域,一些国家工作人员在对巨额款项的管理中,利用职务便利挪用的机会将大大增加,这样的违法行为不仅侵犯了公共财产的所有权,同时在一定程度上也侵犯了国家的财经管理制度。

23.1　挪用公款罪罪名分析

挪用公款罪,是指国家工作人员利用职务上的便利,挪用公款归个人使用,进行非法活动的,或者挪用公款数额较大、进行营利活动的,或者挪用公款数额较大、超过3个月未还的行为。

《刑法》第三百八十四条规定:"国家工作人员利用职务上的便利,挪用公款归个人使用,进行非法活动的,或者挪用公款数额较大、进行营利活动的,或者挪用公款数额较大、超过三个月未还的,是挪用公款罪,处五年以下有期徒刑或者拘役;情节严重的,处五年以上有期徒刑。挪用公款数额巨大不退还的,处十年以上有期徒刑或者无期徒刑。挪用用于救灾、抢险、防汛、优抚、扶贫、移民、救济款物归个人使用的,从重处罚。"

23.1.1　主体要件

本罪的主体是特殊主体,即国家工作人员,这里所说的国家工作人员与贪污罪中国家工作人员的内涵、外延基本相同,同样具有特定性和公务(职)性。构成挪用公款罪的国家工作人员包括:在国家机关中从事公务的国家工作人员、在国有公司、企事业单位和人民团体中从事公务的人员、受国有单位委派到非国有单位中从事公务的人员;其他依照法律从事公务的人员。在建设工程领域，国有建筑公司、企业或者国有建筑公司企业委派到非国有建筑公司、企业，行使监督权、管理职责的人员属于国家工作人员。

23.1.2　主观要件

本罪在主观方面是直接故意，行为人明知是公款而故意挪作他用，其犯罪目的是非法取得公款的使用权。但其主观特征，只是暂时非法取得公款的使用权，打算以后予以归还。至于行为人挪用公款的动机则可能是多种多样的，有的是为了盈利，有的出于一时的家庭困难，有的为了赞助他人，有的为了从事违法犯罪活动。动机如何不影响本罪成立。

具体言之，挪用公款罪在主观方面有以下特点：

1. 挪用公款具有非法性。即行为人未经批准或许可（包括直接明示的许可或间接示意的默许），违反规章制度私自动用公款。其中，规章制度具有广泛性，因此，挪用的非法性具有两层含义：一是故意违反有关公款管理的规章制度，二是故意违反有关公款使用的规章制度，未经合法批准、许可。

2. 挪用的本意，是指公款私用、移用、占用、借用。行为目的是使用，而非占有公款。其中，行为的目的包括：（1）挪用公款归个人使用；（2）挪用公款进行非法活动；（3）挪用公款进行营利活动。

3. 挪用并不侵吞公款，而是准备归还，具有擅自借用的特性。即便挪用后而不能归还，也不是出于行为人的主观故意占有，而是出于行为人意志之外的客观原因造成的。如果具有非法占有目的（不归还公款的意思或非法所有的意思），则以贪污罪论处。

23.1.3　客体要件

本罪侵犯的客体，主要是公共财产的所有权，同时在一定程度上也侵犯了国家的财经管理制度。挪用公款罪侵犯的直接客体是公款的使用权，同时行为人挪用公款后必然占有，有的还因此获得收益。而所有权包括占有、使用、收益、处分四种相互联系又具有相对独立性的权能，因此对所有权权能的侵犯也必然是对所有权的侵犯，但所有权被侵犯并不意味着所有权转移。

23.1.4　客观要件

本罪的客观方面表现为行为人实施了利用职务上的便利，挪用公款归个人使用，进行非法活动，或者挪用数额较大的公款进行营利活动，或者挪用数额较大的公款超过三个月未还的行为。其中包含三个要件：① 行为人实施了挪用公款的行为。即行为人未经合法批准而擅自将公款移作他用。② 行为人利用了职务之便。挪用公款的行为是利用其主管、管理、经手公款的职务上的便利实施的。③ 行为人挪用的公款是归个人使用的。所谓归个人使用，既包括由挪用者本人使用，也包括由挪用者交给、借给他人使用。

23.1.5 追诉标准

23.1.5.1 立案标准

《最高人民检察院关于人民检察院直接受理立案侦查案件立案标准的规定（试行）》第一条第二款中规定：

"涉嫌下列情形之一的，应予立案：

1. 挪用公款归个人使用，数额在5000元至1万元以上，进行非法活动的；

2. 挪用公款数额在1万元至3万元以上，归个人进行营利活动的；

3. 挪用公款归个人使用，数额在1万元至3万元以上，超过3个月未还的。

各省级人民检察院可以根据本地实际情况，在上述数额幅度内，确定本地区执行的具体数额标准，并报最高人民检察院备案。

'挪用公款归个人使用'，既包括挪用者本人使用，也包括给他人使用。

多次挪用公款不还的，挪用公款数额累计计算；多次挪用公款并以后次挪用的公款归还前次挪用的公款，挪用公款数额以案发时未还的数额认定。

挪用公款给其他个人使用的案件，使用人与挪用人共谋，指使或者参与策划取得挪用款的，对使用人以挪用公款罪的共犯追究刑事责任。"

23.1.5.2 量刑标准

最高人民法院、最高人民检察院《关于办理贪污贿赂刑事案件适用法律若干问题的解释》

第五条　挪用公款归个人使用，进行非法活动，数额在三万元以上的，应当依照刑法第三百八十四条的规定以挪用公款罪追究刑事责任；数额在三百万元以上的，应当认定为刑法第三百八十四条第一款规定的"数额巨大"。具有下列情形之一的，应当认定为刑法第三百八十四条第一款规定的"情节严重"：

（一）挪用公款数额在一百万元以上的；

（二）挪用救灾、抢险、防汛、优抚、扶贫、移民、救济特定款物，数额在五十万元以上不满一百万元的；

（三）挪用公款不退还，数额在五十万元以上不满一百万元的；

（四）其他严重的情节。

第六条　挪用公款归个人使用，进行营利活动或者超过三个月未还，数额在五万元以上的，应当认定为刑法第三百八十四条第一款规定的"数额较大"；数额在五百万元以上的，应当认定为刑法第三百八十四条第一款规定的"数额巨大"。具有下列情形之一的，应当认定为刑法第三百八十四条第一款规定的"情节严重"：

（一）挪用公款数额在二百万元以上的；

（二）挪用救灾、抢险、防汛、优抚、扶贫、移民、救济特定款物，数额在一百万元以上不满二百万元的；

（三）挪用公款不退还，数额在一百万元以上不满二百万元的；

（四）其他严重的情节。

23.2　典型案例

23.2.1　典型案例一：挪用公款归个人使用，数额较大、超过三个月未还的，构成挪用公款罪

挪用正在生息或者需要支付利息的公款归个人使用，数额较大，超过三个月但在案发前全部归还本金的，可以从轻处罚或者免除处罚。给国家、集体造成的利息损失应予追缴。挪用公款数额巨大，超过三个月，案发前全部归还的，可以酌情从轻处罚。

【案情简介】

2016 年至 2018 年期间，被告人张某利用自己担任云南某建筑机械有限公司项目部负责人的便利，代表公司与其他公司签订桥梁模板、钢模台车的加工承揽合同，自 2018 年 2 月 13 日至 2020 年 9 月 11 日，被告人张某使用自己的私人银行卡收取三公司货款共计 257 万元，并将其中的 148 万元挪为己用。至 2021 年 1 月 8 日，归还云南某建筑机械有限公司货款 10 万元，至今未归还金额为 138 万元。

【法院观点】

被告人张某身为国有公司从事公务的人员，利用职务之便，挪用公款归个人使用，情节严重，其行为已触犯《刑法》第三百八十四条第一款，构成挪用公款罪。公诉机关指控的犯罪事实存在，指控的罪名成立，法院予以采纳。被告人张某到案后如实供述犯罪事实，系坦白，其犯罪后检举揭发他人犯罪，经查证属实，属立功。被告人张某坦白犯罪事实，具有立功表现，认罪认罚，依法对其从轻处罚。公诉机关量刑建议适当，法院予以采纳。

【法院裁判结果】

一、被告人张某犯挪用公款罪，判处有期徒刑四年；

二、继续追缴被告人张某违法所得 138 万元，上缴国库。

（如法院认定部分款项属于"违法所得"，则根据《刑法》第六十四条一律上缴国库。）

23.2.2　典型案例二：挪用公款数额较大，归个人进行营利活动的，构成挪用公款罪。不受挪用时间和是否归还的限制。在案发前部分或者全部归还本息的，可以从轻处罚；情节轻微的，可以免除处罚

挪用公款存入银行、用于集资、购买股票和国债等，属于挪用公款进行营利活动。所获取的利息、收益等违法所得，应当追缴，但不计入挪用公款的数额。

【案情简介】

被告人石某 1 在受指派、委派监督管理天 A 公司、天 B 公司、天 C 公司的国有资产过程中，以向天 A 公司、天 B 公司借款的方式，挪用天 A 公司、天 B 公司公款合计 4700 万元，进行营利活动。具体如下：

（一）挪用天 A 公司公款 600 万元、天 B 公司公款 200 万元，用于个人投资入股公司

2013 年 7 月，石某 1 与时任小额贷款的 D 公司副总经理王某 2（另案处理）、天 B 公司股东钟某 3（另案处理）共同商议并决定成立天 C 公司。在筹备成立天 C 公司过程中，为解决石某 1 和王某 2 的入股资金，石某 1 与王某 2 商议从天 A 公司挪用公款 600 万元作为该二人的入股资金。之后，石某 1 个人决定以天 A 公司、天 B 公司借款给王某 2 实际控制的私营企业 E 公司的名义，于 2013 年 8 月 14 日从天 A 公司挪用公款 600 万元，用于其与王某 2 入股天 C 公司，各 300 万元；为解决彭某 4 等人入股天 C 公司的投资款，石某 1 与钟某 3 商定从天 B 公司挪用公款 200 万元，其中 140 万元作为彭某 4 入股天 C 公司投资款，余下 60 万元用于钟某 3 归还个人债务。2014 年 5 月、7 月，彭某 4、钟某 3、石某 1、王某 2 分别通过他人账户及他人代偿方式归还了上述款项。

（二）挪用天 A 公司 1400 万元公款，用于个人合伙购买商铺

2013 年七八月间，石某 1、王某 2、钟某 3 和时任 F 出版传媒集团董事长杜某 5 为了合伙购买商铺的资金问题，四人商定通过天 A 公司向 F 出版传媒集团借款，再将款从天 A 公司挪出，用于合伙购买商铺。2013 年 8 月，石某 1 以天 A 公司代建印包集团危旧房改造项目的名义从 F 出版传媒集团借得 5000 万元。同年 9 月，石某 1 利用担任天 A 公司董事长的职务便利，个人决定以天 A 公司借款的名义将 1400 万元挪至王某 2 控制的 E 公司。后王某 2、钟某 3 将该 1400 万元另作他用，至今未归还。

（三）挪用天 A 公司公款 1000 万元给 D 公司进行营利活动

2013 年 12 月，D 公司向石某 1 提出从天 A 公司拆借资金 1000 万元，并约定按月利率 1.05% 给石某 1 作为好处费。石某 1 同意。2014 年 1 月，石某 1 为谋取私利，违反 F 出版传媒集团和天 A 公司"三重一大"决策制度实施办法等规定，未经 F 出版传媒集团审批，个人决定从 F 出版传媒集团借给天 A 公司的资金中挪出 1000 万元，并按 D 公司的指定，将款转至 G 房地产开发有限公司。2014 年 3 月，D 公司将本金 1000 万元及利息归还给天 A 公司。其间，石某 1 于 2014 年 2 月、3 月分三次收受 D 公司送的好处费 10.5 万元、10.5 万元、5.25 万元，共计 26.25 万元。

（四）挪用天 A 公司公款 1500 万元给 D 公司进行营利活动

2013 年 8 月，D 公司向石某 1 提出从天 A 公司拆借资金 1500 万元，石某 1 同意。之后，石某 1 为了谋取私利，违反 F 出版传媒集团和天 A 公司"三重一大"决策制度实施办法等规定，未经出版传媒集团审批，个人决定从 F 出版传媒集团借给天 A 公司的资金中挪出 1500 万元，并按 D 公司的指定，将其中 501 万元、999 万元分别转至 H 投资有限公司和 G 房地产开发有限公司。2013 年 9 月、10 月，G 房地产开发有限公司和 H 投资有限公

司分别将上述借款本息归还给天 A 公司。其间，石某 1 于 2013 年中秋节收受 D 公司送的好处费 5 万元。

【一审法院观点】

被告人石某 1 身为国家工作人员，利用职务便利，个人以单位名义挪用公款 4700 万元，用于营利活动，情节严重，其行为已构成挪用公款罪。

【一审裁判结果】

被告人石某 1 犯挪用公款罪，判处有期徒刑八年六个月。

23.2.3　典型案例三：挪用公款归个人使用，进行赌博、走私等非法活动的，构成挪用公款罪，不受"数额较大"和挪用时间的限制

挪用公款给他人使用，不知道使用人用公款进行营利活动或者用于非法活动，数额较大、超过三个月未还的，构成挪用公款罪；明知使用人用于营利活动或者非法活动的，应当认定为挪用人挪用公款进行营利活动或者非法活动。

【案情简介】

2014 年 7 月，一建党委研究决定，委派被告人陈某 1 担任一建深圳分公司财务科副科长（后更名为财务管理部副经理）。2016 年 7 月至 2017 年 10 月，陈某 1 利用全面负责深圳分公司各项财务工作的职务便利，多次挪用单位公款共计 27546976.25 元，其中 26839136.24 元用于个人网络赌博及归还赌博产生的债务等非法活动，707840.01 元归个人使用，且超过三个月未还。截至案发，尚有 26938852.2 元未退还。具体事实如下：

1. 2016 年 7 月至 2017 年 10 月，被告人陈某 1 以缴纳税款名义，采用伪造虚假款项支付审批单、项目工程付款表和资金使用申请单等方式，要求一建资金运营部（资金结算中心）拨付资金到其个人银行卡，先后 83 次挪用单位公款共计 20014591.68 元，其中 19324253.19 元用于个人网络赌博及归还赌博所产生的债务等非法活动，690338.49 元归个人使用且超过三个月未还。

2. 2016 年 8 月至 2017 年 10 月，被告人陈某 1 以归还项目部财务人员柯某 2、陈某 3 代垫款及保证金的名义，采用伪造虚假款项支付审批单、项目工程付款表和资金使用申请单等方式要求一建资金运营部（资金结算中心）拨付资金，之后以误打税金等理由要求柯某 2、陈某 3 将资金转入其个人银行卡，先后 47 次挪用单位公款共计 6026186.07 元，其中 6008730.55 元用于个人网络赌博及归还赌博所产生的债务等非法活动，17455.52 元归个人使用且超过三个月未还。

3. 2016 年 7 月至 2017 年 9 月，被告人陈某 1 以支付材料费等名义，先后 14 次通过转账方式挪用其管理使用的一建深圳分公司用于日常经营开支的结算卡内资金共计 1506198.5 元，其中 1506152.5 元用于个人网络赌博及归还赌博所产生的债务等非法活动，46 元归个人使用且超过三个月未还。

【法院观点】

被告人陈某1作为国家工作人员，利用管理单位财务的职务便利，挪用公款归个人使用，进行非法活动及挪用公款数额较大，超过三个月未还，其行为已构成挪用公款罪，且数额巨大不退还。公诉机关指控罪名成立。陈某1主动投案，归案后如实供述罪行，系自首，依法从轻处罚；但陈某1将绝大部分公款用于非法活动，造成国有资产巨额流失，严重损害国家公务人员的职业廉洁性，其辩护人请求减轻处罚的依据不足，法院不予采纳。

【裁判结果】

一、被告人陈某1犯挪用公款罪，判处有期徒刑十三年。（刑期从判决执行之日起计算。判决执行以前先行留置羁押的，羁押一日折抵刑期一日，即自2017年10月16日起至2030年10月15日止。）

二、责令被告人陈某1退赔人民币26938852.2元，发还一建。

三、扣押在案的犯罪工具笔记本电脑1台、手机1部，予以没收，上缴国库。

23.3 辩护要点

23.3.1 挪用数额的辩护

在营利活动中：挪用公款存入银行、用于集资、购买股票和国债等，属于挪用公款进行营利活动。所获取的利息、收益等违法所得，应当追缴，但不计入挪用公款的数额。

多次挪用：实践中经常出现这样的现象，行为人多次挪用公款，分别用于非法活动、营利活动与其他活动，但用于某项活动的公款数额未达到该项的定罪标准，或者分别来看，用于各项用途的公款数额都没有达到各项的定罪标准，但挪用公款的总数额达到某项定罪标准。对于一次挪用单一用途，一次挪用多种用途，还有多次挪用多种用途，量刑结果并不一样。

23.3.2 变相挪用的认定

国有房地产公司的负责人甲为了偿还自己欠乙的500万元债务，利用职务上的便利，将公司尚未出售的一套价值500万元住房，以出售给乙的方式偿还自己的债务（乙以免除甲的债务的方式支付对价），然后在公司的财务账上显示甲欠公司500万元。甲的行为是否构成挪用公款罪？甲实际上是将公司应得的500万元用于偿还自己的债务，或者说，甲实际上是借用公司的公款偿还了自己的债务，似乎属于挪用公款。但是，挪用公款应是使单位现实控制的公款脱离单位的控制，在上例中，单位只是现实控制了住房而没有现实控制500万元公款，故认定甲构成挪用公款罪可能还存在疑问。将甲的行为认定为国有公司人员滥用职权罪，或许更为合适。

23.3.3　有证据证明行为人无主观恶意的辩护

通过事实证明行为人涉嫌挪用公款是经他人安排、指使或者批准、同意的，或通过原始记录日志、开支笔记本、职权职责来判断行为人无挪用公款归个人使用的条件、职权、行为。

23.4　合规管理

刑事合规管理最为重要的作用是犯罪预防。挪用公款行为的发生往往是由于相关国家工作人员受到巨额资金使用权的诱惑，从而导致国有资产有流失的风险。刑事合规管理可以通过合规培训、合规调查、诊断刑事法律风险、提出防范刑事法律风险的建议等多种方式为相关国家工作人员提前打好预防针。

23.4.1　加强法治宣传教育

重点对出纳、收银等重点岗位开展以资金、资产安全、印鉴管理为主题的专题教育，强化落实内控监督和稽核工作职能，净化滋生腐败的土壤。经常聘请法律专业人员为员工普及社会主义市场经济的有关法律、法规知识，增强他们的守法自律意识，促使有犯罪念头的人悬崖勒马，尽量少发案，减少损失。

23.4.2　强化内部监督管理机制

加强全员监督和纪检或审计调查处置力度，树立廉洁从业导向，形成全员监督合力，以强有力的姿态处理处置违规违纪行为。

23.4.3　堵塞可滋犯罪的漏洞

对财务、销售等重点岗位定期审计和对账，规范销售操作规程，确保重点岗位内控动作执行到位，加强条线内监督稽核责任，落实备用金、现金、银行存款等资金安全专项稽核工作。

23.4.4　加强防范和打击

一旦发现职务犯罪，及时向公安机关经侦部门报案，从早从快进行打击。

第 24 章　施工企业行权

安全与发展，是企业永恒的主题。企业在生存和发展中，机遇与挑战并存，而各种风险也无处不在，刑事风险一旦降临，无论是企业及其员工在企业生产经营中犯了罪，还是外部公司、单位、人员在业务交往中对企业实施违法犯罪，必然会使企业遭受监管机关和公检法机关的调查，甚至司法处理，轻则遭受经济损失，影响商誉，重则停产停业，当事人遭受牢狱之灾。这对于企业和企业家来说，是最不可承受的危机，处理不当甚至会毁掉一个企业。

施工企业要立足于公司自身业务特点，内部针对性地开展反舞弊工作，维护公司经营秩序。对于外部侵害公司利益的行为，例如招投标、合同诈骗以及内外勾结职务侵占等违法犯罪行为，展开调查，并组织报案控告。

不论是企业内部反舞弊还是针对外部侵权行为，企业都要根据自身合法权利先进行反舞弊调查、搜集固定证据，然后根据掌握的证据、事实材料落脚在控告中。如何进行反舞弊调查？如何搜集固定证据？如何在控告过程中与公检法机关打交道？以及企业在行权过程中要注意的办案要点，本章将阐述相关观点与想法。

24.1　施工企业内部行权

24.1.1　大数据指导调查工作，发掘线索，确定反舞弊调查方向

1. 要精选参与调查的人员，专业的人做专业的事

施工企业相关刑事犯罪的特点和难点，决定了调查和行权人员必须由具有专门法律知识和专门调查经验的人组织实施。

（1）首先，应选定调查的直接指挥者。直接指挥者应具备以下几个特征：一是与被调查对象或事项没有关联；二是具有一定的职务和独立性；三是其报告工作的对象是企业的最高负责人；四是具备一定的经验和能力。一般而言，企业负责人不宜担任直接指挥者。

（2）其次，选定具体参与调查的人员。要把握以下几个原则：一是参与调查的人员要精简，特别在调查的初期，参与的人员一定要少；二是对参与人员进行背景审查，以确定该人员与被调查对象或事项没有可能影响职务的特殊关系；三是材料提供人员并不是参与调查的人员，不需要让他们获知相关调查信息，可以在调查人员和材料提供者之间设置一定的隔离环节。

（3）最后，必要的情况下可以外聘审计人员和专业调查人员。外聘人员有其优势，一是专业性强，能使调查更加高效；二是与企业的人员不存在同事关系，没有顾虑，更加客观。

2. 不要过早局限调查的范围和方向

有的案件被调查对象可能是本企业的总裁、副总裁等高级管理人员，有的案件被调查对象可能是控股参股企业的负责人，有的案件被调查对象可能涉及关键岗位的多人，有的案件被调查对象可能以外部人员为主内部人员为辅。不同的被调查对象，调查可能涉及的范围有很大的不同。有的情况下调查范围仅限于某一个企业即可，有的情况下则需要扩充到该被调查人员控制或管辖的所有企业。

不同的被调查对象，调查的方向（指某一个或数个舞弊和贪腐行为）也有很大不同。有的情况下调查仅需围绕某一个贪腐的罪名或某一个舞弊行为开展即可，有的情况下则需要围绕该被调查人员所有的可能贪腐或舞弊的行为开展调查。

因此，调查人员即便获知了某一线索或某一怀疑的事项，也不应过早地限制调查范围和方向，而应具体问题具体分析，根据被调查对象的职务、权限、管辖的企业等确定调查的范围和方向，往往会有意外的收获。

3. 大数据指导反舞弊调查的一般思路

（1）准确定位大数据。行业、产品和服务的不同，核心数据指标不同，风险点、业务红线、取财点不同。

（2）在大数据中锁定类案、个案。关注业务类型、排名、亏损、人员业务数据等。

（3）个案代入大数据。疑难案件的业务反常点、审计财务数据中的问题，不是孤立的，应放在大数据背景中验证。

（4）从大数据中来，代入到个案中去，确定下步落地核实的个案。

（5）去伪存真，落地核实。反舞弊，本质是法律实践，来源于大数据，实践于落地查证。

（6）以点带面，突破全案。

4. 要精心安排调查的步骤

调查的步骤安排（即先查什么后查什么），在企业反舞弊反贪腐调查中极为关键。科学合理的安排，往往可以起到事半功倍的效果。一般而言，先书证物证后人证、先外部后内部、先他人后本人、先次要人物后主要人物。

第一，审查书证。书证包括所有涉及的合同、各种报告、申请、批示、批复、检查检验报告等。

第二，审查财务资料。如财务账目、会计凭证、发票收据等，必要时进行专项审计。

第三，审查相关数据。如网络数据、仓储数据、邮件往来、微信记录、短信记录（如可能）等。

第四，审查相关物证。如涉及的房屋、车辆、产品、设备等。

第五，与涉及人员谈话。如某一环节的经办人、被调查对象的上下级、业务相对方、相关的客户、供应商等。

第六，与被调查对象谈话。被调查对象为多人的情况下，可以按先次要后主要的顺序进行谈话，或者同步进行。

以上为一般顺序，特殊情况下应灵活调整。

5. 调查过程中要擅于运用谋略

企业能使用的调查手段非常有限，这就要求调查人员在调查过程中，擅于运用谋略的作用。谋略运用得当，可以有效补充调查手段的不足。

（1）声东击西。调查的消息过早泄露，很容易导致串供、毁灭证据或逃跑等影响调查的情况发生。因此，调查人员应尽可能隐藏调查的意图，可以常规审计、专项审计的名义调取相关证据材料，或以调查其他公司、其他人相关事项涉及为由调取相关材料。

（2）打草惊蛇。大张旗鼓展开调查，财务审计、人员谈话等措施同步进行，营造一种大兵压境，不达目的不收兵的氛围，从而让被调查对象和涉案人员惊慌失措，露出马脚，以便获取证据。

（3）调虎离山。如被调查对象在公司担任一定的职务，可以根据需要将其调离所在部门或所任职的公司和地区，再开展调查。对于关键岗位的人员涉案的，可以岗位交流的名义将相关人员调离该岗位，再开展调查。

（4）直捣黄龙。直接与被调查对象或知情人员谈话，阐明利害关系，让其对相关事项作出回答。直接到违法犯罪现场调查取证，有条件的情况下可以会同相关执法部门共同进行，从而获取关键证据。对涉案人员两人以上的，应采取宽严不同的政策进行分化。

以上为常用的几种谋略，调查人员应加强学习，并根据不同案件不同情况灵活运用。

24.1.2 获得证据，核实和固定证据，组织材料，为施工企业处理案件决策服务

1. 以公安办案视角调查取证，搜集证据和材料

施工企业反舞弊，最终要与公安对接并报案成功，就必须以公安办案视角调查取证，搜集证据和材料，就必须接受公安机关对所报案件的严格审查。就必须紧紧围绕如何让公安机关接受报案（主要是受理、立案、破案等）来开展工作。否则，反舞弊刑事案件调查是失败的。

2. 取证方法

（1）个别谈话法。拿制度规定和客观证据说话、坦诚。不能诱导性、逼迫性谈话。遇到谈话发生激烈冲突时，不能发生冲突，不能限制人身自由，只能用政策和组织纪律要求晓之以理、动之以情。切忌先入为主。

（2）查阅资料法。财务、人事、业务资料，要分组进行。编写查阅资料的发现问题重点目录、制作表格，便于汇总问题、归纳焦点。

（3）外围调查法。跟踪不是完全不可以，拍照也不是完全不可以，这些都是不能公开的。注意侵犯隐私权的法律要件。对隐私权的侵犯，关键是要求隐私公开。

（4）证据保全法。资料要做好保全，电子证据要做好固定工作，推荐时间戳技术。

3. 要利用好大数据

在审计监察工作中，结合公司业务内容，结合业务流程，结合业务风险点，刻意地去关注大数据，搜集整理大数据，对于公司主要业务的风险点，做到"情况明底数清"。如果要做好审计监察工作，就要树立这种意识，积累经验。

（1）反舞弊大数据需要企业经营的真实数据。

1）企业经营业务的核心业务数据。包括各分公司、各主体、各类业务的经营数据以及排名等。

2）企业相关人员、经办人的个人业务全部数据。如业务员经手某一类业务的所有数据。

3）根据需要，每一类业务的全部核心数据。如保险行业财产保险理赔大数据，一个城市、一段时期、一个险种的大数据。

4）招投标类业务大数据，按经办人、采购种类、标的大小等，可排名。如某个招标经办人经手的所有招标。

根据企业产品和服务的不同，盯住核心业务数据指标，盯住警戒线，盯住排名，盯住种类数据等。

（2）大数据是主动发现舞弊线索的业务基础、证据之源。尤其团伙舞弊、连续舞弊、内外勾结靠山吃山"黑产"类案件。经济案件的线索和证据是经营业务中产生的，一般来说无法脱离业务，要坚信，这些线索和证据就存在大数据中，就存在业务系统中、电脑中，实物体现是各种书证、票据、审批流程等。

（3）有效发掘大数据是主动发现舞弊线索的关键途径。从数据中来，代入到数据中去。审计开道，监察办案。通过对大数据的审计、梳理、摸排、归纳、分析、总结、代入，合并同类项，从而主动发现舞弊线索。

24.1.3 施工企业舞弊类刑事案件查办要点

1. 企业反舞弊刑事案件查办的战略定位

（1）客观、独立探求案件事实，努力做到不受领导和当事人左右。一个调查人员的专业定位、态度和立场，可能有多种观点和态度，明的暗的，程序的，正义的，挣钱的，忽悠的，表里不一的。立场客观，针对案件本身，根据事实和证据，不受领导和当事人影响、左右甚至控制，首先要尽量客观地查清案件事实，客观分析案情，才能判断案件下一步可能的走向，每种走向存在的问题和下步工作。

（2）上策是能主导，中间是跟着跑（大多数案件），最次别添乱。不管什么情况下，要保持一个冷静的心态，不绝望、不盲目乐观，好多案件，让"子弹再多飞一会儿"。

2. "三个结合"

反舞弊与企业业务结合，反舞弊与审计监察结合，反舞弊与公司老人和业务精英结合。依赖公司内部审计监察工作人员和公司老人，审计开道，监察办案，防打结合，主要是和业务结合起来考虑案件定性。

3. 防打结合，两个都要硬，两手都要抓

企业内部舞弊犯罪活动不会自发消失，企业合规建设，必须坚持"防打结合"，扎紧篱笆苦练内功，确保内部不出重大合规问题。一方面，坚决查处舞弊犯罪活动，利剑高悬；另一方面，合规制度建设是根本，坚持合规建设的本土化、企业化、个性化，建设符合企业自身生存和发展特点的合规制度。

4. 优化调查队伍结构

调查队伍之间要形成互补，一般应配备 1/3 的有司法机关侦查工作经验的人员，还有 1/3 企业内部审计监察经验的员工，另 1/3 应从公司内部选拔有财务成本、招采营销等重要条线工作经历的员工。

24.2 控告

24.2.1 确定刑事控告的管辖机关与相关罪名

1. 地域管辖

以职务类犯罪为例，《最高人民检察院、公安部关于公安机关办理经济犯罪案件的若干规定》第九条规定："非国家工作人员利用职务上的便利实施经济犯罪的，由犯罪嫌疑人工作单位所在地公安机关管辖。如果由犯罪行为实施地或者犯罪嫌疑人居住地的公安机关管辖更为适宜的，也可以由犯罪行为实施地或者犯罪嫌疑人居住地的公安机关管辖。"对职务侵占、挪用资金、商业贿赂等职务类犯罪，确立了犯罪嫌疑人工作单位所在地公安机关优先管辖的原则。

2. 级别管辖

对于事实较为简单的盗窃、职务侵占等简单刑事案件，由派出所受理、立案侦查。区县级公安机关负责受理、立案和侦查原则上除了市级公安机关直接承办的案件外的案件。

对于犯罪嫌疑人为外国人（不包括港澳台人员）的刑事案件以及社会影响重大、案情跨区域等侦查工作较为疑难复杂的刑事案件，由市级公安机关决定是否自行承办。

24.2.2 选择刑事控告的相关罪名

施工企业舞弊类刑事犯罪，罪名很多。企业和企业家，以及企业员工，在企业经营过程中，都可能涉及的罪名：职务侵占罪，合同诈骗罪，挪用资金罪，涉税类犯罪，财务会计票据类犯罪，证券类犯罪，商业秘密犯罪，商标侵权类犯罪，产品质量类犯罪，安全事故责任类犯罪，等等。

1. 典型职务侵占行为：① 以公司名义向他人借款之后占为己有或携款逃匿；② 采取不正当交易手段攫取应归属本公司的利益为个人控股的其他企业所有；③ 将合法持有的本单位财物进行非法处分或使用，即变持有为所有；④ 将政府退还公司的土地出让金等款项非法占为己有；⑤ 利用职务便利不付款即占有本公司产品；⑥ 虚构不存在的项目或业务占有公司资金；⑦ 擅自将应归公司所有的代理费、服务费分配给部分高管；⑧ 对公司通过签订合同取得的货款、收入等不入账、据为己有或者擅自用于个人用途；⑨ 擅自支取公司资金归个人使用且不予归还；⑩ 擅自在公司报销个人费用；⑪ 制作假工资表或者劳务费用套取公司资金；⑫ 购买货物或服务时虚报高价并将差价据为己有；⑬ 擅自指使本公司员工为个人事务或其自有公司工作，而由本公司承担费用。

2. 典型非公受贿的行为：非国家工作人员受贿罪是商业贿赂罪中一种主要形式，商业贿赂中的财物，既包括金钱和财物，也可以包括用金钱计算数额的财产性利益，如提供房屋装修、含有金额的会员卡、代币卡（券）、旅游费用，或者以佣金、中介费用包装的贿赂等。具体数额以实际支付的资费为准。这里注意，受贿人为他人谋取利益即构成本罪，不需要谋取不正当利益；而行贿和介绍贿赂的需要为自己谋取不正当利益，如果是为了正当利益被吃拿卡要而行贿，不构成行贿罪，比如为了结算正常的货款给吃拿卡要人员送钱送物，不构成行贿罪。

3. 典型的挪用资金的行为：以个人名义将单位资金挪用给其他企业周转；个人利用公司资金进行储蓄理财或放贷赚取收益，等等。

不论是何罪名，都要针对不同人员的行为，具体问题具体分析，展开调查，选择合适的罪名，并组织报案控告。不论是企业内部对公司利益侵害的违法犯罪活动，还是外部公司、单位、人员在与建设企业业务中对公司利益尤其经济利益的侵害，例如招投标、合同诈骗以及内外勾结职务侵占等违法犯罪行为，企业都要积极维权，维护公司正常经营秩序。

24.2.3　提交材料报案

1. 公司报案先经受住调查考验。询问室接受询问。角色变了，地位变了。哪怕遇到个不懂装懂的，你也得耐住性子。

2. 报案就要像个正规军，整理归纳报案材料，装订成卷，首页附上目录。如果报案材料随意不充分，公安更不会当回事。

3. 相关报案材料要围绕公安机关在审查报案时的重点，不同罪名不同重点，针对性开展应对工作。最重要的是先把案子立上。最起码，不能和公安机关杠上，是职务侵占还是受贿，是合同诈骗还是普通诈骗，是串通投标还是行贿受贿，这些不是最重要的，最重要的是先把案子立上。后期，再进一步探讨沟通协调。

24.2.4 控告过程中企业办案要点

1. 受理后案件推动。创造各种机会，增加与公安办案人员的见面率、沟通次数，公司负责人也要给予支持，有些事还必须亲力亲为。

2. 重视口供，重视证人证言、有关知情人证言等言词证据。

3. 多数情况下要避免"你控告你的，公安办理公安的"，要"想公安所想，急公安所急"。

4. 司法机关作为办案的关键人物，沟通贯穿办案始终。从陌生到熟悉，先兵后礼，成为朋友。用心沟通。在工作上结识、交心，后期长期维护，每一个案件后，把办案人员努力当成朋友，起码成为熟悉的专业人士。要站在办案人员和司法机关的角度和立场去考虑问题。

企业要合法挣钱，也要守住钱袋子。企业在经营过程中权利和经济利益遭到侵害，企业要积极行使权利，维护自身合法利益。同时，企业也要未雨绸缪，做好刑事合规工作。社会主义法治社会，合规是必由之路，刑事合规是重中之重。企业既能治"已病"也能防"未病"，才能更好地实现可持续稳定发展。